U0919166

莱蒂齐娅

©Robert Lefèvre

西班牙国王约瑟夫

©François Pascal Simon Gérard

拿破仑一世皇帝

©François Gérard

吕西安

©H. Rousseau

约瑟芬皇后

©François Gérard

幼年的拿破仑二世

©Carl von Sales

波利娜

©Harvard Art Museums

卡罗琳

©H. Rousseau

荷兰王后奥尔唐斯·德博尔阿内

©Anne-Louis Girodet de Roussy-Trioson

威斯特伐利亚国王热罗姆

©PHGCOM

拿破仑三世皇帝

©Franz Winterhalter

幼年的普隆—普隆

©August Grahl

拿破仑的坟墓

弗里德兰战役中的拿破仑

未 A读 DR | 思想家

La saga des Bonaparte

Pierre Branda

拿破仑王朝

波拿巴家族300年

[法] 皮埃尔·布朗达 著

蒋帆 胡诗韵 译

黄广凌 审校

北京燕山出版社
BEIJING YANSHAN PRESS

献给帕斯卡尔 · 勒卡

纪念我们共同度过的每一刻

目录

前言

十七个，或许远不止十七个。

在法国，从路易十六到戴高乐这段漫长的历史，波拿巴家族的印记随处可见。这个家族不仅对法国有着深远的影响，在意大利、德国、荷兰、英国、西班牙、俄罗斯甚至美国，都留下了无数的传奇故事。不过，有一个无可回避的问题：他们中最著名的人物那如日中天的地位，是否一直令其他家族成员暗淡无光?

作为显赫的望族，波拿巴家族拥有一尊高大的图腾——或许，他实在过于高大了。这图腾，就是拿破仑一世皇帝——拿破仑·波拿巴。与他相比，自其兄弟以下所有的家族成员都形同侏儒。著名历史学家弗雷德里克·马松（Frédéric Masson）撰写了前八位波拿巴家族成员的历史，将这一系列巨著命名为《拿破仑及其家族》（*Napoléon et sa famille*，共13卷）——简单地说，就是"拿破仑和其他人"。而迪士尼干脆在其作品中将他们调侃为"拿破仑和七个小矮人"。无论是在此书还是在其他研究著作中，拿破仑之外的其他家族成员都显得那么渺小。还好，在接下来的一代人里，一个新的传奇人物从这个家族中脱颖而出：他也戴上了皇冠，蓄着细细的胡须，他就是大名鼎鼎的拿破仑三世。但自从维克多·雨果起的"拿破仑小人”[1]这个绰号破坏了他的形象以后，关于他的故事就再不如从前那样光辉了。总之，即便是这个家族的第二位皇帝，也远不能和拿破仑一世相提并论。所以，到目前为止，虽说有关波拿巴家族中某位人物的传记不少，但还没有一本关于整个波拿巴家族各代名人的全传，也就不足为奇了。

质疑拿破仑一世的核心地位是荒谬的，但只关注他一人，同样可笑。即使一个人物无比重要，如果只围着他打转，历史还能成为历史吗？崇拜者撰写的历史缺乏对比和视域，只能令人生厌，成为枯寂的石碑。我们不应把拿破仑与他的家族割裂开来，没有波拿巴家族就没有拿破仑——这一点不言自明，但仍需反复重申。反之亦然，没有拿破仑，波拿巴家族也不会有日后的地位。事实上，是整个家族共同构成了一个整体，我们不必将家族成员彼此对立。固然，即使家族里的所有成员都要竭尽所能才能在灿若星辰的拿破仑一世周围发出一点儿微不足道的亮光，但他们仍在以自己的方式创造历史。为了在这位奥斯特利茨（Austerlitz）战役赢家的阴影下生存、发光，或仅仅为了摆脱阴影，有些人不得不压抑、改变自己的天性。在这场大胆的赌博中，接近成功者有之，满盘皆输者亦有之。但重点不在于此。他们生命故事的线索，他们人生大剧的纽结，正是这一代代人对获得认可的追寻——这才是迫使拿破仑家族不断自我超越的真正赌注。无论如何，在参与这场让人绝望的斗争并且没有轻言放弃的时刻，他们即便称不上伟大，也至少令人尊敬。他们在这个过程中得到升华。归根结底，追寻的过程固然重要，但更重要的是他们为了追寻而踏上的道路——即使那

[1] 1852年，雨果出版了一本辛辣嘲讽拿破仑三世的政治小册子《拿破仑小人》（*Napoléon le Petit*）。作者刻意使用“petit”一词的双关性（兼有“小”与“卑微”之意），讽刺拿破仑三世破坏共和制的行为。——译者注

道路无法通向成功。因此，在这场令人心醉或心碎的竞跑中，我们会对所有的角色一视同仁：无论他们的人生是讨人喜欢，还是令人不悦；是荒诞不经，还是精彩纷呈；是出人意料，还是中规中矩；是飞扬跋扈，还是落魄不堪——我们都应当如此。在接下来的章节中，读者可以了解或重新认识以下这些人物——两个皇帝、三个国王、一个王后、两个反叛的亲王、一个无与伦比的美丽“缪斯”[1]和一只被命运诅咒的“雏鹰”。此外，我们还会看到倒在战场上的勇士、诗人们的挚友、著名的神经质、美国的司法部长、“二战”抵抗运动的英雄，以及旧制度下的议员。为了研究他们，我查阅了最新的资料及最近的研究成果，推翻了许多成见，也颠覆了不少以讹传讹的传说。他们史诗般的生命轨迹已经足够精彩，我所做的只是真实地呈现，不需要捏造任何吸引眼球的情节。

他们中的九位出生在路易十五的世纪（即18世纪），并在革命浪潮中成长、发迹，直至人生的顶峰。19世纪，波拿巴家族成员的足迹已遍布法国甚至整个欧洲。还有哪个家族能与之匹敌？当然，还有罗曼诺夫（Romanov）、哈布斯堡（Habsbourg）、温莎（Windsor）这几大家族优秀人物的数量与其不相上下。但波拿巴家族是特别的，因为只有他们在突然出现在历史舞台上后，忽然销声匿迹，又东山再起。与其他王朝相比，波拿巴家族的尊严首先源自军事方面的胜利，这让他们更具有冒险主义的色彩。也因此，人们往往认为他们不具备合法性，甚至鄙夷地将其视作无可救药的暴发户。不过，尽管在获得政权时并未准备充分，但他们执政时的表现也足以令人惊叹。很显然，他们大多适应自己的角色，并能够一直兢兢业

[1] 希腊神话中主司艺术与科学的女神。——编者注

业地将它们扮演好。即便在家族衰落以后，他们也都继续保持着绝对的威严感，使人们对其常怀敬畏之心。因此，就算有诸多失望和遗憾，他们的后裔也在欧洲的王室中树立起了威望。波拿巴家族虽于20世纪走向平庸，但也不至于退出历史舞台。本书记载了这一时期的三位关键人物，他们同样不同凡响，虽然他们的名气没那么大。我们并没有忘却现代波拿巴家族的代表。

如果他们都是完美无瑕的贵族，书写这段传奇就会变得容易许多，这本书也会像人们在某座废弃城堡中所见的肖像画廊一般，悬挂着一列被人遗忘的面孔，毫无特色，令人厌倦。而面对书中这些人物，我们不需长时间端详就能发现他们的与众不同之处——有时，甚至棱角过于分明了。这些缺点，反令他们有血有肉，而所有自相矛盾之处，更使他们的形象丰满，令人动容。他们都经历过不同的人生：最少两段，往往三段，甚至四段。这个家族先后涌现过君主与探险家、恋人与阴谋家、清教徒与登徒子，他们吝啬或慷慨、浪漫或粗鲁、自负或胆怯、迷人或平庸、悲情或可怜。波拿巴家族的这些成员，甚至让巴尔扎克或大仲马小说中的经典角色都相形见绌。他们当中，有《人间喜剧》中的标志性人物拉斯蒂涅（Rastignac，《高老头》）一样的人，被永不满足的野心推得太远，直至无法回头；也有像艾德蒙·唐泰斯（Edmond Dandès）一样的人，是在流放中出生的第二代波拿巴族人，与基督山伯爵一样被关在潮湿监狱里，他们的眼里也充满了复仇和渴望。所以，当1848年拿破仑三世担任法兰西第二共和国的首任总统时，对波拿巴家族而言，这一回归，何其壮哉！

人们往往很难分清有关波拿巴家族的传说究竟哪些来自文学作品，哪些才是历史的事实。除了上文提到的大仲马与巴尔扎克的小说，还有维克多·雨果和阿尔弗雷德·德维尼（Alfred de Vigny）的诗歌，夏多布里昂（Chateaubriand）的散文，以及埃德蒙·罗斯唐（Edmond Rostand）的戏剧《雏鹰》（*L'Aiglon*）[1]。这份名单远谈不上完整。我们要书写的这些人物，常常从神坛跌落，兴则耀眼夺目，败则令人扼腕。无论是他们的成功还是失败，都让人眼花缭乱。他们的人生轨迹如同在钢丝上行走，其命运的不确定性激发了作家们源源不断的创作灵感。拿破仑之子多舛的命运，难道不是绝佳的戏剧素材吗？《大鼻子情圣》（*Cyrano de Bergerac*）的天才作者[2]不会判断失误。众所周知，他将拿破仑二世的一生搬上了舞台，获得了巨大的成功。拿破仑二世早逝，不可能知道自己的最终结局：1940年，他的骨灰终于得以魂归法兰西。而拿破仑三世的独子则英勇捐躯沙场，这样的悲剧结局同样令人揪心。面对这一部部人生剧本，我们要做的似乎就是叙述。

波拿巴家族的足迹很容易追寻，毕竟他们所到之处都留下了深厚的印记。我们知道，在两位拿破仑的统治下，法国发生了改变。然而，如果要列出他们所有的成就，恐怕一部厚厚的词典都写不下。如今，只要提到这个家族，人们就会想起人称“艺术圣母”的玛蒂尔德（Mathilde），她既参与艺术创作，又大量资助艺术家；在意大利卡拉拉市和庞贝市的拿破仑一世的两个妹妹——埃莉萨（Élisa）和卡罗琳（Caroline）的作为，也颇为引人注目；在德国，热罗姆（Jérôme）国王的改革至今仍为值得效仿的榜样；路易（Louis）在荷兰的成果亦然；而约瑟夫（Joseph）在西班牙的作

[1] 法国剧作家埃德蒙·罗斯唐1900年推出戏剧《雏鹰》，以拿破仑一世之子拿破仑二世为主人公。“Aiglon”是“雏鹰”的意思，指代拿破仑二世，本文音译为“艾格隆”。——编者注

[2] 即埃德蒙·罗斯唐。——编者注

为值得商榷，在那不勒斯[1]却受人爱戴；在奥地利美泉宫，我们参观了“雏鹰”艾格隆度过生命中最后时光的房间；在南非，一条被人遗忘的小路尽头，一座纪念碑让人想起祖鲁人的长矛夺取过一位皇子的性命；即便是在遥远的美洲，也不乏波拿巴家族存在的痕迹。有传闻称，新婚夫妻在尼亚加拉大瀑布度蜜月的传统，最早可以追溯到热罗姆和他的美国妻子。还有一件鲜为人知的事，侦探小说的爱好者或许会感到惊讶：美国联邦调查局（FBI）的创始人也是波拿巴家族的成员，他就是西奥多·罗斯福（Theodore Roosevelt）总统的司法部长，人称“查利”（Charlie）。再说说离我们更近的事。还记得波拿巴家族的玛丽（Marie）吗？她曾于1938年从纳粹的魔掌中解救了精神分析大师弗洛伊德，并且一直是他最好的朋友之一。

这些沐浴着阿雅克肖（Ajaccio）[2]的阳光出生的男孩、女孩，后来竟有这么多不可思议的命运轨迹。在这座小城狭小的街道上，如果这位名为夏尔（Charles）的人没有在1778年的一个黄昏，单方面决定踏上一段旅程，那么我们这本书里的传奇历史将永远不会开始，而这些传奇人物，或许也根本不会出现。

[1] 意大利半岛南部地区，历史上多次易主，法国、奥地利、西班牙都控制过该区域。——编者注

[2] 法国科西嘉岛西南部著名的渔港城市。——译者注

序章｜缺席的贵族夏尔

夏尔－马里·波拿巴（Charles-Marie Bonaparte）有一幅最出名的全身画像，出自画家安－路易·吉罗代（Anne-Louis Girodet）之手。那幅画创作于1806年，彼时夏尔已经去世二十一年了。画中，拿破仑的父亲身着金色缎带装饰的宫廷礼服、丝质长筒袜、漆皮皮鞋，一头精致的假发庄重而严谨，可文雅的相貌又使整个人的气质显得亲切自然。他的表情温柔和蔼，嘴角挂着一丝不易察觉的微笑。拿破仑一世的父亲看上去容光焕发，十分正派。我们熟知的他另一幅著名的肖像也创作于19世纪。虽然画面中夏尔的微笑更清晰可见，但明显多了几分沧桑：他似乎经历了一些风雨，却仍不失宫廷的优雅。尽管这些作品很明显是为了迎合画主的口味，但至少还是准确地描绘了夏尔匀称的身材和精致的外表。透过他鲜艳闪亮的衣装，我们不难想象当年他在凡尔赛宫的殿堂中，自如地穿行在国王身边的盛装贵族之间的场景。

1779年3月10日，被任命为科西嘉贵族议员的夏尔，如愿以偿地受到了国王召见。国王的召见仪式无疑是这位小贵族政治生涯中最重要的时刻。他终于得以进入整个欧洲最显赫的朝廷，哪怕只有短短的一刻。仪式的程序固定，令人安心：在等级会议区（pays d'Etat）[1]的议会要求向国王请愿之后，君主从三个等级[2]中各挑选一名代表，听取他们的申诉。对于相关地区而言，这一时刻是至关重要的。国王被视作拥有至高权力，可以解决地区内部的纠纷，关心民众疾苦，赞同或否定议会的提案，尤其注重地方负债问题。一般来说，国王的召见仪式时间很短，一旦形成明确旨意，将吩咐相关大臣或专员处理。随后，国王会转身朝向代表们，以仁慈友善的语气发表讲话。此时，一位廷臣会迅捷而悄然地将代表们提交的请愿书取走。整个程序虽然短暂，但能够步入那个时代的奥林匹亚山巅[3]，就足以令人艳羡了。

太阳王[4]之后，凡尔赛宫的主人变得更为平庸了。当宫殿的大门敞开时，首先袭来的便是彻骨的寒冷。“凡尔赛宫除了空虚浮华之外，一无所有。”作家夏多布里昂曾这样说道。1779年，路易十六入主凡尔赛宫。这位年仅25岁的国王几年前还是一位略显瘦削的王子，如今已是大腹便便。他的统治看上去充满希望，一股清新之风自美洲大陆吹来，拉法耶特（La Fayette）侯爵[5]成为人们话题的焦点。然而，沉迷于狩猎的国王在这一年猎杀了18083只动物，其中包括152只雄鹿。他是一名出色的猎人，却不是一个温暖的爱人：结婚九年，王后的肚子依然没有丝毫隆起，这带来了

[1] 法国旧制度下的一种行政与财政区划。在此类地区，地方有权自行召开等级会议，决定征税事宜。——编者注

[2] 旧制度下，法国社会被分为教士、贵族和第三等级。——编者注

[3] 古希腊罗马传说中众神所居之处。此处指代凡尔赛宫。——编者注

[4] 即路易十四。——编者注

[5] 美国独立战争将军，乔治·华盛顿挚友。历经法国大革命，参与起草《人权宣言》，曾任法国国民军总司令。——编者注

不少流言蜚语。在一个还算轻松的氛围里，作为国王侍从的贵族们忙着准备3月10日召见地方代表的仪式。这次的三位代表来自一个新的等级会议区——科西嘉岛。自1768年并入法国以来，科西嘉已先后向凡尔赛派出过四个使团。在经过军事长官马尔伯夫（Marbeuf）伯爵和他的副手纳尔博纳（Narbonne）伯爵激烈的政治角逐后，1779年的代表团成员，包括内比奥（Nebbio）主教圣蒂尼（Santini）、平民保罗·卡萨比安卡（Paul Casabianca），以及贵族议员夏尔·波拿巴。抵达凡尔赛之前，夏尔将两个年长的儿子送到了奥坦（Autun）王室中学：也就是约瑟夫和拿破仑。

3月9日，代表团礼节性地拜访了军事大臣蒙巴雷（Montbarrey）亲王。次日，三位科西嘉的代表乘坐驿车接受国王召见。到达凡尔赛宫后，三位代表在使节大厅喝了两口清凉解渴的饮料，又在礼宾总管的带领下走向了国王套房。教士代表身穿紫色长袍，贵族代表身穿彩色衣物，第三等级代表则全身黑色。他们带着佩剑，昂首走到了国王卧房外的牛眼大厅——此时，已经有不少朝臣在里面等待了。蒙巴雷戴着扑了粉的假发，对远道而来的代表们表示殷切欢迎。可以想象，觐见国王的伟大时刻越近，代表们越是心急如焚。当大门打开的时候，我们个性活泼的夏尔，却表现得异常礼貌。瑞士卫队获得指令后，架起戟门让人们通过，大家立即停止了交谈，庄重地列队行进。蒙巴雷先进入房间，站在国王身旁，三位代表被这场面深深震慑，紧随其后。

路易十六坐在扶手椅上，神情温和地注视着进来的人。三位科西嘉的代表动作出奇一致地向国王弯腰鞠躬表示恭敬，国王抬了抬帽子表示回礼。几乎没有时间辨认宫廷里的大人物们，代表们上前两步，再次致敬。在这个略显人满为患的房间里，三位代表这一芭蕾舞般的精心表演，完全引不起大家的兴趣——毕竟在凡尔赛宫里，奴颜婢膝本是家常便饭。距国王仅两步开外，教士代表迫不及待地开始致辞。平民代表在他的左手边，单膝跪地呈上奏章，贵族代表则在右边恭敬地站着，沉默不语。教士代表刚一结束讲话，路易十六便简短发言，庄严而得体地允诺将赐予科西嘉岛绝对的庇护和永恒的仁慈。随后，教士代表把奏章呈递上去，国王转手交给了蒙巴雷。侍从优雅地挥挥手，示意来朝者可以退下了。代表们谦卑地鞠躬行礼，静默离开，路易十六一一回礼。当最后一位代表礼毕退下，就结束了我们所重现的这幕宫廷仪式的场景，厚重的大门关上了。

谁也没有想到，这竟然是君主专制体制最后一位君王与不可思议的新王朝先祖之间唯一一次短暂的会晤。当时，两人均值壮年，似乎前途光明。仅仅十多年后，路易十六这颗帝王之星就被大革命夺去了光辉，直至消逝。而我们的夏尔·波拿巴好不容易才走进凡尔赛宫，也不幸在六年后病逝。君臣二人都没能活到40岁。他们去世以后，波旁王室渐渐倾覆，取而代之的是波拿巴家族。从巴黎到那不勒斯，从西班牙到托斯卡纳[1]，他们像风暴一样席卷了整个欧洲。

尽管命运的阴影投射于这段历史上，但这位来自科西嘉的代表和路易十六的会面还是成了一则让后人津津乐道的逸事。对国王来说，答案显而易见；对拿破仑一世的父亲来说，虽然获得了声望，他的仕途却起色不大。当然，这一象征性的时刻，足以表明这位科西嘉贵族议员的雄心。虽然在有关他的那些声名显赫的后代的史书中，人们很少提及这位有些遥远的人物，往往视他为平庸之辈，但可以毫不夸张地说，是他的直觉和选择改变

[1] 意大利中西部地区。——编者注

了整个家族的命运。如果没有他，波拿巴这个群星闪耀的家族将永远没有缔造传奇的机会。夏尔在1779年3月那个冷风呼啸的早晨，穿过凡尔赛宫，推开了未来他的儿子和孙子入宫执政的大门。在凡尔赛居留期间，他随手在账本上写下了“身无分文而归”这几个可笑的字，与路易十六在1789年7月14日的日记中写下的“今日无事”颇有几分相似。[1]路易十六的这句话让他在很长一段时间内成了人们的笑柄，而夏尔的话虽说得斩钉截铁，但他也一样大错特错。

最早的波拿巴

长久以来，人们都被波拿巴家族的起源问题困扰着，似乎希望不惜一切代价地证实“当代恺撒”拥有高贵的基因。最离谱的一份波拿巴的族谱，甚至追溯到拜占庭的皇帝，仿佛一定要证实有皇室的血液在这个家族的血管中流淌。但我们决定过滤掉恭维谄媚、过分润色的记载，还原一个不那么华丽，但更真实的家族起源故事。我们在文艺复兴结束之际的意大利托斯卡纳边界地区，一座叫萨尔扎纳（Sarzana）的小城市找到了波拿巴家族的起源[当时叫Buonaparte（布拿巴尔特），Bonaparte是1795年进入法国后的名字]。除了一些教堂的登记簿册，这个名不见经传的当地贵族家庭在当时甚少受人关注。那时的意大利，热那亚共和国[2]的海上霸主地位正盛，一直延伸到黑海海域，而波拿巴家族似乎在此期间发展得比较稳健。

[1] 他认为无事的这一天却成了改写法国历史的日子。这一天，巴黎人民攻占巴士底狱，揭开了法国大革命的序幕。——译者注

[2] 大约在12世纪初建立于今意大利西北海岸利古里亚地区的独立城邦，18世纪末19世纪初解体。——编者注

率先登上科西嘉岛的波拿巴家族的祖先名叫乔瓦尼（Giovanni），1483年以来，他一直在科西嘉岛西北部的小城市卡尔维（Calvi）服侍热那亚总督，后来被任命负责修建东北地区的巴斯蒂亚（Bastia）新城的城墙。他的儿子弗朗西斯科·勒巴萨内（Francesco le Basané）是波拿巴家族第一位在科西嘉岛上定居下来的人。巴萨内是一位雇佣骑兵，每个月能挣12里拉[1]。这位军人在1529年定居阿雅克肖，大约1540年去世。当时，科西嘉保持了相对的独立性。阿雅克肖是一个只有500人口的小村庄，是热那亚一个很重要的驻防点，如同热那亚共和国在岛上的飞地。然而，对于身居利古里亚地区的执政者来说，只要能把税收上来，维持好岛上的治安，就心满意足了，犯不上强制推行殖民政策——科西嘉岛的经济对他们而言毫无吸引力；他们真正感兴趣的是其在地中海的战略地位。遥远的统治者很少致力于岛屿的发展，生怕浪费金钱。这种粗陋的管理方式，从某种程度上来说，给波拿巴家族的发展留下了很多自由空间。

向上推七代，夏尔的祖先杰罗尼莫（Geronimo）在当地的历史上声名显赫，他分别于1595年和1597年两次当选热那亚共和国参议院的阿雅克肖议员。在这座年轻的城市，他的豪宅引人注目。他的儿子弗朗西斯科（Francesco）身兼数职——公证人、律师、地方治安队队长，见证了波拿巴家族的蒸蒸日上。弗朗西斯科娶了血统高贵的贵族小姐波尼法西安娜（Bonifacienne）；儿子卡洛·玛丽亚（Carlo Maria）也于1657年6月10日与一位名叫奥多内（Odone）的美丽女人开始了一段令人艳羡的婚姻；孙子塞巴斯蒂亚诺（Sebastiano）则成倍地增加了家族的财富。塞巴斯蒂亚诺的继

[1] 意大利的旧货币单位。——编者注

承者朱塞佩·玛丽亚（Giuseppe Maria）就娶到了与他同一姓氏的封建贵族后裔博齐（Bozzi）。从16世纪到18世纪，波拿巴家族在由六人构成的阿雅克肖元老院中，一直占有一席之地。这些“元老”，不但可以对议会指手画脚，而且能够夸口担任了其中最重要的职责。不过，虽然波拿巴家族已经享有不少特权，但经济实力不容高估。因为在16世纪到17世纪，阿雅克肖只有不足3000人的人口，周边农村地区农业贫弱，城市也并不富裕。而且自1618年以来，热那亚移民与本土居民冲突不断，两个阵营一直水火不容。

阿雅克肖的居民只在城市周边拥有土地的产权。但他们无权圈围土地，好让山上下来的羊群可以啃食新鲜的草芽。1597年7月15日，波拿巴家族的祖先杰罗尼莫在自己的土地上用几个木桩做了个简陋的栅栏。结果，栅栏很快被夷为平地，农作物全被偷走了，牲畜也被杀死了。在这座城市，离开城墙的护佑，发展是很困难的。通常来说，改变家族命运最好的方法就是和那些显贵的家族联姻，嫁妆一般都有一个磨坊、一座葡萄园或者一群家畜。尽管如此，风水轮流转，当轮到自己家出嫁妆的时候，这些丰厚的财富往往流走了。总之，这段时期，波拿巴家族的成员们只得生存在高墙的阴影下，七八口人挤在不到四十平方米的空间里，生活条件很是艰苦。

有人质疑：波拿巴家族之前在热那亚共和国的统治下生活了那么久，还能算是真正的科西嘉人吗？在社群主义（communautarisme）盛行的当今社会中，讨论彼此的出身似乎是一个非常流行的话题，并且还掺杂着一丝不怀好意的揣测。在法国大革命之前，这类问题引不起大家的兴趣。即便在“科西嘉民族”观念兴起的18世纪，国籍问题也少有人关注。其实不难理解：一个长期在岛上生活、一心只想在这里繁衍的家族，当然算科西嘉人了。因此，在这样的背景下，波拿巴家族的科西嘉血统可以说不容置疑。

阿雅克肖历史较短，于1492年重建，却渐渐地脱离了热那亚政府的监管，与科西嘉岛本土的风情融为一体。波拿巴家族也在此深深地扎下了根。夏尔出生以前，至少有八代波拿巴人生活在阿雅克肖的阳光下，即使拥有托斯卡纳血统，他们也从未想过离开这座小岛。这还不算成功融入吗？17世纪末，族长朱塞佩·玛丽亚与博齐结婚后，波拿巴家族的经济更宽裕了一些。他的儿子尼科洛（Nicolo）被封为贵族，在1708年与玛丽亚－安娜·图索里（Maria-Anna Tusoli）结合。这个家庭共育有三个男孩，分别是夏尔的父亲朱塞佩·玛丽亚（Giuseppe Maria）、纳波莱奥内（Napoleone）和卢恰诺（Luciano）。在他们的青年时代，热那亚的衰颓，已是积重难返。当时，热那亚在科西嘉岛频繁增加苛捐杂税，使得民怨四起。1729年，由于科尔特（Corte）市附近的一位老人拒绝支付新增的8德涅尔（denier）[1]杂税，这一事件点燃了叛乱的导火线，暴动和冲突一发不可收拾，最终演变成了一场轰轰烈烈的革命。战火愈演愈烈，外国势力也纷纷介入，科西嘉陷入无政府状态。面对内忧外患，热那亚只勉强保留了几座沿海城市的控制权，其中就包括阿雅克肖。

为了夺回对科西嘉岛的控制权，1749年，热那亚不得不向法国国王乞求援助，法国派遣了一支由库尔塞（Cursay）侯爵领导的远征军前来支援。侯爵被自己的成功蒙蔽了双眼，他觉得自己羽翼丰满，独自展开军事行动，将热那亚盟友扔在一边。就在这个时候，一个会议在科西嘉岛召开了，在提出归附法国的几位代表中，就有来自阿雅克肖的代表，也就是上文提到的夏尔的父亲朱塞佩。一个月后，他和他的姐夫帕拉维奇尼（Paravicini）

[1] 热那亚旧货币单位。——编者注

在自己的城市铺上红毯，迎接带领远征军前来的侯爵，同行而来的还有法国执政官。1750年，朱塞佩的兄弟纳波莱奥内被路易十五的手下任命为科西嘉维柯莱（Vicolais）地区的交通专员。如果法国一直对科西嘉进行管辖，波拿巴家族是可以通过这些巧妙的操作持续从中渔利的。但好景不长，库尔塞侯爵不久之后被撤职，法国也暂时退出。波拿巴家族实在运气不佳。

这时，一个充满了个人魅力且手腕娴熟的人物从乱世中脱颖而出，成了科西嘉岛的英雄，他就是被称为"科西嘉民族之父"的帕斯卡尔·保利（Pascal Paoli）。保利曾任科西嘉总司令，还在1755年起草了一部宪法，卢梭对其尤为赏识。这部宪法有很多吸引眼球的新条例，但也赋予了保利许多权力，使之很快成了岛上的政治强人。尽管朱塞佩和纳波莱奥内是亲法国派，但波拿巴家族这段时期的社会地位还算高。波拿巴家的兄弟们小心翼翼地经营着他们在阿雅克肖的土地，在1750至1760年，保留了与他们祖先一样在元老院的地位。曾经在热那亚的严格控制下，波拿巴家族经历了两个世纪的禁锢，现在终于从高墙中挣脱出来。朱塞佩又想起了自己的托斯卡纳血脉，他恳请大公认可整个家族的贵族身份和他的族长地位。为了达到目的，他多次对一位名为菲利波·布拿巴尔特（Fillippo Buonaparte）的司铎苦苦相求。不堪其扰的司铎终于出了一纸证明，表明萨尔扎纳城的布拿巴尔特家族——朱塞佩的远亲，与佛罗伦萨的布拿巴尔特家族确有亲缘关系，共同享用同一个贵族称号，两个家族的名称同音同义。尽管满纸胡言，但还是使朱塞佩在1759年得到了渴望已久的贵族血统认证，为多年以后他的儿子成为法国第二等级的代表打下了基础。

血脉相承

—

1746年3月29日，夏尔出生，洗礼时教名为卡洛·玛丽亚（Carlo Maria）。他是朱塞佩第三个活下来的孩子。很遗憾我们对他的生活经历知之甚少，仅有一篇他在1780年的自传让我们得以稍作了解。“12岁以前我一直跟随传教士学习知识，这段时间里我深深地爱上了诗歌。”他还坦言，“爱神”曾将他推进了一个叫弗西里奥（Forcilio）的美丽女孩的臂弯里。对这位浪漫又爱幻想的青年来说，这是一段难以忘怀的美好回忆。但是他的父亲和叔叔希望他和另一个姑娘在一起。她叫莱蒂齐娅·拉莫利诺（Letizia Ramolino），能为家族带来价值不菲的嫁妆和美丽外表的基因。叔叔和父亲的轮番说教最终说动了夏尔，后来他自己也承认幸好选择了莱蒂齐娅，从而避免了一场“会给家族和自己的生活带来不幸和束缚的婚姻”。毕竟，他的长辈们把家族的前途和命运全部寄托在了这个活泼的年轻人身上。身为神父的叔叔卢恰诺膝下无子，纳波莱奥内叔叔只有一个女儿，朱塞佩的第一个儿子塞巴斯蒂亚诺（Sebastiano）在17岁的时候去世了。至于朱塞佩自己，也于1763年去世，时年50岁。

1764年6月1日，夏尔和莱蒂齐娅签订了结婚协议，或许还举行了一个宗教仪式。宗教婚礼是否举行已经无从考证，但可以确定的是，这个婚姻非常成功。因为，婚礼结束一个月后，莱蒂齐娅的肚子就已经明显地隆起了。而当新婚的妻子刚发觉自己怀孕的时候，夏尔就急匆匆地抛开了家庭，跑到罗马游学去了。从那个时期的一些记载中我们得知，这位活泼的学生曾使一位家境不错的罗马女孩怀上了身孕，为了躲避流言蜚语，他不得不仓促离开。此事的真假，不得而知。不过，他的坏名声已经形成，使他一辈子都没能真正摆脱这个坏名声。一位教士洋洋洒洒地写了至少17页文章来揭露并控诉他的不端行为，说他是轻佻冒失、罪大恶极的阿雅克肖人。教士还把这篇文章抄写并分发给了当时城里的所有重要人物。此举可谓成效显著，几乎所有波拿巴族人都受到了牵连。雄心勃勃的波拿巴家族成了众矢之的，但他们很快就会习惯这一点的。

1765年11月，夏尔回到了科西嘉岛，想投靠帕斯卡尔·保利，并在岛上的首府科尔特市继续他的学业。夏尔大献殷勤，希望表明自己的立场。几周之后，他好不容易受到保利的接见。然而，这位科西嘉的领袖对他不怎么热情。或许，他觉得波拿巴家族过于善变？毕竟，波拿巴们还没有中断与法国的联系。不过，在夏尔的不懈努力下，他总算进入了新成立的科尔特大学。他学习刻苦，终于脱颖而出，出版了一些学术著作——虽然学术价值值得推敲。他逐渐得到了保利的信任，成为保利贴身秘书团队的一员。不过，与其说他确实在从事文秘工作，不如说他将这一职位视作某种荣誉头衔。在外人看来，夏尔和莱蒂齐娅一个优雅帅气，一个漂亮迷人，他们的婚姻简直是天作之合。这对惹人注目的夫妇在社会上引起了不小的反响。而此时，他对保利的忠诚似乎也毋庸置疑。一个名叫亚达尔（Jadart）的效忠于马尔伯夫伯爵的阿雅克肖人却担忧道："保利将军身边有一位作家，我强烈怀疑这位波拿巴先生和他的太太根本就是间谍，他们是为了掩人耳目才在这里成家定居。"1767年，保利将军对科西嘉岛的控制力和影响力已十分显著，可以说是一呼百应，只有阿雅克肖等少数几个地区不在他的掌控之中。自1756年签署了《贡比涅条约》（*Traité de Compiègne*）之后，法军一直占领着这几个地方。不过，此时法国方面的力量日渐衰退，保利也盘算着或早或晚地夺取科西嘉岛的全面控制权。

因此，阿雅克肖的居民们纷纷顺势向保利靠拢，我们的波拿巴家族也见风使舵地倒向了这位被夏尔称作“仅次于上帝的赐福者”。夏尔的叔叔纳波莱奥内也常常在保利身边活动，妹妹热特吕德（Gertrude）也在和帕拉维奇尼（Paravicini）分开后来到了科尔特，住进了堂兄阿里吉（Arrighi）坚固的房子里——波拿巴族人决心定居于此。即使是性格暴躁又严厉的卢恰诺神父，也曾考虑过投奔这位答应会给族人照顾和保护的政治领袖。就在波拿巴家族在保利那里春风得意之时，悲剧毫无预兆地降临了。1767年8月17日，叔叔纳波莱奥内突然去世了。在简短的回忆录中，夏尔对叔叔的死一直只字未提，可以看出这件事对他打击非常大。或许是为了对逝去的叔叔表示怀念和敬意，他的两个儿子——约瑟夫和拿破仑都继承了“纳波莱奥内”这个名字。叔叔离世四个月后，1768年1月7日，夏尔和莱蒂齐娅的第一个儿子在阿里吉的住所呱呱坠地，他们给他取名为朱塞佩·纳波莱奥内（Giuseppe Napoleone），又名约瑟夫·拿破仑（Joseph Napoléon）。出于对死者的缅怀，这个孩子同时继承了他祖父和叔祖父的名字。

小约瑟夫出生后的第一个春天，刚开始牙牙学语，城市就陷入了骚乱中。不停有军队经过，预示着科西嘉将要和法国开战。法兰西对科西嘉岛觊觎已久，早就想将其全部收入版图之中。从入侵到占领，岛民很快对法国军队的存在感到习以为常。1768年5月15日，已经丧失所有影响力的热那亚政府，签订了《凡尔赛条约》（*Traité de Versailles*），最终向法国让出了岛屿的控制权。对法国而言，全面占领科西嘉，只需征服保利一党。家园即将被热那亚割让给法国的悲痛和沮丧困扰着科西嘉将军的士兵们。在一次会议上，保利的拥护者呼吁武装抵抗，但他们这次的敌人是欧洲最精锐的部队。夏尔很可能是主战派——即使他不像其子拿破仑所说，在战争中扮演过至关重要的角色。根据一份志愿者的名单，我们确知他参加了保利的武装部队，不过不清楚他担任的具体职务。由于写作能力远高于指挥能力，他很可能与他的统帅一样，始终远离前线。

此时，双方敌意升级，科西嘉形势紧迫。不过，1768年9月17日，保利的独立军幸运地赢得了博尔戈（Borgo）战役。士兵们从敌军手中夺了20门大炮，抓了近800名俘虏，信心大振。科西嘉岛的有力反击使得法国王室的军队军心动摇。第二年，沃（Vaulx）伯爵率领了22000名士兵卷土重来，打得保利的队伍几乎没有还手之力。待法军步步逼近科尔特，近5000名科西嘉士兵奋起阻击，突袭新桥（Ponte Novo）。科西嘉军队略占上风之后，忽然开始撤退。究竟是战略性撤退还是惨遭溃败？至今众说纷纭。不过，无论如何，军队内部的混乱指挥很快演变为一场悲剧：保利请来的雇佣兵稀里糊涂地向自己人开火了。受到盟友和法军的两面夹击，科西嘉军遭受重大打击。这灾难性的一天，敲响了短命的“科西嘉国”的丧钟。仅仅几天时间，整个岛屿都倒向了路易十五。就连保利的心腹军官们都叛变了。法军只用几个金币就收买了他们。保利得知以后，痛心疾首地说：“三十年的战争，对热那亚人的仇恨，甚至欧洲列强的武力都无法做到的事情，对金钱的贪欲却做到了。我可怜的同胞们，受到一些腐败军官的蒙骗，自愿走向了强加于他们身上的镣铐。”

几乎所有士兵一致放弃了抵抗，这使得夏尔感到非常心痛：“我觉得很羞耻，战斗的后期，其实局势对我方是非常有利的，而我们却放弃了。”在一篇文章里他又说道，“但我仍对我们的领袖抱有信心和忠诚，直到我死那天都不会改变。如果他还需要我，我会至死不渝地跟着他，但他不许我这么做，我必须回到科尔特，把我的家人们安全送回阿雅克肖，而我将坦然接受战胜者的奴役。”在保利去意大利之前，他是为数不多留在保利身边的人之一。保利离开后，我们这位可怜的“被战胜者奴役的受害者”投入了法国的怀抱。然而，我们似乎无法指责他什么。在热那亚政府统治期间，岛上经济发展缓慢，而法国郑重承诺在科西嘉归并后，岛上仍可保留一定的自治权，并承诺未来将给予各种优惠条件助其发展。科西嘉在1729年那场暴乱中提出的部分要求，例如设立岛上的贵族名号，以及完善各种司法系统等，法国都一一应允，并很快就兑现了。对雄心勃勃的夏尔来说，进入新的司法体系，享受着国王拨付的津贴，获得贵族头衔——这一切，都是他必须抓住的机会。离开保利以后，他准备回阿雅克肖，旅途中搀扶着怀孕的妻子费力地走上一条山路，口袋空空，神情沮丧。1769年7月底8月初，他们回到了家族的宅邸，叔叔卢恰诺还在此居住。旅途劳顿的莱蒂齐娅还没有来得及好好休息，就在8月15日做弥撒时，首次感觉到了二儿子拿破仑带来的阵痛。这正是家族日渐扩大的时候，夏尔把满腔热情投入到了对法国法律的研究中。9月20日，夏尔在阿雅克肖的法庭正式登记成了检察官的诉讼代理人，一点儿也没浪费时间。随后，夏尔受到叔叔的资助，前往比萨市攻读法学博士。据说颇为宽松的答辩委员会轻松地授予了他博士学位。学成归来的夏尔获得了初步的成功，开始兢兢业业地工作，从一开始的旁听到列席，184次听证会中他参加了98次。夏尔先是担任了助理检察官，后又成功担任了代理检察长，他在法庭中一直以铁面无私、令人生畏的法律工作者的形象出现。例如，他曾提出让一对犯了轻微盗窃罪的夫妇在劳教所终身监禁。在与犯罪现象苦战两年之后，夏尔成了一名助理法官。到这个时候，这位科尔特大学的毕业生，职业前景一片光明。

短暂的野心

与接近保利的方法如出一辙，夏尔凭借和蔼可亲的性格接近了岛上一些有权势的人物，尤其是军事长官马尔伯夫伯爵。这位年轻的科西嘉人再次借助巧妙的人际关系为自己创造了奇迹。后来这两个人还成了好朋友，伯爵给予了波拿巴家族不少帮助，几乎是有求必应。伯爵每次出现在阿雅克肖和巴斯蒂亚的街上，几乎都有波拿巴夫妇作陪。这种亲密无间的关系招致了不少闲言碎语，甚至有传言说莱蒂齐娅和这位长官通奸。当夏尔的贵族身份获得认可之后，攻击的言论更是铺天盖地。为了更好地统治新收复的地区，法国国王给予了当地贵族一定的威望和地位。多亏了朱塞佩当年的不懈努力，使这件本没有可能的事变为了现实。波拿巴家族在1771年9月13日被法国授予爵位，是科西嘉岛上第四个被封爵的家族。在君主专制时代的法国，这实在是件美事，毕竟贵族头衔几乎无所不能。波拿巴家族这下不仅能享受到法国贵族阶级的待遇和津贴，还能得到前所未有的社会地位。这次漂亮的胜利招致了很多嫉恨，夏尔写下了这些话："对于布拿巴尔特家族被授予的新贵族称号，阿雅克肖人都感到非常震惊，到处充斥着嫉妒。"很显然，他非常享受能和其他高贵的氏族拥有一样的权力。由于还太年轻——他此时只有25岁——他只能跟随那些政坛前辈的步伐，带着野心前进。夏尔的贵族身份来得正是时候，第二年，科西嘉等级会议选举，他就获得了第二等级议员的参选资格。

尽管等级会议只是一个协商机构，并没有什么实质的决策权，但能在其中占有一个席位已经是莫大的荣幸了。1771年9月24日，44位贵族聚集在阿雅克肖，准备投票选举一位新的成员。在第一轮投票中，一位名叫福扎尼（Fozzani）的人和夏尔票数完全一致。第二轮投票紧接着开始了，不到最后一刻，胜负始终难分。最后宣布结果时，夏尔以几票之差落败。他很不服气，不愿意承认失败，甚至质疑对手的贵族身份。在整个过程中，夏尔表现得很出色，多次折服了他的反对者。不过，主席无动于衷，仍然维持原来的结果。一散会，夏尔就跑到了马尔伯夫伯爵跟前，请求他取消这次投票结果。伯爵满足了这位年轻朋友的要求，直接宣布夏尔获胜。福扎尼的拥护者简直气得发疯。1772年5月1日，议会在巴斯蒂亚召开，刚担任议员的夏尔有交好的科西嘉总督科拉·德普拉迪纳（Colla de Pradines）相随，气派宛如王子一般。显然，在科西嘉的大人物面前，夏尔如鱼得水。在议会中，他虽然因太过年轻而显得经验不足，但仍被视作颇有影响力的人物。他被选进税务委员会，有权讨论无疑极为敏感的这一话题。他甚至被任命为"十二贵族"中的一员，负责向国王的特使提案，直至下一届议会。1773年，他毫无悬念地成功连任。但两年以后，他的保护神马尔伯夫伯爵走了，他明白自己在议员选举中的好运算是结束了，因此放弃参选。

伯爵暂时离开后，由于没有了与之抗衡的力量，南部以纳尔博纳伯爵为首的势力迅速发展起来。纳尔博纳伯爵是一个在政治上足智多谋的人，他在科西嘉议会中安插了不少人手，以便与马尔伯夫伯爵争权夺势。当马尔伯夫伯爵和其他议员一同回到小岛的时候，围观者都冲着他喝倒彩，却给他的对手们称赞和欢呼。对于马尔伯夫来说，必须尽快采取行动了。他毫不犹豫地把纳尔博纳送走，并赶走了他的支持者。在这样的背景下，1777年，在波佐·迪博尔戈（Pozzo di Borgo）家族的支持下，夏尔又参加了一次新的选举。这位候选人在第一轮就接近绝对多数票（44%的选票）；在第二轮投票中获得30票，遥遥领先于排名第二的候选人（21票）。夏尔每次都在马尔伯夫伯爵的帮助下成功获胜，但一味以“小跟班”的形象示人，多少会有隐患。让自己获得大家的接受，是需要一定政治头脑的。在竞选过程中，这位果决而熟练的政客深谙其道，尽力避免触怒岛上的民众。成功当选以后，夏尔特地作了一首十四行诗感谢他的这位保护者。

然而，这又一次的政治胜利招来了嫉恨，邪恶的诡计和阴谋缠上了他和他的家庭。坊间传说莱蒂齐娅和马尔伯夫伯爵有染，甚至谣传夏尔为了政治前途把妻子当作礼物奉上。这个谣言流传了两个多世纪，甚至夏尔的几个孩子是否亲生都一直被质疑。有可靠的证据证明夏尔确是拿破仑的生父，但是夏尔的第五个孩子路易的身世却一直扑朔迷离。1778年路易出生的时候，夏尔刚好离开科西嘉岛前往凡尔赛宫，他把莱蒂齐娅留在巴斯蒂亚，暂住在马尔伯夫伯爵家。然而，路易出生时是9月，莱蒂齐娅住进马尔伯夫伯爵家时已经是12月。任总督秘书的科尔尚（Colchen）伯爵和一位叫里斯托里（Ristori）的军官言之凿凿地指出马尔伯夫伯爵和美丽的莱蒂齐娅之间有不可告人的关系，还说马尔伯夫伯爵虽然年过六旬，依然是一位疯狂而热情的情人。军官鲁·德拉里克（Roux de Laric）在通信中所说的，也很有杀伤力：“这位美丽的波拿巴夫人不过是马尔伯夫的宠妾；去年他把她带回了家，好好享用了她整个冬天。”不过别忘了，这三位所谓知晓整件事来龙去脉的目击者，都来自纳尔博纳拥护者的阵营，而他们提供证词的时候，也正是纳尔博纳和马尔伯夫的争斗处于白热化的阶段。这些言论是否为了玷污对方的名声而炮制？我们不妨好好想想。这里需要补充一下，鲁·德拉里克对于科西嘉议员一职，也觊觎已久，并参加了选举，对获得最终胜利的夏尔，简直恨得牙痒痒。

谣言像长了腿一样到处跑，最终传到了当事人的耳朵里，但是当事人又能怎么样呢？这些精心编造的谎言听上去还真是有理有据，他只能报以深深的蔑视。不然他也不会称赞莱蒂齐娅“有着圣人般高尚的品德”。这句话出自他的一篇短文，目的是洗刷妻子的嫌疑，以免未来某一天子孙后代追问起此事。总之，马尔伯夫伯爵和莱蒂齐娅之间的传闻，更像是人们因为仇恨而恶意编造的炉边闲话。况且我们的主人公也没有受到什么实质性的损伤，反而由于他的忠心耿耿，还巩固了和伯爵的关系。

在3月10日与国王会晤后，夏尔和另外两位代表拜访了王后、王储和其他与科西嘉事务有关的大臣。当天，一行人乘坐华丽的四轮马车游览了凡尔赛宫，观看了绝美的喷泉表演。夏尔这次除了进宫以外，还在巴黎待了两个月处理私事，尤其是个人财务问题。但此行还有一件最重要的事：1778年12月15日，夏尔把约瑟夫和拿破仑带来了，想让他们进入王室的学校就读，将二人送到了外省的奥坦中学。而当他回到巴黎时，得知了拿破仑被布里耶纳（Brienne）军校录取的喜讯。由于持有贫困证明，拿破仑还能拿到奖学金。夏尔家的日子过得有些紧巴，为了得到额外的补助，他过分夸大了家庭贫困的状况。对于波拿巴家的人来说，篡改和作假可以说是他们的老传统了，毕竟他们的贵族身份也是这么来的。当无聊的行政程序可能阻碍他们实现抱负时，造假不是问题，而是一个解决问题的方法。

财富女神并未对夏尔微笑过。祖父去世后，只给我们的继承人夏尔留下了500里弗尔[1]的可怜遗产，这简直太惨了。夏尔为了赚钱用尽了各种手段。人们常说：“在从前的科西嘉岛，不去打游击的人，就去法院打官司。”夏尔刚好是个经验丰富且熟悉诉讼程序的人，为了多争取自己的权益，甚

[1]　法国在法郎之前的旧货币单位。——编者注

至本不属于自己的权益，他在法庭上侃侃而谈，打了一场又一场官司。结婚多年后，他把丈母娘告上法庭，控诉她没有给他全部的嫁妆。漫长的诉讼程序之后，他终于胜诉，获判由妻子的祖父（也就是拉莫利诺家族财产的监管人）支付这笔钱。后来，这位并不富裕的葡萄园主，只得拍卖了所有的工具变现。夏尔的这些做法，虽然有时候注定收益不大，但夏尔都将之视为原则性问题来处理。他的一位表妹，就因倒夜壶时弄脏了他的衣服，被法院判处赔偿一套新衣。他的儿子拿破仑，未来也始终牢记父亲的言传身教。他的努力终有回报，波拿巴家族过上了相对宽裕的生活，还拥有了一栋豪宅——“波拿巴城堡”（这也是和博齐家打官司而得来的战利品）。他们将房子装饰一新，还雇了几个仆人和厨师。可以看出，金钱对于波拿巴家的人异常重要。他们珍视它，渴望它，也愿意为它而奋斗。

夏尔在旧君主专制制度的法国社会融入得非常成功，这给了他极大的鼓舞，野心勃勃地想出了几个计划。他的收入颇高，作为议员的职位收入就高达1200里弗尔，靠经营家里的葡萄园还能得到额外的6000~7000里弗尔，但他对此并不满足。因此，头脑精明的夏尔大胆地改造了手里的一块盐分很高的沼泽地，他把水全部排干以后种上桑树。因为法国政府鼓励科西嘉岛发展桑蚕丝的相关产业，于是夏尔又在马尔伯夫伯爵的帮助下拿到了一大笔补助。在当时重农的大背景下，靠这些是完全可以发家致富的，但上天似乎有意捉弄我们的野心家，好景不长，这块宝地很快成了他的噩梦：由于接二连三的洪水泛滥，不但桑树养不活，他还要花钱雇人把淹死的苗木挖出去处理，以免烂在地里。用夏尔的话来说，科西嘉这个地方，不是让他散尽家财，就是给他无穷无尽的烦恼和失望。事实上，不光是波拿巴家，这个计划从一开始就酝酿着失败的果实：桑树在科西嘉很难生长；

即使在拿破仑帝国时期，类似的农业项目在岛上也都流产了。

不过从财务状况来说，夏尔已经开始有所积累了，不再像以前一样总是为金钱所困。他常常对孩子们说："牙齿磨得够尖，才能吃到肉。"不过老实说，也确实是由于他所谓的"尖牙"使他的财运越来越好。正如桃乐茜·卡林顿（Dorothy Carrington）所说："他对自己的政治生涯投资不小，但也从仕途上获得了继续晋升的资金。他精于算计和赌博，绝不只是贵族的食客。"然而，夏尔的法国牌打不了太久了。与法国的亲密关系渐渐失去了价值，由科西嘉并入法国而生的希望在岛上与本土都开始退潮。就科西嘉而言，就业机会并未增加；而在巴黎方面，对科西嘉的投入结果令人失望，甚至荒唐，许多内阁成员都因此受到质疑。当时对科西嘉岛的管理已经花费了国库的巨资，却收效甚微，而法国的君主政体本身就面临严重的财政危机，自身岌岌可危。科西嘉岛的"复兴"显然成了空中楼阁。

局势一乱，夏尔就没有机会再往上爬了。而商业投资一直也没有起色，信心受挫的夏尔身体日渐消瘦，胃病也日益严重。为了分散一下注意力，恢复一些元气，1782年，他干脆撇下所有事务和莱蒂齐娅去法国著名的波旁莱班（Bourbonne-les-Bains）温泉疗养区度假去了。这对外表姣好的夫妇，出行时穿戴考究、注重排场，吸引了众多艳羡的目光。当路过大儿子约瑟夫的学校时，同学们评价夫妇俩是"非常华美的罗马派头"。但这几乎是他的"天鹅绝唱"了。等他们回到科西嘉岛，痛苦又回来了：财务上的失意加上身体的孱弱使他坐立不安。尽管疾病缠身，他还是在1784年把大女儿埃莉萨送往圣西尔（Saint-Cyr）的圣路易（Saint-Louis）王室学校。不久他又为了盐田的事在巴黎和别人打了一场官司，以败诉告终，于是和约瑟夫一起回到了科西嘉岛。此时，他的身体状态变得非常差，面色惨白，常常剧烈地呕吐，医生们束手无策。11月15日，他享受到了生命中最后一点儿甜蜜：莱蒂齐娅为他生了第八个孩子——热罗姆。新年到来的时候，这位重拾生活热情的父亲开始着手他不到一年时间里的第三次大陆之旅。刚被布里耶纳军校录取的约瑟夫陪父亲一起乘船到法国。途中遇到风暴，浊浪排空，虚弱的夏尔甚至认为死神已至。风平浪静之后，又经多日航行，船终于在圣特罗佩（Saint-Tropez）港口停靠下来。夏尔形容枯槁，在儿子陪伴下去了蒙彼利埃（Montpellier）求医。蒙彼利埃的医学成就那时在整个欧洲都名列前茅，但即便如此，也没人能救他：他的胃里长了一个肿瘤，严重阻碍了食物营养的吸收，而且这个肿瘤一天比一天大，当时的医学条件根本无法治愈。[1]

1785年2月24日，被病痛折磨的夏尔出现了很严重的贫血症状，终于走向了死亡，这时的他才39岁。莱蒂齐娅不得不独自抚养八个未成年的孩子，虽然有卢恰诺叔叔的接济，但这点儿钱远远不够。她变卖了所有的珠宝，才勉强渡过难关。此时，两个年长的儿子约瑟夫和拿破仑，必须分担一家之主的责任，直至拿破仑出人意料地走向权力的巅峰。

[1] 根据戈切尔（Goldcher）医生对夏尔的尸检报告的深入研究，该肿瘤并不是人们通常认为的癌症肿瘤。

第一章｜家族图腾拿破仑

1817年新年伊始，朗伍德（Longwood）[1]下午3点的钟声敲响的时候，拿破仑瞥了一眼窗外气氛阴郁的队列，那是他的难友们正排着队来拜访他。一见面，他就给大家送上了精心准备的新年礼物：给古尔戈（Gourgaud）将军的眼镜；给贝特朗（Bertrand）元帅的国际象棋；给蒙托隆（Montholon）将军的荣誉勋章；给贝特朗的孩子的精致水晶糖果盒；还有给女士们准备的上好布料。由于受严格的礼仪约束，即便是过节大家也很拘谨，只有无忧无虑的孩童们嬉闹喧哗，偶尔会显得乱糟糟的。拿破仑神情骄傲地向赴宴的宾客们展示他收集的鼻烟盒，讲述他人生中的辉煌时刻。突然回忆戛然而止，他脸色大变，神情漠然地说："我曾经拥有想要的一切，现在却一无所有。"晚上10点左右，拿破仑离开，这一天就这么安安静静地过去了。"这个新年真是开了个好头。"古尔戈将军咬牙切齿地说。

对于这些囚犯来说最大的问题就是不知如何消磨时间。接下来的日子，拿破仑很少踏出房门半步。1月7日，到处都不见拿破仑的身影，他甚至连饭也没来吃。古尔戈嘲讽道："这过的是什么好日子！"拿破仑已经身心俱疲，无暇顾及周围人的言行。他厌倦了古尔戈阴阳怪气的嘲讽、贝特朗冷

[1] 百日王朝后拿破仑被囚禁于圣赫勒拿岛的朗伍德。——编者注

漠粗暴的言论和蒙托隆假惺惺的热情，还有那位于1816年离岛的拉斯卡斯（Las Cases）伯爵。尽管这四个人各有缺点，他们仍是他生命中最后最信任的人。这四个人如同耶稣的四大福音书作者一般，以宗教的虔诚，记录他的一言一行，协助他撰写回忆录。如此多的情绪和经历全部集中在这个身经百战的男人身上，仿佛他一回就活完了一百个人的人生。记录这样一个男人的悔恨、希望、梦想、信念、暴怒、欢愉和痛苦，四支笔也未必足够。在这一系列让历史学家都感到震撼的回忆录里，拿破仑表现出了一个与同时代的人格格不入的形象，仿佛没有任何人能阻碍他的命运。事实上，真的没有人可以吗？恐怕未必。在经历了1817年这个令人绝望的新年后，皇帝重拾了一点儿回忆往昔的兴趣。他最喜欢谈论科西嘉岛、民族英雄保利和他的家族历史，他还就此进行了冷静的分析和反思："如果我的父亲还活着，他或许会阻止我的事业。他也许会有机会加入制宪会议，与拉梅特（Lameth）、诺瓦耶（Noailles）之流的阴谋家为伍。那样的话，我可能会被迫太早、太年轻地投入到那些无聊的事务中去，无法取得今日的成就。"

这也许是拿破仑对逝者一种另类的致敬吧。换言之，夏尔不离去，这只科西嘉雄鹰就没机会振翅翱翔。他不需要如精神分析法所言般"弑父"，死神的镰刀帮他免去了麻烦。拿破仑的回忆录里也显示了夏尔对儿子潜移默化的影响。尽管拿破仑做了许多尝试想将这种影响最小化，甚至想忘记这个困扰他的人，但这并不容易。1798年，拿破仑从埃及回来，他大声地问自己："是谁给了我这些犹如天神下凡一般的精兵强将？是那个上蹿下跳的夏尔吗？不！"这位骄傲的将军总是不经意间被关于已故父亲的回忆刺痛。从他青年时代的书信中可以看出，他并非从小就是这个样子的，甚至可以说，夏尔其实在他的整个青春期都起到了模范作用。在和父亲的通信中，拿破仑的态度不但没有一丝不敬，反而显得非常谦逊。在我们所掌握的他最早的信件中，提到他“亲爱的父亲”多达六次，对于包括他母亲在内的其他家庭成员，却没有如此深情的称呼。他一生中所赢得的第一场战役，或许就是他从兄长约瑟夫手中夺得了慈父的信任。一般来说，那时的贵族都习惯让自己的长子进入军校。而拿破仑得以开始军事生涯，应该归功于“亲爱的父亲”。也因此，他日后对夏尔一直感激不尽。

在父亲生前，拿破仑也并非总是对他言听计从。在莱蒂齐娅1784年6月2日写给拿破仑的一封信里，我们看到了他叛逆的蛛丝马迹。当时，就读于布里耶纳军校的拿破仑，似乎非常急迫地向家里索要300法郎。莱蒂齐娅像其他所有母亲那样回答他：“年轻人，你是从哪里学的这身坏毛病？你是怎么和父亲讲话的？还好你父亲不在家里，要是他看见了你的信，肯定会去布里耶纳收拾你，作为你蛮横无理的惩罚！”几周以后拿破仑收到信，这个腼腆的叛逆少年牢牢记住了母亲的教训。据我们所知，后来他给父亲写的信语气就恭敬多了。不过，当父亲过世以后，他的悲伤似乎很节制。“和您诉说也没有用，”他对叔叔说，“他走了以后，我都不知道自己承受了多少悲伤。我们失去了一位父亲，只有上帝知道他是一位怎样的父亲——他的温柔、他的牵挂。唉！”我们能清楚地感觉到，说完这两句话，他就迫不及待地转移了话题。即使他很痛苦，他的理性也总能凌驾于实际面对的局势之上。

大器晚成

要总结出造就拿破仑这个天才的原因太难了。他在20岁以前，和身边的同龄人相比，实在没有什么出类拔萃的地方。他的学习成绩平平，喜欢写些浪漫的散文，文风还颇为矫揉造作；他接受的是传统教育，曾先后担任了见习军官、少尉。没有什么瑕疵，也没什么过人之处。在广为流传的众多逸事中，他曾经指挥同学打雪仗这件事被传为美谈。在一些描绘了这个场面的版画作品中，他被夸张地塑造成一名穿着整齐军装，准备上膛开炮的英勇士兵形象。对此，夏多布里昂的形容很贴切："当一个人出名的时候，人们会为他编撰历史。"打雪仗这一趣事首次为公众所知，是在执政府（consulat）[1]时期，应归功于他的老同学布雷恩纳（Bourienne）。这位拿破仑的秘书很可能在一篇英语文章中看到类似的故事受到启发，便将那场日后被人们视作精彩绝伦的"无罪之战"写到了自己的回忆录里。通过史料来源的分析，很难确认是否真有其事。更何况，儿时在学校里穿着短裤扮演将军的人，日后默默无闻者不计其数，极少真的有人能成为真正的军事天才。而且，即使拿破仑的数学天赋可以助他成为优秀的炮兵军官，也完全无法解释他何以成为当世无双的伟大战略家。父亲过世后几个月，他前往瓦朗斯（Valence）成为炮兵少尉。他在驻地并没有结交到什么朋友，只是与布雷恩纳来往稍微密切一些。早年他几乎没有与任何了不起的人物有往来。他一生都没有真正改变过，非常勤奋且孤独。独立是他成功的关键因素之一。他很少与人争论，喜欢自言自语，让人怀疑他是不是有过真正的朋友。然而面对自己的家族，他的态度截然相反，即便远离家人多年，他仍然与他们保持着密切的联系。

自从夏尔死后，拿破仑开始承担起家庭重任，努力挣钱补贴家用，尤

---

[1] 1799至1804年，执政府期间，拿破仑开始大权在握，为日后称帝打下了基础。——编者注

其是为了经营家里留下的盐田学习如何对付僵硬的官僚系统，并表现出了坚忍不拔的顽强毅力。在他最孤独的时候，是科西嘉给了他广阔的想象空间。历史上的科西嘉爱国者和民族英雄简直令他着迷，让他心潮澎湃。1786年8月，第一个休假机会到来的时候，他马不停蹄地跑回家乡，想尽可能多待几天。假期结束后，才不得不回到无聊的驻地。接下来的几年里，科西嘉情结几乎占据了他的整个内心，以至于军旅生涯倒成了无关紧要的事了。他甚至开始创作以科西嘉为题材的一部长篇历史作品，但最终也没有出版。就在他潜心研究历史之时，法国大革命爆发，惊醒了他的学者梦。常言道："时势造英雄。"对于此时的拿破仑来说，还需静静等待。当一些同人远征欧洲各地时，他却趁乱回到了他无比珍爱，但并非真正了解的故乡。再度回到法国本土时，他对革命持观望态度。居留巴黎期间，他给兄弟们写信时，俨然是一个非常出色的评论家。拿破仑没有表现出任何亲身参与革命暴力行动的欲望，诸如8月20日发生在杜伊勒里宫（Tuileries）的流血冲突[1]。他还向三弟吕西安（Lucien）坦言自己的懦弱："我只想平静地生活，享受家庭的温暖。"他对战争特派员诺丹（Naudin）说："除了我的家乡，我什么都不关心。"对于像他这样具有过人才能的人来说，热爱家乡的科西嘉精神确实值得称赞，但他理应有更远大的抱负。

1789年，拿破仑支持科西嘉继续归属法国，但像岛上许多居民一样，热切地盼望多数法国人从岛上卷铺盖走人，以便取而代之。他在阿雅克肖反法骚乱中表现出的立场并不明确，似乎更倾向于与其他力量共同"清理"这座城市。在驱逐了来自本土的法国人后，拿破仑和约瑟夫走上了不同的

[1] 1792年8月20日，巴黎革命群众攻占国王所在的杜伊勒里宫，路易十六成为阶下囚。——编者注

道路，前者在军队担任军官，后者则成为著名的选民代表。拿破仑强烈的民族主义热情，一度令亲法分子们不安。1792年3月，拿破仑当选科西嘉志愿军二军的副总指挥，哥哥约瑟夫进入政府担任议会代表，以便为波拿巴家族树立威信。在这段时间的科西嘉岛，兄弟二人作为阿雅克肖受尊敬的波拿巴家族继承人，频频出面。在法国大革命爆发的三年后，夏尔的儿子们开始崭露头角，获得了与亲戚们甚至遥远的祖先们相媲美的成就。假如他们的家族没有不断巩固和发展自己，科西嘉岛的革命派系构成可能会大不相同。此时的两派，一派是代表了皇家利益的布塔福科（Buttafoco），另一派是保利领导的科西嘉民族革命团体。波拿巴家族自然毫不犹豫地拥护起保利一派。保利的民族英雄形象一直强烈地吸引着拿破仑，他甚至可以把保利看作他的第二个父亲。

拿破仑对"民族之父"保利的钦佩之情由来已久，他把保利看作普鲁塔克（Plutarque）[1]笔下的英雄，一个真正的偶像。拿破仑一心追随着保利，尽管他那些火热激进的言辞和殷勤都被保利粗暴地否定了。1793年，保利被怀疑有反革命的倾向，遭到国民公会[2]的威胁，拿破仑仍然为他辩护，说他是"自由的长老"，受到爱国者的支持。从政治上来说，此时的拿破仑其实还没有完全决定该选择哪一方。他从1791年开始有些倾向于雅各宾派。他对大革命并无敌意，但对领导革命的一些"无赖"强烈反感。然而，以当时的情形来说，无论出于什么原因，重建秩序都是当务之急。从这个角度来看，雅各宾派残忍血腥，没有吉伦特派讨喜——毕竟，后者奉行联邦主义，没那么专制独裁。对于拿破仑来说，现在的问题是如何在作为科西

[1] 罗马帝国时代的希腊作家、哲学家、历史学家。——编者注

[2] 1792年，在废黜路易十六后成立了国民公会。——编者注

嘉岛的一名爱国者的同时，又坚定地支持奉行中央集权的雅各宾派呢？正在他难以做出决断的时候，保利的追随者将他彻底推向了雅各宾派的怀抱。当1793年4月2日控诉保利为反革命者的法令传到科西嘉，所有被怀疑支持雅各宾派的人都被追捕。这殃及了不少波拿巴家族的人。

5月5日早上，在靠近南科西嘉一个叫博科尼亚诺（Bocognano）的地方，拿破仑中了圈套，被保利一党抓获。而就在两年前，他还因忠于保利险些被私刑处死。多亏了一位名为博内利（Bonelli）的人出手相救让拿破仑逃过一劫，他得以通过海路到达巴斯蒂亚，并加入国民公会的部队。与此同时，保利与波拿巴家族决裂，保利宣称“将永远憎恨这个无耻的家族”。整个波拿巴家族也只能被迫离开科西嘉岛。1793年6月9日，经过一番波折后，他们选择从卡尔维驾船驶向大陆。拿破仑又面临着新的转折。科西嘉和保利彻底走到了他的对立面。两段关系的破裂对他的命运产生了决定性的影响，一次是与科西嘉和保利的决裂，另一次则是他父亲过早的离世。当他抵达土伦（Toulon）[1]的时候，他这样评论几周前还在极力奉承的保利：“保利从表面上来看非常善良、温和，内心深处却尽是仇恨和报复，眼里有热忱的情感，灵魂里却流动着毒辣的血液。”在保利的影响渐渐消失后，他和这位“第二父亲”断绝了关系。至于他的故乡科西嘉，他也很快便抛之脑后，全身心投入到了共和国的军队中，并迅速得到了提拔。离开这个岛屿对拿破仑来说是一次前途光明的解脱。历史学家帕特里斯·格尼费（Patrice Gueniffey）写道：“甩开科西嘉这个包袱，拿破仑才算是真正得到了自由。”

[1] 法国南部地中海海岸重要港口、海军基地。——编者注

英雄诞生

一

踏上土伦的土地时，拿破仑发现法国的革命形势不容乐观。吉伦特派被推翻后，普罗旺斯地区出现了叛乱，忠于吉伦特派的联邦派武装与国民公会的军队开始交火。风暴降临时，我们这位炮兵上尉还只能在部队里，百无聊赖地数着火药桶。看到现任职务不能显露自己的本领，拿破仑此时心急如焚。幸好国民公会特派员萨利切蒂（Saliceti）给了他一个千载难逢的机会，让他成了土伦战役的炮兵指挥官。他向指挥官卡尔托（Carteaux）将军献计，旨在攻下土伦。在拿破仑的坚决要求下，将军采纳了他的计划。成功的机会似乎很渺茫，城墙另一头的叛军，人数差不多是卡尔托军队的两倍，且与英军里应外合。更糟的是，叛军占据地形优势，从陆地方面很难直接进攻；而英国海军就停泊在港湾里，可以向城内提供补给。简言之，情况非常不利。不过，敌军的部署总归还是有一个弱点：如果炮兵部队能成功扰乱敌舰的部署，迫使敌舰队撤退，就能切断土伦守敌与舰队的联系，成功削弱敌方军力。为了实现这个大胆且巧妙的想法，就必须占领一个制高点以便有效集中火力。拿破仑对地形细致入微的观察能力，使这个计划具备了可行性。他地图不离手，就像在棋盘上操纵棋子那样比画着，准备向共和国的敌人将上一军。尽管这名数学高才生的“纸上谈兵”已经无懈可击，但他还有一个因素无法完全掌控，那就是“人”。为了减少犯错概率，他决定亲临战场。因此，在进攻的时候，他一直东奔西跑，坚持亲自在现场进行指挥。攻取堡垒的时候，他的左腿还不幸被英军的短枪击中。在攻下了几个居高临下的据点之后，1793年12月17日的早上，英军舰队整个暴露在了法军的炮口中。两天后，土伦被攻下，拿破仑的计划完美地奏效了。土伦战役后，他直接被破格提拔为准将。

具有过人天赋的拿破仑似乎是为战争而生的。他曾说：“战争是一种独特的艺术……我打了60场仗，但第一场我就掌握了所有的诀窍，以至于后面的59场都没有什么新东西可以学了。”对于地形、地貌的精确研究和对情报技术的掌握使他非常擅长发现对手的弱点。他天才般的数学能力让他能从最少的细节中构思出可行的计划。他无时无刻不在脑袋里进行着各种计算：军队的行进速度、大炮的射程、与敌军交手的成功率、军需的消耗量，等等。而且，凭借着令人吃惊的直觉，他挑选的人大都忠实可靠、英勇且经验丰富。他还能在战斗中准确分辨出适合进攻的好时机。当机会来临的时候，即便战斗非常激烈，他也能冷静地做出行动。相反，当条件需要时，他也会运用个人魅力和感染力号召大家打起精神。他的军事领导能力绝对不是偶然的，而是灵感、条理、精力充沛的结合，充满了英雄气概和不可思议的活力。这一战以后，拿破仑一举成名，他的名字如明星一般冉冉升起。他从不怀疑自己的判断，也很少对自己的胜利感到愉悦或惊讶。

1794年，他晋升为意大利方面军的炮兵指挥。此时，属于他的时刻尚未真正到来。在共和国军队的星空里，还有无数的流星在滑翔。在政治上，尽管他拥护国民公会，但还是在尽量小心地与他们的血腥暴力保持距离。他也在一定程度上支持罗伯斯庇尔（Robespierre），但又无意推行他的恐怖政策。罗伯斯庇尔的弟弟奥古斯丁（Augustin）曾邀请他统领巴黎的军队，要不是他婉言谢绝了，雅各宾派被推翻的时候，他就要作为同党被送上断头台了。当罗伯斯庇尔的政权倒台时，虽然和奥古斯丁关系密切，但他几乎没有受到影响，很快便恢复了自由。不到一年的时间里，此前一直指引他前进方向的政治势力——保利派和雅各宾派——纷纷垮台。在他青年时代的这些年里，他先后失去了亲生父亲和政治上的父亲，而这一次次的打击都像是命运在敲打着他厚厚的茧，最终会让他化茧成蝶。

在真正登上历史舞台之前，他在幕后默默忍耐了一年。热月党人中有不少人以前属于雅各宾派，对他存有疑虑，与他保持了距离。这段时间也让他觉得异常失落，越来越忧郁，打算到东方一展身手。他一直不无生意头脑，希望与哥哥约瑟夫一起，努力投资经营房地产，不过并未成功。自从来到普罗旺斯，他和家族的关系不但没有疏远，反而还拉近了。他和约瑟夫一直维持着密切的书信往来，他情感真挚地爱着哥哥，甚至表现得有些多愁善感。波拿巴家族有一个原则，只要是家族里的人，无论在什么情况下，互相援助都是第一位的。至少这一点，我们的波拿巴将军是牢牢记在心里的。1795年夏天，另一件事开始困扰着他，那就是和德西蕾·克拉里（Désirée Clary）的婚事。他与商人之女德西蕾在马赛相识，一直热烈地追求对方并希望能与她结婚。但这位商人刚把自己的另一个女儿朱莉（Julie）嫁给了约瑟夫。拿破仑不知道克拉里家族与哥哥约瑟夫一样，并不愿答应这桩婚事。尽管他疯狂地坚持、暴怒，但最终事与愿违。对方只是给了他毫无尊重的沉默。从这以后，他和家族的约定性质也变了。虽然维持着一种表面形式的家庭团结，但事实上他心里非常清楚，自己的利益将凌驾于所有的兄弟姐妹之上。他将成为家族的领导者，如果波拿巴成员敢反抗他，他将无情地抛弃他们。他经历了人生最后一次，也是最重要的一次决裂。1795年的夏天，拿破仑的心可以说是彻底被掏空了，里面既没有爱情，也没有偶像或是榜样。他不再时刻心系科西嘉岛的独立命运，家族也渐渐离他远去，此刻的他就像一棵在寒风中掉光了叶子的树，而命运女神，马上就要向他露出笑脸。

大革命从来都不缺少让野心家想牢牢抓住的机会，成功指挥了土伦战役，拿破仑只是往前迈进了小小一步。随后，他加快了前进的速度。1795年10月4日，国民公会成员保罗·巴拉斯（Barras）[1]找到拿破仑，请他镇压保王党的起义。他的果决对事态发展起到了关键性的作用。从此，他在热月党人首鼠两端的国民公会中，一举树立了强人的形象，令人刮目相看。在这个时候，他结识了无与伦比的社交名媛玛丽－约瑟夫·罗丝·塔舍·德拉帕热里（Marie-Josèphe Rose Tascher de La Pagerie），也就是约瑟芬（Joséphine）。她是博阿尔内（Beauharnais）子爵的遗孀，并且还有两个孩子。通过约瑟芬，拿破仑将与这个家族结合。他也与她的两个孩子欧仁（Eugène）和奥尔唐斯（Hortense）保持着密切的联系。这对情侣可谓天作之合，都醉心于社交场合，通过对方扩大自己在社会上的影响力。举行婚礼的前几天，拿破仑被授予法兰西共和国意大利方面军的指挥权。几个星期以来，他一直在心里默默计划着对抗奥地利的新作战方案——一个可以换来和平的计划。从此以后，他掌握了自己的命运，与以前的波拿巴家族成员再无任何相似之处。1796年3月9日是和约瑟芬结婚的日子，自此，他不再使用"Buonaparte"这样的意大利语签名，而正式使用了法国化的"Bonaparte"，似乎要与家族的过去决裂。对于他来说，这简直就是生命中的第二次洗礼，得以重生的是一个想征服一切的男人，在得到一切以前他绝不会罢休。尽管大革命已经让他为人所知，但他并不打算止步于此，他想要的是在历史舞台上留下永恒且不朽的一幕。这时的法国正好遇上了经

[1] 1795年，热月政变后，热月党人解散了国民公会，成立了督政府。巴拉斯是法国大革命期间督政府的重要权势人物，曾为五督政官之首。——编者注

济危机，法国人开始怀念旧君主专制制度，复辟者蠢蠢欲动。在这个动荡的时代，人们很难想到，一位真正的英雄即将横空出世，凭借一己之力影响历史进程。

在意大利，面对拿破仑，皮埃蒙特[1]人、撒丁[2]人和奥地利人完全处于下风。拿破仑率领的队伍未必是最出色的，但他却将其指挥成了后来让整个欧洲闻风丧胆的军队。他使用了和土伦战役一样的计谋，即尽可能地集中所有火力，全力攻击对手的薄弱点，再有条理地各个击破其他阵地。为此他花费大量时间在排兵布阵上，争分夺秒地赶在敌人集结起足以和他对抗的力量之前把对方击溃。一直到滑铁卢战役之前，他都乐此不疲地指挥着这同一乐章的战争交响乐。在他的带领下，军队机动灵活、神出鬼没，对手常常被打得晕头转向。像多米诺骨牌被粗暴地推倒一般，敌人都在拿破仑的闪电攻势下一个接一个地迅速败下阵来。“简直是以卵击石。”他的士兵们常常骄傲地说道。他的接连胜利使整个欧洲大为震惊，开始重新审视这位天才。后来他在圣赫勒拿岛对拉斯卡斯说道：“直到洛迪（Lodi）[3]之战以后我才发现，我能成为这个政治舞台上一个决定性的参与者，这也是我第一次产生如此巨大的野心。”

炮火的硝烟还未完全散去，他就已经坐立不安，不愿意在指挥部里苦苦等待下一次在地图上谈兵论剑的时刻，他想介入政治和外交。对此，督政府非常不悦，并且感到了恐慌。他的朋友巴拉斯认为：拿破仑不仅仅是在意大利半岛取得了两三次胜利的人，重要的是，他通过战争获取了大量

[1] 意大利西北地区。——编者注

[2] 科西嘉南部岛屿。——编者注

[3] 洛迪是距意大利米兰市东南大约 40 公里的一个小镇。——编者注

财富——对于正在遭受金融危机的督政府来说，这很可能成为与其对抗的资本。他的出色战绩已经在民众心中树立了不容动摇的牢固地位，为了减少他的威胁，1796年5月初，督政官们给他安排了一个新任务。

5月13日，当意大利爱国者在米兰街头庆祝拿破仑的胜利时，督政府安排克勒曼（Kellermann）与他共同指挥，率部远征意大利南部，扫平亚平宁半岛。拿破仑梦想着乘胜追击奥军，直捣维也纳，成为真正的胜利者，然而督政府却只盼着他去掠夺财富。他对督政府大失所望。经过一番力量对比的权衡，拿破仑决定背水一战，他给督政府写信，声称如果不能掌握绝对指挥权，就要辞职。这是一个大胆的赌博，但凡督政府让步，他取得的政治胜利，将不亚于在洛迪的军事大捷。5月21日，在他的强烈建议下，督政府决定让步："经仔细考虑，政府将给予您充分的信任和绝对的权力。"束缚着拿破仑的这根缰绳总算放松了，他为自己争取到了独立的指挥权，这下他可以把那个失去威望的督政府抛诸脑后，轻松自如地大展拳脚了。

为了巩固自己在意大利的势力，他未经批准就把数以百万计的战争所得的钱财分给手下的将领们，却没有送往巴黎。拿到钱的将士们都兴高采烈。这一举措使拿破仑在军队中的威望变得很高，尤其是获得巨大利益的将领们，集结成了一个忠诚于拿破仑的牢固圈子。特派员们把这一切看在眼里，却没人敢进行抗议。拿破仑到处巧取豪夺，征敛了不少财物，可以说是兵精粮足。然而，法国势力的突然出现也带来了一些麻烦，拿破仑意识到必须用更高明的手段来控制意大利。他带领军队在意大利休整，并在当地获取所需的装备时，也结束了意大利的混乱局面，并扶植了一些相对独立的当地政权。此时的意大利渐渐有许多共和国诞生，接替了此前的君主制或那些覆灭的公国，成为法国的"姐妹共和国"。然而，他们的自主权非常有限，上一秒才得到的东西，下一秒又被拿破仑拿走了。在意大利，拿破仑确定了两条基本原则：一、必须以战养战，这样士兵们就能享受到胜利带来的实质性好处；二、对战败方的统治，永远要把缰绳勒得紧紧的。在拿破仑身边，有两个忠心的势力靠着他发展壮大：一个是军队，他们深深臣服于拿破仑最高指挥的领导力；另一个是爱国者，他们不懈追逐着崇高的荣誉。

权力之巅

仅仅一年时间，就接连有三支奥地利的军队想夺回意大利，却都败在了拿破仑的手里，简直以卵击石。虽然这些军队训练有素、英勇无畏且人数众多，但每一次被打败，而且还是惨败，就如同一股股喷向愤怒火山口的水柱一般，最终化为了蒸汽。这让维也纳政府越来越恐慌。每当结束一场战役，拿破仑都会与战败方签订停战协定。他先施以毁灭的威胁，继而诱之以利，要求对方绝对服从，靠这样的手段获得了一次又一次外交上的成功。拿破仑用这种方法几乎控制了整个意大利半岛，权力越来越大，如同总督一般，无人可以真正制衡他。对此他毫不遮掩，住进了米兰的蒙贝洛（Mombello）宫，把无数的政治家、作家、将士、艺术家请进宫来，俨然当自己是一个皇帝。在这座宫殿里，约瑟芬就是最闪耀的珍珠。她善良、灵活而富有技巧的社交手段，在一定程度上弥补了拿破仑的生硬粗暴。这对夫妇一点儿也不像是突然发财得势的暴发户，反而像是天生的公主和王子，尊贵气质仿佛与生俱来。巴尔扎克评价拿破仑："不仅仅是个人的成功，更是年轻力量的胜利。"他是用奋斗而来的功绩和荣誉堆积起来的精英，让自己成了一个真正的贵族。在新古典主义的影响下，艺术家们还将他和恺撒进行比较。在这样的赞誉下，这位波拿巴将军简直就是用三色旗装饰的古代英雄的化身，在他身上，神话和现实是可以共存的。

然而在巴黎，他的独立自治并不能让所有人满意。保王派蠢蠢欲动，威胁着备受质疑的共和国制度。右派政党的出版物冷酷地攻击他，称他为死神。他的征服掠夺行为也被大肆批判，“独裁者”这个词和他画上了等号，频繁出现在各大报纸的版面上。深受拿破仑威胁的督政府自然对此睁一只眼闭一只眼。拿破仑觉得必须做出些行动来制止这些流言蜚语，而他觉得没有谁比自己更能做好这件事，于是他自己做了印刷社的老板。哪有这样的老板！1797年7月19日，拿破仑自己的报纸在米兰出版了《意大利军团信使报》（*Courrier de l'armée d'Italie*）第一期，也叫《法国爱国者在米兰》（*Le Patriote français à Milan*）。这些报纸全都被用来宣扬他自己的功绩，以提高他的名声。从这以后，他似乎变成了从法国来拯救意大利人民的“独一无二”的英雄。为了支持报纸的发行，他还印刷了许多样刊免费发放。他创办的第二份报纸叫《意大利军团法国观察报》（*La France vue de l'armée d'Italie*）。媒体造势，不是新鲜事。他的创举，在于借用报纸，以“广而告之”为名，对自己的英雄形象进行系统化的宣传。拿破仑鼓励身边所有人，借他们的笔杆子为自己发声：“只是因为爱国者和真正有智慧的人从来不会主动写些什么，别有用心的人才会用一堆歪曲事实的破烂，误导社会舆论，扼杀了公众知晓事实的权利。”事实上，最歪曲事实的恰好是他的这几份报纸。当他荣誉的光环开始褪色时，那些不怎么光鲜的胜利甚至是败仗，也总能被他细心地修改、润色，保证自己的光辉形象继续呈现到公众面前。在意大利，拿破仑毫无疑问是这个时期少有的天才，更是政治、经济、军事甚至传媒领域的先驱。

1797年10月18日，随着《坎波福尔米奥条约》(*Traité de Campo-Formio*)的签署，法国和奥地利的战争结束。拿破仑只花了十八个月就结束了这场长达五年多的战争，可以说是法国战争史上最重大的胜利之一。与此同时，他彻底地改变了意大利，建立了自己的执政合法性和能够展示其治理才能的政治空间。此后，他还要做些什么呢？督政府的根基仍然稳固。他有足够的智慧，不想贸然行动，影响自己政治生涯的上升势头。他的桂冠上还差几片叶子，而他在埃及的经历将会为这顶荣耀之冠增添耀眼的光环。

英国这一宿敌多次对法国挑起战争，并且殖民了埃及，然而，以法军目前的海军实力还不足以直接与之对抗。因此，从战略上来说，远征埃及可以有效打击英国的商业贸易，削弱其海上霸权；从政治上来说，继续待在满怀妒意的督政府势力范围之内，恐有不测，远征埃及恰好可以暂时避祸。1798年5月19日，拿破仑集结了13艘战列舰、6艘护卫舰和35艘其他船只从土伦出发，像他的偶像恺撒一样准备出征埃及——虽然“新埃及艳后”约瑟芬并未随军远行。54000名士兵集聚在甲板上，对此行的目的地也并不知情。这次远征除了军事上的意义，还有科研的目的。除了强悍的士兵和大量武器，他还带上了天文学家、医生、数学家、化学家、植物学家、工程学家、画家……共167名学者，分成了五个小组。拿破仑要他们把神秘的东方好好研究一遍。他向这些科研人员授予了军衔，并分配了精准的任务。这几支特别的队伍踏遍了埃及的城市、遗址和沙漠，产生的大量研究成果为后来的埃及学奠定了扎实的基础。他把军事、政治、艺术中的问题交给这些科学家进行讨论和研究，不仅是出于现实需要，更是为子孙后代做好长远打算。

拿破仑是从什么时候开始在意自己留给后世的形象的？恐怕很早。即便眼前的政治斗争和战争同时困扰着他，他依然时刻不忘让人记录自己的一举一动，以留下毫无瑕疵的史诗。显然，一些过于琐屑之处，反倒破坏了他希望表现出的英雄形象。在军事征服或维持秩序时，为了震慑对手和敌人，他必须常常表现得粗暴残忍。不过，他不必对自己的行为过多修饰，因为他知道以后的艺术家和作家们会进行润色和再创造。他们会缩小负面影响，甚至改变历史的模样。

在埃及，他成功地夺取了法老的土地，也打赢了几场漂亮的仗，但他的战略目标却一个也没有达到。强大的英国海军几乎无法撼动，更糟糕的是，法国舰队在阿布基尔（Aboukir）要塞被纳尔逊（Nelson）海军上将歼灭了。[1]在雅法（Jaffa）[2]的时候，拿破仑毫无恻隐之心地处决了数以千计的战俘，撤退途中他又命令染上鼠疫的病人和受伤的士兵跟在队伍最后，致使这些人在后来全部被歼灭。短短几个月时间，法军在埃及折戟沉沙、血流成河，军队开始怀疑此次异国远征的意义，士气异常低落。多亏了极具天赋的画家格罗（Gros），他在目睹了这幅惨象之后，用画笔激昂地创作出了著名的浪漫主义作品《拿破仑视察雅法鼠疫病院》（*Bonaparte visitant les pestiférés de Jaffa*），才让这段历史变得受人尊敬。在这幅画中，拿破仑仿佛是个魔术师一般，他精神振奋地探望患病者，他苍白的手伸向表情痛苦的鼠疫病人，病人仿佛获得了仁慈的安抚，内心受到巨大的触动。宁静祥和的气息仿佛要溢出画框，画面中的拿破仑俨然是个拥有上帝力量的国王。

[1] 此战又称尼罗河河口海战。——编者注

[2] 今叙利亚境内。——编者注

从另一个角度来说，由于沿途的科学研究取得了巨大的成功，对比之下，远征的惨败似乎不值一提。我们还能在博物馆中欣赏到同时期的画作《拿破仑从埃及归来》（*Retour d'Egypte*），该画作以富有异域格调的建筑作为背景，细节中充斥着大量的埃及元素，把拿破仑刻画得宛如从《圣经》中走出来的英雄。

然而，几个月之后，拿破仑明白，如果自己继续死守在埃及，他的野心恐怕近期内都实现不了了。在一切还没有太晚之前，他必须尽快离开这个不甚友好的地方。1799年8月23日，一则消息在军队的临时营地流传开来，听闻的士兵们无不错愕。他们这时才得知拿破仑将军已经把他们抛下，自己秘密返回法国了。拿破仑私自回法国，是一场前所未有的赌博。他有很大概率会在回程中遭遇英国海军，一旦被抓住，就要在伦敦的某座监狱度过下半辈子了。即便他成功穿越了英国皇家海军的防线，又将在法国面临怎样的对待呢？会不会被当作逃兵逮捕？似乎局势不管怎么发展，牢狱之灾都难以逃脱了。不过，这可不是他的算盘。他希望自己的财富，也就是他的运气，能将他带到一个安全的港口，让他受到救世主一般的欢迎。拿破仑到底是头脑发热还是未卜先知，已经无从证实。总而言之，命运的骰子把幸运的一面转向了他：冒险的逃亡，竟变成了辉煌的凯旋。当他在弗雷瑞斯（Fréjus）登陆的时候，欢迎的礼炮齐鸣，兴高采烈的人们迅速像潮水一样涌向港口。岸边站满了人，港湾里停满了满载着仰慕者的小船。所到之处，民众们兴奋无比地迎接这位凯旋的英雄。他在喝彩和欢呼声中来到了里昂。

天才执政官

—

此时法国督政府的统治已经风雨飘摇。尽管督政府镇压了反对派——尤其是保王派，但效果微乎其微。战争卷土重来，奥地利军队再次踏上了意大利的领土。法国的经济形势也每况愈下，财政收入越来越少，甚至连公务员都领不到俸禄了。人们从1789年开始幻想的美好未来终成泡影，形势越来越糟，连农业生产都步履维艰。然而，在这种腐烂的土壤里却最容易开出政治成功的花朵。拿破仑仔细策划着，决心牢牢抓住这个可能夺权的好机会，剑走偏锋地做一次冒险尝试。他一个一个地找到了自己的支持者：以西哀士（Sieyès）为首的政治理论家，以富歇（Fouché）为代表的雅各宾派，还有塔列朗（Talleyand）等野心勃勃的知识分子。在几个银行家和军官的支持下，这个小团体的第一次秘密会议内容很快得以实施，并毫无意外地演变成了一场政变。1799年11月8到9日，他们发动兵变夺取了督政府的大权，胁迫督政府把共和国交给了波拿巴。[1]

西哀士很快被挤出了权力中心。根据新起草的宪法，新政府中有三位执政官，而其中只有一个掌握着所有实权，也就是第一执政拿破仑。塔列朗开玩笑地给他们三个起了外号："Hic、Haec、Hoc"。"Hic"的意思是"他"，代指拿破仑；Haec是"她"，代指康巴塞雷斯（Cambacérès），刻薄地影射了其个人生活习惯和尴尬的从属地位；Hoc是"它"，鄙视性地代指地位最低的勒布伦（Lebrun）。拿破仑设置了三大议会相互制约：第一个是法案评议委员会，是个没有什么实权的机构，只对法律进行讨论而不投票；

[1] 史称雾月政变。——编者注

第二个是立法团，只负责对法律进行投票而不讨论；第三个是参议院，聚集了所有的“德高望重者”，以是否符合宪法的名义对前两个议会的成果进行审查，而他们开会通常都是秘密进行的。这样一来，作为第一执政的拿破仑用政治手段进行了一系列复杂的改革，巧妙地划分了执政权力。对于一个才30岁，没怎么治理过朝政的将军来说，这是多么巧妙精湛的管理术！

要详细把拿破仑设立过的所有机构统计出来的话，恐怕可以写成一本厚厚的词典。在所有领域，他都设立了关键机构。夏多布里昂这位狂热崇拜者这样评价拿破仑：“非同寻常的想象力给这位冷酷的政治家带来了无尽的活力，他用理智实现了诗人的意象。如果缪斯不是常在他的身旁，他是不可能完成那些伟业的。”在拿破仑的领导下，聚集了一批极具才能的人，如波塔利斯（Portalis）、戈丹（Gaudin）、莫利安（Mollien），这些人成功地在法国大革命的法律基石上凿刻出了模样清晰的雕像（也就是《拿破仑法典》），而且完成得干净利落、卓有成效。如果没有拿破仑，公民的平等权利恐怕还要几十年才能得到认可；如果没有拿破仑，这部强有力的法典也不会这么快就诞生，而这部法典正是国家行政机构效率的保证。按照他的意愿编写的这部民法典有超过一半的条款今天依然在使用，而其中提出的一些重大原则和概念，例如身份、合同、财产、离婚和继承，现在依然是组成我们社会的基石。拿破仑赋予了法典前所未有的崇高地位，成功地维护了革命成果。法典的使用在各地都是统一的。权力机构任命省长，省长又将法典应用于各省，由各级司法机构保障其实施。拿破仑凭借他的立法成果，在政治上已经没有了对手。在拿破仑下台后，他的继任者路易十八和查理十世虽然是他的政治对手，并且以反对革命而著称，但还是几乎原封不动地照搬了这部法典。让我们补充一点，拿破仑的政府是一种强大的权力工具，拒绝承认其权威性无异于自杀。如果说在雾月政变以前，历史进程仍有可能逆转，那么在拿破仑之后将绝无可能。

执政几年以后，拿破仑开始明确地将传统社会的一些要素引入到新社会中，不再驱逐和对抗它们。在拿破仑的指挥下：流亡贵族回国了；签订了政教协定的教堂重新向迫不及待的信众们打开了大门；新教徒和犹太教徒获得了和天主教徒同样的地位；共济会也被公开承认并获得支持。不过，尽管贵族和教士们卷土重来，但他们的特权却已不复存在。拿破仑选拔了大批头脑聪明的人，让最有才能的人担任要职。不仅如此，他还重赏各个领域的顶级人才，授予他们荣誉军团勋章（légion d'honneur）。这样，学者、军人和企业家，就有机会与贵族世家一样，进入精英阶层。拿破仑实施这一举措，是为了实现国民之间的和解，也是为了消除这个国家旧日的创伤。对他而言，翻去近来的痛苦过往的一页，是一个巩固自身权力的好办法。很长时间以来，总有人指责拿破仑其实是在玩儿资产阶级和统治阶层的游戏。提出这种观点的通常是马克思主义者，但有时也不尽然。拿破仑确实创建了一个影响欧洲的商业帝国，保护了人们的资产，使货物流通更便捷，更使经济得到了飞速的发展。在他统治期间，农产品收入也取得大幅增长。获益者并非只是精英阶层。他在里昂纺织工人中大受欢迎，便是明证。

在他的天才执政下，法国结束了长达十年的战争，获得了短暂的和平。在一个又一个条约后，1802年，《亚眠和约》（*Paix d'Amiens*）签订，法国终于和老敌人英国和解。三年时间过去了，国家内部也稳定了下来。随着经济的复苏，内战基本停息，革命理念得以坚持和巩固，货币也得到了统一，边境和平稳定。在这一时期，“天才”和“拿破仑”几乎是同义词。但他在近乎狂热又高度集权的统治之下，还是做了一些错事，如恢复奴隶制（1802年）。拿破仑梦想着建立一个大西洋彼岸的殖民帝国，所以他认为应该恢复革命前的殖民政策，重现殖民地的荣光。于是，他遭受了一生中最为沉重的失败之一。拿破仑派往圣多明戈（Saint-Domingue）[1]的远征军，在这个当时重要的蔗糖原产地，受到黄热病的困扰和当地起义军的抵抗，遭受大量伤亡，美洲梦彻底变成了血淋淋的噩梦。尽管如此，他还是在其他地方取得了一系列辉煌的胜利，一如既往地受到民众的支持。然而，反对派并没有放下武器，依然有死灰复燃的可能。1800年12月24日，当拿破仑乘车前往歌剧院的时候，一枚炸弹轰炸了圣尼凯斯（Saint-Nicaise）街。这次袭击造成了22人死亡，上百人受伤，40多处建筑严重受损，无法修复，只能拆除。虽说从恐怖分子手中逃过一劫，执政官一职的不稳定性，也令人不能不考虑了。

在这种情况下，拿破仑的三弟，时任内政大臣的吕西安，成为第一个提出世袭问题的人。那时，拿破仑之所以在任人唯亲方面还算克制，是因为人们普遍默认：权力应当一直被牢牢掌控在波拿巴家族的手中。假如拿破仑在第二次远征意大利后没能生还，康巴塞雷斯和其他拥护者很可能会考虑把权力的钥匙转交给他的大哥约瑟夫。波拿巴家族当时就是“荣耀”的代名词，家族的每个成员似乎都头顶着光环。将权力保留在家族内部的倾向自然应运而生。如果需要恢复君主制，波拿巴家族的世系将会是最佳载体。蒂埃里·伦茨（Thierry Lentz）评价道：“他们的历史没有任何旧君

[1] 也就是如今加勒比海北部的岛国海地，曾是法属殖民地，1804年独立。——编者注

主制的痕迹，而他们的革命理念又可以与温和派的政治诉求完美结合。”波拿巴家族就像是“加冕的华盛顿”，似乎只有他们，才能在保证政治稳定的前提下，保有革命的成果。那么，我们的主要当事人对此怎么看待呢？

无论是在公开场合还是私下里，他都很不喜欢提及这个棘手的问题。他认为现在就要急着换下他第一执政的服装为时过早，但可以肯定的是，他在等待一个合适的机会，准备把攥在手里已经许久的君主制棋子在政治的棋盘里往前推进一步。这个国际象棋高手走了一步“王后”——他推出了他的太太约瑟芬，料想这样不至于引起太大的麻烦。拿破仑没有授予她任何官方的头衔，只是让她享受旧制度下王后的殊荣。别国的使者来朝，恭恭敬敬地向她行礼，像当年对路易十六的玛丽－安托瓦妮特（Marie-Antoinette）王后那样；一大群贵族女性环绕在她身边。这样，这个还有些不伦不类的新“朝廷”，就渐渐能与欧洲的传统宫廷相媲美了。所有人对此也没有异议，都觉得每日向这位上天护佑的伟人及其亲信鞠躬，是件非常自然的事。建立一个新王朝的想法在稳健地悄然发展着。

第四王朝的诞生[1]

然而，拿破仑还面临着一个非常严重的问题——他没有子嗣。婚后几个月，约瑟芬的肚子丝毫没有动静，这已经能说明些问题了。波拿巴家族并不缺少虎视眈眈的企图上位者，但无人能入未来皇帝的法眼。不过离婚这条路被他首先否决了。万般无奈之下，这对夫妇考虑了第三个计划。两

[1] 继墨洛温王朝、加洛林王朝、卡佩王朝之后，拿破仑希望证明自己是“第四王朝”。——编者注

人大胆地决定过继一个孩子：他们希望拿破仑的弟弟路易和约瑟芬的女儿奥尔唐斯为他们延续香火。当然，最后的结果颇令当事人失望。尽管波拿巴和博阿尔内两个家族并不怎么互相赏识，两个年轻人还是违心地结了婚。拿破仑夫妇促成这两人婚姻的目的只有一个，就是为了收养他们的孩子，立其为皇储。[1]这个方法虽然可以维护拿破仑夫妇目前的最高利益，但是如何调和世俗偏见、两个家庭的心理感受和政治需求呢？无论如何，共和十年（1802年），拿破仑当选终身执政官，地位进一步巩固。如果说1800年修改宪法的全民公投结果令人失望（仅有20%的公民赞成），那么1802年关于拿破仑是否可以终身执政的宪法公投，结果显然好多了，不仅参与投票的人数翻了一倍，而且绝大多数是赞成票。由于投票都是公开记名，还要警方备案，所以几乎没有人敢投反对票。公众的热情让之前仅是宣布以十年续任"聊表国家的感激之情"的议会哑口无言。拿破仑凭借公投避开了立法障碍和政治障碍。1802年的共和十年宪法公投也可以被视为一条不归路，此后，一切的进程都加快了。一个全新的帝国正在踏碎旧政体的瓦砾，破茧而出。王朝和宫廷的轮廓日渐清晰，那些旧政权下的习俗和礼仪被重新拿出来派上用场，好让即将上任的统治者更加泰然自若。

此时的拿破仑在考虑，该选择什么样的冕冠呢？王冠对他来说太蠢了。十年前那颗戴着王冠的头颅从断头台滚下来掉到篮子里的景象，大家都还历历在目，况且，波旁王朝的世袭王位也早就消失在了血污中。因此我们的新君主决定另辟蹊径。作为一个政治家，他需要证明其权力来源的合法性，虽然议会已经宣布宪法赋予了他统治的权力，但为了让未来的臣民承

[1] 这位未来皇储的拿破仑·夏尔（Napoléon Charles）于1807年去世，死于肺结核。

认这权力，他决定使用“皇帝”这个称呼。这具有一定的象征意味，容易让人联想到查理大帝和他的罗马帝国，赋予了他一种浑然天成的威严感。所以，第一执政拿破仑在这新古典主义的浪潮中，非常明智地选择了佩戴雄鹰的徽章。他复原了和查理大帝一模一样的皇冠，他还继承了墨洛温王朝（mérovingien）[1]时期的遗产，在宫廷长袍和各种装饰物上，缀满了蜜蜂的图案。或许，他希望以蜜蜂的形象，暗喻象征着法国王室的鸢尾花之凋零吧。醉心于政治神话的拿破仑，既然学不来花白胡须的查理大帝，就索性把自己打扮成罗马帝国第一代皇帝奥古斯都大帝的模样。他的雕像与全身画像，都完全照搬了古罗马的风格。

现在只差最后一步，即向民众宣布建立帝国的必要性和紧急性。如果说，第一拨针对拿破仑个人的阴谋使得世袭制的想法浮出了水面，那么，这第二拨阴谋则为拿破仑复辟帝制提供了口实。受到保王党人卡杜达尔（Cadoudal）的教唆，一场针对第一执政的刺杀活动正在酝酿。又一次，焦虑和恐惧成了聚拢民心的黏合剂——这招屡试不爽。拿破仑借追捕谋反者之机，更好地将民众团结在自己周围，顺势逮捕了著名的共和派莫罗（Moreau）将军。一系列的操作，高效但并非没有漏洞，引起了人们的抗议。莫罗将军是拿破仑的竞争对手，其名望甚至能遮蔽后者的一些光芒。他保住了性命，但还是被流放到国外去了。这段时期，政治气氛紧张，警察们封锁巴黎的交通，迅速展开调查，到处紧急追捕真正的谋反者，将其捉拿归案。

在调查期间，嫌犯提及一位曾经的法国王室成员也参与了这次阴谋。

[1] 存在于公元5世纪到8世纪的西欧，疆域大概相当于今天的法国和德国西部地区。——编者注

这很容易就让人联想到居住在德法边界的昂吉安（Enghien）公爵。即使他没有参与这次阴谋，他始终是旧制度一名坚定的拥护者，让他永远闭嘴，也算是明智吧。他的悲剧命运，日后被称作拿破仑帝国“奠基的罪行”，而拿破仑本人对此是难辞其咎。昂吉安公爵在德国遭到绑架，只经历了一场简短的诉讼，便在六天后，也就是1804年3月15日被处以死刑。波旁王室新的血迹未干，拿破仑又施以第二重打击。热尔曼·德斯塔埃尔（Germaine de Staël）写道：“拿破仑想重建帝制之时，他认为：一方面，需要安抚革命者，让他们不必担心波旁王朝的复辟；另一方面，需要保王党证明，对他的忠诚，就是与旧王朝的决裂。”富歇在一旁小声咕哝：“这比罪行还严重，这是个错误。”

事实上，除了几个怀旧的精英显得有些激动以外，民众对于这个所谓的错误反应平平。1804年5月18日，参议院宣布发起新的公投，决定是否重建帝制。和1802年的情形一样，参与投票的人中，投赞成票的人数完全是压倒性的。人民很快就忘记了不久前所反对的那桩“罪行”。在最后一场投票结束后，这位新皇帝想举办一场盛大而奢侈的加冕礼，好让他的当选看起来更合理一些。1804年12月2日，在教皇的见证下，拿破仑在巴黎圣母院接受加冕。宗教仪式结束后，拿破仑一世——法国皇帝在政要们面前庄严宣誓：“我将维护共和国领土的完整性；尊重并且使人尊重信仰自由及政教协定中的相关法规；尊重并使人尊重平等的权利、政治自由和公民自由，保护国家财产；不新增法律规定以外的税种；维持荣誉军团的制度；为了法国人民的利益、幸福和荣耀而统治。”在经历了近十年的动乱之后，新皇帝承诺的是保守主义和一定程度上的安定。

加冕礼这天，正当仪式进行到一半的时候，拿破仑小声和哥哥说道：

"约瑟夫，如果我们的父亲能看到这一刻该多好！"这句话也许是后人杜撰的，但这种自豪的反应恰如其分。确实，波拿巴家族能走到今天这一步让人无比惊愕，出乎所有人的意料。尤其是拿破仑登场以后，家族的发展迅速地进入到一个新的境界，一次又一次地突破了极限。他在整个欧洲范围内为自己保留了47座宫殿，花费了巨额钱财维持皇宫的排场，到现在都没有哪个君主能与之相比。法国人民是如何看待这种铺张浪费的呢？大约有五十万人聚集在寒风中只为了看一眼皇帝的帝国游行，然而人群中很少有高呼"万岁"的，就好像大家是出于好奇才上街观看表演的。巴黎圣母院的加冕仪式很快就被遗忘了，若泽·卡巴尼斯（José Cabanis）这样评价："（那场仪式）并没有欺骗任何人，皇帝展现了一个连他自己都无法容忍的空想家形象。传统不能拼凑而成，尊重也不会自然而生。"话虽说得重了些，但直指拿破仑明确的自相矛盾之处。事实上，他此前轻蔑地将理论家推到一边，以实用主义的精神，建立了各种有用而有效的机构；而成立帝国并加冕之后，无比理性的他，却忽然开始沉迷于各种模糊不清的神话和象征图案。人们从来没有真正接受他所创造的这一全新宗教。他的那套礼仪排场，完全是无中生有，最终使局势越来越混乱。

当然，随着经济的复苏和内战的结束，加上对公民权和法律的维护，民众对新皇帝也没有什么怨言了，反对派也找不出机会来发表反对言论，报纸、杂志井然有序，与巴黎的艺术家们一样，都被组织起来为皇室服务。极具天赋的画家雅克－路易·大卫（Jacques-Louis David）、安格尔（Ingres）、格罗，还有许多其他的画家就充当了皇帝最好的宣传者。也许同时代的人对帝制的重建并不买账，但后世的人看到那些艺术作品，却不免心向往之。最好的例子就是大卫的油画作品《拿破仑一世加冕大典》（*Le*

*Sacre de l'empereur Napoléon Ier*）。这是一幅政治油画，把拿破仑加冕的场景描绘得金光闪烁，富丽堂皇，与历史上那天的不温不火正好形成鲜明的对比。该作品于1808年在艺术沙龙展出。两年以后，新皇后到来，它也被束之高阁了——显然，只有傻瓜才打算将约瑟芬的加冕礼[1]呈现在她面前。荣耀是保持帝国体制稳定的最后一个要素。虽然争取荣耀阻力重重，但毕竟值得畅想。更何况，一位无与伦比的“战神”使梦想的实现不再遥不可及。

伟大的皇帝

加冕大典一年后，法国军队取得了在今天看来都是无可超越的辉煌胜利，即1805年12月2日的奥斯特利茨战役。拿破仑假意暴露自己的右翼，设置陷阱，吸引奥俄联军出击。当敌军中路空虚时，他带领军队穿越敌军侧翼，突击中路，将敌军一分为二，击溃之后，趁机追击残兵，将他们逼到冰冷的湖中。随后，奥地利第三次向老敌人法国投降。几个月以后，骄傲的普鲁士军队在国王腓特烈·威廉三世的带领下，品尝到了苦涩的失败。在柏林，法国皇帝乘坐着四匹骏马的战车，带领军队穿过勃兰登堡门，宛若战场上凯旋的英雄，与战败方的沮丧和屈辱形成鲜明的对比。1807年，与俄罗斯的战争颇为不易，埃劳（Eylau）之战血流成河。6月14日在弗里德兰（Friedland）[2]，这天刚好是1800年马伦哥（Marengo）战役[3]胜利的纪念日，沙皇的军队再一次体会到最尖刻、最痛楚的失败滋味。法国皇帝似

[1] 该画的画面上，拿破仑正在为第一任皇后约瑟芬加冕。——编者注

[2] 埃劳与弗里德兰均位于今天俄罗斯加里宁格勒州境内。——编者注

[3] 拿破仑军队在意大利与奥地利军队的会战。——编者注

乎总在庆祝纪念日，收获敌军的旗帜，收藏范围几乎遍布了欧洲大陆。意大利、比利时、荷兰、德国相继落入拿破仑的统治之下，这让他的对手们闻风丧胆。在蒂尔西特（Tilsit）的木筏上，拿破仑与沙皇亚历山大签订合约，后者被迫承认拿破仑对西欧的控制权。

1807年，华沙大公国[1]建立后，法兰西帝国的版图快要扩张到俄罗斯边界了。俄罗斯自身也感受到了拿破仑的控制和威胁。除了奥地利，基本整个欧洲都被涂成了蓝白红三色。皇帝现在只剩下一个强大的敌人——英国。1803年，在不列颠岛，两个老宿敌重燃战火。1805年10月14日，在特拉法尔加（Trafalgar），法国海军遭受了英国海军上将纳尔逊的痛击。海战过后不久，法兰西帝国一点点失去了它的殖民地。这完全击碎了拿破仑征服英国的梦想，而英国则获得了一个庞大的海洋帝国。和七年前在埃及一样，拿破仑感觉自己成了自己发动的征服战争的俘虏，他被困在了欧洲大陆。他想通过禁止英国在欧洲的贸易来打击英国的经济，以此逼迫伦敦讲和。但由于走私猖獗，经济封锁并没有起到多大作用，英国却凭借它超强的海上实力在世界范围内树立了极高的威望，打开了多条海上贸易通道，跳出了法国的封锁线。

在伊比利亚半岛，拿破仑对西班牙叛乱分子的支持在逐渐分裂着西班牙。在迅速占领葡萄牙后，拿破仑想进一步染指西班牙领土。西班牙君主虽然曾与法国结盟，但后来盟约破裂了，而他似乎也无法指挥这个王国。1808年3月，在巴约讷（Bayonne）一场精心设计的伏击中，拿破仑罢免了西班牙国王，并让大哥约瑟夫担任西班牙国王。从马德里到华沙的土地，

---

[1] 由拿破仑一手建立起的波兰人国家，首都华沙。——编者注

都被这只法兰西雄鹰统治着。而且，这不仅仅是军事上和政治上的征服，最重要的是，以拿破仑模式为主体的革命理念，也得以四处推广。各地区的封建势力渐渐被废除，取而代之的是公民平等的权利观念。一个人们常常忽略的例子：在整个欧洲范围内，犹太人获得了平等的公民身份，不再被隔离在犹太人区，也不再被要求在衣服上缝制显眼的黄色标志——这也是罗斯柴尔德家族在1807年崛起的原因。

几年时间里，拿破仑无可争辩地把欧洲带入了现代社会。但这跳跃太过突然，无可避免地招致了大量抗议和敌对势力。欧洲的贵族和神职人员——尤其是西班牙的神职人员接受不了被剥夺特权，想要恢复原状。更糟的是，所有这些社会变革，都被视作来自于“侵略者”。而拿破仑则信奉“法国高于一切”，这非常不利于他的政策普及。民族主义者和普通民众为了追求美好的未来，也加入了贵族和教会抵抗拿破仑的运动。此时，民族主义的崛起影响了整个欧洲，尤其是德国、西班牙和俄罗斯。越来越多的国家站在了法国的对立面。尽管取得了军事上的胜利，拿破仑的敌人却每年都在增加。从地缘政治的角度来看，拿破仑的扩张损害了许多欧洲国家和旧大陆的利益，于是它们聚集成一股力量，组成反法联盟来共同对抗拿破仑。面对这种情况，即便登上法国皇帝的宝座已有五年，拿破仑在欧洲的地位似乎仍在摇晃。

1809年，奥地利认为拿破仑无法从西班牙事务中脱身，于是大胆地单独发起了对法国的攻击。法军在埃斯灵（Essling）险些被打败，命悬一线的法军在得以喘息后于瓦格拉姆（Wagram）[1]战役一举战胜奥地利军队。这

[1] 埃斯灵与瓦格拉姆均位于奥地利。——编者注

第四次的失败迫使奥地利皇帝向他的敌人交出了最后的赔款——他的掌上明珠奥地利公主玛丽－路易丝（Marie-Louise）。自从拿破仑的一个情妇在1806年给他生了个儿子莱昂（Léon）后，得知自己并非不能生育的拿破仑和约瑟芬皇后的离婚在所难免。更何况，他认为约瑟芬出身不够高贵。现在的拿破仑已是高高在上的法国皇帝，波拿巴家族自然也应当和名门贵族或是其他皇室结合。目睹欧洲的君主们一个个对他顺从的臣服，拿破仑更加坚信：总有一天，波拿巴家族会成为欧洲最尊贵家族中的一员。事实上，在这些人友好的微笑背后，仇恨正在悄无声息地酝酿积累着。他们如同面无表情的野兽一般，一动不动地监视着这个“科西嘉吃人恶魔”，耐心地等待他暴露出弱点，然后挑选合适的时机将利爪狠狠地扎到他的肉里。而此刻，他们只能恭顺地在三色旗下低头，痛苦地弯曲着自己的脊梁。

拿破仑迎娶玛丽－路易丝是一个政治上的转折点。当年为了雾月政变而组成的联盟已分崩离析。在与约瑟芬离婚以前，塔列朗和富歇就被拿破仑重金打发走了。在波拿巴家族方面，拿破仑废黜了其弟荷兰王路易的王位——吕西安的遭遇也一样。至此，原本只保留下一点框架的“共和国”，已经彻底消亡，新君主制开始更多地沿用旧体制。为了迎接玛丽－路易丝的到来，宫廷里花费巨资打造了盛大奢华的欢迎典礼，足以和当年路易十六迎娶同是奥地利公主的玛丽－安托瓦妮特的排场相媲美。然而，这种不伦不类的复辟，虽然看上去很荒唐，但所有人都屈服于拿破仑的绝对权力之下，不敢有异议。

玛丽－路易丝似乎正在循着她的祖姑母——著名的断头王后玛丽－安托瓦妮特的步子走，但她丈夫的态度与路易十六大相径庭。无视了宫廷自身制定的烦琐程序，皇后初来乍到，拿破仑就在贡比涅住进了她的房间，根本没等到耗资巨大的典礼举行。侍从们精心准备的典礼，本为两人的初次相遇而安排，现在显得如此荒唐可笑。大家都知道：没有一个朝臣敢于违反皇家礼仪，只有它的制定者才有权打破。凭借辉煌的军事胜利，已经没有人能限制拿破仑的权力和力量了。天主教徒、犹太教徒和新教徒们全都前来朝拜，给予伟大的拿破仑皇帝衷心的祝贺。在这种氛围中，报刊记者们也只能一边倒地为皇帝唱赞歌。没有反对党的作乱，和平与安定维持了相当长的一段时间。1811年3月20日，法国皇帝终于有了继承人——新的罗马王，对于他来说，整个王朝现在才是真正稳定了。只有俄罗斯依然不受拿破仑控制，甚至继续维持与英国的贸易往来。法、俄两国关系渐渐僵化。皇帝在欧洲大陆集结了超过60万人的军队，打算收拾一下傲慢的俄罗斯。

大衰落

如果稍微凑近一些看，人们就会发现这座坚不可摧的帝国建筑上出现了一些小的裂缝。首先是经济下滑带来的严重后果：1810年的经济危机演变成了工业危机；而1811年的干旱导致农业产量过低，又引起了农业危机。大量的失业加重了饥荒，好在还有大量的救灾食物在街上向民众发放，饥荒算是抑制住了。拿破仑把眼睛瞄向了资源丰富的俄罗斯，迅速屯兵60万，向其发动了攻击。战争爆发后的第一个星期，势如破竹的法军使俄军迅速后撤，却未能对俄军主力造成重创。帝国的军队被引入了俄罗斯国土深处。拿破仑的军队仅仅靠双脚就迅速抵达了莫斯科，甚至比1941年纳粹德国的装甲车行进速度还快。过快的行军速度带来的后果就是马匹和人员的严重损耗，当俄罗斯军队终于前来迎战的时候，拿破仑麾下只有12.5万人了。双方在莫斯科附近的博罗季诺（Borodino）展开了一场血战。皇帝的近卫军和俄罗斯军队混战，伤亡极大。虽然法军浴血惨胜，但俄军只是战术性后撤，战斗力根本未被摧毁。然而，1812年9月14日，俄国的总督罗斯托普金（Rostopchine）命人在莫斯科放火。可怕的大火毁坏了大半座城市。拿破仑本应想到：沙皇绝不会投降。

由于皇帝长期在外征战，巴黎的阴谋家们开始重新活动起来。在几个蹩脚同伙的拥护下，失宠已久的马莱（Malet）将军放出话来说皇帝已经战死俄罗斯，并伪造了文书逮捕了警察局长，来到了市政厅。只有一位巴黎的地方军事指挥官进行了反抗，下颚中了一枪。在一片混乱中，阴谋破产了。然而，令人不安的问题出现了：当拿破仑的死讯传来时，为什么没有任何人想到通知罗马王继位？当年，一旦国王驾崩，人们会在凡尔赛宫大呼“国王已死，国王万岁”，昭告新国王登基。然而，如今为何大家对小皇子漠不关心？透过这些现象可以看出，虽然皇家仪式极尽奢华，拿破仑对此也始终高度关心，但帝国的合法性，依然仿佛建于流沙之上。

与此同时，在俄罗斯，拿破仑迟迟等不到沙皇议和的消息。如果我们仔细观察地图就会发现，法兰西帝国对欧洲的控制范围极其庞大，从马德里一直到莫斯科。皇帝甚至在克里姆林宫任命了远在4500公里以外的葡萄牙新司令。一幅讽刺漫画将这个场景描绘得很生动：拿破仑高高地踩在高跷上，对欧洲版图指手画脚，但是身体摇晃得厉害。由于势力的疯狂扩张，为了对其进行控制，需要难以想象的巨大人力、财力和物力，这让帝国一天天变得虚弱起来。此时，考虑到与俄罗斯议和无望，拿破仑决定10月19日从莫斯科撤兵回法。当开始返程的时候，这个本该温和的季节气温骤降。

11月7日，斯摩棱斯克（Smolensk）的气温达到零下22摄氏度，到了夜间，温度更是降至零下40摄氏度。返程途中法军还遭遇了暴风雪，军队甚至没办法保持行军的队列。大批士兵掉队后冻死在雪地里，活下来的人也筋疲力尽，拖着冻僵的手和脚，气息微弱地挪动着。

更糟糕的是，俄军并没有放过可怜的近卫军。他们派出了哥萨克骑兵，在法军之前就抵达了别列津纳河（Bérézina）[1]，严防死守住了唯一的渡河通道。他们认为：这样一来，拿破仑就只有投降了。谁知道他们的对手竟然临危不乱地派埃布勒（Eblé）将军，以许多工程兵溺死冰河的代价架起了另一座桥梁。过河的法军击溃了前来阻击的俄军。法军虽然似已逃出生天，但仍有数以千计筋疲力尽的士兵未能渡河——事实上，他们永远没有机会渡河了。俄军迅速逼近。为了防止追击，拿破仑立即下令放火把桥焚毁。法军陷入了极度恐慌，尚未渡河的残军全力冲刺。桥梁在烈火中坍塌，带走了数百名桥上的勇士。这场可怕战役的最后一幕宛如世界末日一般惨烈。别列津纳河一战给法国人上了非常惨痛的一课，这条河也成了灾难的代名词。

1812年12月5日，皇帝离开大军，踏上返回巴黎之路。“以现在的形势，只有在杜伊勒里宫，我才能重新统治欧洲。”他对侍从科兰古（Caulaincourt）说道。两周后，他回到了玛丽－路易丝的身边。刚抵达巴黎，他就立刻投身于对军队的重建中，在短时间内集结了20万装备精良的部队并派遣到战斗前线。现在作战刻不容缓。以德意志国家为代表的盟国，在俄罗斯的进攻面前改变了立场，对法国反戈一击。1813年1月初，普鲁

[1] 今白俄罗斯境内河流。——编者注

士叛变，投靠了俄罗斯。这个春天，拿破仑赢得了吕岑（Lützen）和包岑（Bautzen）[1]两场战役的胜利，但这两次胜利并没有打击到他的对手——因为缺少马匹，他的骑兵不复当年的犀利，失去了乘胜追击的机会。

6月1日，一份停战协定让战火冷却了下来，双方暂时休战。拿破仑本希望争取时间再次聚集兵力。但是他错了。事实上，正是这段时间的休憩，使得反法同盟源源不断地补充人力、物力，壮大自身，重整旗鼓。拿破仑在俄罗斯的失败证明了法兰西帝国并非坚不可摧，几乎欧洲所有国家都联合起来准备对抗法国，早已虎视眈眈的各国君主收起了假笑，纷纷摘掉了恭敬的面具，露出真面目。就连那不勒斯国王约阿基姆·缪拉（Joachim Murat）——这个娶了他妹妹卡罗琳的老朋友——也加入到了争名夺利的反法同盟活动中。在莱比锡（Leipzig）之战中（又称民族之战），拿破仑完全输在了军队数量上。法军撤退的途中，一座桥过早地倒塌了。这次战败像是推倒这座纸牌搭成的塔的第一股力量，法兰西帝国的坍塌一发不可收拾。从西班牙到荷兰，法兰西雄鹰再也飞不起来了。1813年，联军队伍轻易抵达了莱茵河。

战斗一直延续到了第二年1月，战火烧到了法国本土。即便损兵折将的拿破仑只率领着10万人，他还是打了一些非常漂亮的翻身仗，击败了俄罗斯和普鲁士的军队，但很难真正挫败整个反法联盟。奥地利一直躲在后面积蓄着力量，意图伺机给法国致命一击。经过重重激战后，联军最终打通了前往首都巴黎的道路。得到快要抵达巴黎的消息后，皇后仓皇逃出她的宫殿，从此再也没回来过。丧钟响起。几乎没有经过任何抵抗，这个城

[1] 这两个地方都在今天的德国境内。——编者注

市就被拱手让给敌方了。得知巴黎失守后，皇帝大发雷霆。他的部队仅仅距巴黎几步的距离，但一切都太晚了，他什么都做不了。意识到这一点后，他失望而沮丧地下令撤退到枫丹白露（Fontainebleau）。但他的厄运还没结束：三天后，元老院在塔列朗的鼓动下，在他最失意的时候背叛了他，趁机发动了政变，一个临时政府建立了起来。塔列朗走到了历史舞台的中心，而此时拿破仑可以做的，只剩下就退位的条件进行谈判了。与普遍认为的相反，虽然他已经失去了实权，但没有哪位军事领袖胆敢强迫他，大多数人只是希望他能离开。拿破仑自己也很清楚这一点，法兰西帝国大势已去，他已经失去了所有当初和他并肩作战的人。他同意放弃皇位，用以换取地中海厄尔巴岛[1]的主权和数百万法郎的收入。

传奇的结束

1814年4月11日，在签订了《枫丹白露条约》（*Traité de Fontainebleau*）以后，拿破仑心里非常不甘。这难道就是他应得的下场吗？从此他就要像一个遭受过不幸、厌倦了世俗，却依然热爱生活的没落贵族那样隐居吗？绝不！拿破仑不断回想起过去的命运，内心被痛苦噬咬着，越来越觉得不能接受这种结束方式。从当年意大利的洛迪战役以来，他竭力让自己的言语和行为永远不流露出半点有损自己威严的迹象。如今落败，他也绝不放弃。4月12日夜间到13日，他尝试过自杀，服下了从征战俄罗斯起就一直带在身上的毒药。在他看来，这种古人非常欣赏的行为，比接受流放好多

[1] 意大利托斯卡纳地区西部海域的岛屿。——编者注

了。但这瓶药已经过期了，他并没有死成。他只能迷茫地等待着出发去厄尔巴岛的时间。4月20日，老近卫军官们为他送行，当他走向港口时，所有人的眼睛都在注视着他，这真是令人心碎的告别。路过普罗旺斯时，街上的人们向他咒骂着、嘲笑着。十五年前，他也是这样走在街上，伴随着他的却是“万岁”的欢呼声。而此时此刻，正是当年欢迎他凯旋的人民在鄙视他的坠落，唾弃他、辱骂他，把他的尊严践踏在脚下。由于对塔列朗领导的临时政府充满疑虑，拿破仑要求乘坐英国船前往厄尔巴岛。就这样，他穿着红色长袍来到了这个迷你王国，被夏多布里昂称为“小卷心菜”的地方。此时，他仅有一支1000名士兵的军队。

即便在这种可笑的处境下，这位厄尔巴岛的最高长官也让自己迅速适应了新的环境，开始兢兢业业地统治起小岛，认真地行使着比以往小得多的权力。这让他开始重新思考自己的出路，策划着卷土重来的办法。满是敌人的厄尔巴岛不宜久留，他明白自己必须尽快离开。除了俄罗斯，还有许多反对他的国家，包括法国在内，一直想把他放逐得更远一些。在报纸杂志上得知对手策划的绑架计划，厄尔巴岛的主人内心焦虑不堪。他的妻子和儿子在维也纳受到了奥地利首相和皇帝的监禁。在经历了几个月的分别后，玛丽－路易丝在情感上对拿破仑的依赖也渐渐消失了。为了能和情人奈佩格（Neipperg）伯爵在一起，并保留她的帕尔马（Parme）女公爵头衔，玛丽－路易丝断绝了和丈夫的关系。拿破仑的旧情人玛丽亚·瓦莱夫斯卡（Maria Walewska）伯爵夫人渡海前来厄尔巴岛探望他，两个人度过了难分难舍的两天两夜。但由于并不知晓妻子的情况，对她还抱有念想，在经过内心的挣扎后，他让情人离开了。至于他的儿子“雏鹰”艾格隆，则被牢牢地关在奥地利宫殿这座金丝鸟笼里，再也不可能见到他的父亲了。

塔列朗成了拿破仑最大的敌人，一心想除掉他的旧主。他在决定欧洲命运的维也纳会议上公开反对拿破仑，赞成将他放逐到更远的地方，甚至在私底下谋划绑架拿破仑。如今这个阴谋党要想除掉拿破仑，似乎像在棋盘上丢掉一个小卒子一样简单。

在仔细掂量了自己能把握的机会以后，拿破仑决定于1815年2月推倒棋盘。26日晚上，他指挥着一支可怜的小船队，扬帆驶回了法国。这让所有人都感到吃惊。在出发的时候，军官们都觉得他气数已尽，失去了理智。3月1日，他在只有800名近卫军的迷你军队的陪同下，于昂蒂布（Antibes）附近的朱昂（Juan）港靠岸了。他要用这支小小的军队面对成千上万的敌人，看上去毫无胜算，可是，他甚至没有开一枪就赢得了这场赌局。复辟的波旁王朝虽然让经历了欧洲战争的士兵们换上了新的制服，却并没能征服他们骄傲的心。法国军队在这一刻，面对着他们的皇帝，毅然纷纷倒戈。因此，拿破仑并没有花费过多的时间就重新集结起了军队，仅用了二十天，就从路易十八手里夺回了皇冠。自此，百日王朝开始。在维也纳的欧洲列强的君主们，一听到拿破仑复位的消息，仿佛末日要降临了一样。为了共同的利益，他们立即停止了争吵，匆忙拿起武器重新组成联盟，向拿破仑猛扑过去。在巴黎，拿破仑向昔日的反对派——尤其是自由派——做出了不少政治承诺，并采用了相对较为宽松的宪法。但这位奥斯特利茨征服者的心里清楚，要重新开创一统欧洲的局面，就必须再打赢一场仗。至少他个人是这么渴望的。

两支敌军已经迅速到达了法国北部的边境，分别是普鲁士军队和英国军队。拿破仑打算用他的经典战术来对付这两个敌人，即先攻占中心位置，攻破一方后再打击另一方，这样的话，不到一个星期的时间他就能抵达布鲁塞尔了。对一个在严寒的莫斯科和酷热的埃及战斗过的统帅来说，这一次算不上是困难的挑战，再加上军队中大部分是经验丰富的老兵，血管里都流淌着好战的、沸腾的血，所以士气非常高涨。6月16日，普鲁士的老元帅布吕歇尔（Blücher）在利尼（Ligny）[1]险些被擒，军队溃败，拿破仑计划的前半部分好像完成得差不多了。但事实上，普鲁士军并没有真的被击溃，他们后来迅速重新出现在战场上，令拿破仑和他的队伍始料不及。6月17日，皇帝把所有力量全部集中起来以对抗威灵顿（Wellington）公爵领导的英军以及荷兰－比利时联军。然而，敌军躲开了拿破仑的攻击，把战斗引到滑铁卢附近——一个早已布置好的陷阱。6月17日晚，他对威灵顿接受会战感到很高兴，同时对即将爆发的大战充满必胜信心，他对弟弟热罗姆说："我们胜利的可能不小于百分之九十，而失败的机会则不到百分之十。要打败他们并不比吃一顿饭困难。"

18日，由于遭遇强烈的暴风雨，他必须停下来一直等到中午时分再行进。在这段时间里，普鲁士士兵已经悄悄地组成了队列。战火在一座小山丘上被激烈的炮击点燃了，由于受地形的制约，炮弹基本没有击中英方士兵，英军一直坚如磐石地驻扎在原地，寸土不让地抵抗着法军的攻击。到午后时分，布吕歇尔率军攻击法军右翼，拿破仑别无选择，只能先在最后一次进攻中击败威灵顿公爵，再将所有兵力集中起来折返攻击普鲁士军。法国精锐的皇家近卫军英勇地向前冲锋，但由于没有后续兵力的补充，当英军释放出全部火力的时候，他们完全无力抵挡，只能仓皇往后撤退。"近卫军撤退了！"这不祥的叫喊声响起，恐慌的气氛迅速在法军阵营蔓延；

[1] 今比利时境内。——编者注

而此刻敌对阵营中的气氛却热烈高涨，甚至有一部分人已经在欢呼胜利了。除了几个还在顽强抵抗的掷弹兵团战士以外，法军几乎瞬间崩盘。皇帝见事已至此，打算战死沙场，却被逃命的人流卷走了。大量的军队物资被遗弃在战场上，被敌军拾获。这些珍宝后来成了收藏家们最得意的藏品。

6月21日早上，拿破仑败归巴黎，向科兰古预言道："我将承受致命的打击。"议会对他充满了敌意，他第二次退位，让位于他的儿子。然而，小罗马王一直被监禁在维也纳，并且永远没有恢复自由的机会。将会是什么样的命运等待着已经失去权力和地位的法国皇帝呢？他还能去哪里呢？美国似乎是个好选择，在这个全新的国家，也许能重新开始一种人生。但此时，英国的战舰严密封锁了海岸。在罗什福尔（Rochefort）港，一名船长劝他躲藏在底舱，然后秘密行驶到一座无名小岛上，但他的自尊心不允许自己像个懦弱的无名小卒一样伪装潜逃。在任何情况下，他都绝不会放弃皇帝的身份。仿佛是命运要让这个伟大的生命再增添一些悲剧色彩，在出发去大西洋彼岸之前，他犹豫了很多天，最后决定向英国投降。他向当时的英国摄政王乔治四世写了一封表达自己意愿的信："我以地米斯托克利（Thémistocle）[1]的身份前来投奔贵国，寻安身立命之所，希望能受到贵国法律庇护。"但他忽略了他和地米斯托克利的区别。从3月开始，他就已经是不受法律保护的人了。现在的英国可不会像一年以前那样，把他送到厄尔巴岛去过与世无争的安稳退休生活。正在等着他的是在一座远得多的小岛上——大西洋南部的圣赫勒拿岛——以战俘的身份苟活余生。

知道这个结果以后，拿破仑大发雷霆，当即进行了激烈的抗议，但已

[1] 地米斯托克利是公元前5世纪古波斯与古希腊萨拉米斯海战中的希腊海军指挥官。——编者注

经无力回天，他不可能有机会踏上英国的土地了。在开始这段漫长的旅程之前，他在普利茅斯（Plymouth）锚地停留了几日，没有权利登陆，英国也不愿意派出律师依照人身保护法对他的流放进行抗议，以挽救这个伟大而屈辱的英雄。在岸上、小船上，数以千计的好奇群众引颈而望，在英国战舰“贝勒罗芬号”（Bellérophon）上寻找着拿破仑的身影。当他出现在甲板上，向围观群众脱帽致敬的时候，人群中发出了一阵欢呼。大不列颠民族竟然向这个最可怕、最强大的敌人致以了崇高的敬意。然而，滑铁卢不会是他最后的战役。还有一场战役在等待着他，或许是最重要的战役，那就是力争名垂青史的斗争。在拿破仑动身前往这座“用魔鬼的大便堆成的岛屿”（这个精准的比喻来自陪同丈夫贝特朗伯爵随拿破仑流放的伯爵夫人）的途中，以及在岛上，他沉下心来，一心一意做自己的历史学家，一字一句地记录他所经历的传奇人生。有四个人会随时随地记录下他口述的事实，即拉斯卡斯、贝特朗、蒙托隆和古尔戈。有时候刚说完一段，他补充一些细节之后会让他们复述一遍。拿破仑感慨道：“我的人生就是一部小说啊。”事实上，这样丰富而传奇的人生集中在了一个灵魂上，又有哪一部小说的精彩程度能与之相比？英国的狱卒[以赫德森·洛（Hudson Lowe）为首]试图用自己狭隘又残忍的权力，去摧毁这只落入他们手里的雄狮。疾病缠身、羸弱不堪，此刻的拿破仑终于成了这个时代众人翘首以待的极具浪漫色彩的牺牲品。后人的作品会美化他的一生，从巴尔扎克到阿尔弗雷德·德维尼，专注于他的英雄事迹，以致淡化了对他人性的描写。夏多布里昂记录下了他在人世间弥留的最后一刻：“终于，5月5日，晚上6点差1分，大海在狂风中被卷起爆裂的波涛，拿破仑把他最结实有力却再也带不动这具躯体的呼吸交还给了上帝。”也就是这最后的呼吸，从此改变了波拿巴所有成员的命运。

拿破仑本人对由他创造的王朝感到骄傲。“法国皇室几乎和欧洲所有王室贵族都进行了联姻……这些婚姻都是幸福的。这些出生就是王子和公主的后代会把记忆传至后世。”他肯定地对拉斯卡斯说道。尽管拿破仑失败了，但波拿巴的血液却在欧洲大陆甚至更远的地方传播着。然而，自从拿破仑出人意料地崛起以来，他就为波拿巴家族的成员带来了一个严肃的问题：如何与这样一个如巨星般闪耀的人共存？是生活在他的阴影中承认自己的平凡，还是勇敢直面他耀眼的光芒，甚至离他远去？他的兄弟姐妹们几乎时时刻刻都在面临这令人窒息的沉重困境。从他的哥哥约瑟夫开始，他们无时无刻不在忍受这如影随形的痛苦。

第二章｜西班牙国王约瑟夫

老大约瑟夫·波拿巴和弟弟拿破仑的相似度简直让人吃惊，身高仅仅相差了难以分辨的几厘米不说，[1]走路的样子、举止和外形都非常接近。从远处看，约瑟夫和拿破仑简直就是双胞胎，只不过哥哥的嗓音略有不同，听起来更柔和一些，甚至可以说是温柔。和拿破仑相比，他的动作更加内敛，笑容看起来也更真诚，而他的黑色瞳孔里透出的是一个温和的灵魂。二人的性格相距甚远。约瑟夫的小心谨慎和拿破仑的大胆热情完全不同。但在社交场合，约瑟夫又会表现得非常精明，比他老实粗野的弟弟得到了更多的赞赏和肯定。对约瑟夫来说，时间是个好朋友；而对拿破仑来说，时间却是他的敌人。塞万提斯在《堂吉诃德》里的那句“给时间一点儿时间”大概可以作为约瑟夫的座右铭。他很不愿意别人把他和拿破仑作对比，他也因此而缺乏自信。他拒绝和弟弟一样从军打仗，想要等待属于自己的机会，如果这个机会一直不来，他就会继续毫无羞愧和后悔地消磨时间。两人之间如同孪生兄弟般的相似，让他们从儿时起一直默契，始终保持着联系，就算各自入主欧洲大国的皇宫后也没有变化。

1808年，约瑟夫在那不勒斯已经执政两年。一开始他对自己的君主头

[1] 拿破仑身高1.68米，约瑟夫身高1.71米。

衔和执政之路非常乐观。当时，那不勒斯王国相对和平，还对他进行了热烈的欢迎。虽然西西里岛仍在抵抗，波旁余部和英国人也在煽动起义和暴乱，试图扰乱法军两年前征服该国后带来的安静祥和，但叛军的据点接二连三地被迅速清剿了。同时，借助维克多·雨果的父亲——雨果将军的力量，法军还消灭了著名的土匪弗拉·迪亚沃罗（Fra Diavolo）。甚至在维苏威火山（Vésuve）爆发的危险情形下，约瑟夫也表现出了不可思议的温和，有效地对心生担忧的居民们进行了安抚。新国王使用了种种技巧，对治理国家表现出了坚定的信心，因此没费多少功夫就树立起了威望，深受人们爱戴。约瑟夫极力避免让自己看起来像是报复心切的征服者代表，努力把自己当作一位真正的那不勒斯人的国王。在实施了一些宽容的政策后，他又选了几位当地的杰出政治家作为代表——如果不这样的话，朝廷中就全是法国人，那不勒斯人便会被遗忘。即便他把法国的统治模式照搬过来，也会进行谨慎的调整。但他始终不忘记一个基本原则，就是要把那不勒斯变为法国的附庸，因为他的成功继位完全依赖于拿破仑的政治军事扩张。

由于他实行的改革，那不勒斯终于迈入了现代化的行列。他将法国的先进经验引进来，例如警察、军队以及庞大的行政机构等组织。先对国家主权进行集中，废除封建制度，然后逐渐施行平等原则，循序渐进地实现自己的抱负。他还着手准备编写民法典，这灵感当然是来源于弟弟已经在巴黎获得的成功。但他的这些计划并没有像法国一样取得巨大的成效并推动社会飞跃发展。一个原因是，法国早已不像那不勒斯那样，还处于宗教势力的控制之中；另一个原因是，法国大革命为法国创造了深刻变革的条件，这是那不勒斯不具备的。约瑟夫在财政方面也做出了努力。在财政大臣的帮助下，成功地控制了财政支出，改善了税收。在二十八个月的时间里，约瑟夫努力发展经济，也取得了切实的进展。在波旁王朝留下来的富丽堂皇的宫殿里，国王毫不掩饰自己的奢靡，仿佛要以此来赞颂自己的统治。为了给来访者留下深刻的印象，他的宫廷像杜伊勒里宫一样金光闪烁。尽管他本人喜欢居住在简单舒适的环境里，但他还是毫不犹豫地在天花板上安装了华丽的水晶吊灯。王室的庄严华丽和他非常相衬。他在各种重大的场合都仪态大方、和蔼庄重，而在私下里又非常平易近人、易于相处。他喜欢所有事情都能得到平衡，在不同情况下都能保持得体的态度。一个新的君主就这样诞生了，而且还是个颇受人民赞赏的好君主。但对比将他送上王位的弟弟，他的自治权显得很有限。兄弟俩之间常常通信，一般都是拿破仑给哥哥建议，甚至是单方面做出决定后通知约瑟夫，而约瑟夫会假装服从。由于兄弟俩之间的距离，也因为他们互相之间的理解，有时国王其实是按照自己的决策行事，但他还是会向拿破仑报告。拿破仑对这位封臣兄长很满意，并未责怪他。毕竟，在法兰西帝国的附庸国中，那不勒斯可一直是典范。

1808年4月，约瑟夫刚入主自己的卡塞塔王宫（Caserte）——欧洲面积最大的王宫，就收到了弟弟一封语气非常强烈的信。拿破仑在这封长信中诉说了自己的担忧。由于把西班牙定为下一个目标，他担心没有合适人选能驾驭火热的西班牙人，他向哥哥表明情势紧迫，希望哥哥能尽快前往巴约讷与他会合，并推荐一位那不勒斯摄政王的人选。那不勒斯国王似乎得默默放弃自己的王国了。约瑟夫一回到那不勒斯就马上和顾问们商议这件事，斯坦尼斯拉斯·德吉拉尔丹（Stanislas de Girardin）认为他无疑很快就能当上西班牙国王。事实上，拿破仑确实欺骗了西班牙王室，他根本就没有打算保留原王室，而是想摘下他们的王冠。听了吉拉尔丹头头是道的分析后，约瑟夫眼前一亮。谁不想做西班牙国王，继任查理五世呢？但约瑟夫还是谨慎地写信给弟弟回复道："目前看来，西班牙的事务一团糟，我期待着陛下后续的行动。而现在，我有些不安。"

约瑟夫并不是一个很容易兴奋的人，拿破仑的冒险精神常常使他感觉不安甚至害怕。但他必须立即决定，因为5月10日他收到的第二封拿破仑的信上说，为西班牙王室波旁家族布下的陷阱生效了，他将很快戴上西班牙王冠。老卡洛斯四世和觊觎王位已久的儿子费迪南七世近几个月一直不停地争吵冲突，拿破仑几乎是坐收渔利，轻而易举夺取了王位。昔日波旁王朝领袖路易十四的后代们孱弱无能，只好归顺法国皇帝。约瑟夫国王立刻准备好了他的车马随从，匆匆忙忙地收拾了重要的文书，准备前往西班牙。为了不让臣民们担心，他在出发前还若无其事地参加了一场王后举办的盛会，其间表现得冷静温和，和平时毫无二致。翌日，约瑟夫悄悄地离开了那不勒斯，和他来到这片国土的时候完全一样，既没有什么声响，也没有什么疯狂的事。

前往巴约讷的这一段路颇为平静。他慢慢悠悠地跟在随从后面，好像在品味此刻生活给他带来的美好时光。途经法国博洛尼亚（Bologne）时，他停下来去拜访弟弟吕西安，两人畅谈了一番，又去都灵（Turin）和妹妹波利娜（Pauline）共度了一段惬意的时光，还在里昂的费什（Fesch）舅舅那里歇了半天。他虽然性格温和，但也毕竟是位国王，骨子里不喜欢听人安排自己的行动。不过，他不敢让拿破仑久等。到了约定的日期，拿破仑在离巴约讷不远的地方与他会合，气氛融洽。前一天，拿破仑刚和西班牙的贵族们碰过面，他们已经默许了约瑟夫的继位——即使后者还未到来。当新国王的四轮双座篷盖马车停靠在巴约讷城门前时，皇帝也马上从自己的车上跳下来迎接哥哥。两人见面热情而愉悦，难掩内心的狂喜。毕竟他们又从波旁家族手中夺下了一顶王冠，为波拿巴家族赢得了巨大的荣耀。自此，继法国、托斯卡纳和那不勒斯之后，除了葡萄牙以外，已经没有卡佩家族后代的一席之地了。[1]盛大的登基仪式完成后，法国皇帝邀请西班牙国王一同上车。六辆华丽的四轮马车在皇家卫兵的护送下前行，盛装的骑兵部队整整齐齐地排成一列，在前面开路。两位波拿巴家族的领袖并排坐在一起，在此起彼伏的“万岁”声中，动作惊人相似地回应着路边热情欢呼的民众们。

短暂的旅行后，他们抵达了拿破仑几周前刚买下的马拉克（Marracq）城堡[2]。在哥哥到达之前，拿破仑曾向西班牙人民发表了一番让人惊讶的宣言：“经历了漫长的痛苦和绝望之后，你们的国家已经死了，我看出你们很痛苦，因此我为你们带来了解药。我准备把贵国的王权交给我的哥哥，他可以说是另一个我。”正如约瑟夫最新的传记作者所言：“我们认识的拿破仑，本应显得更聪明些。”但拿破仑犯了个政治上的错误。多么不给人面子！事实上，拿破仑把西班牙变成了一个自己的傀儡统治下的附庸邦国。换句话说，西班牙的国王，只是拿破仑手里的木偶。在那不勒斯，约瑟夫尽心尽力地扮演了拿破仑口中所说的“另一个我”，还能令当地人满意。然而，告诉骄傲的西班牙人，“你们只配被君主的克隆体来统治”，是多么不合时宜！从此，约瑟夫多了一个外号：“约瑟夫本人”。这样一来，他很难赢得民心不说，甚至算不上一位真正的国王，连大臣、行政长官都算不上，被他全知全能的弟弟粉碎了存在感。约瑟夫的统治，从第一天起，就被拿破仑宣判了死刑。

---

[1] 依照法国的传统政治理论，波旁家族与自 10 世纪起统治法国的卡佩家族一脉相承。——编者注

[2] 位于法国西南部巴约讷城，现已废弃。——编者注

但是在马拉克城堡，新国王的声誉还未受到什么影响。在1808年5月的庆典上，西班牙的政要们济济一堂，等待着他们的新主人。西班牙贵族和议会代表纷纷向约瑟夫表示效忠。国王颁布了新的宪法，起誓将捍卫它，并维护西班牙的独立，以及为了人民的幸福而统治。他的讲话似乎感染了在场的西班牙人，人群中响起“国王万岁”的呼喊声。他的统治可以开始了。但是在人群附和的微笑之下，都是一张张精神不振的脸。大部分人看起来巴不得马上回家乡去。与皇帝向约瑟夫断言的情况正相反，西班牙半岛上正在酝酿着一场革命。在和臣属们的第一次对话中，新国王就迅速表现出了不适。所有人都在谈着“叛乱”的问题，而现在他已骑虎难下。7月9日，这天清晨，在比达索亚（Bidassoa）河畔，拿破仑给哥哥约瑟夫送行，并向他授予了荣誉勋章。国王周围还有人落泪。不一会儿，约瑟夫，或者说唐·约瑟夫一世（Don José primero）就登上马车驶向了西班牙。

两个小时很快过去了，一队人马到了圣塞瓦斯蒂安城（San Sebastián），当地政府的欢迎大典对这位异国统治者来说是如此迎合与谄媚，但街头却空空荡荡，也很少有人透过窗户看国王一眼。在众多法国随从周围，只有为数不多的西班牙人，嘀咕着这个波拿巴真是个“帅哥”，但也可以是个“英俊而强壮的吊死鬼”。还好，约瑟夫什么也没听到，他只是惊讶于人民的冷漠。西班牙人不是应该对旧政体的倒塌充满了不甘与鄙视吗？他们难道不渴望政治体制焕然一新的改革吗？事实上，此时的西班牙已是造反者的天下。各地人民纷纷武装起来，而军人却纷纷开小差。不时有逃兵前去与暴动者会合，加入反抗组织，而神职人员则号召信徒大肆杀戮异端分子。西班牙新的基督教教义是用鲜血写成的，上天堂的待遇被许诺给了杀死“法国佬”的人。为了新国王入城，马德里的官员本来尝试复原卡洛斯三世奢华的排场和繁复的王室礼仪。但1808年7月20日，当约瑟夫国王进入首都的时候，他只看到了满街法国士兵的军帽。一名法国官员记录下了庆典之夜的场景："没有一位教士走在街上，也没有任何衣着体面的行人。住宅里没有一块窗帘露出缝隙，没有一栋房子打开大门，就像紧闭的人心，到了晚上，没有一扇窗户透出灯光。"整座城的气氛阴森而死寂，仿佛完全是座为约瑟夫打造的地狱之城。

但在那个时候，谁能想到奥斯特利茨战役的胜利者正在引发后来被称为"西班牙癌症"的大动乱？如果某些回忆录作者否认这一点，必然是别有用心的。然而，当时，没有任何报告或书面材料提醒西班牙国王那些危险。拿破仑似乎是不可战胜的，从雾月政变到耶拿（Iéna）战役，拿破仑一路过关斩将，谁能怀疑他的过人天赋？即使是一向谨慎的约瑟夫也被诱惑卷入了西班牙的事务，毫无主见地盲目跟随自己的弟弟。尽管有一颗忠心，但后人的评价可不会嘴下留情。懦弱、胆小、优柔寡断、糊涂，这是历史上对约瑟夫的评价。今天，约瑟夫的形象有待重估。我们有理由去怀疑，这也许是一位在波拿巴家的众多兄弟姐妹中，被弟弟压垮的长子。

备受争议的长子

约瑟夫出生于1768年1月7日，这个日子在有关波拿巴家族的作品中一直不怎么受重视。与弟弟的生日不同，没人乐于为这一天编织美丽的传说——尽管对于年轻的波拿巴夫妇来说，这同样是个美妙的时刻。以夏多布里昂为代表的作家们记录下了约瑟夫的出生日期，因为他们把这当作拿破仑的实际出生日期。这种看法的原因多种多样。有些人认为，由于皇帝出生时，科西嘉岛还不是法国的领土，为了避免对于他“外国人身份”的质疑所以修改了出生日期；还有一些人认为夏尔是为了让两个孩子进入皇家学院而伪造了他们的出生日期。今天的一些历史分析强烈谴责这两种耸人听闻的传闻，说它们不过是为了追求轰动效应。正如蒂埃里·伦茨所说：“在历史中，尤其是关于拿破仑的历史，永远有许多无法被证实的神秘传闻。”我们无法断定这些传闻的真假，但可以肯定的是，约瑟夫比拿破仑年长。在约瑟夫出生之前，在那个婴儿死亡率非常高的年代，母亲莱蒂齐娅已经有两个孩子刚出生就夭折了，约瑟夫是第一个活下来的孩子。而父亲夏尔当时是波拿巴家族唯一的继承人，新生儿约瑟夫在这时无疑是最受欢迎的。

民族英雄保利失败以后，他被带回阿雅克肖的家里。这一时期，他的父亲在科西嘉新主人身边混得如鱼得水，小约瑟夫的童年就这样开始了。在他二十个月大的时候，就必须和另一个孩子分享母亲的疼爱了——拿破仑出生了。在这一阶段，约瑟夫表现出了作为一个可靠兄长的所有美好品质，兄弟二人的关系非常融洽，互相照顾，互相扶持。夏尔并不是个热心于家庭事务的人，妻子又总在怀孕，脾气暴躁，这让夏尔并没有怎么关注过他的两个儿子。在拿破仑出生后，由于接连三个早产儿的离世，约瑟夫和拿破仑度过了没有其他兄弟姐妹打扰的宁静而融洽的六年童年时光。在年龄稍大一些的时候，约瑟夫就和拿破仑一起，在王室中学文科教师雷科（Recco）神父那里，度过了最初的学习时光，尤其是学习阅读。随后，父母安排他进入教会，而让拿破仑开始军旅生涯。在家族中，参军的通常是长子。而到了约瑟夫这里，这条不成文的规定已被抛在脑后了。我们似乎能推断出他的父母更宠爱年幼的弟弟。

离开科西嘉岛五年后，在一封家书上，拿破仑曾写道："我的哥哥已经没有多余的勇气去迎接一场战斗带来的冒险了，他的身体瘦弱，体力也不足以支撑其上战场打拼。"他还评价哥哥的性格："他性格直率，总是热衷于打点一些琐碎的人际关系。"当看到约瑟夫醉心于社交应酬，他又问道："在社交场合他倒是挺得心应手的，如果是在战场上呢？"他还补充道："这也是我亲爱的父亲所担心的问题。"约瑟夫对弟弟也没有过多的正面评价，在他眼里："弟弟的缺点远多于优点，最恶劣的品质是挥霍无度、铺张浪费。"可以想象，在并不富裕的家里，对于节俭的小约瑟夫和比他更节俭的母亲来说，这确实是个令人难以忍受的缺点。对于拿破仑来说，宗教学习这条路简直是浪费且低估了他的能力。在家族里，大概没有比这更容易达成的目标了。然而，让约瑟夫走上宗教学习这条路，似乎是家族对这个最年长的孩子不信任的表现。雄心勃勃的夏尔一向仪表威严、善于学习，而莱蒂齐娅则在家庭中拥有至高无上的权力，至于拿破仑，顽皮、好动而独断专行，因此，谨慎、害羞而保守的长子并没有在父母或弟弟面前表现出能进入军队的应有素质。所以，拿破仑毫不费力地取代了这位常常过于瞻前顾后的哥哥。

1778年12月12日，约瑟夫在父亲、拿破仑和费什舅舅的陪伴下开始了他的第一次法国大陆之旅。圣西尔维斯特节（Saint-Sylvestre，12月31日）的前一天，这个家族小团体前往了传教士创办的奥坦中学——他即将度过六年时光的地方。约瑟夫进入六年级后，开始系统地学习拉丁文、数学、法语、修辞学、逻辑学和神学。他是个非常有天赋的学生，看起来似乎有点儿懒，但那却是他自己独特的学习方式。而且他非常讨人喜欢，人缘很好，又懂得获取老师的欢心。除了天生精神上比较独立以外，他几乎拥有了一个模范学生所有的美好品质。他像个饿极了的人一样狼吞虎咽地啃食一切能拿到手的书籍，加上强大的知识储备，他很早就掌握了复杂的句法和词语的拼写，这是拿破仑永远做不到的。他还有一个和未来法国皇帝最大的不同，就是他的社交能力，他似乎很容易就能融入身边的团体中，科西嘉口音都消失了。在第四年的学业结束的时候，他甚至被选中扮演莫里哀的戏剧《讨厌鬼》(*Les Fâcheux*)中的主角。如果他一直操着一口科西嘉牧羊人那样的口音，怎么可能赢得伊拉斯特(Éraste)这个角色呢?

我们这位年轻的背井离乡的学子，并没有因为远离家乡而感到痛苦，反而由于熟练的社交技巧，毫无困难地和各种法国贵族家庭的子女建立了友好的关系。总之，这个年轻的科西嘉人在离家很远的地方茁壮成长着，直至能一手掌握自己的命运。事实上，他只有一个愿望，那就是离开被强加于其身的教会生活。他在1783年终于迎来了这个机会。在勃艮第总督孔代(Condé)亲王的颁奖仪式上，他向亲王表示了尊敬，并发表了一段饱含深情的演讲。在演讲得到了一致的肯定与好评后，孔代问他属于哪个社会等级。奥坦主教抢答："他是教士！"听到这句，约瑟夫马上反驳："愿为吾王效命！"也就是说，他愿意加入军队。总督被他的热情打动，不顾主教的尴尬，肯定了他的请求。尽管主教脸色非常难看，约瑟夫还是巧妙地达到了目的。现在他知道，自己再也不用穿祭袍了。通过这件事，约瑟夫展现了自己果决而机智的一面。

约瑟夫天性温和且具有亲和力，很擅长打感情牌，他心里也非常清楚自己的魅力所在。无独有偶，他也像父亲一样，享受着这项天赋带来的恩惠，甚至是滥用(尤其是在勾引女人方面，他是个绝对的专家)。像碰到孔代亲王这种千载难逢的机会，他自然是毫不犹豫地全力展现自己的魅力，并且表现得还非常自然，毫不做作。他得到了勃艮第总督的赏识，让所有人大跌眼镜——无论是奥坦主教，还是他的家人，有人甚至感觉自己遭到了背叛。比如弟弟吕西安，从此把哥哥称为“骗子”。那么，谁是最早知道他这套把戏的人呢？是拿破仑。后者有可能把这视为一种挑战吗？也许吧。

听到约瑟夫的作为，他的弟弟拿破仑撇了撇嘴。去当兵？就凭约瑟夫吗？在他眼里，这根本就是连方向都错了的事。他对此表示很担心，却也不乏嫉妒之情，于是恳求父亲不要对失去判断力的哥哥做出让步。像精神分析大师弗洛伊德判断的那样：“哥哥是天生的对手，弟弟对他的敌意是无限的。假以时日，甚至会发展出致对方于死地的念头。消灭约瑟夫，取代他的位置应该是拿破仑童年时期最强烈的动力。”如果我们跟随弗洛伊德的思路，我们就会知道为什么哥哥的觉醒对于自认为已在兄弟竞争中完胜的拿破仑来说是个坏消息。而在这次小小的“叛乱”之后，夏尔开始四处活动，准备把约瑟夫也送进军校。

1784年夏天结束的时候，一封来自布里耶纳军事学校的录取通知书寄到了科西嘉。这一刻，这个16岁的少年欣喜若狂，但一场家庭悲剧将改变他的一生。像六年前那样，父亲陪着约瑟夫前往法国大陆，但这时，夏尔已经没有几个月好活了。在蒙彼利埃，约瑟夫一直守在父亲身边，直到1785年2月24日，病魔终于夺去了夏尔的生命。父亲的死亡让约瑟夫放弃了前往布里耶纳读书的机会，家里也没有多余的钱供他去上别的学校。莱蒂齐娅一夜之间成了带着八个孩子的寡妇，而孩子们还在上学（最小的孩子热罗姆则刚出生）。只有拿破仑又考进了巴黎军事学校，似乎勉强脱离困境。此时，约瑟夫被迫返回科西嘉岛，但并没有马上扮演一家之主的角色——该角色由弟弟吕西安承担。他在父亲临终前答应过会以他为榜样，进入法律界，并开始努力学习法律。现在，轮到他接过波拿巴家族在科西嘉岛的火炬了。

从政治到生意

终其一生，夏尔都只是一个蹩脚的管理者。为了把父亲留下来的几家公司打理好，约瑟夫东奔西跑，活脱脱像一只热锅上的蚂蚁。他加入了律师团体以后，又想尽办法动用各种手段，为家族带来真正的收益。他兑现了与父亲约定过的承诺，去托斯卡纳学习法律。1788年4月24日，在经过一年的学习后，他获得了比萨大学的文凭。约瑟夫喜欢意大利，喜欢托斯卡纳，他在那里待到了1789年秋天。当整个法国为之震动的大革命爆发时，正醉心于家族事务的约瑟夫，不想置身事外。当市政选举在家乡举行的时候，我们的野心家毫不犹豫地参选了。为了能成功入选，他伪造了自己的受洗记录，好让自己能够达到候选人的最低年龄限制（比实际年龄夸大了4岁，谎称自己是25岁）。投票结果对他非常有利，他成为新市长——与波拿巴家族友善的让－热罗姆·莱维（Jean-Jérôme Lévie）的助手。约瑟夫所在的派别是联邦主义者。另外，岛上还有分离主义和君主主义的势力。此时的科西嘉岛四分五裂，潜藏着无政府统治的风险。

在这场狂热而危险的战斗中，一位人们早已熟知的人物又登场了，他就是帕斯卡尔·保利。受科西嘉岛人民尊重和敬仰的保利是唯一能聚集各个党派，且结束混乱现状的人。在岛屿中部的奥利扎（Orezza），围绕着保利召开的省级议会举行，整个流程参照了过去的元老院议会。约瑟夫不费吹灰之力就作为阿雅克肖的代表，被选为议员。在奥利扎修道院旁边的栗子树下，科西嘉岛的代表们，在没有得到委托的情况下，越权改革了整个行政管理体系，顺便把管理岛上事务的美差归为己有。约瑟夫在政治的浑水里蹚得很是惬意——他没有被遗忘，而是被任命为阿雅克肖的督政府成员。1790年10月9日，抗议迅速平息，他的地位得到确认。波拿巴家族出色地获得了巨大的影响力，却在保利的心中埋下了嫉妒的种子。

由于受到一定程度的分离主义的影响，保利对夏尔的这个儿子不怎么信任。1791年，他设法阻止约瑟夫进入立法议会做议员，并且公开对他表示出不屑，想就此孤立他。保利称他为“毛头小子”。为了顾全大局，不给自己和家族惹麻烦，约瑟夫对这些言论不置可否。约瑟夫很有可能是在等待最佳的复仇机会，但他筹备好的计划全被自己弟弟的一时冲动给打乱了。拿破仑在阿雅克肖国民卫队军官的选举之后产生的风波，给约瑟夫和家族都带来了不好的影响。拿破仑希望以自己的方式稳住阵脚，却冒犯了不少人，这也是他日后回到法国本土的原因。和哥哥不一样，拿破仑那时还并不明白，在科西嘉岛混乱的政治环境中生存，必须投入大量耐心和时间。约瑟夫利用人脉关系，好不容易才摆平了这件事，没让拿破仑吃太大亏，但却激起了保利的敌意。在接下来的选举中，我们的年轻政治家失去了督政官的位置，惨败于科西嘉新领导人的一位拥护者。尽管他在政治上的升迁变得缓慢，但他还是坚信只要花费更多的时间就能获得成功。他的观点是对的，但问题是，在科西嘉这样的小池塘里，他又能存活多久呢?

1793年4月14日，为了避免保利党人的势力扩张，巴黎的国民公会更换掉了昙花一现的科西嘉议会，并无情地将保利免职了。这在小岛上引起了不小的风波。保利的党羽们早就想收拾波拿巴家这两个讨厌鬼了，于是趁机把约瑟夫和拿破仑驱逐出了科西嘉岛。兄弟二人只得在1793年6月9日渡海前往法国。临走时，约瑟夫朝人群吼道："保利终于举起了造反的大旗，我受他蒙骗的时间比你们还要久！我受到惩罚了，终于成了他的牺牲品！"说完这番话以后，他表情很痛苦。一到达土伦，他就立马驾车前往巴黎，准备向拥有至高无上权力的国民公会汇报他所看到的一切。他言辞愤慨地指责了变节者保利的所作所为，正好迎合了准备施行铁腕政策的法国政府。他的归顺受到了奖赏：约瑟夫摇身一变成了马赛第一阶级的战争特派员。这可是个肥差，源源不断的财政资金要从他手里经过，他怎么会错过利用职务之便发横财的机会呢？

一天晚上，约瑟夫在办公室里草拟一份给军队的供货文件，正感觉自己有点儿昏昏欲睡的时候，一个衣着光鲜的美丽年轻女人走了进来。她的名字叫德西蕾，来为自己哥哥几天前被不公正逮捕的事打官司。约瑟夫在亲切和蔼地为她出谋划策的时候，也顺便在她的陪同下结识了马赛批发商克拉里一家，办完事后钱包也塞满了。德西蕾的妹妹朱莉与姐姐一样，也是一个可以带来政治利益的人。作为一个野心勃勃而又有着金钱欲望的政治家，约瑟夫意识到与一个克拉里家的女孩结婚会是个不错的选择。克拉里家族不但家财万贯，而且是著名的保王派。在这个随意强加罪行就能让脑袋落地的混乱时刻，两个家族联姻也许是在大革命的洪水中保持屹立不倒的最好出路。1794年8月1日，在马赛附近，约瑟夫和"又丑又懒"（这句话出自巴拉斯）的朱莉举办了婚礼，这段婚姻将持续到他去世的1844年。虽然两人之间没有什么爱情，但彼此一直从心底里尊敬对方。与其说是夫妻，不如说他们更像是抵御人生风险的同盟。他们有三个女儿，只有两个长到了成年。作为妻子的朱莉，婚后面对丈夫的屡屡不忠，选择把全部注意力放在孩子身上。有几次，丈夫很长时间没有回家，她也没有发出任何抗议。朱莉毫无保留地包容了丈夫的自私和独立，作为回报，约瑟夫给了她虽然没有爱情但一生衣食无忧的舒适生活。

如他的传记作家蒂埃里·伦茨所说的那样，约瑟夫开始了自己的“商业期”。与克拉里家族合为一体后，约瑟夫开始专心做起生意来，将他的金融才能发挥到了各个领域。当时法国政府为摆脱财务困境而大量发行的指券（assignant）[1]就为他带来了很好的商业投机机会。而且多亏了克拉里家灵通的消息，尤其是来自意大利的最新行情，让他们在指券上大赚了一笔。约瑟夫又与拿破仑串通好，购买了许多货物，把价格翻了几倍后在原材料市场抛售。为了让商业机会最大化，约瑟夫干脆和妻子以及妻子家族的人定居在热那亚。在这座利古里亚的首府城市，他们赚得盆满钵满。与科西嘉人重新建立了联系以后，在精明的热那亚银行家的帮助下，他们的生意获得了可观的利润。双喜临门，朱莉在这时候发现自己怀孕了。变得有钱的约瑟夫又得到自己将要做爸爸的好消息，已经飘飘然了，他把法国忘到了九霄云外，一时疏远了困难重重的拿破仑。1795年的夏天，波拿巴家族的成功者是约瑟夫。那时，拿破仑将军情绪非常低落，对什么事都提不起兴趣，而狡猾精明的约瑟夫似乎已经向前迈出了一大步。10月4日，拿破仑的转机终于来了。由于平息叛乱有功，拿破仑青云直上，扳回局势，一下子又和哥哥拉开了不小的差距。正在拿破仑政治地位步步高升的时候，他成了寡居贵妇约瑟芬的情人，后来与其在1796年完婚。我们这位醉心于热那亚事务的企业家没空关心弟弟的新生活，好几个月后才得知拿破仑和约瑟芬结婚的消息。这则消息令他目瞪口呆，对弟媳满腹狐疑。约瑟夫开始

---

[1] 法国大革命时期发行的可作为货币流通的有价证券。——编者注

担心，甚至厌恶她对拿破仑的支配和控制。既然拿破仑仍是波拿巴家族的一员，那么"入侵"的博阿尔内家族——尤其是约瑟芬的孩子，将会对波拿巴家族产生影响。这是约瑟夫难以接受的。而且自从这个女人闯入拿破仑的生活，他的弟弟也确实和以往不同了。对于哥哥来说，约瑟芬就是一个潜在的危险。其后十多年，约瑟夫都在操心离婚的方案，直到最后，一场新的政治婚姻结束了他的担忧。

血性外交官

1796年，拿破仑在意大利取得了胜利，并把这份荣耀带给了哥哥。去巴黎公干结识了约瑟芬之后，约瑟夫重回科西嘉。此时恰逢英国暗中支持的保利党羽在岛上被翦除。没过多长时间，约瑟夫成功进入科西嘉南部的政治管理体系，并一点一点渗透到了科西嘉岛的领导核心群体中，最终在岛上站稳了脚跟，获得了至高无上的权力。不用怀疑，波拿巴家族的最佳复仇时机终于到来了。1797年4月10日是选举的日子，约瑟夫轻松地以500票对103票的巨大差距击败了对手，像他父亲二十年前一样，非常自豪地当选为法国统治下科西嘉岛的代表。但从这一刻开始，他的眼光将不再局限于科西嘉岛的发展。整个意大利半岛都将臣服于波拿巴家族。

还没高兴多久，一个突如其来的厄运险些浇灭了他心中的狂热：他的孩子泽纳德（Zénaïde）于3月6日不幸在热那亚夭折了。不过，约瑟夫一参加完葬礼，就向督政府自荐，先被任命为共和国驻帕尔马大使，5月又为驻罗马大使。后者是个他非常渴望的职位，自1791年教皇与法国中断外交关系以后，就一直无人担任。从那时起，一切都亟待重建，尤其是与罗马教廷的关系。罗马教廷盛情接待了约瑟夫，他们对这个大使的儒雅风度印象颇佳，他脸上永远挂着亲切的笑容。不过，这笑容并不能掩饰法国日渐咄咄逼人的气势。他的众多任务之一，就是保证《托伦蒂诺条约》（*Traité de Tolentino*）的顺利执行。在条约中，法国政府向罗马索要巨资，并逼迫罗马将大量的艺术杰作转移到巴黎。其中一部分转移到了我们大使自己的手里。但是俗话说“不义之财留不住”，约瑟夫租来运送艺术珍品的小船在海上遭到劫掠，他辛苦搜刮来的赃物就这样消失在海风中了。

约瑟夫在政治上颇为活跃，他在私底下支持着罗马的一些共和党人（即“爱国者”）。不过，纵使他谨慎行事，还是很快被爱国者的狂热坏了事。1797年12月28日，悲剧发生了。这天，爱国者聚集在约瑟夫居住的科尔西尼宫（Corsini）前示威游行，教皇军队闻讯而至，并与其发生了冲突。在混乱和惊恐的气氛中，一部分人被逮捕，还有一部分慌不择路地冲进约瑟夫的官邸寻求庇护。教皇的军队也闯了进来。约瑟夫持剑命令军队撤退，并承诺将驱散示威游行者。但士兵和爱国者僵持着，局势依然非常紧张。法方的迪佛（Duphot）将军被教皇的士兵抓住，并被残忍地当场处决。约瑟夫已经做好了面对最坏情况的心理准备，但幸运的是，场面最终得到了控制，事件渐渐平息了下来。然而，事已至此，他别无选择，只能离开罗马前往巴黎。由于有了意大利之旅的镀金，约瑟夫回到巴黎以后顺理成章地得到了高升。此时的约瑟夫还不到30岁，就已经实现了他毕生的梦想：腰缠万贯，在巴黎郊区的孟特芳丹（Mortefontaine）私宅享受着奢华的生活，由十几个仆人服侍着。约瑟夫爱好华丽的排场，但绝不浮夸，这让他的住所看起来奢华而不空洞，昂贵而有灵魂。

1789到1799年，他在孟特芳丹享受了一段宁静的休闲生活，而在这期间，弟弟则离开巴黎去埃及征战，波拿巴家族因此面临着衰落的危机。督政官巴拉斯对这个野心勃勃的家族心存戒备，而约瑟芬，也因为约瑟夫的各种小动作，越来越担心自己与拿破仑的婚姻。拿破仑在1799年10月的时候从埃及回到巴黎，这让家族成员再次聚集到了大野心家波拿巴将军周围，利用各自的社会关系，各显神通，为拿破仑的政变做准备。约瑟夫此时走到了前台，凭借社交和演说技巧，为波拿巴家广交政界要员，获得了更多盟友的支持。在孟特芳丹的宅邸中，一场又一场秘密会谈正在进行，与会人员精心筹备着一个推翻日薄西山的羸弱政府的计划。11月9日，约瑟夫把共和派将领贝纳多特（Bernadotte）——也是其连襟（贝纳多特于去年8月18日与德西蕾·克拉里完婚）——留在家中用午餐，请他保持中立。第二天，失去民心和实权的督政府被拿破仑操控的执政府取代了。

三弟吕西安进入执政府担任大臣，约瑟夫则成了一名外交官。因此，1800至1802年，波拿巴家的长子就作为主要谈判代表，以法国之名进行外交工作。在职期间他成功签署了四个主要条约：与美国签订的《孟特芳丹条约》（*Convention de Mortefontaine*），与奥地利签订的《吕内维尔条约》（*Traité de Lunéville*），与教皇的政教协定，以及与英国的《亚眠和约》。作为谈判官的约瑟夫威严庄重却又性格温和、礼貌得体，从不在无关紧要的细节上浪费时间，非常懂得区分主次，绝不拖泥带水，也从不会因为对方的气势或态度而显得局促不安。久而久之，他成了外交这盘棋上最果断、有耐心、有条不紊的棋手。每当弟弟不耐烦的时候，他都会为其提供建议和办法。和拿破仑不一样，约瑟夫喜欢和解的性格是与生俱来的，他骨子里是个“佛罗伦萨人”。四个条约的成功签署为他带来了空前的声望和地位，这位传奇谈判官已经成为人人赞颂的著名英雄了。

1802年8月4日，他被任命为元老院议员，获得了更大的影响力，后来更是充当了弟弟不在时的可靠代理人。除去元老院和荣誉军团的事务以外，约瑟夫还广泛结交诗人、作家、艺术家、政界名流等，常常在孟特芳丹的私宅里准备晚餐，或是组织游戏宴请这些圈子里的人。他尊贵的第一执政弟弟久居权力中心杜伊勒里宫，因此，与他的会面是约瑟夫很珍惜的事。在他的回忆录里，对这个特殊瞬间略显夸张地描述道："曾经有一段时间，我挚爱的弟弟对我无比信任，我比其他所有人更了解他，因为我并没有参与政府事务的管理。我看着这么多人来求见他，有来自城里的、乡下的，我总是在观察和推测社会各个阶层的真正意图，哪些人是带着衷心的祝愿来的，哪些人又是抱着其他目的，有求于第一执政的。在巴黎、在里昂、在马赛，我都记不清我的弟弟有多少次向我询问解决方法，怎么做合理，怎么处理符合这个或那个阶层的利益。就连英国警察也视我为'有影响力的人物'。"

自觉羽翼丰满之后，拿破仑变得自大起来，有时候会因为一些鸡毛蒜皮的小事，与哥哥发生争吵。但在这些不和睦的表象之下，隐藏着一个最重要的问题，就是拿破仑的继承人问题。对于波拿巴家族的成员来说，权力必须牢牢控制在家族内部，以防拿破仑遭遇不测后被外人夺权。约瑟夫看起来是个可靠的继承人，当拿破仑在意大利的第二战没有消息的时候，康巴塞雷斯就曾经公开地表示支持约瑟夫继位。但是拿破仑本人可完全没有这个意思。事实上，拿破仑夫妇早就做好了万全的准备来防止约瑟夫达到他的目的，他们还为此在1801年大费周折地决定过继奥尔唐斯和路易的儿子。当拿破仑"伟大的儿子"拿破仑·夏尔出世以后，所有人都清楚获得继承权的人选已经没有悬念了。约瑟夫的内心极度失望，但仍然没有放弃成为统治者的梦想。但是从1802至1805年，这个曾经有威信的大哥渐渐失去了左右第一执政的能力，例如，他没能阻止拿破仑为约瑟芬加冕，还被粗暴地排除在新宪法起草成员之外。于是他不再热衷于政治事务，干脆转移精力为自己的利益服务去了。

约瑟夫一心盼着有机会在法国上位，拒绝了拿破仑给他安排的意大利国王的头衔，后者便只得自己加冕为意大利国王。受到这件事的影响，皇帝推荐约瑟芬的儿子欧仁为意大利亲王，但此举也未能改善博阿尔内和波拿巴两个家族之间已经相对紧张的关系。不过，拿破仑的登基对于哥哥来说多少有些好处，摇身一变成了法国亲王的约瑟夫不但在宫廷中享受着空前的地位，还得到了前所未有的舒适待遇。1805年，拿破仑离开巴黎征战期间，约瑟夫代替弟弟总统政务，与康巴塞雷斯协作。他一丝不苟地履行着自己的使命，除此之外还要想办法防止帝国经济整体溃败。由于法国与反法同盟的战争再次爆发，拿破仑设计的财政体系面临着崩溃的危险。即使在经济恐慌面前，约瑟夫也没有丧失他的沉着冷静，他谨慎而果断地下达命令，终于把国家从经济危机的风暴中心拉回安全地带。危机结束的时候，弟弟史无前例地对他表示了由衷的称赞："你在我离开巴黎期间所做的一切让我非常满意，请接受我的感谢。"毋庸置疑，他在法国皇帝心里的地位又升高了。

从那不勒斯到马德里

–

1805年12月27日，拿破仑任命哥哥为那不勒斯军团的统帅，承诺他只要一将弱小的那不勒斯打败，就可以获得前来挑衅的费迪南四世的王位。约瑟夫已经不再胡思乱想，热情满满地踏上了前往南意大利的征程。这是一个非常好的机会，他不能拒绝。既然他已经放弃了有朝一日要做第二任法国皇帝的念头，意大利不失为一个很好的出路。后头的事情我们都知道：约瑟夫在那不勒斯的王权无疾而终，而当西班牙国王的王冠传到约瑟夫手中的时候，针对“异教徒波拿巴”的圣战正打得火热。身处于马德里巨大的皇宫中，约瑟夫全面考量自己的处境：即使不能说如坐针毡，也足够令人不安了。在拜伦市（Bailén），一位名为杜邦（Dupont）的法国将军几乎不战而降。原来法国这只常胜的雄鹰也有栽跟头的时候！看到希望的西班牙反对派又重新举起了抵抗的大旗，且越战越勇。曾经所向披靡的法国军队节节败退，最终从马德里撤退。新国王在首都第一次驻足的时间，总共不超过十天，就得赶紧逃命了。在撤退的时候，他突然意识到自己完全无法操控法国军队：以苏尔特（Soult）为首的各大元帅对约瑟夫鄙夷不屑，拿破仑和贝尔捷（Berthier）元帅远在巴黎，却继续发号施令。那不勒斯的王位被缪拉取代了，而约瑟夫现在完全被晾在了一边，陷在西班牙这摊烂泥里动弹不得。

1808年12月4日，面对军队的节节退败，拿破仑亲自带兵攻打西班牙半岛，此举激起了马德里人民的起义运动。然而，战争之神又一次取得了胜利，但这胜利并不彻底——他匆忙赶回巴黎，没有将英国军队一举击溃。本来该在加的斯（Cadix）登船撤退的英军，移师葡萄牙，再次开战。而此时反叛军的势头也未曾减弱。这场“食人之战”[奈伊（Ney）元帅的形容]和这日复一日的大屠杀看上去永远没有尽头。无论在哪个战场，新国王都被公然地晾在一边。每当他向皇帝谏言，都会得到无比粗暴生硬的回答：“你在跟我开玩笑吗？我不需要战事顾问，也不会向任何人咨询……你对战争一窍不通。”拿破仑对哥哥的军事能力非常不屑，极尽嘲讽。在这片被爱国者和法国士兵鲜血染红的土地上，约瑟夫的存在几乎没有任何分量。

1809年1月22日，国王第二次进入他的首都。这次民众对他的欢迎似乎稍微热情了一些，这让他对自己恢复了点儿信心。他不但要让自己看起来像个国王，还要让自己做个正直的人。他不光是为西班牙人民的幸福和利益着想，还把自己当作一个真正的西班牙人。像在那不勒斯一样，他主张从政治上进行和解。但一切都是徒劳。第一个障碍：他严重缺少经费。反抗战争的蹂躏让本就发展迟缓的西班牙经济遭遇了危机，再加上英国的海上贸易封锁和殖民地的丧失，商业往来也被阻断了。因此，西班牙政府的财政收入非常惨淡。不仅如此，但凡稍微有几个子儿进入国库，也都花在法国军队上了。奉行“以战养战”原则的拿破仑还剥夺了哥哥部分必要的税收来源。此外，由于西班牙各个省都被各元帅或是听命于巴黎的将军牢牢控制着，约瑟夫提出的所有改革措施都被忽略了，几乎没有起到任何效果。从1809到1813年，约瑟夫国王的统治如同竹篮打水。他在马德里所做的努力多少起到了一点儿效果，也得到了几千名拥护者，但在被游击队或法国军队控制的其他地区，则没有什么影响。在这些地区，法国军官和各个元帅明争暗斗，在没有拿破仑进行干预的情况下，形势混乱不堪。

这种混乱的局面给了英国–西班牙联军往前推进的机会。狡猾的英国将军阿瑟·韦尔斯利（Arthur Wellesley），也就是后来的威灵顿公爵，很好地利用了对手的内部矛盾。与此同时，尽管法国军队打了几场胜仗，但没有哪一场足以给西班牙半岛带来和平。刚好相反，“西班牙癌症”还在无情地蔓延着，削弱着约瑟夫的权威，这位名誉扫地的西班牙国王，有时甚至被自己的支持者嗤之以鼻。约瑟夫经常恳求弟弟给予用自己的方式统治国家的机会。“我是通过你的武装力量成为西班牙国王的，我也可以通过人民的敬爱而成为西班牙国王。但要做到这一点，就必须按我的方式来。”说到心里的痛处，约瑟夫补充道，“那些错误的位置只应该留给没有脑子的蠢货。”然而他这些言辞恳切的肺腑之言最终还是成了一纸空文。1809年年末，约瑟夫给妻子写信吐苦水：“我已经完全忍受不了现在这份工作了，如果我和皇帝的关系就这么僵持下去，那我恐怕要另谋职位了；如果他的目的是让我对西班牙感到恶心和厌烦，那他已经成功了。”在欧洲这个大棋盘上，约瑟夫也不过是拿破仑游戏中的小小的一枚棋子。抵达了权力巅峰的法国皇帝，现在已经听不进任何人的意见了，更别说他本来就已经不放在眼里的哥哥。

陷于绝境的约瑟夫已经没有多少选项可选了，但骄傲的自尊心并不允许他狼狈地回到孟特芳丹。纵然整片国土已经战火纷飞，他的离开依然会被视为懦弱的表现而遗臭万年。从那时起，他只能把自己泡在盛满苦酒的杯子里，整日痛饮，尝尽辛酸。但是，如果该有的资源都有了，他能成功吗？也许给他充分的权力，再调派几名得力干将，一开始他是有能力成功的。但现在未必，因为西班牙人民的怒火已经完全点燃了。他不能盲目镇压叛乱，他的良心不准许自己采取这种粗暴的方式来解决问题。无论是对于国家还是对于当事人来说，或许一开始任命外交官约瑟夫来统治这个满是战火与鲜血的国家，本就是一个错误。他想把控大局，尽心尽力地履行作为王室的义务，但这一切仅仅是个美好的幻想罢了。

约瑟夫私底下常常到丰腴的蒙特赫莫索（Montehermoso）伯爵夫人怀里寻找慰藉。这位夫人只是他众多情妇之一。他凭借金钱和迷人的气质吸引了不少女人，对此他毫无羞耻感。约瑟夫粗暴地对待她们，以证明自己身上的男子气概，这些情妇起码让他生出了许多隐秘的自豪感。由于从离开那不勒斯开始朱莉就一直不在他身边，这让他更加肆无忌惮地享受着荒淫的偷情生活。此外，从政治上来说，把妻子留在巴黎是个很好的选择。她深受皇帝的喜爱，又与丈夫很是亲密，她简直是他最好的女大使。在西班牙，虽然情况不甚乐观，约瑟夫还是尽自己最大努力去做好一名国王。然而，西班牙疲软的经济和他膨胀的野心毫不匹配，最后，他不得已只能自掏腰包来保住头上的王冠。在拿破仑和玛丽－路易丝结婚以后，马德里和巴黎的关系迎来了短暂的春天，但很快又恢复到原来互不理解的状态，甚至比以前更加疏远。例如，拿破仑单方面决定合并西班牙加泰罗尼亚（Catalogne）地区，将其划分为法国的四个省，他甚至都没有提前告知约瑟夫。

1812年年初，英国发起的一次进攻严重威胁到了法国的地位。在危机面前，约瑟夫终于取得了他统治的国家里所有军队共23万人的指挥权。但觊觎葡萄牙王位的西班牙总督苏尔特对国王心生嫉妒，一直坚持单独行动不说，还拒绝执行约瑟夫下达的进攻命令。同时，任葡萄牙军事指挥的马尔蒙（Marmont）单独莽撞地往前推进，也对约瑟夫的命令视而不见。他在7月22日西班牙的阿拉皮莱斯（Arapiles）一战中遭到了惨败，这又是一次愚蠢的内讧带来的恶果。这场败仗带来的连锁反应是致命的：马尔蒙的溃败为西班牙打开了大门，威灵顿将军趁势带兵长驱直入。法军几乎毫无还手之力，约瑟夫只好下令全军撤退。在心中暗自筹划之后，这位可悲的西班牙国王人生中第二次抛弃了他的都城，与两万市民一起逃亡。毫无斗志的约瑟夫现在只有一个念头，就是赶快从西班牙这个噩梦中逃离出来，回到孟特芳丹去。但出乎意料的是，一到达瓦朗斯他就恢复了清醒，重新组织部队，夺回了自己的王国，终于成功地在法国所有军官心中树立起了威望。

他的反抗削弱了威灵顿的军队，但远没有到将其摧毁的地步。其实这个时候的任何行动对战局已经不能产生实质性的影响，但无论如何这还是国王打得非常漂亮的一仗。樊尚·埃热勒（Vincent Haegele）如此记录："这场1812年秋天的战役，纵然是在帝国四面楚歌的境遇下，约瑟夫还是从中杀出了一条血路，完成了一场最出色的战斗。”12月3日，国王第三次也是最后一次回到了马德里。但他还没在内宅里安稳地待上几分钟，一个突如其来的噩耗让他的情绪崩溃了。在欧洲大陆的另一端，弟弟的军队在沙皇亚历山大冰冷的荒原中覆灭了。这个可怕的消息像一阵邪恶的风一样一直吹到了马德里，让约瑟夫重振旗鼓的壮举，变成了一则无关痛痒的逸事。拿破仑在这场战斗中损失惨重，为了重组军队，他不得已从西班牙抽调了众多士兵，大大削弱了哥哥的军事力量。实力大打折扣的约瑟夫于1813年重新与威灵顿将军交火，对方几乎毫发无损地逼近了都城。军心动摇之际，拿破仑的战争大臣克拉克（Clarke）却怂恿约瑟夫迎难而上，将英国－西班牙联军往海边驱赶。国王按照他的策略发起了进攻，于6月21日抵达了维多利亚城（Vitoria）。但由于实力悬殊过大，加上没有做好充分的准备，国王的军队被全面击溃。几个小时后，法军四散溃逃，并当场丢弃了所有的火炮（120门）和装备（415箱弹药）。这次失败对约瑟夫的精神造成了非常大的打击。

身处喧嚣

拿破仑对于哥哥在西班牙的惨败感到非常恼火，要他对西班牙的灾难负责，拒绝让他回到巴黎，回到他的孟特芳丹。1813年，约瑟夫被软禁在朗德（Landes），目睹了法兰西帝国的崩塌，却无能为力。皇帝毫不掩饰自己的不满，不理会哥哥提出的补偿要求，还在没有任何通知的情况下，把西班牙王位归还给了波旁家族。但在与反法联盟的战争之前，由于担心玛丽－路易丝和小罗马王难以应付局面，拿破仑将哥哥召回摄政，以防止其他人的背叛。

拿破仑经历过太多的叛变，对于人心易变这一点有着非常深刻的体会，尤其是在这样的危难时刻。皇帝希望有忠诚可靠的人镇守巴黎，而自己可以安心率军迎战。他的命令非常明确：无论遭遇任何情况都不能抛弃都城，哪怕首都被夷为平地。法国军队的表现非常英勇，甚至壮烈，但这并没有阻挡反法联军往前推进的步伐。在巴黎，约瑟夫和其他所有人一样认为应该放弃抵抗，在造成不可挽回的损失之前，休战议和。为此，他团结了皇后、康巴塞雷斯和本来对皇帝忠心耿耿的警务大臣萨瓦里（Savary）。

听说哥哥准备投降，皇帝勃然大怒："如果你想要我头上的皇冠，你尽管拿去好了，但我恳请你至少为我保住皇后的心和她的爱情。"生性嫉妒的皇帝难以理解自己的哥哥与玛丽－路易丝的联手。虽然这个联盟并非出于感情，而是纯政治性的，但是皇帝却只担心哥哥对女人的迷人魅力。反法联军佯装讲和，重整军备，于3月中旬的时候卷土重来。只过了短短几天，巴黎就陷入包围。约瑟夫听从了皇帝的命令，为了避免皇后和小罗马王落入敌人手中，迅速地把他们转移走了。3月30日，战斗在巴黎打响，敌人在人数上占据绝对优势，法军节节败退。为防全军覆没，在大臣们的一致同意下，约瑟夫开始准备投降。这个决定造成了政权的倒台。虽然今天看来，他的投降无关痛痒，但后人还是将所有的责任推到了约瑟夫的头上，指责他在丢掉了西班牙的王位以后又把法国政权拱手让给了敌人。自此以后，约瑟夫身败名裂。

约瑟夫遭到了流放。首先到瑞士，去了一个几年前购置的位于普朗然（Prangins）的空荡的府邸。但是第一段流放很快就被百日王朝的复辟打断了，他又回到巴黎当上了亲王。皇帝在奔赴那场致命的滑铁卢战役之前，给了约瑟夫一个重要的职责，任命他为内阁首相。在拿破仑眼里，这个人一年前给帝国造成如此大的损失，可现在又再次委以重任？真是难以置信。滑铁卢战役过后，目睹了弟弟第二次退位的约瑟夫拒绝担任任何职务，以免再一次成为替罪羊。6月末，他和拿破仑一样，准备到美国去开始新生活。车马随从一切准备妥当之后，就开始朝着大西洋的方向行进了，途中遭遇英国舰队的封锁。这位落魄的前任西班牙国王只得乔装成生意人登上了一艘商船，成功地躲过了正在仔细搜查的英国士兵。与此同时，拒绝潜逃的拿破仑于1815年7月15日向英国人投降。

经过二十六天的海上漂泊，约瑟夫终于踏上了美国的土地，化名为“布沙尔”（Bouchard）寄宿在纽约市中心一户人家里。他的行为作风异于常人，让人生疑。为了掩人耳目，他狼狈地和一名共和党人拉扎尔·卡诺（Lazare Carnot）混在一起。接下来的日子，在取得了居留证后，他就像销声匿迹了一样，低调地过着平静的日子，无论如何只要不引人注意就行了。他自称是叙维尔利耶尔（Survilliers）伯爵，在费城一处大宅子里定居了下来。约瑟夫这座豪宅所属的土地近800公顷，有超过30个房间。约瑟夫自由自在地生活着，他精美华丽的住宅以及优雅考究的派头深深打动了美国人。作为一个满腹诗书、有经济头脑，还两度统治过国家的人，伯爵迷人的魅力折服了所有前来造访的宾客，受到周围邻居的热情欢迎。十几年过去了，他在美国这个全新的世界过着平静而惬意的生活，欧洲的事情离他已经太远了。只有在思念故乡的时候，他才会做回约瑟夫，在脑海中自我斗争，踌躇着要不要重回法国政界担任职务，然后到同样还是封建君主制的墨西哥去尝试一下冒险。但他也只是想想，从没有付诸实践。虽然访客尊称他为“陛下”的时候，依然会让他回想起往日时光而感到心潮澎湃，但他已经不愿意离开美国这个舒适的茧了。他对于周围的人对他提出的所谓不切实际的建议统统礼貌回绝，尽管那正是他内心深处的真实想法。

在查理十世统治的法国政府垮台以后，他对法国的形势又产生了兴趣。自十年前拿破仑逝世之后，他自然而然地成了家族中有智慧、有威信的人，常常为家族的发展提供建议并给予金钱上的支持。1832年，他决定回到欧洲，希望可以扶持拿破仑的儿子重返法国。然而他还没到利物浦就得到了一个非常悲伤的消息：这只法国的雏鹰不久前在维也纳患肺结核去世了。在伦敦，他见到了路易的小儿子路易－拿破仑（Louis-Napoléon），也就是后来的拿破仑三世。路易－拿破仑打算武力继承他伯父的帝业，谨慎的约瑟夫却认为应当走政治途径。他一生行事注意分寸，总是寻求和解，不愿冒险。他还在英国和弟弟吕西安碰面，商讨了一些复杂而过时的政治方案。约瑟夫已经不属于这个时代了，与他充满激情和反叛精神的侄子路易－拿破仑相比，他表现得苍老且力不从心。灰心的约瑟夫决定回到美国，在那里度过自己的余生。1839年，一封来自弟弟热罗姆的信彻底摧毁了他。信上说他最疼爱的孩子——夏洛特·波拿巴（Charlotte Bonaparte）因一场大出血去世了。母亲、费什舅舅和妹妹卡罗琳的相继去世让约瑟夫想，与其孑然一身独处异乡，不如叶落归根。在伦敦的时候，另一个人的死亡彻底震撼了他的世界，那就是吕西安的离去。经过这一次打击之后，他患上了偏瘫。后来他在忠诚的仆人马亚尔（Maillard）和妻子朱莉的陪伴下，在佛罗伦萨生活了几年。

1844年7月27日，已心如死灰的约瑟夫咽下了最后一口气，享年76岁。几年后，他的遗体被转移到荣军院，安放在教堂入口处的左边，与他了不起的弟弟只有几十米远。直到今天，虽然很少有人注意到他的存在，但他就在那里，谨慎、安静、庄严地躺着，像他生前一样。

第三章 | 叛逆的吕西安

吕西安身上到处都有拿破仑的影子，一样的傲气、不爱妥协、喜好混乱与争端，但他对于国家事务却没有什么兴趣。在政治上，他就像一颗很快被人们忘却的流星。他和哥哥拿破仑一样，常常被指责太过反叛，不受管束。他和拿破仑之间的竞争通常会在家庭事务中表现出来。就连挑选餐刀也会引发战争，两个人争强斗胜，互不让步。兄弟俩的争执几乎是与生俱来的。

这两位波拿巴成员的另一个共同点是：都娶了寡妇。我们已经熟知的是约瑟芬，但似乎很少听说亚历山德里娜·雅各布·德布莱尚（Alexandrine Jacob de Bleschamp）的名字。吕西安结过两次婚，他和第一任妻子克里斯蒂娜·布瓦耶（Christine Boyer）于1794年结婚，却在1800年就见证了她的死亡。当他第二次结婚的消息传到拿破仑耳朵里的时候，哥哥马上就对这位新的弟媳产生了厌恶之情，因为她不过是一位曾经服务于旧体制的落魄律师的女儿，在和一位银行家结婚几年以后成了寡妇，这样的身世根本配不上威严的皇室。为了维护家族体面，拿破仑要求弟弟即刻与这个女人离婚并迎娶一位公主。这件事严重损害了他们作为家族成员的关系，吕西安也因此远离哥哥去了罗马。母亲对兄弟二人的不和非常不满。经过七年激烈的斗争以后，两人才终于做出妥协。1810年3月9日，拿破仑等着对我们本章主角的秘书康比（Campi）进行一场特殊的会见。当康比在宫殿外现身的时候，他被直接带到了皇帝的候见厅里。等待了片刻后，侍从示意他进入皇帝的会客厅。皇帝正等着这位来访者交给他两封信，一封应该签上弟弟的大名，另一封应该属于亚历山德里娜。他们最终会分开吗？皇帝迫不及待地想让这桩愚蠢的婚姻早早结束。就在前一天晚上，母亲还和红衣主教费什舅舅一起承诺这对夫妇一定会离婚的。

但是看了信件以后，拿破仑突然脸色大变。弟弟做了与他的期待完全相反的决定，吕西安坚决不同意和所爱的人分开。皇帝眼里冒着愤怒的火焰，一个字一个字地从牙齿缝里吐出来："就算天塌下来我也不会改变我的意见，吕西安的这个女人绝不可能做我的弟媳！"现在的波拿巴家族与欧洲最有影响力的政党密切来往，广泛结盟，自然需要维护尊严和威望。对于亚历山德里娜，拿破仑补充道，"我对她本人没有任何不满，我针对她只是出于政治的需要。"离开杜伊勒里宫的康比感到非常绝望，想到莱蒂齐娅或是路易那里寻求援助，但很遗憾，波拿巴家族的成员们对于这件事的态度毫无二致，只有离婚才能挽救我们这位反叛者的利益。莱蒂齐娅劝说自己的儿媳："别在辛酸而悲伤的现在和未来之间犹豫了，如果你还要继续固执的话对你没有一点儿好处。你的后代最终会被皇帝承认，要继承王位的。"就在康比前往杜伊勒里宫时，吕西安也一样受着母亲情感上的威胁："你的命运，家族的命运，还有我的命运，都掌握在她的一纸离婚协议里，而不在你手里。我一直卧病在床，看到你上一封信让我病情更恶化了，你知道如何让我好转起来，而且我想你没有胆量敢拒绝我。"

但她错了，吕西安还真有这个"胆量"拒绝。更糟糕的是，他还威胁皇帝，如果继续强迫他，他将乘船去美国。直到吕西安的大女儿夏洛特

（Charlotte）进宫，紧张的局面才得到了一丝缓和。如果父亲娶的是名门望族的女人，那她多半能嫁给一位欧洲王子，顺理成章地成为王妃吧？当夏洛特出现在这些王公贵族面前的时候——例如阿斯图里亚斯（Asturies）亲王、维尔茨堡（Wurtzbourg）大公，他们都亲切地称呼她“洛洛特（Lolotte）公主”。洛洛特公主却常常毒舌地对追求者的行为举止进行嘲笑。她喜欢打扮，爱开玩笑，天真无邪，充满魅力，但不讨严肃的皇帝喜欢。很明显，拿破仑对吕西安的后代也不抱什么期望了。当着康比的面，皇帝表达了对弟弟的愤怒：“我身边的所有女人都必须有良好的名声。我比其他人都明白我弟弟喜欢什么样的女人，但是任何一个正常的男人都不能接受宝座旁边有个声名狼藉的女人。”由于笃定他的弟弟不会有勇气选择被流放，拿破仑继续威逼利诱。然而他给的最后通牒也没有奏效，吕西安反而要求立刻把自己的女儿送回去。在一封信里，吕西安言辞激烈地对哥哥说道：“把她还给我，否则我可不管你是要流放我还是怎么处罚我，我会直接找到你的杜伊勒里宫里去。”

夏洛特对家族的态度感到愤怒，建议父亲即刻去往大西洋彼岸：“我亲爱的爸爸，你是对的，我们不要回到那个鬼地方去！美国比那里好多了，我向你保证！”当事人被说动了，认为这确实是一条好出路，于是立马着手离开前的准备工作：变卖画作、马匹和车辆。为了筹集大笔资金，他还把房产和珠宝拿去典当了。尽管这些年经历了几次经济制裁，吕西安在急需用钱的时候还是能用珠宝匣换几百万法郎，不至于变得拮据。但是，当他准备动身的时候，护照却被强制收回了。为了切断他的经济来源，皇帝还把他从元老院成员中除名了。这意味着吕西安每年7万法郎的收入化为泡影了。随着时间的推移，皇帝的愤怒全都转化为了赤裸裸的威胁。难道哥哥会把自己抓起来吗？吕西安非常害怕这一点，也比任何时候都确信必须渡海。在万不得已的情况下，他向缪拉请教如何成功起航。这位和他有着同样处境，都和法国皇帝关系微妙的那不勒斯国王连忙为他提供了交通工具，一艘叫作“大力神号”（Hercules）的美国船，已经安稳地停靠在指定出发的港口。17名船员在爱德华·韦斯特（Edward West）船长的指挥下，按照缪拉的指示升起了锚，在阿基里斯（Achille）快艇的带领下驶向了奇维塔韦基亚（Civitavecchia）港口。1810年8月8日，这位前任元老院成员一到码头就迫不及待地登上了船，同行的还有亚历山德里娜和他们的7个孩子，以及25个随行人员，包括朋友、秘书、家庭教师、管家和仆人。

在扬帆起航以前，吕西安受到了米奥利斯（Miollis）将军的接待，后者正在率领法国军队前往罗马。将军非但没有阻止他的离开，反而对他彬彬有礼，仿佛拿破仑已经同意他走了一样。即便吕西安刚向罗马的居民发布了公告，号召大家反抗皇权的暴政和压制，将军也当没看见。向米奥利斯告别以后，“大力神号”静静地驶出了北部岬角，所有乘客默默地看着罗马海岸逐渐远离视线。出乎吕西安的意料，自己的出逃竟然成功了。出航的第二天早晨，黑色的乌云突然堆积，填满了地平线。巨大的波浪使船体剧烈地摇晃起来。船外的天气异常恶劣，躲在舱内的人提心吊胆，脸色惨白。吕西安的孩子们在黑暗中惊恐万分，点了根蜡烛互相注视着，开始祈祷。夏洛特则蜷缩在角落里，咒骂着她的伯父。吕西安简直担心和焦虑到了极点，急忙向韦斯特船长下令前往距离此处最近的撒丁岛港口。但这个航海经验丰富的美国人却不愿意执行这个指令，他认为这风暴太寻常了，况且那个岛目前属于英国控制，他不能把自己的船置于这样的危险之中。看到韦斯特船长是这样的态度，吕西安承诺他万一被港口的英国官兵捉住，他将得到一笔不错的赔偿。韦斯特这才安下心来，朝着撒丁岛驶去。

几个小时以后，他们的船刚抵达卡利亚里（Caliari）港口附近，就被英方武力控制住了。尽管落到哥哥最凶恶的敌人手里，吕西安并没有被他们吓坏，相反，他坚信对方让他们短暂停留以后就会放他们重新起航。现在的他是不是已经站在拿破仑的对立面了？如果是这样，他就有信心寻求撒丁岛摄政王罗西（Rossi）的帮助，争取下船的许可。结果这个请求让罗西感到为难，最终没有同意。打开大门接待法国皇帝的弟弟可是一件非同小可的事，摄政王认为还是让“大力神号”走开比较好。既然罗西这条路走不通，吕西安就调整策略，打算到英国大使威廉·希尔（William Hill）那里碰碰运气，恳求他给予船只出关许可证。然而英方的意见也和摄政王完全一致。尽管他们已经知晓来访者和其兄拿破仑水火不容的关系，但波拿巴成员在美国的出现依然是一个潜藏的巨大危险。更何况，万一他是去传递什么秘密信息怎么办？对于波拿巴家的人，实在是必须谨慎再谨慎。因此，希尔奉劝他还是尽快去监狱自首，否则一定会被大海上频繁巡航的英国海军搅得不得安宁。看到英方是这样的态度，吕西安勃然大怒，对他们的背信弃义感到非常不齿，向他们咆哮道：“请诸位转告你们的主人，这种野蛮行径会遭到报应的。我一个小时以后就离开，如果到时候英国驱逐舰鸣炮示意捉住了我，你们都将付出沉重的代价！”

面对英国海军的重重阻拦，要想成功驶往费城几乎不可能，但若要折返奇维塔韦基亚，他就必须重新面对那个暴怒的哥哥。他选择了前者，哪怕会落入敌军手里，他也甘愿。正当我们的主人公思考着自己命运的时候，一艘英国的驱逐舰“波莫纳号”（Pomone）拦住了“大力神号”的去路，这艘巨轮的任务就是不惜一切代价阻止吕西安。吕西安除了投降别无选择，只得登上了“波莫纳号”，被关押在英国的监狱里，等着被护送至马耳他岛（Malte）。在监狱里，他虚张声势地逢人就说，他宁愿待在英国的小黑屋里，也不想在哥哥的控制下苟活。他甚至夸张地说：“就算死去或是被流放，也比失去自由和名誉好得多。”对于英国人来说，捉到吕西安完全是意料之外的事，他们考虑在政治上可以利用他一下。这位波拿巴成员的出逃简直是为有心诽谤中伤拿破仑帝国的人送来了现成的武器。假如皇帝的亲生弟弟宁愿把自己置于危险之中也要脱离他的控制，那么他的暴政和专制自然是不言而喻了。拿破仑处理这件事的方法太过粗暴，并没有解决任何问题。当他造成弟弟的出逃时，自己也陷入了癫狂的暴怒和仇恨中。他气愤于米奥利斯将军对吕西安出逃置若罔闻的态度，他让警务大臣萨瓦里对米奥利斯进行监视，并阻止他那个好动的弟弟，因为他认为米奥利斯还在和那个“帝国的敌人保持着密切的联系”。“大力神号”被拦住进行海上检查，船长也锒铛入狱。与此同时，我们的“流放者”和其随行人员正百无聊赖地待在重兵把守的马耳他。“吕西安”这个名字被从帝国年鉴里划去，好像从未存在。

吕西安不久又被转移到一座骑士的旧宅里待了三个月。一安顿下来，他就开始全身心投入到写作上。11月，英国政府通知他没有前往美国的权利，也不能继续待在马耳他。不过，威灵顿承诺给他在英国的庇护，但必须维持他假释的囚犯身份。这是英国的惯例，即囚犯只要发誓不离开英国领土，便可以自由生活。他毫不犹豫地接受了。12月12日，他和随从乘坐专门来押送他的军舰前往英国。到达普利茅斯时，吸引了好奇的群众前来围观，人头攒动，只为看一眼著名的拿破仑的弟弟。意大利的历史学家彼得罗马尔基（Pietromarchi）曾经在书里记载：“那些伦敦的报纸对这件事的评论细节非常丰富，大量描述了波拿巴皇帝的残酷和被流放者的贵族美德。即便他是前所未有的劲敌拿破仑的亲弟弟，英国人还是对其进行了慷慨接待，向他提供了居住的场所。”吕西安在英国一直待到1814年法兰西第一帝国解体。他信守承诺，从未尝试逃避监狱看守们的视线。在英格兰流放期间，当法国皇帝试图压制罗马教会时，他还完成了《查理大帝与自由教会》（*Charlemagne ou l'Église délivrée*）——一首由24篇歌曲组成的长诗，写给王座与圣坛之间的结合。这其中显然暗含对拿破仑政策的批判，全然不顾兄弟之间的关系。

布鲁图·波拿巴的第一步

在拿破仑出生后，波拿巴夫妇接连夭折了两个年幼的女儿。这两个孩子都取名叫玛丽亚－安娜（Maria-Anna），为了纪念她们1768年1月死去的姐姐。在吕西安出生之前，这中间应该还有一个死胎。吕西安的生日是1775年3月21日，他的降生打断了笼罩着这个家庭快六年的近乎病态的绝望。不难想象在面对新生儿吕西安时，这对夫妇的极端不安和焦虑：这个孩子能存活下来吗？这种经历似乎让母亲莱蒂齐娅终其一生都对吕西安尤为偏爱。年纪尚小但占有欲很强的拿破仑会对弟弟心生嫉妒吗？这很难说，因为拿破仑仅和弟弟相处了三年就和约瑟夫一起去法国大陆了。这个波拿巴家的三儿子在阿雅克肖平静地生活了七年之后，也离开了家乡到法国求学。当后来回忆起这段让人焦虑又无可避免的旅行时，吕西安在日记里写道：“现在是1781年，我快7岁了。我离开了阿雅克肖，我的爸爸依然不在……”在这一阶段，吕西安晚上常常会在日记里记录下心中所想，但可以看出是经过反复思想斗争才小心翼翼表露出的一丝脆弱与胆怯。在费什舅舅的陪同下，吕西安乘坐一艘三桅帆船离开了他“亲爱的祖国”，前往法国大陆。海浪猛烈地摇晃着船身，惊恐万状的吕西安听着水手的叫喊，这就是他第一次乘船出海的经历。直到长大，他也一直清楚地记得。在奥坦中学入学以后，他在那里待了三年，与和他年纪相仿的贵族同学一起，学习希腊语和拉丁语。1784年，他进入布里耶纳军事学校就读，这时候拿破仑刚好毕业。

在远离家人生活了几年以后，这个9岁的男孩迫不及待地想和哥哥拿破仑见面，想得到哥哥的关心和保护。当他终于赶到哥哥身边的时候，却吃惊地发现哥哥的态度严肃而冷漠，并不亲切。他和当炮兵的哥哥这次短暂的相聚，只让他留下了冰冷的回忆，这也是吕西安日后“就算遇到麻烦也不找哥哥”的抵触情绪的最大原因。第一年平淡无奇的求学生活结束了，当他准备升入高年级的时候，得知父亲去世了。这件事对他影响很大，再加上远离家人，他几乎没什么心情投入学业。如果不是因为他体弱多病，老师一定会严厉地惩罚他。抱怨已经成了他的主要生活了吗？也许是的。总之，这个身体虚弱又见识有限的孩子在军事学校里的表现完全算不上优秀。1786年，他离开布里耶纳就读艾克斯（Aix）神学院，因为约瑟夫放弃了宗教这条路，家里必须有一个人成为神父的重任就落到吕西安身上了。然而，他在神学上的表现也和在其他领域一样，没有什么出彩的地方。他对自己在神学院的经历也毫无兴趣：“总之我很无聊，我已经10岁了，但总是无事可干。”在普罗旺斯居住了两年以后，他回到了科西嘉，在阿雅克肖主教代理老吕西安（Lucien）叔叔的严格控制下，继续修他的教士课程。

和两个哥哥不同的是，吕西安从未被他的老师夸赞过。虽然学业上不尽如人意，但回家乡后和家人的相聚稍微缓和了他关于此事的焦虑。1789年5月5日，一场全国范围内的会议，唤醒了这个沉睡的小岛。[1]波拿巴家族全体成员都决定利用这场突如其来的动荡，以扩大自己的影响力。帕斯卡尔·保利的回归打乱了政局，吕西安被选中前往阿雅克肖各个派系和组织中进行演讲，欢迎科西嘉旧领导人归来。年轻爱国者的支持和热情也让保利感动得热泪盈眶。保利的人气异常高涨，波拿巴家族也使出了浑身解数以使自己看起来和这位受人爱戴的英雄是一个阵营的。吕西安在1790到1793年所扮演的角色，其实乏善可陈。当时的吕西安开始对自己的政治能力产生信心，很可能凭着年轻的激情在阿雅克肖俱乐部的不少会议上勇敢无畏地发言。然而，他是否如自己声称的那样，是保利的秘书、心腹和最狂热的崇拜者？事实上，当机会来临的时候，他毫不犹豫地与想取保利人头的团体联合起来了。

吕西安在与波拿巴家族交往甚密的塞蒙维尔（Sémonville）大使的带领下前往土伦，他以同样的激情发表了一番反对保利的演讲。这场演讲的效果甚至超出了他的想象："看台上的人们呼声此起彼伏，捶胸顿足。在这一氛围的影响下，我讲了更多让他们激动的事。"在这种极端热烈的气氛中，他指责保利背叛了革命，回归科西嘉岛不过是为了和英国做些出卖祖国的勾当。吕西安对保利的控诉可以说相当成功：国民公会决定指控保利，并在1793年4月2日颁布政令，准备对其实施审判。吕西安的演讲搞臭了这位被怀疑已不能再为国家利益服务的人。人们一直认为：吕西安对保利的谩骂和抨击造成自己的家族被驱逐出科西嘉岛。但事实上，保利很早以前

[1] 这一日，路易十六在凡尔赛宫召开了三级会议。——编者注

就决定以放逐的方式摆脱讨厌的波拿巴家族了。吕西安的这些言论刚好给了保利与波拿巴家族断绝往来的借口。与反对保利的派系抱团以后，我们这位文字斗士继续变本加厉地散布对其不利的言论。在这样一个需要高调爱国的年代，波拿巴家的三儿子不甘人后，醉心于在演讲台上获得的成功。吕西安无疑是家族里最优秀的演讲家。在大革命最初几年，他获得了锻炼的机会，学会了为吸引听众而让自己的良心妥协。

吕西安在这一时期的激进俱乐部中如鱼得水，他对政治恐怖时期的血腥政策无动于衷。例如，土伦市被占领以后，作为坚定的雅各宾党人，他曾兴奋地向国民公会表明，自己对800名政治犯遭受无情处决感到非常满意，认为法国终于得以复仇，此举是在行使正义。在圣马克西曼（Saint-Maximin），他被选为革命委员会的领导人，化名布鲁图[1]。然而在他的日记里，他提到自己曾经成功阻止了一次对30名嫌疑犯的处决。难道布鲁图的暴力倾向仅限于口头吗？这很有可能，因为圣马克西曼确实在大革命的这一恐怖统治时期得到了保护。为了实现自己的野心，他像很多人一样，采用了一种符合时代潮流的革命性的姿态。这个一向坚持自由与共和的男人似乎具有超凡的能力，总能吸引人自发地听他演说，一部分人还会因此对他产生崇拜之情，尤其是一些年轻的小姐。例如，小旅馆老板的女儿克里斯蒂娜·布瓦耶就被这个高瘦的年轻人的魅力深深吸引。布鲁图也迅速与之坠入爱河，毫不犹豫地和这位美丽的普罗旺斯女人结婚了，还顺便给自己伪造了一个身份证，好让自己的年龄显得大一些。在结婚或是选举的时候熟练地使用这种谎报年龄的伎俩已经成为波拿巴家族的传统了。

---

[1] 布鲁图（Brutus，前85—前42），罗马共和派，参与了刺杀恺撒的行动。——编者注

1794年5月4日完婚后不久，吕西安夫妇在1795年2月23日诞下一女，取名为夏洛特。而就在这个时候，罗伯斯庇尔的政权走到尽头了，恐怖统治也随之瓦解。随着热月党人掌权，昔日的反对势力死灰复燃。在普罗旺斯，保王党和宗教势力开始跟着清算雅各宾派人马，我们的小雅各宾吕西安自然也是其中之一。1795年7月的一个早上，吕西安遭到了陷害，被毫不留情地扣押了。算计他的人名叫雷伊（Rey），其父几个月前和吕西安产生过纠纷。吕西安被五花大绑送至艾克斯的监狱，被禁言和限制了人身自由，与数百名爱国者关在一起。他觉得自己可能大限将至了，双手颤抖着向狱卒哀求道："救救我，别让我死，也许在寂静的夜里，我苍白的影子漂泊到你们身边时，会让你们心生一丝怜悯。"而他的哥哥拿破仑，正在巴黎赋闲，对此事不太担心："我明天会去处理他的事，他可能成了某件私人恩怨的替罪羊，但愿我能帮他恢复自由。发生在他身上的这些事也算是给他的过分狂热降降温。"多亏了哥哥的介入，当然还有巴拉斯的功劳，吕西安在经历了三个星期的极端不安与焦虑后，终于在8月5日恢复了自由身。拿破仑希望"过去的这些事情能够让他深思，并好好让他狂热的心冷静一下"。这算是为这个"坏家伙"虔诚地祈祷吗?

议员的使命

–

闻够了牢狱里潮湿的霉味儿，我们这位旧雅各宾党人又变成新政权的拥护者了，对新政权的宪法赞不绝口。我们都知道这棵墙头草随时在根据风向改变自己的方向，无论风从何处来。他经常不知廉耻地出入督政府的沙龙，还借此结识了约瑟芬。没过多久，他就开始以一种批判性的，甚至是不敬的眼光看待这个即将成为他嫂子的女人，说她“精心打扮后，用光彩照人的外表掩盖工于心计的内心”。在拿破仑的帮助下，吕西安又用了比他大7岁的哥哥约瑟夫的受洗登记证，谎称自己已经到了法定年龄，得以被任命为北部军队的特派员。没过多久，吕西安就拖着他疲惫的打着绑腿的双腿行进到了与奥地利人的战场上。但他既不关心管理技巧，又不善处理与军官们的关系，完全倚仗哥哥拿破仑越来越大的名气才在军队中获得了额外的关照。所有人都对他客客气气，非常恭敬，用他自己的话来说，简直关怀备至。大家还心照不宣地为他的懒散行为打掩护。但出人意料的是，他在1796年春天离开了军队，重返意大利。在与哥哥进行了短暂的交谈以后，他又准备回到故乡。不过，由于吕西安擅自离开军队，理应接受处罚；回家一事，得等到政府决定解除处罚再议。这下可赖不着拿破仑了。1797年2月，吕西安带着再次怀孕的妻子义无反顾地踏上了返航的路。在巴斯蒂亚登陆时，长时间的艰苦航行令他面如土色。看来，地中海对他也不甚宽容。

自从返乡以后，他就继续用演说和口才活跃在各个社会群体中。现在的他更成熟也更有技巧，吸引了很多人。担任拨款审核委员期间的丰厚待遇又让他对政治产生了强烈的渴望。在一次不无暗箱操作的选举中，他成功当选下院五百人院议员（上院为元老院）。他的选区大约有一百名公民支持他。但是，他并没有达到竞选年龄（30岁），而他竞选时，新的选举法又还没有在科西嘉岛公布，因此，这次选举其实是无效的。然而，为了成功当选，他再次自称和约瑟夫一样出生于1768年，并且装作不知选举法尚未公布。他的所有信息都是伪造的，一旦被披露，自然会丧失资格。而且，他还被指控故意弄沉了一艘船以骗取保险赔偿金，还把一艘摩洛哥探险劫掠船的战利品归为己有。这些都是被严格禁止的违法行为。针对吕西安本人的争议不断，人们对他的怨声越来越大，吕西安一一反击，竟顺利摆平民愤，穿上了这身议会长袍。为此，他少不了四处周旋应酬，借助多方支持，或许还花费了大量金钱。自此之后，他就神奇地交上了好运。回到巴黎后的半年，他买下了迪普莱西－沙芒（Plessis-Chamant）的一处旧城堡，在城堡中舒适地安顿下来。他将成为政界最杰出的人物之一。尽管他后来后悔了，但他还是一举成了督政府最为顽强的对手。他“见一个反对一个”的怪癖让他找到了早些年在雅各宾俱乐部的感觉。他每天发表演说，由于肆意尖锐地抨击这些“压迫人民的吸血鬼”，符合某些人的政治利益，所以获得了不少支持。人们甚至还认为，全靠他的大声疾呼造成了舆论压力，才促成了盐税的恢复和税务系统的重建。

尽管他表面常做出一副与督政府对着干的样子，背地里却和几个小时前才攻击过的人并肩走在一起，这就是他玩的政治把戏。他和他的哥哥们一样，热衷于混迹在有权势的人中间。行为自相矛盾的督政府，又受到全国性的经济危机的影响，正狼狈不堪。口若悬河的吕西安，却准备出手拉它一把。当时，这个政权正在渐渐丧失两院的多数票。在五百人院，雅各宾党人对巴拉斯和他的支持者发难，公开呼吁再次“拿起长矛”，其实就是实施“新恐怖政策”（Néo-Terreur）。1799年9月13日，雅各宾党人茹尔当（Jourdan）将军提议宣布国家处于危险状态，启动紧急措施。[1]全国上下都在担心敌人的入侵，而前线也没有好消息传来。茹贝尔（Joubert）将军受了致命伤，在诺维（Novi）[2]被击败。恐慌情绪高涨，茹尔当的提议显得顺

[1] 第二次反法同盟发动对法国的战争。——编者注

[2] 法军与俄奥联军在意大利北部的战役。——编者注

理成章。但在议会上，我们的科西嘉代表大发雷霆。这位昔日的雅各宾派，指责他的老朋友们大搞专制，呼吁要尊重议员的权利。雅各宾派的呼声似乎越发被孤立，茹尔当的提案以245票对171票被否决。“中间派”的吕西安和其他所有人一起，阻止了这场政变。

但是在座的人脑子里都有一个坚信不疑的观点，那就是督政府政权气数已尽。有威望的神父西哀士思索着如何借助军队的力量修改宪法，以增强自己的权力。吕西安也抱有同样的念头，但他只是规规矩矩地跟随着西哀士——至少表面上看起来是这样。在这些错综复杂的政治算计中，往往很难判断谁是真正支持谁的。像我们的主角，就花了大量时间费尽心思地分辨自己的盟友和对手。谁会成为督政府解体的受益者呢？正在政治局势模糊不清的时候，波拿巴将军的突然归来搅乱了这些阴谋者的诡计。被极力恭维、受到热烈欢迎的拿破仑简直就是个救世主，这让西哀士已准备实行的计划变得更复杂了。而对于吕西安来说，西哀士应该和哥哥组成联盟，将两人的力量相融合以增强实力。而且，这二人的联合能给吕西安带来极大的好处：他的党派，也就是温和雅各宾派，要想扩大影响力并让人接受，非要拿破仑来做领头羊不可。他哥哥刚一抵达巴黎，吕西安就尽力撮合二人。然而拿破仑并不信任西哀士这个政治理论家，西哀士也没有优先考虑让拿破仑实施自己的军事政变计划。不过，吕西安的干预至少让两位阴谋家的关系缓和下来。反正他已经确保能提前享受政变的甜头了，政变具体形式如何，并没有那么重要。

随着带领大军征战埃及的拿破仑归来，波拿巴家族的声望到达顶点。当五百人院议长重新选举时，吕西安自荐为候选人。他不但得到了热烈的拥护，还受到哥哥的支持，同时利用自己的天赋和巧妙的政治手段，成功赢得了选举。吕西安自如地运用着自己的口才天赋，在不到两个月的时间里，拥有了大批支持者，并受到了其他议员的赞赏。他的当选对阴谋家来说也是好事，毕竟拿破仑与西哀士设想的政变就包含了议会这重要的一环。为了维持表面上的合法性，议院必须针对政权的改变进行投票。然而这条路上有一个巨大的障碍，那就是雅各宾派。他们会放弃自己的利益吗？我们知道，当选的议员，无论是什么阵营，总是拒绝放弃自己的权利。11月9日晚上，当所有督政官被迫离职以后，吕西安表现得很积极，向政变发动者保证了事件的进程：他承诺将尽快平息反对意见，让议院站在他们这边。可是第二天，他就不得不赶快改变策略了。这天，议员们被召集到圣克卢（Saint-Cloud）城堡。他们表现得小心谨慎，为什么要到圣克卢这个地方来？ 6000名士兵集结在了城堡附近，让人不安，他们是前来保卫议员的还是来给他们施压的？在这种沉重压抑的气氛中，五百人院下午4点才开始工作。宝贵的时间已经流逝，11月10日这天将会过得非常漫长。

在议会大厅的专席上，巴拉斯辞呈的宣读顿时使局面混乱起来。他的突然离开会带来什么后果？是立刻有人来替换他，还是推迟对继任者的任命？无论哪种选择都会引发新的问题，议会成员们对此犹豫不决。但是如果不立即就此进行投票，让这些人离开，那么政变的正当性就会遭到谴责。为了避免更坏的情况出现，吕西安催促大家争取时间。正在这时，一阵议论声打断了他的讲话。在议长席上，他瞥见一些全副武装的士兵赫然出现在大厅里，随后他看见了自己的哥哥。他忽然明白了，拿破仑准备强制议员投票。哥哥带领着军队的出现引起了在座议员们的强烈不满，他们吵吵嚷嚷，大声咒骂着。虽然没有发生交火，但和在场所有人激烈对峙也非上策，拿破仑不得不下令撤退。只见他压抑着将要爆发的情绪，脸上还被抓出了血，神情阴沉地退出去了。议会的大门关上了，吕西安一个人站在一群反对者中。假如这时一个给波拿巴将军定罪的提议得到通过，那政变就将失败。一瞬间，一切都变了。吕西安回忆道："一切都发生在一眨眼之间……我的朋友们的沮丧，对手们愤怒的叫喊，军队仓促的撤退，武器摩擦的声响，这一切都使得此刻的局势看起来混乱无比。"

面对愤怒的对手们，五百人院议长无力地坐在他的专席上。政变的支持者感到非常不安，议会陷入了彻底的混乱。雅各宾派议员塔洛（Talot）要求立刻返回巴黎。过了一会儿，议员格朗迈松（Grandmaison）坚决要求对波拿巴将军进行免职，并立刻任命另一位将军。有人担心这个提议被采纳后，军队会不受新指挥者的控制。"按格朗迈松说的办！"议员们热切地叫喊。一位议员尝试反驳，但还没开口就被制止了。吕西安也只得勉强喊出几句话，要求大家在投票之前让他哥哥说几句，他的建议遭到了强烈的反对，拿破仑的对手已经占有了绝对的优势。在一片混乱中，吕西安脱下长袍往地上一摔，高声说道："这里再也没有自由了！既然我没有办法发声，那就看你们的议长，把法律的标志放在这里，作为公众的丧服吧！"会场的每个人都打了一个寒战。然后，吕西安叫来了议会的警卫，和几个议员走出了大门。他表现夸张的动作让对手们都惊愕了，还有人感到了害怕。雅各宾派趁他出去的这段时间是有可能掌控住局面的。明白此刻时间宝贵，必须争分夺秒，吕西安迅速穿过宫廷，追上拿破仑，站在一群围观的士兵中间，严厉抨击五百人院正被一群"挥舞着匕首"的议员威胁。同时，他知道如何用行为配合语言来激励他们。他走到哥哥身边，拔出身上的佩剑，说出了下面这段著名的话："我在这里庄严地发誓，如果我哥哥胆敢做出一丝有损法国人民自由的行为，我将亲手刺穿他的胸膛！"然后，吕西安下令军队用暴力将议员逐出会场。“把这些人都赶出去！”近卫军在缪拉的带领下进入了橘园（Orangerie）并解散了议会。后面的事我们都知道了。在这历史性的一天里，吕西安的两面三刀起到了奇效，高明地扭转了局势。在对五百人院采取了军事行动以后，吕西安开始精力充沛地游说尚未解散的元老院。他又一次严厉指责了用匕首威胁拿破仑的议员们。但是，元老院仍需讨论，投票结果还不确定。讨论所采用的文本，并未给拿破仑和西哀士自由行事的特权。

在谋反者的阵营中，人们也开始质疑：夜幕早就降临了，这一天却毫无收获。吕西安对于哥哥几个小时前擅自率兵闯入的做法非常不满，指责他不会见机行事。而且几个小时前在五百人院的行为简直毫无理由。拿破仑对此感到十分恼火，对西哀士耳语道：“噢！议长训斥了我。也许他没错，但每个人都应当各司其职。”为了不让元老院拖拖拉拉的投票影响政变，吕西安提议重新召集五百人院，以出具宣告督政府政权终结的法令。当时，在缪拉带领的军队刺刀的震慑下，身穿红色长袍的议员从圣克卢四散逃命。不过万幸的是，由于前往巴黎的路被封了，部队还是找到了几十名议员，把他们带回了橘园。这为数不多的议员一声不吭地听着吕西安大谈特谈更换政权的必要性。已经晚上10点了，人们疲惫不堪，听之任之，按照要求发起了由三位共和国执政官组成的行政机构的提案，以及将议会延期。

元老院的议员们还在继续完成使命，尽管发生了这些事，他们依然泰然自若地审查着几日前开始讨论的各项法案。在五百人院提交了变革政体的提案时，还讨论了公证制度改革的问题。凌晨1点时，元老院轻松通过了下院的决议草案。从这以后，所有的障碍都扫清了，法国的新主人即将登上他的舞台了。车轮的隆隆声像是在提示三位临时执政官的入场，蜡烛吊灯闪烁的灯光下，拿破仑、西哀士和罗歇·迪科（Roger Ducos）走进橘园，他们来到吕西安面前，一个接一个进行了宣誓的仪式。以五百人院的名义，吕西安接受了他们对共和国的忠诚，并高呼："共和国万岁！"执政府就这样在吕西安的简单仪式中诞生了。在11月10日这一天，他表现出了杰出的政治意识，用足智多谋的技巧创造了奇迹。在他的哥哥被接二连三的突发事件惊愕的时候，他稳稳地控制住大局，直至最后的胜利。而且也多亏了他，这场政变才勉强获得了合法性，也避免了可能发生的流血冲突。当然，如果没有拿破仑的军队和他的拥护者，这场政权的更替也是绝不可能完成的。无论如何，在这雾月的日子里，两位波拿巴的人物成功地走到了帷幕前，但毫无疑问，这也将是一场一山二虎的斗争。

短暂的部长生涯

证明了自己能和哥哥平起平坐以后，吕西安对自己的野心已经毫不掩饰了。"我认为我已经为自己赢得了作为一名政治家应得的尊重。我或许缺少军事力量的支持，可是我作为议长的地位是经过选举认可的。我像其他一些有声望的法国人一样，可以自豪地声称：我们是公民的选择。"他在自己的回忆录中自满地说道。他的盟友西哀士，先前一直努力坐上一个类似"共和国总统"的位子。吕西安相信：如果计划成功，西哀士会让吕西安获得至高无上的执政官头衔，而拿破仑将回到他的营地去。谁知拿破仑竟然巧妙地赶走了西哀士。吕西安雄伟的野心破灭了。但他于1800年1月从第一执政拿破仑的手里接过了一个肥差：内政部长。尽管他没有掌管警察系统——这份工作被委托给了他的宿敌富歇，他还是在诸多方面和事务上获得了绝对的控制权，比如：省长、道路、医院、监狱、港口、公共教育甚至博物馆，而这些只是列举了他所有权限中最重要的一部分。

在经历了大革命以后，处于重建时期的法国，不乏令人心潮澎湃和野心勃勃的差事，但要做好这些工作，新的行政长官还必须具备一些以前从没有过的品质。行事风格杂乱无章又异想天开的吕西安还远远没有达到这个高度。所以他更喜欢继续做政治，而不是花很长时间研究那些让他气馁的技术文件。而在他的私人生活中，一场悲剧正在他平步青云的时刻悄悄酝酿着。他忠诚而谨慎的克里斯蒂娜·布瓦耶在怀他们第四个孩子的时候咽了气。她的离开对新任部长造成了残酷的打击。哪怕过了四十年之久，在勾起回忆的时候，他对她的感情还是没有消失殆尽。“我这一生从未感受过这种极度的悲伤……我遵照她的遗愿，带着她冰冷的生命的灰烬，走进为她买的，点缀她逝去的甜美纯洁灵魂的庄园。”受到严重影响的吕西安在一个月内都无法重拾他的部长工作，最后是他天生的野心帮助他恢复了生命的活力。他对金钱的嗜好依然存在，他在股票交易所做投机买卖的同时，还继续为海盗们提供武器。为了取悦雷卡米耶（Récamier）夫人，他在迪普莱西（Plessis）花了重金。女人没追到手，却引起了不少八卦和诽谤。他的名声本来就不佳，又被卷入一场政治斗争中，在权力方面也损失惨重。

执政官政权制度在地位显赫的拿破仑那里被极端个人化了，这也使他不得不面对一个非常敏感的问题：如果他突然死了怎么办？如果没有继承者继任第一执政的位置，到时候一定会引发巨大的混乱。吕西安渴望成为继承人，抱着这个目的，他想就继承问题展开一场公开的议会讨论，他认为回答这个问题最好的方法就是将这个问题抛给大众。因为他自认为很受欢迎，相信过不了多久自己的名字就一定会家喻户晓。他还私下偷偷地匿名印刷了一些小册子，标题是《恺撒、克伦威尔、蒙克和波拿巴的相似之处》(*Parallèle entre César,Cromwell, Monck et Bonaparte*)。文章在罗列了一大堆对他哥哥的溢美之词后，尖锐地提出了继承问题。然而，他采用的这个手段既卑劣又轻率。事实上，从政治上来说，对继承人的公布和任命问题只会对现任领导人的行动产生限制。首先，吕西安的贸然行动暴露了这个未来会成为大问题的既定事实；其次，不可避免地降低了统治者的可靠性。他分发的这批小册子引发了不小的轰动，几乎人手一本。拿破仑当然无法容忍弟弟在背后捣鬼，他在约瑟芬、富歇和吕西安死敌的帮助下，让吕西安尝到了自己种下的恶果。1800年11月2日，第一执政拿破仑收到警察部长的警示提醒，传唤吕西安和富歇一并前往杜伊勒里宫。两位部长当场就毫不掩饰地互相攻击起来，指责对方的罪行。当说到吕西安那些小册子的事时，轮到拿破仑发火了。"最后那几页完全是在胡扯！"他怒吼道。吕西安却对此不以为然，嘴上挂着微笑反驳道："第一执政要是生气了，那就是他的不对了。"他的傲慢无礼让哥哥勃然大怒，威胁要立刻将这个旧雅各宾党人投入监狱。不依不饶的吕西安也将袍子一脱，扔到会议桌上，撂下一句自愿放弃部长职务的话，就突然离开了杜伊勒里宫。此时，他在任的时间还不足一年。

不过，即便他摔门扬长而去，拿破仑也不可能真的将这位野心勃勃的弟弟打入冷宫。他的哥哥建议他去西班牙，作为仍是共和政体的法国的代表。1800年12月2日，这一任命在埃斯科里亚尔(Escurial)宫[1]被宣布。

[1] 西班牙王室的宫殿。——编者注

吕西安的前任阿尔基耶（Alquier）心情晦暗地等待着这位新来的外交官。由于拿破仑毫不掩饰的任人唯亲使得他被迫让位，在愤怒的驱使下，他竭力破坏吕西安的名声。阿尔基耶的中伤诽谤确实对新上任的驻西班牙大使造成了负面影响，使其刚进入宫廷就受到了西班牙王室不冷不热的对待，吕西安费了很大功夫来讨好这些满腹猜疑的西班牙人。为了博得国王的喜爱，他不计成本地在一个庆典上请来了马德里技艺最纯熟的乐师、舞姿最优美的舞者和厨艺最精湛的厨师。纵使有人心生嫉妒故意扰乱宴会，去这位从法国来的新大使家里赴宴还是成了一件让人艳羡的事。吕西安在西班牙宫廷中安顿下来还不到三周时间，挥金如土的他就不得不向哥哥开口寻求财务支持了："我在西班牙已经非常节俭了，但我还是入不敷出，我已经花光5万法郎了。"为了进一步融入西班牙美好的上流社会，他开始上西班牙语课，并对宫廷里的贵妇们大献殷勤。尤其在圣克鲁斯（Santa Cruz）伯爵夫人身上花费了不少心思和金钱，这位夫人也积极回应了他的好意，两人的关系很快传遍了整个马德里。伯爵夫人年长他10岁，手段高明而经验丰富，吕西安为其神魂颠倒，还将她的肖像缀上钻石，作为用她的秀发所编织的项链上的坠子，明目张胆地戴在脖子上。这位旧雅各宾党人被笨重冗杂的西班牙宫廷礼仪所约束，虽然感到气恼，但还是不得不勉强接受了作为他这个角色所要求的对"女性化"的崇敬。

大使的钻石

–

但是第一执政的弟弟可不是来这里当歌剧大臣的，比这重要得多的外交事务还在等着他呢。从1795年起，法国就只能依靠盟友西班牙的帮助，尤其是在欧洲反法联盟的战争中，这份支持起了重要作用。尽管西班牙已经没有往日的辉煌了，但他们的舰队和殖民地位依然具有威慑力。然而，尽管吕西安做出了种种努力，西班牙对法国这个盟友的支持却已十分微弱。在外交上，吕西安成功签订了《阿兰胡埃斯条约》（*Convention d'Aranjuez*），为他的外交工作加了不少分。根据其中的条款，法国重新得到了在三十年战争后失去的路易斯安那；还得到了曾被波旁王朝的帕尔马亲王丢掉的托斯卡纳。凭借着专注和和蔼可亲的特质，吕西安成功使自己得到了皇室夫妇的赏识，更有首席部长戈多伊（Godoy）亲王的赏识。两人以兄弟相称，表现得十分投契。这为吕西安的外交工作增加了许多便利。至于玛丽－路易丝皇后，她也很喜欢风度翩翩的吕西安，很欣赏他的行事风格，甚至允许他不经通报大摇大摆地进入皇后的皇室内宅，这让宫里的人嫉妒不已。此时的西班牙波旁家族准备好了与波拿巴家族建立更多的联系，吕西安就盘算着促成年仅16岁的伊莎贝尔（Isabelle）公主和哥哥的联姻，以弥补拿破仑与约瑟芬膝下无子的遗憾。然而他这个计划绝无可能实现，因为马伦哥战役的胜利者从不打算与一位没落君主的后代结合。这一事件显然疏远了吕西安和约瑟芬的关系，甚至反过来影响了兄弟之情。讽刺的是，早在拿破仑禁止吕西安与寡妇结婚之前，吕西安就曾试图让拿破仑离开他的寡妇约瑟芬。

几周后的一件事让法国驻西班牙大使突然紧张了起来。外交部长塔列朗坚持让葡萄牙加入法国－西班牙联盟，并关闭其对英国海军的港口，声称如若不从，就军事入侵葡萄牙。靠着宠臣戈多伊，吕西安毫不费力地说服了西班牙支持法国，尽管这个要求不甚合理。然而里斯本（葡萄牙首都）方面却轻蔑地拒绝了，在这种情况下，战争似乎一触即发。勒克莱尔

（Leclerc）将军因此立即组建了一支15000人的军队，用以扩充西班牙兵力。吕西安和戈多伊主动支持战争，因为他们笃定这场战斗会给他们带来荣耀和财富。但是让我们这两位好战之徒没想到的是，里斯本王室为了避免战争，选择和塔列朗直接进行会面协商。吕西安大为恼火，一封接一封地给哥哥写信，终于破坏了这场秘密和谈。战争如愿开始于1801年4月16日，仅持续了三周就结束了。在埃尔瓦什（Elvas）受到包围的葡萄牙军队准备投降，向戈多伊赠送了一条橘树枝表示臣服。这场短暂的战争，也因此得名“橘子战争”。散漫的军事行动，最终沦为笑柄。

戈多伊和他的同伙完全无视法国的要求，为了填满自己的口袋，于6月7日签署了《巴达霍斯条约》（*Traité de Badajoz*）。他们并非不知道法国和英国正在幕后进行着交易。但如果这两个国家在西班牙拿到葡萄牙的土地之前就达成了协议，西班牙肯定会被遗忘。在谈判期间，戈多伊故意忽略了塔列朗的最后指示，并且伪造条约的日期，以防日后条约内容受到质疑。不过，吕西安只忙于算计能够通过条约获得的巨额利益，毫无保留地支持他的珍贵盟友的荒唐做法。只是吕西安这套弄虚作假的做法并没有成功，并让身为第一执政的哥哥感到痛心，痛斥了他的“玫瑰露外交”。在一封日期为6月17日的快信中，拿破仑批评了弟弟的做法，并且提醒他，任何与葡萄牙的谈判只有在能够保证全面和平的情况下才有效。在他看来，葡萄牙的让步将成为未来与伦敦谈判的筹码。

哥哥的谴责使吕西安心生戒备。当他在西班牙宫廷消遣玩乐的时候，就谎称生病，威胁说如果条约不被接受，自己就辞职，还讽刺他的哥哥也不过是靠着施加恐惧来执政。最终，法国方面也稍微做出了让步，吕西安和戈多伊于是重新开始与葡萄牙人的谈判。西班牙放弃对葡萄牙几个省的占领，而里斯本同意支付2000万的赔偿金，并推迟几艘军舰的建造。一切似乎都在往更好的方向发展着，但几周前拿破仑的斥责让我们的大使心里感到非常不是滋味。由于被与戈多伊的亲密关系蒙蔽了双眼，吕西安已经开始扮演起了总督的角色，他好像已经忘记了自己现在还只是一个外交官。再次拒绝服从命令的吕西安在12月，也就是他仅仅上任一年多之后递交了辞呈。这位昙花一现的亲王一天又一天地离权力中心越来越远。不过对于吕西安来说，一个职务最吸引他的是在这个位置上能捞到多少好处，别的都不重要。《巴达霍斯条约》让他发了笔大财，这种摆弄西班牙的外交方式让他收获了大笔黄金，尤其是钻石。他曾经在回忆录中大方地承认："最不容易招人耳目而又有价值的礼物就是几个装满钻石的小袋子了。我在阿姆斯特丹把它们卖掉的时候才知道原来这么值钱。"这些"小袋子"满足了他很长一段时间的所有开支，而他个人收藏的名画则增加到了20幅。回到迪普莱西后，他又重新享受起他那小小的宫廷生活，在那里，他遇见了德斯塔埃尔（de Staël）夫人和夏多布里昂。在这期间，这些人正渐渐走到公开反对拿破仑执政的阵营中。正如历史学家弗朗索瓦·彼得里（François Piétri）所说："不满的人会本能地去找他。"吕西安被拿破仑任命到可以发言的法案评议委员会。[1]拿破仑为他提供了一个可以畅所欲言的平台，尽管如此，他还是把反对的矛头指向了第一执政的哥哥。

对于把路易斯安那卖给美国人一事，吕西安觉得很耻辱，他对于这个问题的态度要比哥哥激进得多。而拿破仑是因为得知海洋的控制权很快即将回到英国手上，这块殖民地无论如何都守不住了，才刻不容缓地开出了

[1] 最后的表决环节在立法会进行，其成员无法发表意见，只有三名由法案评议委员会任命的代表能够发言。

价格。一天，拿破仑懒洋洋地躺在浴缸里，看着吕西安和约瑟夫想方设法地说服自己。吕西安狡诈地骗他说议会永远不会同意丧失一块如此美丽的殖民地，听到他这些话，拿破仑突然从浴缸里坐起来，挺起胸膛，语气专横地反驳道："这件事只能由我设想，由我协商，也将由我单独批准和执行，你听明白了吗？"拿破仑如此严肃地多次强调了"我"，又使兄弟三人重新争吵起来。气得发狂的拿破仑赶走了约瑟夫。只有吕西安还跟着他，二人在书房里继续讨论。吕西安还在加以反驳，拿破仑暴跳如雷，狠狠地把一直攥在手里的鼻烟壶砸在地上，发誓说如果弟弟继续这样对抗，会连他一起消灭。吕西安对此无动于衷，一声不吭地把地上的碎片收拾好，语气嘲讽地对他说："很遗憾，你打碎的是你妻子的肖像，下一个该毁灭的就是我本人了，我等着。"原来这个倒霉的鼻烟壶上的美丽装饰是画家伊萨贝（Isabey）画的约瑟芬。当约瑟芬听说拿破仑砸坏鼻烟壶这件事后大惊失色，有一种不祥的预感，担心厄运会降临到自己身上，于是飞快地跑去找到了她的占卜师勒诺尔芒（Lenormand）夫人，拜托她驱走厄运。占卜师建议她让同一位画家重新画一幅作为替代可保平安，约瑟芬毫不犹豫地照她说的办了。

危险关系

—

任职于法案评议委员会的吕西安在议会上毫无保留地支持了两项重要法律，关系到政教协定和荣誉军团的建立问题。尽管议会对执政提出的计划颇有微词，但吕西安的能言善辩总能说服那些犹豫不决的人。在逐渐采纳这两项主要改革的过程中，吕西安争取到了大部分人的支持。如果说政治上的紧张局势终于得到了缓和，那么现在吕西安的爱情战争又引起了兄弟间的不和。他心爱的圣克鲁斯伯爵夫人来到巴黎后不久，就一路疾驰到了迪普莱西。当她沉醉在吕西安为她举办的一场又一场的宴会中的同时，也引来了无数的蜚短流长。一天，拿破仑在弟弟面前开玩笑说伯爵夫人很轻浮，吕西安当时没在意。但后来另一个人的出现真正引发了问题：这就是亚历山德里娜·德布莱尚。她对吕西安一见钟情，吕西安也被这个女人的热情和直接完全占据，为了她甚至不惜把他的西班牙侯爵夫人支走，让这位年轻的寡妇[1]和自己生活在一起。路易·德丰塔纳（Louis de Fontanes）一下就注意到，他们的关系似乎是有长久考虑的，他记述道："他的言语和表情中无不透露着激情生活的蛛丝马迹……而那位夫人的脸上也时常透露着即将在宫廷生活下去的喜悦。"吕西安总算找到自己的那个"约瑟芬"了。但和后者不同的是，他的第二任妻子为他生了一个可爱的宝宝。确切地说，最后这对夫妇总共有过九个孩子。

他们在一起后的第一个月，亚历山德里娜就怀孕了。为了更好地享受二人世界，吕西安花重金布置好了布里耶纳公馆，又在旁边把她安顿下来。他希望自己可以随意地进出她的房间，甚至还在两栋建筑之间建造了一个长约100米的地下通道。这条狭窄的"情人密道"完全是个掩人耳目的杰作。"在这条通道里只有两道门，一头连接着我爱人宫殿内部的一栋小屋，另一头连接着我的宫殿。这两道门上的锁完全一样，并且有着复杂的机械结构，被精巧的掩饰物所遮蔽。一共有三把钥匙，分别给我母亲、我的爱人和我，除此之外，我们不信任任何人。"夜幕降临时，这位谨慎的情人就

[1] 亚历山德里娜的第一任丈夫，臭名昭著的银行家茹贝东（Jouberthon）于1802年6月15日在海地死于黄热病。

会进入华丽的画廊，靠近一幅达·芬奇或是拉斐尔的画作后就消失了，像使用了魔法一样，在清晨时分又重新出现。

1803年5月24日，这对夫妇迎来了他们的第一个孩子夏尔－吕西安（Charles-Lucien）的降生，只有莱蒂齐娅知道这个秘密。或许她作为家族中唯一一个知道孩子出生的人，也必须走秘密通道来探望她的孙子？因为只有严格的保密才不至于冒犯到家族中一直没有子嗣的哥哥。大儿子出生后的第二天，佩雷拉（Pereira）神父偷偷地以上帝之名主持了吕西安与亚历山德里娜的婚礼。由于拿破仑一直不知情，吕西安的隐秘生活很快就与帝国的需要产生了不可调和的矛盾。为了巩固法国与托斯卡纳的关系，拿破仑想到了让拈花惹草的弟弟与刚刚失去丈夫的伊特鲁里亚（Etrurie）女王再婚。当着约瑟夫的面，拿破仑试探了吕西安与女王结合的可能性。我们的当事人一听，立马惊呼起来，推托说自己绝不可能娶一个驼背且瘸腿的女人。拿破仑感到很惊讶，向他解释说这是一桩政治婚姻，只是为了完成一个仪式而已，仪式过后他爱去哪里游荡都可以。吕西安突然站起来义正词严地说道，自己还有一颗共和党人的心，必须和有着同样信仰的人结合。拿破仑听了，表面上没说什么，却让富歇暗中监视他的弟弟。

吕西安很快知道自己被监视了，如果哥哥发现了他的小家庭，一定会不惜一切代价破坏它。为了让他和孩子母亲的纽带更加牢固，他必须举办一场世俗婚礼，就定在10月26日晚上，在迪普莱西的城堡里举行。为了不惊动哥哥，他们不但没有公布结婚预告，连前来参加的见证人也是和家庭社交圈没有什么往来的人，让这场婚礼增添了一股阴谋的味道。在迪普莱西城堡所在的沙芒市，察觉到这件事有些可疑的市长拒绝了新郎新娘的好意邀请，让一位名叫布洛凯（Bloquet）的副手代替他参加。午夜一过，他们的婚礼宣布正式举行。在一个森林副监察员、一个农民和一个医生的见证下，法国最有权势的人的弟弟在法律面前和寡妇茹贝东夫人结为合法夫妻。或许受法律保护的吕西安现在是时候捅破这层窗户纸了。接下来的几天，拿破仑在弟弟的一封信中获悉了这一切。当时的第一执政拿破仑正在马尔梅松（Malmaison）城堡参加音乐会，得知这件事后他突然示意停下奏乐，整个大厅的人都不知所措。约瑟芬询问他发生了什么事，他暴躁地回答说："你知不知道吕西安已经和那个下流的女人结婚了！"人们面面相觑，一脸惊愕。身体颤抖的拿破仑决心争取一下，立马派缪拉去尝试劝说弟弟让他恢复理智。这位迅捷的骑士于凌晨3点抵达迪普莱西后，又被吕西安送回到哥哥那里去了。第二天又换了一名说客，即另一位执政康巴塞雷斯。

这位说客像他平时一样阿谀奉承、溜须拍马，先是对吕西安表示了遗憾，又断言其婚礼的不合法性。事实上，似乎有一项新的法律呼之欲出：拿破仑有权以"至高无上的地位"对整个家族的婚姻发表意见。"执政官的家庭应该是什么样的？这样的家庭是从什么时候起存在于法国的？……你所做的事，不过是把只有十年任期的执政官的无聊爱好，类比于以前的国王。"吕西安怒气冲冲地说，仿佛他不知道帝国已经深入人心了。在经过了他的"平行生活"和驻西班牙大使这两段插曲之后，吕西安仍然心怀愤怒，不依不饶地向哥哥发出挑战。摆脱哥哥的管束几乎成了他最喜欢的业余消遣。没过几天，吕西安夫妇就在剧院光明正大地出双入对了。他们一进门，所有人都盯着看，吕西安除了感受到新婚的喜悦，更多的是成功挑衅哥哥的快感。然而，他这样做除了让坊间生出许多闲言碎语以外，对拿破仑的进一步高升没有产生任何影响。从他的回忆录可以看出，这个叛逆的弟弟显然对自己实际产生的破坏力做了过高的估计。和拿破仑作对俨然成了一种条件反射、一种最佳的生活方式，哪怕最后的代价是失去一切。

对于拿破仑来说，他弟弟的婚姻则成了一个原则问题。他已经做出了决定，寡妇亚历山德里娜永远不可能成为他们家族的一分子，此外他还固执地拒绝称呼她为波拿巴太太，连波利娜和博尔盖塞（Borghèse）亲王的婚礼都不允许邀请这对新婚夫妇。既然宣战了，他就绝不会轻易从战场上退出。如果吕西安还不改变对待这位寡妇的态度，那么他将亲自驱逐他的弟弟。拿破仑甚至告诉所有人："没结婚的吕西安拥有一切，结了婚的吕西安如同草芥。"而母亲莱蒂齐娅却不同意他这么做，即使兄弟反目，她也不能放弃任何一个儿子，况且她对拿破仑和约瑟芬的婚姻也一直持反对态度。和我们所熟知的情况相反，她非常欣赏儿媳的个性，但她常常抱怨约瑟芬年龄过大且不能生育。此外，吕西安在和亚历山德里娜结婚以前，特意和她商议过，拿破仑可是很多年没有这样做过了。出于这些原因，她支持吕西安的婚事，即便要她追随儿子踏上流放的道路。

1803年12月4日，吕西安前往意大利半岛，他将在那里度过很长一段时间。在罗马见过教皇之后，他又去了那不勒斯。莱蒂齐娅在1805年3月的时候也踏上了相同的旅程，她使用了化名，用以避开不时洗劫旅游者的强盗。3月31日，莱蒂齐娅抵达了罗马，受到教皇的热情款待，并在教皇的洛雷托（Loreto）宫殿下榻。多亏了母亲的支持，吕西安才没和巴黎完全切断联系。他的传记作者怀疑他在抓住一切机会"寻找一个改变自己被流放命运的借口"。而拿破仑可没那么容易受蒙蔽，才不会送他这份大礼呢。当他们最后一次见面的时候，未来皇帝的态度依然坚如磐石。吕西安想知道自己是否能够看到妻子被承认的那一天，他得到的回答是冰冷坚硬的一句话："永远不可能！"他们的兄弟之情彻底破裂了。

5月到来了，吕西安回到了永恒之城罗马，身边是又怀有身孕的妻子。为了她，吕西安刚刚放弃了自己的职位。他在纳沃纳广场（Piazza Navona）看中了兰切洛蒂（Lancellotti）宫殿，把它租了下来，又在弗拉斯卡蒂（Frascati）购置了一栋豪华别墅专门用于存放收藏的数百幅画作。现在的他对那些"阴谋、不公正以及无耻的激情"感到非常气馁。"如果命运还会把我带回政治舞台，我将会荣耀而自豪地回归，但绝无半点愉悦，因为我会后悔牺牲掉个人感情。"既然已经决定不会回到帝国的政治中心了，他又说道，"真正能对付你的敌人的是沉默，我不屑于对我遭受的一切做出反抗，这让我虽败犹荣。"当法兰西帝国建立时，拿破仑故意把吕西安排除在外，尽管母亲为他向皇帝请愿，12月2日的加冕仪式还是没有邀请他。母亲对拿破仑的态度感到非常失望，故意在帝国庆典上迟到。而画家大卫巧妙地用画笔把这一切在画面中掩盖了，这幅画就是著名的《拿破仑一世加冕大典》。费什舅舅和波利娜，以及其他来劝说调解兄弟俩的人一个接一个地失败了。约瑟夫也做了同样的事："皇帝永远不会改变他的想法，你如果不顺着他的心意，就是他的敌人。这就是习惯于把个人利益和国家利益联系在一起的人的思考方式；你应该让自己在他面前呈现出最自然的状态，他才能了解到你真实的观点。"但是吕西安坚持自己的观点，他很有可能为此失去了拿破仑为他准备的伦巴第（lombards）的王位。

吕西安入住他的新别墅后异常思乡，又自觉有写作天赋，便把激情投入到写作上。有时候在灯火通明的晚会中，不乏许多代表法兰西帝国前来的人，吕西安长篇大论地朗诵自己创作的诗时，总会让他们觉得百无聊赖。白天，我们的诗人在罗马城的废墟中苦苦追寻着灵感，创作着无人问律的诗歌。这时的吕西安已经完全沉浸在了文学和艺术海洋中，把政治生活彻底抛诸脑后了。他把布里耶纳的城堡卖给了母亲，又用这100万法郎在罗马购置了康多提（Condotti）宫。1807年，他终于在意大利的曼托瓦（Mantoue）再次见到了拿破仑。还没说几句话，拿破仑又开始责备弟弟和寡妇结婚的事，吕西安很可能反驳道："你自己也是和寡妇结婚的人，但我的妻子至少没那么老，也不像你那位不能生孩子！"这就可以解释为什么拿破仑每次分配附庸国的王冠之时，这个叛逆的弟弟总是两手空空。他确实在心底里幻想过有朝一日也能戴上王冠，更何况他现在经济上也有些拮据。然而他知道，即使他开口，哥哥也会信守诺言，拒绝他的要求。为此，他一直等待了八年才得到一个头衔，却没有借助哥哥的力量，而是通过教皇的协助。他被捕后，在英国的土地上流亡了四年，只有在帝国灭亡后他才被允许返回意大利。这时，罗马教皇神圣的谕旨又及时接济了开支巨大的吕西安，并协助他于1814年8月18日成了卡尼诺（Canino）亲王。吕西安夫妇喜出望外，不只是出于经济方面的原因——此时，拿破仑刚刚失去了他的皇位，而对于这对长期被羞辱的夫妇来说，"殿下"二字听起来异常悦耳。这位新的罗马亲王用了树冠作为自己的徽章，并添加了罗马贵族的标志，低调地提醒大家自己曾是一个自称"布鲁图"的男人。然而，他在罗马的美妙时光非常短暂。他再一次改变了自己效忠的方向，这使他从云端狠狠地摔到了地上。

永恒的放逐

一

刚上任的罗马亲王每天绞尽脑汁悉心维护着和教皇的关系。突然有一天，他收到了一封语气神秘的信，落款日期是1815年3月1日，信上还有母亲的字迹："拿破仑刚带领部队从这里离开了，但我不知道去了哪里。如果天气好的话，我自己也会在三天后离开。"这封信以一个邀请结尾，希望他和位于奇维塔韦基亚的路易一起来和她会合。发生了什么事？与拿破仑一同被流放到厄尔巴岛的莱蒂齐娅，刚目送他从费拉约港（Portoferraio）出发。为了不连累厄尔巴统治者的这段疯狂旅行，莱蒂齐娅始终没有透露他此行的目的地，但她心里很清楚，皇帝正在大胆地做一个赌注：用手上仅有的800名近卫队老兵重新征服法国。"被放黜的恺撒，仍然是那位曾一手策划了雾月政变的阿雅克肖阴谋家。"吕西安惋惜地说。但雄鹰所到之处，缪拉率领的军队立即向教皇发起了进攻。吕西安飞奔到奎里纳尔宫（Quirinal），恳求教皇不要离开永恒之城，但无济于事。在拿破仑的军队往前推进之前，卡尼诺亲王的护照终于能到达意大利北部和瑞士。吕西安在莫里斯（Maurice）神父的陪伴下开始了前往辛普朗（Simplon）的一段不怎么光彩的旅行——这位神父正是几个月前帮助他重返罗马的人。为了防止行踪被人盯梢，二人一路上多次更换身份。在翻越阿尔卑斯山的时候，亲王还从骡子的背上摔到了地上，但总算安全抵达了瑞士。这时他听说拿破仑已经回到他的杜伊勒里宫了。这是不是意味着他可以回到哥哥的帝国了？吕西安毫不犹豫地踏上了返回复辟帝国的道路。他带着同行的伙伴来到法国的沙朗通（Charenton），在那里找了一家不起眼的小客栈安顿下来。在这期间不时有密探来访，莫里斯神父也受邀进宫，和皇帝讨论他被放逐的弟弟的事。兄弟二人终于要言归于好了吗？就在这位方济各会修士准备离开客栈时，吕西安态度傲慢地对他说："这可不是我派你去的，是他要叫你去的……你去吧，记得一定要留意皇帝所说的每一个字，弄清楚他到底是怎么想的，回来告诉我。”换言之，他就是要等着拿破仑迈出第一步。这就是骄傲吧！

然而，莫里斯神父和拿破仑在杜伊勒里宫的会面与卡尼诺亲王预想的完全不一样，皇帝甚至都没有提到他的名字，只是向莫里斯大肆抨击了教皇，二人除了政治什么也没说。莫里斯神父对此感到惊讶和不知所措，在客栈晃悠了很长时间以后才有勇气向亲王汇报。失败看来是注定的了。然而，吕西安几天后去了瑞士，手上却拿着一封拿破仑写给教皇的信。很显然，我们这位秘密信使已经和他的哥哥和解了，但何时何地我们无从知晓。然而保王派的密探已经得到了风声，想极力破坏这件事。在普朗然（他在几天前和约瑟夫见了面），吕西安正在一家小旅馆静静享用晚餐的时候，一位市镇法官通知他要被捕了。刻不容缓地，吕西安立马收拾行李，一路飞奔过了边境。5月初，他又出现在杜伊勒里宫，从哥哥手上接过了荣誉军团的勋章，拿破仑看上去十分满意，把红色的绶带交到了弟弟手中。紧接着，吕西安成了法国的亲王，享受着作为欢迎礼物的宫殿和一份颇为丰厚的收入。奉行自由主义的法兰西帝国，原谅了那些背弃过它的人。从政治上来说，这位旧雅各宾党人和邦雅曼·康斯坦（Benjamin Constant）、卡诺（Carnot）一样，又回到了拿破仑的身边，也得到了一个不错的职位。是不是正确的选择还很难说，无论如何，皇帝都做出了改变，并且用行动证明了自己说过的话。吕西安获得了新的豪宅和辖区，对自己的新差事欣喜若狂。

他对于礼仪有着吹毛求疵的偏执，每当发现自己和兄弟们之间的细微差别都一脸不高兴，比如看到帝国年历上称呼他为“吕西安·波拿巴亲王”，而不是“吕西安·拿破仑亲王”这个以前常用的称谓时就感到心中不悦。然而，6月1日的五月校场庆典上，他精心打扮后坐在了皇帝身边，全然不顾约瑟夫和路易的反对，穿了亲王的白色长袍，还戴了一顶滑稽的羽毛帽子。他还在部长理事会获得了表决权，成为常任参与者。6月19日，当帝国军队失败的消息传到首都时，他宣称将用最严厉的审核力度来监控媒体中最微小及隐晦的影射和嘲讽。可以看出，我们的"布鲁图王子"骨子里还是个雅各宾。两天后，拿破仑从滑铁卢战败而归。他脑子里唯一的念头就是如何稳住因败仗而人心惶惶的议会。然而皇帝的第二次退位还是无可避免。吕西安找回了往日的干劲，使出浑身解数想避免最坏的结果发生，甚至想出了最后的办法，即扶持拿破仑的儿子摄政："我要求按照议会的附加法案，通过自发和一致的行动……宣称承认拿破仑二世为法国皇帝。我在此做出表率，并向他发誓会效忠于他。"然而，他这番话并没有什么说服力。"请问亲王他是以什么头衔在和我们说话？他是法国人吗？"蓬泰库朗（Pontécoulant）议员的问题听起来带着恶意。我们的罗马亲王为一位法国皇子进行辩护，确实很难有说服力，更何况那位皇子此刻还被监禁在维也纳。这一次，他的言论无力影响事态的发展。在这次失败之后，他在政治舞台上也灰溜溜地消失了。

还没等富歇下命令撤离，吕西安就使用了一个假身份匆匆离开了巴黎，他要像他的兄弟一样去美国。火急火燎地抵达迪耶普（Dieppe）后，他又突然命令车夫掉头，毕竟以这种方式放弃他罗马亲王的身份对他来说无疑太羞辱了。从这时起，他只有一个愿望，就是回到罗马，哪怕冒着被抓的危险。对于拿破仑来说，他宁愿向英国投降，也不愿失去皇帝的威望，他到最后一刻也不愿意放弃皇帝的头衔，甚至拒绝了前往美国的冒险。但当吕西安抵达萨瓦（Savoie）的时候，遇到了把守着这条路的奥地利军队，被拦了下来，他的化名“卡萨利（Casali）骑士”——显然没有骗过任何人。在布勃纳（Bubna）将军面前，他仍然表情僵硬地拒绝承认自己的真实身份。在被押送到都灵后，吕西安被关进了一座城堡的监狱里。他一遍又一遍地抗议，声称自己的真实身份是罗马亲王，对目前法国的事务毫不知情。在百日王朝开始后，他也曾多次试图隐瞒自己的真实身份，然而结果都是徒劳的。他一直被拘留到9月22日，在联军的干预下才得以释放。法国、俄罗斯、普鲁士、奥地利的大臣们允许他回到自己的公国，但前提是必须接受密切的监视。对卡尼诺亲王的行踪感兴趣的不只教皇的手下，还有法国、英国和奥地利等国家的间谍，这些人都在密切注视着他的一举一动。像停留在欧洲的所有其他波拿巴家族成员一样，他的自由很有限，但这并不妨碍他重拾过去和教皇的来往。

然而，在奎里纳尔宫，他不再受欢迎了，况且教皇对他几个月前归附拿破仑耿耿于怀。但这对于已经放弃了所有政治野心的罗马亲王来说，没有什么实质性的影响。“宁静和家庭的幸福”已经完全占据了他的心，就像他对妹妹埃莉萨所说的，他如释重负。对吕西安来说，1815年至少还是在愉悦的氛围中结束的：他的大女儿夏洛特嫁给了一位极其富有的亲王加布里埃利（Gabrielli），一位红衣主教的侄子。十个月以后，勇敢的亚历山德里娜又诞下了他们的第八个孩子，取名为安托万（Antoine）。吕西安总共有十四个孩子，其中三个刚出生就夭折了。年龄最大的两个女儿夏洛特和克里斯蒂娜（Christine）都经历了丧偶再婚的命运。加布里埃利亲王过世后，夏洛特嫁给了一个罗马的骑士；而克里斯蒂娜则看中了瑞典宫廷中的一位内侍：波瑟（Posse）伯爵。总之，吕西安的这两个女儿都在第二帝国获得了尊贵的头衔，而后来的几个孩子就没这么幸运了。严格遵守伯父制定的帝国基本原则，拿破仑三世只给了他们“波拿巴亲王”的头衔，从某种程度上加深了对他们的排斥。在这些二流亲王中间，夏尔－吕西安成了一名自然学家及鸟类学家；蕾蒂西娅（Laetitia）与爱尔兰外交官托马斯·怀斯（Thomas Wyse）爵士组成了家庭；让娜（Jeanne）嫁给了来自佛罗伦萨的一个古老贵族家庭的侯爵奥诺拉蒂（Honorati）；路易－吕西安（Louis-Lucien），这位出色的语言学家，在第二帝国担任了元老院议员；我们以后还会说到出生于1815年的皮埃尔（Pierre）亲王；至于安托万，他进了政坛，但却加入了保王党的阵营，这成了后来他被排挤的原因。当吕西安最小的儿子出生后，又添了两个女儿：1818年，小玛丽－亚历山德里娜（Marie-Alexandrine）出生，后来与罗马共和国的财政大臣温琴佐·瓦伦蒂尼（Vincenzo Valentini）成婚；1823年，吕西安的最后一个女儿康斯坦丝（Constance）出生，未来的她将选择进入修道院。

在永恒之城罗马获得了一定的自由之后，吕西安直到1818年才打破“保持低调”的誓言，获准返回他卡尼诺的领地。因此，他把精力都投入到了自己热爱的领域，例如，天文学和考古学，重拾写作的热情和对祖先的研究，我们的罗马亲王可以说已经变为一个平民了。然而，他的作品卖得很差，土地收成也不好。此外，法国政府内部，受到令人生畏的布拉卡（Blacas）的危言耸听的刺激，策划阴谋想将吕西安驱逐出罗马，这让他感到异常悲伤和痛苦，萌生了前往美国的愿望。1820年后的几年，吕西安和他的侄女玛蒂尔德——热罗姆的女儿接触频繁，玛蒂尔德对他当时的外形印象颇深：“他戴着眼镜，打扮很奇怪，常穿着一条拖到脚背的裤子和一件肥大的蓝色罩袍；但他可爱又风趣，我们都很喜欢他。”1822年，来自大西洋彼岸的侄女将带走他的一个儿子。从前几年开始，他就意图撮合约瑟夫的大女儿泽纳德（Zénaïde）和他的大儿子夏尔－吕西安。两人的婚礼在布鲁塞尔举行。随后，这对年轻的新婚夫妇漂洋过海去了美国。这是个同样多产的家庭，先后诞下四个儿子和八个女儿。

当孩子们都长大成人离开他时，吕西安陷入了一种持续而长久的忧郁，此后再也没有摆脱过这种状态。1830年七月革命以后，他盼望重回政治舞台。然而，拿破仑二世已逝，波拿巴家族对采纳何种政治立场还存在分歧。这位原来的议长在约瑟夫的协助下，积极发布了一份关于恢复1799年宪法的草案，希望争取重建执政府。但这成了布鲁图的遗言——在法国，七月革命后的君主制克服了重重困难站稳了脚跟，彻底埋葬了吕西安的伟大抱负。此外，放逐吕西安的法令并没有被废除，逼迫他只得在流放中被遗忘。1835年的夏天过后，疾病为他最后的野心画上了永远的句号。在痛苦中，他又度过了饱受折磨的五年，直到1840年6月29日，在维泰尔布（Viterbe）走到了生命的尽头，被恶性疾病带走，享年65岁。他的遗体后来被转移到了卡尼诺的教堂。亚历山德里娜在他死后十五年也去世了，于1855年7月13日长眠意大利。

吕西安骨子里就是一个适合流放生活的人，简直已经把流放地当成了自己真正的家。由于他善变的忠诚、糟糕的性格和不合时宜的野心，几乎葬送了他自己所有的成功。他的政治生涯非常短暂，骄傲的他什么都不愿意放弃，最后却什么也没有得到。只有爱人和众多的后代，是他一生被人承认的唯一成功。

第四章｜女大公埃莉萨

在我们人才辈出的传奇家族中，埃莉萨看上去就是个可怜的亲戚。她长得其貌不扬，也不擅长打扮。“没有哪个女人像她一样，毫无与生俱来的优雅。不过这或许是她的一种伪装吧。”阿布朗泰斯（Abrantès）公爵夫人这样嘲笑她。“特立独行，令人不悦。”她还这样评价道。埃莉萨的外形看上去和拿破仑、吕西安有几分相似：苍白的肤色，浓密乌黑的头发，黝黑的瞳孔，专横的脸，没有什么吸引人的地方。不像她的妹妹们：一个是号称卡诺瓦的维纳斯（Venus de Canova）的波利娜，另一个是那不勒斯的王后卡罗琳。两个人都美艳动人，光芒四射，相比之下埃莉萨简直毫无存在感。她的生活也相对无趣一些，一生中未曾有过大起大落。她的兴趣爱好广泛，且多半是智力和精神层面的，感情生活也平淡无奇。埃莉萨是兄弟姐妹中寿命最短的，43岁就去世了（1820年），去世时甚至没有人关心。历史爱好者和喜爱情节丰富小说的人，或许可以跳过这一段了。但事实上，我们不应该忘记的是，她默默地在意大利进行了有效的改革。热爱权力的她并非为了出风头，而是为了行使所拥有的权力。她有一种与生俱来的威信力，这一点和拿破仑很像。她积极扶持了艺术的发展，也是第一位成为高级官员的女性。当时她被哥哥拿破仑任命为托斯卡纳总督，怀着一颗永不满足的野心，前往了这个她长期梦寐以求的地方。

在1804年法国建立了帝国政权以后，这个宫廷对于我们雄心勃勃的波拿巴家族来说似乎太狭小了，几乎每个人都想在其中获得一个重要的角色。但他们必须让位于皇帝，当然还有尊贵的约瑟芬皇后。意大利王室成员是由拿破仑亲自选择的，比如总督一职归属博阿尔内家族的欧仁，其他人只能眼巴巴地等。波拿巴的姊妹们什么时候才能等到加冕的那一天呢？然而，由于《萨利克法典》（*Loi Salique*）中对女性继承者的规定，拿破仑也几乎不能给予她们什么特权。在法兰西帝国创立之时，路易和约瑟夫都成了亲王，她们却未能如愿。后来卡罗琳向皇帝苦苦哀求，才在帝国最后的时刻获得了公主的头衔。[1]尽管有着公主的身份，但波拿巴家的姊妹们却还是只能屈居次等位置。为了配得上自己的荣耀，她们居住的内宅极尽奢华，但这些带来的满足感绝不能和闪耀在头上的桂冠吸引来的嫉妒目光相比。姊妹中年龄最大的埃莉萨，由于没有妹妹们那样出众的外表，也不会盛装打扮，受到的关注很少，获得封号的时间也晚得多，而且她曾是吕西安的政治同盟，所以其政治影响力也是逐渐降低的。在她的沙龙里，哪怕是以前最亲密的朋友，尤其是路易·德丰塔纳，未来的法国大学学督，也越来越少前来光顾。这些墙头草像往常一样，随着政治的风改变方向。在政治上，哥哥几乎不听从她的任何意见和叮嘱，将内政部长吕西安换成学者沙普塔尔（Chaptal），而非埃莉萨建议的米奥（Miot）——未来的梅利托（Mélito）伯爵。她气得生病了，她的胃无法再承受任何食物。她有着和哥哥拿破仑一样的毛病，一旦不开心，肠胃就会出来罢工。好在拿破仑答应送她一个属地，才让她从胃病的折磨中解脱出来。不得不说，拿破仑常常因为埃莉

[1] 详情见第七章关于卡罗琳的部分。

萨唐突、可恶的举止而恼火。因此，对于他来说，与这一类的强硬女人打交道，正确的做法或许是把她撵走。

1803年，皮翁比诺（Piombino）公国20000位公民与法国的命运联系在了一起。因为皮翁比诺市的港口是通往厄尔巴岛、法国和科西嘉的主要通道，所以它在地中海的位置对法国具有重要的战略意义。还有比波拿巴家族成员更适合控制这个关键公国的人吗？拿破仑表面上没有对此发表意见，却通过他无所不能的皇权，在1805年3月28日颁布政令将公国委托给了埃莉萨。从某种程度上来说，皇帝将土地授予附庸，是对封建体系的重建。法令中没有提到任何主权问题，接受委托管理公国者，就像一名属臣，要向法国皇帝发誓做到“绝对的忠诚和服从”。他将土地直接“转让并赠予”自己的妹妹和妹夫。与埃莉萨在1797年结婚的丈夫费利克斯·巴乔基（Félix Baciocchi），是来自科西嘉（他的出生地离波拿巴的老家只有几百米之远）的一名不起眼的士兵，扮演着一个无足轻重的亲王角色。在婚姻中占主导地位的埃莉萨将掌控那个拿破仑谴责直到现在也“没有统治，没有政府监督”状态的国家。是时候由她来让这个地方恢复秩序了。在以拿破仑为首的权力系统中，埃莉萨是唯一一个即将进行统治的女性，但绝非无权力的傀儡，因为她不久就要从法国的控制中脱离出来。准备上任之前，她花重金给自己置备了一套华服，但依然尽量节约。不像肤浅虚荣的嫂子约瑟芬或是妹妹波利娜，她认为华美的服装和威严的外形只是一种维持权力的工具而已，而首饰和珠宝也只是遇到不测时随时可以变卖的小金库。她的节俭朴素很显然是遗传自母亲莱蒂齐娅。

她收拾好行囊，于4月踏上了前往意大利米兰的旅程，准备去参加哥哥作为意大利国王登基的加冕礼。整个意大利半岛（除了那不勒斯）都应邀参加了这位新恺撒的盛典。在出席的众多代表中，有少数几位来自托斯卡纳的卢卡（Lucques）公国的代表，怀着对自己国家未来命运的担忧而来，内心恐慌，不知道皇帝是否能接纳他们。拿破仑接见了他们以后发誓永远不会干涉卢卡公国的独立，代表们这才如释重负，对这个结果十分满意。但他们不知道的是，皮翁比诺女大公悄悄在幕后活跃着，意欲将这个公国收归自己的版图。在她的坚决要求下，拿破仑重新召回了几位代表，表现得对卢卡破坏意大利政府统治的政治分裂倾向非常不满，语气和言论都和刚才截然不同。意大利的新国王为了挽救“混乱的局面”，向他们建议——实则是要求——组织一次关于帝国保护的公投。事实上，这将把卢卡置于法国的控制之下。代表们迫于压力，接受了拿破仑的“建议”。在经过一番讨论之后，他们同意自己的城邦接受亲王的统治，条件是每年的税收不超过50万法郎，且不得干涉教会。众所周知，承诺只对愿意听的人才有约束力。很快，卢卡人就会发现自己被当作傻子一样愚弄了。1805年6月，人民投票同意接受帝国保护，很少有人反对，因此埃莉萨毫无阻碍地达成了目的。经过协商，费利克斯成了卢卡公国的亲王。百姓们松了一口气，拿破仑看起来兑现了他的承诺。

卢卡是一座拥有13万人口的古老城市，是建筑史上的一个奇迹。城市四周围绕着雄伟的城墙，建有文艺复兴时期恢宏的公馆、中世纪的漂亮住宅和罗马式教堂。对于野心勃勃的埃莉萨来说，这是一件来之不易的珍宝，为此，她不惜背弃与哥哥的承诺，首先从她和丈夫的权力分割开始。1805年7月14日，这对亲王夫妇进入了卢卡城，举行了热烈而隆重的巡游。费利克斯身着高贵的灰色长袍，紧随其后的是一辆载着埃莉萨的六匹骏马的马车。来自意大利各地的王室护卫队的骑兵在前面开道，后面是四名护卫队士兵，热情的人潮包围着行进的队列涌向大教堂，教堂的墙壁上早就为这一刻精心地装饰了蓝色的丝绸。在大主教降福王权之后，向他们授予了代表权力的精美无比的佩剑，剑柄上镶嵌着耀眼夺目的钻石，接过佩剑的费利克斯进行了宣誓。在他旁边，埃莉萨身穿白色丝绸连衣裙，戴着的镶满宝石的金色王冠将我们骄傲的女大公衬托得光彩照人。仪式结束后举行了场面盛大的舞会和传统的赛马，一直狂欢到凌晨才停歇。在经过了听证会和政府的组建后，第一个法令颁布了。然后，一所汇集了城市所有先进思想的拿破仑学院成立。8月15日，人们会集到这里，见证新法令的颁布。在宣读的时候，法令开头写着："我们，费利克斯一世，以及其他人。"表面上看，费利克斯王室派头十足，但当我们仔细地检查保存在档案馆的法令原件就会发现，费利克斯所有的签名都被小心地抹去了，取而代之的只有一个"E批准"，意思是已得到埃莉萨批准，这才是真正的皇族印记，并且只属于埃莉萨。

像弗雷德里克·马松觉察到的那样，这对夫妇各自的角色分工渐渐变得清晰了："费利克斯骑马、拉小提琴、出席各种盛典，是他那位令人敬畏的夫人的第一侍从，可是……他必须站对自己的位置，不能在埃莉萨面前摆任何架子。对于埃莉萨来说，这简直是梦里的场景成真：她是女主人，是君王，还是独裁者。"在宫廷中也是如此：她制定的烦琐冗杂的礼仪礼节甚至让杜伊勒里宫都望尘莫及。在这篇新颁布的严厉法典的243条条款中，她把自己的主导地位体现得淋漓尽致，把所有的荣誉都归于自己。她的身边总是簇拥着许多想大献殷勤的仆役和朝臣。很快，她又违背了哥哥的另外两个承诺，侵吞了教会的财产，增加了税收。但她也进行了一些大胆的改革，例如，关注公国的经济增长和赞助艺术发展，以扩大自己的影响力。

她在给巴黎的信函中也总是一副勤勉、坚决而富足的姿态。面对法国的监督，不管是皇帝本人还是他的部长们，她都维持了和谐的表面关系。这是她成功的主要原因。时而无理傲慢，时而温柔亲切，她几乎总能达到自己的目的。没有任何绯闻和污点，我们谨慎的埃莉萨一路走来，一直在前进，从未后退过。

圣西尔的年轻姑娘

在吕西安出生不到一年的时间里，莱蒂齐娅再次怀孕了。1777年1月3日，小玛丽亚－安娜（Maria-Anna）出生了。父母给先前的两个女孩子取过这个名字，但她们都早早地相继夭折了（其中一位还在1771年参加了拿破仑的受洗）。这个幸运的小玛丽亚－安娜终于活了下来。1779年，约瑟夫和拿破仑离开科西嘉。两年后，在她4岁时，哥哥吕西安也离去了。在她的幼年时期，吕西安是她最为熟悉的人，这也许是他们未来成为盟友的原因。她见证了路易（1778年）、波利娜（1780年）和卡罗琳（1782年）相继来到这个世界上，但她没有看到最小的弟弟热罗姆的诞生，因为那时的她已经前往法国大陆。在哥哥们都去了布里耶纳和奥坦以后，夏尔成功地把她带到了圣西尔，进入由曼特农（Maintenon）夫人创立的圣路易王室之家。这个机构的设立原则是提供给“为国家效力而不幸遇难、破产或患病的贵族的女儿”。这时的夏尔38岁，尽管生活拮据且身体抱恙，但根本不属于这一范畴——他既没有为国捐躯，也没有用自己的财富来支持王室的行动。毫无疑问，这又是马尔伯夫伯爵给夏尔大女儿的一个通行证，好让她可以和落魄贵族们的后代待在一起。为了凑齐前往圣西尔的旅程所需的25个金路易[1]，夏尔不得已把莱蒂齐娅的银器拿去典当了。1784年6月，他和女儿与另外两名同样准备入学的女孩同行，离开了阿雅克肖，在奥坦进行了短暂的停留后，又把吕西安带到布里耶纳，最后让玛丽亚－安娜在圣西尔安顿了下来。

这所著名的王室机构中大约有250名寄宿生，30多位老师。学校有一个"简单"的要求，即让学生们保持暂时的贫穷、贞洁和顺从。这些年轻的贵族女孩在7到12岁时进入学校，在这里一直生活到15至20岁。然后，她们可以领取到3000里弗尔的补助，这笔钱足够让她们找到理想的另一半并与之成婚。学校校规的第54条简要概括了她们在这里所接受的教育："首先要了解上帝和宗教……必须在内心激发出对恶行的憎恨和对美德的笃信……她们必须习得一个忠诚的妻子在家中的所有本分和职责，包括如何照顾她的丈夫、孩子和做家务，并且是心甘情愿地接受……我们教导她们如何阅读、写作、拼写和算数……她们还必须学会打理发型和理发，以便更好地为未来的丈夫服务……"然而，自从路易十五的统治开始以后，这个机构就在慢慢地走向衰落。先前被认为具有创新性的方法如今却遭受抨击。例如，1750年阿尔让松（Argenson）侯爵写道："圣西尔这个机构简直一无是处，只会培养出假装正经的女人，她们将来既找不到丈夫，也不可能取悦他们，只会让男人感到烦躁。"我们这位"假装正经的女人"埃莉萨一直待在学校，直到大革命将其关闭。1786年，她陪同路易十六的妹妹伊丽莎白（Elisabeth）参加了这所著名学校的一百周年纪念活动。天空中点缀着美丽的烟火，是这个地方迅速消失之前最后的亮光。

[1] 当时流通的铸有路易十三和路易十四的法国金币。——编者注

在革命动荡之前，圣西尔的气氛就像是修道院。每天都遵循一成不变的规矩：早上6点起床，8点祷告，然后是一直持续到下午6点的课程，这是获得良好修养的前提。即便埃莉萨后来的拼写也不是完美无瑕的，但她似乎早早地就学会享受学习的过程了，写给母亲的第一封信就已经有比较明显的个人风格了："您知道我全心全意地爱着您，因此，我恳求您尽快告诉我您的近况，只有这样我才能感到幸福。在圣西尔的日子一直很愉快，我过得好极了。我的老师们都非常温柔善良，我将努力用良好的行为来回应她们。"这封信上的语气让人联想到课堂上会做的造句练习。这时的她年仅10岁，表现优秀。学校里不同学习阶段都用不同的颜色区分，每个阶段持续约三年：首先是红班，主要学习阅读和数学的基础知识；其次是绿班，增加了历史课；再次是黄班，学生们会开始学习语法、舞蹈和绘画；最后以蓝班结束，她们会接受道德教育。由于1792年8月16日立法议会宣布了关闭学校的命令，这个依然名为玛丽亚－安娜的女孩在学校的教育只进行到黄班就中断了。但是，对于波拿巴家族的人来说，最糟糕的不是课程的中断，而是她将拿不到学业完成后发放的补助。此时在巴黎，拿破仑自夏尔去世之后成了她的监护人，经常来看望她，为她的经历感到惋惜："很显然她现在拿不到那笔嫁妆了。她要么现在就选择退学，要么就在学校里再待四年。可是现在学校里已经有七八个20岁的女孩毕业了但同样没拿到那笔钱。看样子圣西尔的学校不久将不复存在了，或者改头换面，变成一个和现在完全不同的机构。"在大革命的风暴中，这个身无分文的年轻女孩除了回到家乡别无选择。

就在关闭圣西尔学校的法令颁布时，他赶紧去找妹妹，但要顺利离校的话还需要凡尔赛出具证明，为此耽误了几天。精打细算的拿破仑还没忘记索要20苏[1]的赔偿金，作为对被迫离开这个学校的人的补偿。从圣西尔到阿雅克肖，这种变化对于已经习惯了王室学校的人来说并不容易，但拿破仑对此并不动容。“玛丽亚－安娜年纪还小，用不了多长时间就能习惯家里的生活了，无妨。”他肯定地说。1792年9月21日，我们的女主角回到了阿雅克肖，短暂停留了几个月后，她的生活被一条针对波拿巴全家的放逐令打破了宁静。从1793到1797年，她先后在普罗旺斯、土伦、马赛、昂蒂布辗转，像其他兄弟姐妹一样跟随着母亲。在这段时间里，她变得更加谨慎了，并且由以前的玛丽亚－安娜改名为埃莉萨，没人知道是谁为她做了第二次洗礼，是拿破仑还是吕西安?

与此同时，正如我们所知，这个家族失去了名字中的字母“u”[2]，听起来更像个优雅的法语词了。因此，这位来自圣西尔的旧贵族小姐和其他家庭成员一起遵循了这种转变，决心要将自己更好地融入年轻的法国。不过除了她名字的改变以外，我们对她在普罗旺斯的岁月了解得并不多，直到她遇到自己的另一半——费利克斯·巴乔基。巴乔基家族同样起源于热那亚，几代人以前就和波拿巴家族是邻居了。同在一条街的屋檐下的两家族早有往来，也结盟过不止一次。在路易十五统治时期，巴乔基家族也被认为是贵族。后来，一位家族后代帕斯夸莱（Pasquale）——后改名为费利克斯，加入科西嘉的王室军团。大革命爆发以后，在恐怖统治之下，费利克斯背井离乡，在尼斯（Nice）找到了吕西安。波拿巴家很高兴地欢迎这位同样被逐出了科西嘉的远方表亲。一进入这个家族圈子中，他就努力追求波拿巴家族的长女。很快就到了谈婚论嫁的时候，看样子莱蒂齐娅和吕西

[1] 苏（sol），又称索尔，当时的流通货币。——编者注

[2] 从Buonaparte（布拿巴尔特）到Bonaparte（波拿巴）。——编者注

安都喜欢这位举止优雅而殷勤的军官。然而，作为一个没有财产、没有地位的追求者，还比他未来的妻子年长（35岁），他所能给的只是一笔不多的钱。他显然不以自己的聪明才智见长，只善于演奏小提琴，外号“小提琴手”。然而，对于快20岁的埃莉萨来说，已经到了应该出嫁的年龄，再加上自己没有嫁妆，于是迫不及待地同意了这门亲事。就是这个原因将她推到了第一位追求者怀里的吗？也许吧。不过，如果按照历史学家弗雷德里克·马松的说法，她现在的长相令人不悦，足以吓跑每个男人：“她非常高，骨瘦如柴，头发黝黑，两只放着光的眼睛挂在脑袋上，大嘴巴，唯独牙齿还算漂亮，总之毫无女性的魅力。”而对于莱蒂齐娅来说，费利克斯已经具备了最基本的优点——他是个科西嘉人，这一点就足以为女儿带来幸福。

因此，埃莉萨和母亲一起，写信给拿破仑以征求他的同意，但并未得到回复。尽管没得到批准，婚礼还是于1797年5月1日举行了。埃莉萨认为，或早或晚，监护人总会同意这一门婚事的。莱蒂齐娅决定去肥沃的意大利平原走一趟，与儿子碰面商讨此事。她迫不及待地想见到拿破仑，顺带解决家里一些悬而未决的事，当然也包括他妹妹的婚姻。母亲带着埃莉萨、费利克斯和热罗姆，乘船前往热那亚。6月1日，拿破仑在驻跸的蒙贝洛见到她到来，不免大吃一惊。拿破仑爽快地接受了妹妹没有征得他同意的婚事。应该说他自己也有一些“差错”需要被原谅：在这之前，他和约瑟芬的婚姻也是未经母亲同意的。而且，1797年6月在蒙贝洛，拿破仑成婚一年之后，莱蒂齐娅才第一次见到她的儿媳妇。除此之外，拿破仑一心希望小妹波利娜和一位杰出的军官勒克莱尔结婚，而且这件事快促成的时候，母亲都还一无所知。换句话说，母亲需要同时接受儿女两桩先斩后奏的婚事。因此，拿破仑也得坦然接受陪在埃莉萨身边的平凡的费利克斯。母子俩在米兰的阳光下彼此承认一些家庭成员的婚事，在某种程度上显得像一个平等的交易。再说，既然拿破仑在蒙贝洛也获得了统治权，没有理由因一些别扭的家庭纠纷破坏这喜庆的氛围。

与吕西安、丰塔纳和夏多布里昂的纠葛

在认可了妹妹的婚姻后，拿破仑大方地从自己的口袋中拿出了35000里弗尔给妹夫，作为埃莉萨的嫁妆，还附赠了科西嘉这座“美丽之岛”上家族的一块土地的所有权。然后他将其任命为营长，在阿雅克肖担任指挥官。1797年6月14日，埃莉萨和费利克斯在蒙贝洛城堡的教堂里举行了婚礼，与此同时，波利娜和勒克莱尔也在上帝面前认定了彼此。当新婚的费利克斯被指派为圣夏尔（Saint-Charles）的指挥官时，年轻的妻子也追随他先后去了意大利、科西嘉和马赛。埃莉萨显然十分爱费利克斯。1798年11月，她在阿雅克肖诞下了小费利克斯·拿破仑（Felix Napoléon）。这是这对年轻父母的第一次幸福，但也是第一次悲伤——新生的宝宝还没活过五个月就不幸夭折了。雾月政变爆发后，我们的女野心家对外地生活感到厌倦，留在了巴黎，而费利克斯则被困在普罗旺斯。然而，在奢华的宫殿里，她很快找到了新的生活目标。当沙龙的风尚如火如荼之时，吕西安就常在布里萨克（Brissac）公馆里举办这类活动。公馆位于巴黎圣日耳曼（Saint-Germain）街区，是吕西安执掌的内政部所在地。画家雅克－路易·大卫和格罗、作家夏多布里昂、学者沃尔内（Volney）、诗人德利尔（Delille），还有吕西安和约瑟夫的政治盟友如丰塔纳、勒德雷尔（Roederer）都是这个沙

龙的座上宾。埃莉萨总是充满好奇，总是活泼动人，渐渐成了沙龙的女主人。文学和艺术征服了她，让她深深着迷。她与吕西安的关系也变得越来越亲密。当吕西安的第一任妻子去世时，埃莉萨甚至自动肩负起他两个女儿监护人的责任，还承诺会像母亲一样照顾她们。

在远离了其貌不扬的费利克斯以后，埃莉萨像完全变了一个人似的，容光焕发、积极热情、活力四射。“她的魅力不只来源于她丰富的表情和恰到好处的嬉笑怒骂，更是由于其超出常人的表达能力，常常让她的听众们笑中有泪……她在很短的时间里向周围的人传递着痛苦、泪水、欢笑和静谧。我从没见过比这更坦率表露自己而毫不遮掩的人。”勒德雷尔回忆道。发生了什么？在吕西安创造的这个社交圈里，一个男人出人意料地赢得了她的芳心，那就是丰塔纳。他是一名温和的保王派，同时还是著名文化书籍的作者，他的话语和言论总能取悦我们的沙龙女主人。丰塔纳也对这位“非同凡响而可爱迷人的女性”充满了渴望。他用精心组织过的甜言蜜语赞美她、恭维她，让她对自己着迷。被他吹捧的埃莉萨简直飘到天上了。对他的感情是什么时候开始萌芽的？在她的传记中说两人是柏拉图恋情，愉悦更多是来自精神层面的。1815年后出版的一些刊物证实了这段恋情。不过，就算这件事存在着疑问，我们也没有必要追究。因为，尽管他们联系紧密，却从未有过结果。

在布里萨克的沙龙里，政治是永远绕不开的话题。第一执政上台后的第一个月，两个派别激烈地争论了起来：以吕西安为首的一派，成员有丰塔纳、勒德雷尔和埃莉萨；另一派是以警察部长富歇为首的，被认为代表了约瑟芬的利益。两方都想尽力争取第一执政的恩惠。对于吕西安和埃莉萨来说，权力只能牢牢控制在波拿巴家族内部。由于嫉妒警察部长受到第一执政的信任，因此兄妹俩急于将其驱逐出境，他们认为只要清除了这些异己，就能左右那高高在上的哥哥的思想了。在这场激烈的斗争中，埃莉萨向哥哥约瑟夫寻求帮助。“拿破仑简直瞎了，”她哀叹道，“他眼里只有那个警察、妻子和他的秘书。求求你帮我想想补救的办法。”可惜，约瑟夫没有找到解决办法，反倒是吕西安被解决掉了[1]。尽管最爱的哥哥被排挤了让她大为震惊，但她还是不打算离开首都。主要是这几个原因促使她留了下来：她答应过会照顾吕西安的女儿们，况且还有丰塔纳，她仍然陶醉于他的博学，享受着和他的交流。尽管她的盟友曾与吕西安来往密切，但拿破仑并没有因此对他们严厉苛刻，甚至还接受了他们提出的建议，把夏多布里昂从流亡贵族的名单中除去。在她这林荫大道掩映的沙龙里，在效果出众的美丽埃及风格的装饰中，她继续接待着不同的文学家、学者和各种政客。谈话几乎最终都会回到她的身上。“这栋房子就是一个法庭，作者们都前来接受审判。”她的妹夫勒克莱尔评价道。

她在沙龙里有着完全的支配权，在政治上却不尽然。失去了影响力的埃莉萨又患上了严重的胃病，病痛掏空了她身体的饱满线条，让她面容憔悴。费利克斯现在如何呢？在他和吕西安一起去了遥远的西班牙后，埃莉萨几乎不怎么会想他了。“照你的意愿尽管随意吩咐巴乔基。”她语气冷漠地向哥哥写信说道。作为思维超前的女权主义者，埃莉萨想要创建一个完全由女性作家组成的文学学院。她对自己的这个想法自鸣得意。如果你相信阿布朗泰斯夫人对她的评价，埃莉萨甚至想象过未来的学院服饰：长束腰外衣、绣花雪纺面纱和大披肩。本来在接下来的第一次集会上她就急迫

[1] 见第三章关于吕西安的部分。

而果断地打算宣布这个新组织的领导人，但讽刺的是，这个庄严的集会甚至没有成功地持续一个季度。与此同时，她继续努力为夏多布里昂谋职，终于将他推上了罗马公使馆团秘书的职位。但很不幸，这位大作家过于自负地把自己视为拿破仑在教皇身边的唯一代表，因此得罪了当时的大使——红衣主教费什。费什轻而易举地找到由头，把他赶回法国继续写作去了。就在埃莉萨努力维持自己的影响力时，她又生下了一个孩子，是在费利克斯抽空回来的时候怀上的。唉，就像第一个孩子一样，也没能活下来。不幸的埃莉萨深受打击。不仅如此，在帝国初具规模的时候，巴乔基夫人只能眼睁睁地看着吕西安遭到废黜，无法阻止导致他流亡的家庭纠纷。几个月过去了，埃莉萨心不在焉，思绪似乎随着最爱的哥哥的脚步去了。当拿破仑宣布永远不会接纳吕西安的妻子亚历山德里娜·德布莱尚时，她也像其他兄弟姐妹一样保持了沉默。联结在她和吕西安之间复杂的感情和政治关系宣告结束。毫无疑问，如果她坚持维护自己的政治联盟，总有一天也会遭到和哥哥一样的下场，她输不起。其他人出现次数也越来越少，就连丰塔纳也不再现身了，捞到好处之后，他毫不犹豫地扬长而去了。

遭到孤立的埃莉萨别无选择，只能与公主和亲王夫人们为伍。在这里，她依然能得到她想要的一切：头衔、荣誉，当然还有钱。“她明白这是拿破仑对她的考验，只要接受了这些优越的条件，就是选择了公开与吕西安为敌。她选择了这个阵营，收起所有的野心，不惹麻烦，没有丑闻，也再不会自命不凡，并且对于拿破仑有求必应，甚至比他要求的做得更多。”弗雷德里克·马松回忆道。事实上，拿破仑很清楚如何让不合作的人乖乖臣服，他有的是手段折断他们的脊梁，让他们低下高贵的头颅。费利克斯一夜之间成了荣誉军团的参议员、将军和伟大的信徒；埃莉萨也得以坐拥一座配有几名军官和十几名仆人的奢华宫殿。为了取悦哥哥，她甚至主动讨好以前无比憎恨的约瑟芬，并努力融入她的圈子。所有在她身边服务的人都是从拿破仑妻子那里来的，无论是神父[瓦讷（Vannes）的庞斯蒙（Pancemont）主教]、内侍[埃斯泰尔诺（Esterno）]或是女官[拉普拉斯（Laplace）夫人]。然而，她对此没有丝毫抵触，想要以此来吸引拿破仑的注意，她对他的性格已是了然于心。

转变的艺术

–

到了卢卡的埃莉萨状态越来越好，托斯卡纳的一切都让她感到舒适。这让她充满了活力，从早到晚一刻不停地处理公国的事务。这种力量让她沉醉，让她欢欣鼓舞，她给拿破仑写信说："我已经习惯了工作，并且对此充满热情，就连结束工作回到居所也感觉到充实与快乐，仿佛每一天都在过愉快的节日。"皇帝本人就是工作狂，对此当然非常赞赏。而且她在珍惜时间这一方面和拿破仑如出一辙，她很讨厌把时间浪费在无聊琐事上。她只出面解决两类事情：一类是非她不可的，另一类是对她的政治生涯有利的。她在公国人民心目中成了一位称职的擅长经商的统治者，最好的例子就是卡拉拉采石场。1806年3月30日，拿破仑颁布了一项法令授予了埃莉萨马萨市（Massa）的统治权。几十年来，这个城市著名的卡拉拉大理石采石场产量每况愈下。在她第一次现场视察后就意识到了这里大有开发的潜力。由于这里只有采石而没有雕刻，损失了许多收入。精明的埃莉萨开始大量招募教师、艺术家和工人，准备在马萨的公馆创建一个艺术中心。很快，美术学院建立起来了，这是埃莉萨计划中真正的驱动力。在她的严格控制下，美术学院首先大量雕刻并出售罗马风格的半身像和人像，然后慢慢将市场扩散到整个欧洲。这个战略简直棒极了，帝国的艺术品受到新古典主义的影响，变得时髦而高雅，受到大量顾客的追捧。这些意大利艺术家创作的题材大多是当代的英雄、拿破仑的头像，还有奥古斯丁大帝或恺撒的肖像一类。为了奉承他们的客户，雕刻家们对这些模特的臃肿体形视而不见，经过美化的造型让本人和顾客都感到非常满意。马萨的雕塑中心还增加了经典的传统石雕，壁炉、石柱、栏杆、浴缸，应有尽有。为了刺激经济发展，埃莉萨克服了所有的困难。从马萨到卡拉拉没有通路？那就重新建造一个工地。没有初始资金？那就自己开一家银行筹钱，用利润来覆盖所有的投资。不出几年，卡拉拉城镇的面积就扩大了两倍，一举成为欧洲最大的白色大理石供应地。我们谨慎的埃莉萨这次可谓是旗开得胜。

随着公国经济实力的提升，她还创建了一个委员会，寻找最佳的种植方法和开发方式，以促进农业、手工业和工业的发展。委员会涵盖的产品种类丰富得让人吃惊：丝绸、棉花、羊毛、纸张、船帆、玻璃器皿、陶瓷、肥皂、武器、木雕、草帽、蜡，等等。每一项业务，委员会都让科学家们努力改进技术和方法，然后反复进行测试，紧接着加大投资增设工厂和作坊，购买机器，培训操作人员。虽然有时候努力并不一定换来成功，但一点一滴的积累，让公国的经济水平彻底发生了变化。值得一提的是，她还发起了一些大型工程，例如道路的修建和别恩蒂纳（Bientina）湖的排水等。她在自己卢卡和马尔利亚（Marlia）的别墅中也做了大量的布置和装修，并且全都配备了富有品位的家具，还给兄弟们的皇家宅邸提供了帝国风格的丝绸、瓷器和金银器，最重要的是产自卡拉拉的大理石器具，从浴室到大厅，琳琅满目。总之，她凭借敏锐的艺术嗅觉和商业眼光，指挥着工匠和艺术家，让他们参与到国家事务中来，为她所统治地区的经济做出了巨大的贡献。

不仅如此，埃莉萨女公爵深知要使经济可持续发展，需要出台一项真正的教育政策。在整个欧洲，通常是由宗教机构为大众提供教育，而精英则聘请家庭教师。这样的教育方式既落后又没有普遍性。为了解决这个问题，埃莉萨制订了一个庞大的改革和转型计划。她先把课程重新分为从小学到大学，然后将它们重新组合，使课程循序渐进又能协调一致，同时也更加现代化。在她的这个计划中，女孩们并没有被遗忘。1807年7月2日，她专门为成绩最优秀的女学生创建了埃莉萨学院。对此，她说道："十年后，应该每个人都识字，那时候的女性不再需要别人念书给她们听。男人们已经接受了教育，女人也应如此。"她的行为也是受到了圣西尔学校的创始人曼特农夫人的激励。"这让我想起我小时候就读的那所学校，它是由伟大的国王和一位品德高尚的夫人创建的。"就连学校的规章制度，她都参照了圣西尔严格的管理模式，把这些融入到了日常学习生活中的点点滴滴。这所学校后来成了整个欧洲学子都趋之若鹜的地方，同时还是教育年轻女性的范例。在她的拉丁语教学中，她也没忘记教授这句古老的谚语："健全的精神寓于健康的身体。"

除了对教育感兴趣，我们的女大公还对人民群众的健康颇为关心。为了更好地筹集资金，她对公立医院进行了改革和重组。和拿破仑一样，埃莉萨也为她创建的机构设立了严格的分级制度，要求从医人员掌握更专业的医学知识，并且更准确地匹配病人。她还开展了天花疫苗的大规模接种运动。"在一个月内，我为15000名儿童接种了疫苗。"她在1807年2月25日自豪地宣布道。她甚至还专门设立了一个奖项鼓励医生们自发地接种疫苗。

除此之外，残疾人和穷人也都在她关照之列，公共慈善委员会负责为这群人安排工作或提供体面的住所。然而，尽管经济出现了一定程度的繁荣，需要救济的人数却越来越多。战争、大陆封锁以及突然的社会变革引发的危机使得很多托斯卡纳人无家可归，成了街头流浪汉。为此，她大力支持公共事务，例如，在街上为难民们分发免费的汤，还在戏剧表演门票上征税，为整个计划提供资金支持。这就像一场资产的重新分配，用富人的财富来救济穷人。在法律领域，她也积极地进行了深入的改革，编撰了大量的法律。与法国一样，通过了“民法”“刑法”“刑事诉讼法”“商业法”和“乡村法”。埃莉萨不满足于照搬法国现有的法律，在此基础上做了大量的细化。由于考虑到卢卡人也许会怀疑她进行“立法殖民化”，她紧密地和共同起草法案的人团结在一起。为了使这部法典贴合托斯卡纳的现状，数十位委员夜以继日地编撰着。尽管有部分反对者，立法工作还是完成了。为了实施新的法令，她还进行了司法改革，建立了新的司法机构。

但是对于埃莉萨来说，改革并不总是一帆风顺的。当它没有损害任何人的利益的时候，反对的人自然很少，毕竟卢卡公国也确实需要改革；但当触及某些特权时，那些人就再也笑不出来了。例如，政教协定的实施就尤其困难，因为它等于要神职人员臣服于国家，必须在她的严格控制下办事。此外，宗教团体也遭到取缔，他们的财产从今以后非教会所有，被亲王和侯爵们瓜分殆尽。埃莉萨并不是个虔诚的教徒，因此她希望减少宗教对国家过度的影响。1806年5月，没收财产的法令实施后，遭到了教皇的强烈抗议。埃莉萨无视他们的反对，不计后果地凭借一纸公文就开始着手没收、销售和交易教会财产的工作。所有环节既不公开也不透明，她还伙同别人先把自己腰包填满。起初听闻此事的拿破仑谴责了妹妹的专横：“我的妹妹，请不要折腾你的人民。取缔了几个教区和一些修道院，你能从中得到什么？”但接下来，教皇庇护七世的抗议惹恼了拿破仑，他开始毫无保留地支持甚至鼓励埃莉萨将顽抗的神职人员收服：“如果有人不顺从安排，产生任何混乱，我都会派出法国军队。不要强求任何一个牧师宣誓，不要插手任何一个教条编撰，管好修士们的财产，这就够了。其他的事就放手做吧。”哥哥的支持来得很及时。在其强势助推下，埃莉萨打破了最后一重阻碍，她写道：“宗教是顺从的，人民则安静而懦弱。”在整个波拿巴家族里，她的行为总是和其他加冕的兄弟姐妹格格不入。她从不违抗命令，忠诚而顺从。当她和哥哥意见相左时，她从不正面与其发生冲突，而是想办法旁敲侧击地影响他。作为回报，拿破仑也越来越欣赏她。弗雷德里克·马松评论道：“他给她写信，要知道他只给心里占重要地位的人写信。他甚至还在字里行间表现了一丝罕见的称赞。他感觉埃莉萨顺从他、理解他，也知道凡事与自己商量。”那么，拿破仑会奖励她吗？

女大公的敌人

当埃莉萨在意大利定居以后，她对临近的托斯卡纳产生了兴趣，那里目前是波旁王朝的伊特鲁里亚·玛丽－路易丝·德波旁（Étrurie Marie-Louise de Bourbon）女王的领土。但她确信这块土地迟早会落入她的手里，只不过是时间问题。在这两位君主之间毫无友好的气氛，恰恰相反，只有一股沉闷的敌意。在玛丽－路易丝女王的宫廷之上，埃莉萨的政策遭到了公开抨击，佛罗伦萨的新闻还对此事做了报道。而在卢卡，人们也反过来攻击托斯卡纳长久以来的动荡不安。与此同时，埃莉萨指使媒体，在她敌人的领土上大肆赞美自己的进步和改革。两位女性就此掀起了媒体之战。1807年11月，人民的怒火终于烧到了这位可怜的女王身上，谴责她没有实施大陆封锁，要求她退位。在卢卡的埃莉萨听闻这个消息表现得兴高采烈，幻想自己很快就能入主佛罗伦萨的皮蒂（Pitti）宫。但几周之后，她的美梦破灭了。托斯卡纳已经收归法国政府管辖，被吞并是迟早的事。这对此时恰好身体抱恙的埃莉萨来说简直是双重打击。因为她又一次怀孕了。

1806年6月3日，小埃莉萨·纳波莱奥内（Élisa Napoléone）出生了，并且存活了下来。对于已经失去了两个孩子的埃莉萨来说，这一刻她才真正感受到了为人母的快乐和幸福。但仅仅四天以后她就开始处理国家事务，尽管这时她甚至还没法下床。拿破仑在外甥女2岁生日那天赐予了她皮翁比诺公主的称号，但依然对托斯卡纳绝口不提。他什么时候做决定？在与皇帝的通信中，埃莉萨多次暗示此事，但绝不敢直说。她的方法又一次奏效了，托斯卡纳仍属于法国，但将由埃莉萨女大公进行统治，她将担任托斯卡纳总督的职务。“在法国皇帝的授权下，这些总督就是‘超级省长’，掌管财政、军事和警卫事务。”蒂埃里·伦茨这样评论道。除了王室身份以外，他们还有一个重要的使命，就是在任何场合下作为皇帝的代表。然而，一个严重的缺点是：这个使命并没有赋予她任何权力。因此，埃莉萨在佛罗伦萨并不享有任何自治权，而她的女大公的称号也只是礼节性的。在某种程度上，如同我们已经指出的那样，她已经成了法国历史上第一位女性高官，这足以让我们感到震惊。但是讨厌女人出名的拿破仑为何会委托一名女性担此重任呢？撇开她的性别不说，她突出的能力让她有别于其他女性。在佛罗伦萨，女大公代表法国皇帝，以拿破仑之名行事，等同于授予了她皇室的威严。她可以住在宫殿和城堡里［佛罗伦萨的皮蒂宫，波焦阿卡伊阿诺（Poggio a Caiano）的宫殿、波焦因佩里亚莱（Poggio Imperiale）的宫殿、普拉托里诺（Pratolino）的宫殿，安布罗嘉纳（Ambrogiana）和卡雷吉（Careggi）的别墅]，尽情地行使和哥哥一样的权力。她的宫殿和住宅如同收入一样不断增加。我们的女主人公此刻到达了人生的巅峰。

经过仔细观察后她发现，她不再像以前统治公国时那样自由了。她和法国的中央公务部门产生了不可避免的管辖权的冲突，这是无数繁缛行政手续的根源。托斯卡纳现在毕竟从属于法国，她不得不继续引进相同的法律和制度，将其施行于王国的每个角落。埃莉萨这次不像过去那么谨慎严密，招致了许多反对的声音。就像在卢卡和皮翁比诺，神职人员的财产被无情地收缴，没有一丝拖延和仁慈。1809年，女大公还果断地绑架了她素来厌恶的教皇。按照拿破仑的命令，在罗马与帝国联合之前，教皇被押送回法国，途中在佛罗伦萨稍作停留。埃莉萨决定不与囚犯碰面，但要确保他会被严密地护送出境。为了防止夜长梦多，她甚至不近人情地迫使教皇凌晨3点就离开入住的修道院。她恰到好处地履行着“超级省长”的职责，不多也不少。除了表现出绝对的顺从以外，她还不时地表示自己对哥哥的感情：拿破仑会定期收到来自马萨或其他地区的精美绝伦的艺术品，一件比一件奢侈华丽。拿破仑曾多次试图把妹妹的财产据为己有，但埃莉萨一如既往地和他兜圈子，当皇帝失去耐心时，她又楚楚可怜地恳求他的宽大处理，几乎总是能让哥哥放弃。

如今她成了佛罗伦萨这片土地上艺术的保护者，她不能辜负自己的声誉。多亏了埃莉萨，佛罗伦萨的工匠才得以经历了一个黄金时代。她把自己的宫殿进行了翻新和装饰，肖像画家在她的家里频繁进出，她的图书馆也补充了大量的藏书。她持之以恒地努力工作、创造、改造，关注着艺术的一切方面。在即将临盆之际，赶去参加了皇帝和玛丽－路易丝的婚礼，随后在巴黎产下了一名男婴——热罗姆·夏尔（Jérôme Charles），这个她期待已久的继承人。遗憾的是，这个孩子也没能存活下来。埃莉萨心痛而疲惫，想到巴黎休息一段时间，拿破仑毅然拒绝了。且不说她离开了自己的国家这么久，孩子们的夭折或者是其他人的去世对于拿破仑来说只是些插曲，固然有些伤感，但必须尽快遗忘。1811年，正当帝国庆祝罗马王诞生之际，皇帝迫使埃莉萨前往卢卡建立征兵制度。不久之后俄罗斯将入侵，拿破仑需要新的军队，但与此同时，税收压力空前增加，农民的收成又极不理想。压抑的乌云笼罩在我们的女大公的冠冕之上。

在美第奇家族打造的佛罗伦萨，埃莉萨完全配得上她的外号"艺术公主"。"她想给佛罗伦萨这个聚集了所有艺术天才的城市带来新的生机，激励艺术家和工匠们参与到拿破仑王朝的现代化进程中来。她所有的政策、行动、扶持和赞助都指向一个特殊的风格——帝国风格，通过美术和应用艺术使无形的权力具体化。"佛罗伦萨的维达尔（Vidal）说道。彼得罗·本韦努蒂（Pietro Benvenuti）把埃莉萨支持艺术家的场景搬到了画布上。画面中，埃莉萨以威严的统治者形象出现，身边是费利克斯亲王、艺术家卡诺瓦（Canova）、画家法布雷（Fabre）和本韦努蒂等人，以及几位朝臣和贵妇。在埃莉萨的严格控制下，艺术和政治紧密地交织在一起。像哥哥一样，她对艺术和宣传的操控简直得心应手。多亏了她制定的发展方向，这一时期的艺术家们都非常富裕，催生了大量不朽的杰作。但是正当雕塑家的凿子声在佛罗伦萨此起彼伏的时候，来自俄罗斯和德国的坏消息扰乱了这和谐的交响乐——整个欧洲已经陷入了不安。由于担心遭到突袭，埃莉萨将大部分城市置于防御状态。1813年12月10日，英国军队在维亚雷焦

（Viareggio）港登陆，轻易碾压了羸弱的守卫军。法国军队在英军抵达卢卡之前及时阻止了他们的前进。

警报全面拉响了，但最让人担心的是人民的行为——消极而木讷，没有期盼，也不反抗。入侵者承诺会结束征兵制，取消大陆封锁并减免某些税收。在这经济形势异常艰难的时刻，也算是让人们看到了希望。埃莉萨责备军队过快地放弃了抵抗。真的已经来不及了吗？防守空虚的托斯卡纳无法承受英格兰长期的猛烈攻击，缪拉又在这个节骨眼儿上改旗易帜，埃莉萨急需别的增援。皇帝向她承诺马塞纳（Masséna）元帅指挥的一支骑兵将来增援，但是军力不超过3000人。意识到这支援军力量单薄，拿破仑建议埃莉萨在报纸上宣称他们实际上有20000人。在实实在在的军事威胁下，拿破仑能提供的却只有夸大其词和虚张声势，都是些吓唬人的把戏。这所谓的“支援”不但没有给女大公带来宽慰，反而让她陷入了更加焦虑的担忧中。她意识到现在的帝国大厦只剩一具空壳，过不了多长时间这些花招也都会不攻自破。1814年1月，由30000名那不勒斯士兵组成的军队向北部入侵。这几个星期以来，埃莉萨没干别的，一直在收集钱、珠宝和名画。她的统治到头了。2月1日，她不得不从阿尔诺（Arno）的边境出逃，而这时她已经怀有身孕。夏多布里昂写道：“当巴乔基夫人离开佛罗伦萨时，侮辱和谩骂的声音也随之而来；公爵夫人把头探出车窗，向对她指指点点的人群喊道：‘我会回来的，无赖们！’但最终巴乔基夫人没有再回来，而无赖们依然在这里。”

到了卢卡后，埃莉萨与英国人进行交涉；她还派前任秘书安东尼奥·阿尔迪尼（Antonio Aldini）前往维也纳国会，试图至少保住她治下的一个公国。结果是徒劳的。在维也纳，她的请求遭到了拒绝；英国的回应也相当明确：她如果留下，将会被逮捕。但她能到哪里去呢？联军已经占据了每一寸土地，她无法抵抗和征服。万般无奈之下，她决定穿越阿尔卑斯山去往萨瓦。里昂此刻也正遭受威胁，她只得先在蒙彼利埃寻找避难所。在拿破仑投降以后，她回到意大利，决定与奥地利外交大臣梅特涅（Metternich）会面，讨论她的处境。慷慨而随和的梅特涅给了她留在意大利的护照。在回程的途中，帕尔马诺瓦（Palmanova）附近，一阵剧痛预示她很快又要分娩了。在一家旅馆里，她生下了弗雷德里克·拿破仑（Frédéric Napoléon）王子。孩子很瘦弱，但至少能活下来。在这场乱世的风暴中，埃莉萨至少品尝到了一丝再次当母亲的幸福。在兄弟热罗姆和他妻子卡特琳（Catherine）的陪伴下，她在的里雅斯特（Trieste）定居了几个月，然后才听说拿破仑离开厄尔巴岛的消息。很快，她和女儿小纳波莱奥内一起遭到逮捕，然后被押送至奥地利的摩拉维亚（Moravie），关在了布吕恩（Brünn）。尽管监狱的条件还算体面，不至于让她感觉耻辱，但她的身体状况非常糟糕，被一种引起皮炎和失眠的神经性疾病所困扰。而我们雄心勃勃的高傲的公爵夫人绝对无法忍受被关在笼子里，即便是镀金的笼子也不行。

滑铁卢之战后，她被允许回到的里雅斯特，在那里等待费利克斯和儿子，然后全家搬迁到坎波巴索（Campo Marzo）的别墅，那里有宽敞的花园，通向大海。她收回了部分在1814年被没收的财产。她的死敌玛丽-路易丝皇后在托斯卡纳重新获得了爵位，成了女公爵。渐渐地，埃莉萨习惯了远离家乡的生活，和她的两个孩子以及费利克斯一起购置了第二处房产——恰尔迪（Ciardi）别墅，并将大部分时间用在住所的布置和陈设上。她重拾这份工作，试图让新家像宫殿一样奢华。和卡罗琳一样，她也对考古挖掘着迷，经常造访资助过的阿奎莱亚（Aquilée）的考古现场。独具慧眼的埃莉萨使各种双耳瓶、雕像、硬币、马赛克、石柱以及玻璃器皿等艺术品得以重见天日。对于这位新古典风格的追随者来说，这是多么纯粹的快乐。然而阿奎莱亚地区沼泽遍布，并且多蚊虫鼠蚁。埃莉萨有可能因此染上了致命病毒，于1820年病倒了。她的日子不多了。

过了几天，她病情恶化，并且高烧不退，她染上的或许就是疟疾。1820年8月7日，埃莉萨去世。她被埋葬在博洛尼亚的圣佩特罗尼奥（San Petronio）大教堂，这里本来是她想和费利克斯长期居住的城市。费利克斯比她多活了二十年，于1841年4月27日去世。他们的儿子弗雷德里克不幸从马背上摔下来，不治身亡，年仅20岁。至于小纳波莱奥内，她成了伯爵夫人，在1831年参与了艾格隆和未来的拿破仑三世的阴谋，试图恢复对罗马的统治。但她的表兄却没有采取下一步的行动。[1]在第二帝国统治时期，纳波莱奥内伯爵夫人唯一的儿子于1853年自杀后，她把一腔热情全投注在发展布列塔尼（Bretagne）的牡蛎文化和建设防治流行疾病的卫生设施上了。像母亲埃莉萨一样，这个波拿巴家族的女人是个不折不扣的行动派。1869年，纳波莱奥内在科勒波（Colpo）她自己建造的乌埃的科恩（Korn-er-Hoüet）城堡内，死于骨折后的并发症，享年63岁。从此以后再无波拿巴－巴乔基的血脉。

[1] 详情见第九章关于艾格隆的部分。

第五章｜荷兰国王路易

夏尔和莱蒂齐娅的第五个孩子一生都被两重神秘的光环围绕着。路易，他既是波拿巴王朝第一位皇帝的弟弟，又是第二位皇帝的爸爸。同时，他的生父究竟是谁也疑云重重。一直以来都有传闻说他不是夏尔的亲生子，还有些流言蜚语说他也不是路易－拿破仑（未来的拿破仑三世）的亲生父亲。这双重迷雾让他承受了很多压力。在他的官方肖像上，他神情悲伤、忧郁，看起来很迷茫。与波拿巴家的其他成员不同，君权既不能使他快乐，也不能让他满足。他的这种独特个性甚至引来了不少猜忌和怀疑。他的痛苦究竟来源于何处？是来自童年，还是来自家庭阴影，或是一次偶然事件带来的后续影响？

当路易于1778年9月2日诞生在这个世界上时，波拿巴家族的未来正一片光明。夏尔确实很成功，完美地融入了全新的法国社会。在孩子出生后没多久，他就离开科西嘉去凡尔赛宫朝见国王了。在波拿巴家族迅速崛起的背后，有一个位高权重的保护神使他们在整座岛上站稳了脚跟，那就是马尔伯夫。这位老伯爵（年近70岁）非常喜欢美丽的莱蒂齐娅，与她漫长的散步和深夜在她房子里出现的身影使二人的关系暧昧不清。在这个人口不超过5000人的小城市，很快流言四起。大家纷纷传说莱蒂齐娅已经成了他的情妇。

为了证明这个说法，历史学家保罗·巴特尔（Paul Bartel）披露了两个证据。一个是由一名法国军队中的科西嘉军官——为前任科西嘉岛总督德普拉迪纳（M. de Pradines）服务的里斯托里上尉提供：莱蒂齐娅频繁地出现在伯爵的宅邸。另一个是莱蒂齐娅与伯爵在一处时曾产下过死胎男婴。科尔尚伯爵的回忆录[1952年发表在《两大陆评论》(*Revue des Deux Mondes*)]也为此事提供了证据。科尔尚在1778年，也就是路易出生的那一年，到访科西嘉岛。在对这段旅程的回忆中，他也深切怀疑皇帝的母亲莱蒂齐娅，他写道："阿雅克肖让我印象最深刻的就是波拿巴夫人。在过去的两年里，她一直是马尔伯夫伯爵最为悉心照料的人。当时他已经72岁了，疯狂地坠入了爱河。而她看上去只有28到30岁。她曼妙的身材、光泽的皮肤和精致的容颜给了她无与伦比的美貌。"科尔尚伯爵很显然也为这名阿雅克肖女子深深着迷。他补充道："她在9月2日生下了一个孩子，基本可以判断马尔伯夫就是孩子的父亲。这位波拿巴的第五个孩子，不管是容貌还是行为举止都和他的兄弟姐妹毫无相似之处，反而可以在他身上看到马尔伯夫伯爵的影子。"

他的描述非常值得怀疑。莱蒂齐娅于1767到1784年，一共生了十三个孩子，必然要花费大量的时间和精力去照顾他们，她真的能腾出时间来招蜂引蝶吗？还应补充说明的是，所有这些针对马尔伯夫的传闻全都来自一个共同的时间。纳尔博纳是马尔伯夫的政治对手，同样作为军事指挥官的二人这段时期正争夺科西嘉岛至高无上的地位。而在这场政治竞争中，夏尔毫无保留地支持了他的老盟友，这让他无形中多了很多敌人。至于我们所谓的目击者，比如科尔尚伯爵，恰好是纳尔博纳的支持者。他们是否故意编撰谣言要恶意败坏马尔伯夫的名声？这很难说。

如今的科学技术能否帮助我们解开谜团呢？还真不能。即便我们为夏尔夫妇的其他孩子都做了DNA检测也无法对路易下任何结论，因为他的遗体至今还未找到。但对他的小儿子路易－拿破仑的分析却揭示了另一个惊人的事实：这基因组并不属于波拿巴家族。我们不能确定夏尔是不是路易的生父，也不能确定路易是不是拿破仑三世的生父。而拿破仑·夏尔——这个由于继承王位的需要被拿破仑和约瑟芬收养的孩子，情况也没有好多少。当奥尔唐斯在1807年8月怀上第三个孩子时，她与丈夫路易的关系并不好。因拿破仑与约瑟芬的政治需要而结合的婚姻，让这对配偶充满痛苦。拿破仑·夏尔作为皇储诞生之后，他们又生了一个男孩。随后，嫉妒和猜忌，使得这对夫妇渐行渐远。奥尔唐斯有数位情人，其中最著名的是塔列朗的私生子——弗拉奥（Flahaut）伯爵。奥尔唐斯和他在1811年育有一子，长大后成了莫尔尼（Morny）公爵。这让路易－拿破仑的身世更加扑朔迷离。

然而，还是有一些证据可以证明路易的亲生父亲身份。在受孕前几个月，这对夫妇深受打击：他们的第一个儿子，拿破仑·夏尔病逝于1807年5月5日。两人无比悲恸，第二年夏天，他们在图卢兹（Toulouse）碰面，并恢复了忽略已久的夫妻生活。我们几乎可以肯定奥尔唐斯此时已经断绝了和别人的联系。所有迹象都表明，荷兰国王路易就是路易－拿破仑的父亲。所谓“科学依据”似乎否定了历史学家的分析。不过，在这件事上，缺少多个来源的比较研究，而科学的证据只能通过多个实验比对来获得。因此，尽管这件事一直笼罩在神秘之中，历史学家也只能遵循事实，将路易和他的儿子看作是波拿巴家族的血统。更何况，当路易最小的儿子以拿破仑三世的名义登上皇位之时，这个家庭中也没有一丝反对和纠纷的迹象。

脱颖而出

一

路易在科西嘉岛度过了一段颇为平静的童年，然后在1791年被送到欧索讷（Auxonne），与哥哥拿破仑在一起。在炮兵学校的营房中，兄弟二人同住10号房间。在这段跟随部队驻扎的日子里，拿破仑俨然变成了一位严厉的导师，每天为他的弟弟上课。这位学生也很有天赋："他非常用功，认真地学习用法语阅读；我还教他数学、地理和历史，他是个非常出色的学生。"这位炮兵中尉带着一丝骄傲写信向约瑟夫说道。除此之外，路易的风度和性格充满了魅力，营房厚厚的墙壁也挡不住他对女性的吸引。"这个国家的女人们都爱他。他说法语的口音很特别，干净利落。他进行社交时彬彬有礼，风度翩翩。我毫不夸张地说他会是我们四兄弟中最优秀的。"[1]拿破仑补充道。这位年轻的科西嘉人在令人钦佩的哥哥的教导下也被同化了，同样出类拔萃。1793年，当家族所有成员不得不搬迁到普罗旺斯时，路易必须在马恩河畔沙隆（Châlons-sur-Marne）炮兵学校继续学习。当时，法国处于恐怖政策阴影的笼罩之下，在法国的旅行让他感到恐惧。他对那些投射到自己身上的凶暴眼神感到胆寒，每次出示护照时都会颤抖。当他完好抵达终点时，得知这所学校已经解散。在路上被吓得不轻，他马上返回马赛，前往土伦和哥哥拿破仑并肩作战。

当拿破仑指挥意大利炮兵团作战时，路易自愿在军队中担任中尉。在尼斯到唐德（Tende）的必经之路上，面对奥地利－撒丁岛军队的山地重型炮部队的激烈炮火，他和哥哥一起投入了对防御严密的村庄索尔日

[1] 在拿破仑说这番话的时候，年仅7岁的热罗姆不幸被他忘记了。

（Saorge）的猛攻。面对枪林弹雨的战场，路易似乎感觉不到害怕。每当在战场上，有炮弹向他们飞过来时，路易是唯一一个不会俯身躲避的人，拿破仑惊讶于他的冷静和坚韧，似乎对于危险无动于衷。每次哥哥处于危险位置时，他都挺身而出站在哥哥前面，无所畏惧。拿破仑无比震惊，便问他原因。在敌人炮火间歇时，路易回答说："我曾听你说过一名炮兵不应该惧怕大炮，因为那是我们的武器！"拿破仑自然是对他钦佩有加。有了这段实战的经验后，哥哥希望他还是回到学校去接受军事教育。

1795年7月12日，路易回到了军事学校，他的表现无可挑剔。"我为路易感到高兴，他进步得非常快。他很快就能像朱诺（Junot）[1]一样好好施展自己的本领了。"哥哥评论道。

经验丰富而又骁勇善战，这个波拿巴家17岁的"最好"成员一向令人满意。1796年3月，拿破仑被任命为意大利方面军的将军，这也是路易梦寐以求的证明自己军事天赋的好机会。他被分配给哥哥做副官。然而，他的特殊身份也没让他得到过多的优待。他多次前往前线，尤其是当帕维亚（Pavie）地区不满法国的军事部署，这些意大利人纷纷拿起了武器反抗法国的统治时，拿破仑也将自己的弟弟送上战场，亲眼见到比纳斯科（Binasco）城的城墙遭受法国猛烈的炮火攻击。又一次，子弹像雨点一样在他身边落下，竟没有伤到他丝毫。城门最终被攻破，法国的精锐部队冲破了最后一道防线。路易跟随他们占领了市政府，几个小时后，整个城市陷落了，士兵们开始毫不客气地劫掠财物。这太可恶了，路易自己也承认。再出来后，他"变得冷漠且沉默寡言"。在意大利战场上，有某些东西改变了路易。

[1] 拿破仑麾下的名将。——编者注

“他内心空虚，感觉自己陷入了事业的野心和麻烦中；他开始打算退役，向往平静的职业生涯。”（路易用第三人称写自传。）很快，这种忧郁的情绪摧毁了他的意志。以前的他充满活力、英勇善战，而如今的他黯然失色、郁郁寡欢，对周围的世界感到陌生。曾经前途无量的路易到底怎么了？

有传闻说他感染了梅毒，毕竟当时士兵们溜出营地和放荡的女人们厮混是很普遍的现象。和哥哥一样喜欢女人的路易极有可能在某次寻欢作乐后成了受害者。也许是受到梅毒的影响，他的性情大变，越来越沉默抑郁。然而后续的事实并不能证明他受到了感染，因为他和奥尔唐斯先后育有三个孩子，在她身上却一直没有发现病症。他有手指麻痹的问题——或许连肩部都感到麻木，但那也不是梅毒的症状。他身体抱恙、情绪低落或许还有另一个原因，那就是多次从马背上摔下来，身上的创伤没有接受及时治疗而受到感染，因此落下了偏头痛和残疾的毛病。但在那个时代，医生们一致把这称为“那不勒斯病”，也就是梅毒，并按照治疗梅毒的方法来医治他。结果如何呢？医生用大量含汞的药物为他擦拭皮肤，直到他的皮肤变得红肿甚至被灼伤。当他口中大量流涎甚至是流血的时候才会停止治疗，然后第二天再继续。几乎所有的患者都情愿死于病痛也不愿意忍受这种酷刑般的治疗。路易很可能汞中毒了。在莫里哀的书中也记载了这种治疗方法，它事实上对人体的伤害是巨大的。直到1950年后，这种药物才被青霉素取代。

艰难的婚姻

接下来的路易开始了一段隐姓埋名的日子。从意大利到埃及，拿破仑安排给他许多任务，但大都只是跑腿传送物品这类极不重要的事。意大利一战结束以后，他被指派将捷报带回督政府，却又不幸遭遇了另一场意外。他乘坐四门马车从圣安德烈（Saint-André）山下来时，从车上跌落，膝盖几乎粉碎了。从埃及回来后他更加痛苦。1798年11月5至6日，路易负责把这段时间从敌方缴获的军旗交给督政府，他乘坐双桅帆船“灵敏号”（Le vif），花了两个多月才抵达法国。这一路一直被英国、土耳其和俄罗斯的舰队尾随。在到达科西嘉岛的韦基奥港（Porto-Vecchio）之前，他们的船在卡拉布里亚（Calabbre）停靠了二十七天，直到1799年3月才回到巴黎。法国政变后，一段更加平静的生活开始了。他被分配到第五军团的龙骑兵担任旅长，相当于上校级别。他和这些士兵一起度过了三年多的时间，相处十分融洽。这段时间他也与家人和朋友走得更近，远离战火硝烟，似乎十分享受军营的生活。路易对军队纪律的管理可谓吹毛求疵，增加了不少十分严厉的制度。但他这么做是有好处的，那就是龙骑兵很快成了一支精锐部队。

但他平静的生活很快就被家族的政治斗争打破了，尤其是第一执政继承人一事。波拿巴家族渴望权力在自己的血脉上得以延续，但拿破仑夫妇二人一直没有子嗣，便想强迫路易与奥尔唐斯结合，并收养他们的孩子作为继承人。[1]小皇储也会是波拿巴和博阿尔内的儿子，一个能保护他们婚姻的后代。路易感觉自己被算计了。“从这天开始，他就被痛苦包围了，精神和身体都变得很差。那时他才22岁。这不幸的处境甚至改变了他的性格，

---

[1] 其实约瑟芬与博阿尔内子爵的婚姻也是以这种方式开始的。约瑟芬的姨母德西蕾·勒诺丹（Désirée Renaudin）是博阿尔内（Beauharnais）侯爵的情人。她与侯爵串通起来让外甥女和侯爵的儿子结合，生下了欧仁和奥尔唐斯。

还明显地损害了他的健康。他夜不能寐，没有比这更真实、更剧烈的痛苦了。”然而事实上，他的这段婚姻并没有他描述的那么不堪。

从约瑟芬“建议”结婚，到在马尔梅松举办婚礼这天，已经过去了将近三个月。在此期间，路易不但没有反抗他哥哥和嫂子的意愿，相反，他似乎对与奥尔唐斯的婚姻很感兴趣。在订婚仪式上，他递给她一份神秘的文件，共20页，记录了他所有感情生活上遇到的曲折，希望“阅读本案的读者”懂得怎么去爱他。尽管他没有任何浪漫天赋，但他试图用自己的方式给这段婚姻一个产生爱情的机会。他的家人依然坚持反对这桩婚事，而他却置若罔闻，连莱蒂齐娅对拿破仑的抗议也被忽视了。对于哥哥吕西安的忠告，他回答道：“你想要我怎么做？但是……这是因为……因为……好吧，我恋爱了。”结婚后几周，奥尔唐斯就怀孕了，对于一对没有结婚意图的已婚夫妇来说，未免有点儿太快了。与后来的传闻不同，至少短暂的激情肯定是存在于两人之间的。而接下来事态的发展越发复杂了。约瑟芬的女儿对她的丈夫毫无感觉。他准备去蒙彼利埃的时候，奥尔唐斯已经怀孕了，然而她拒绝让他留下来作陪。“他离开我的时候哭了好几次。”奥尔唐斯后来回忆说。但当路易神色黯然地离开后，她竟然因为丈夫的离去感觉到轻松和释然。她为自己这种想法感到害怕：“我永远也忘不了听到他的车轮声远去时发现自己竟然如释重负，我感到十分不安。伟大的上帝啊，这个本应该成为我生命之光的人，我的丈夫，离开我时我竟然感到愉悦，我内心十分愧疚。”

这次旅行结束之后他们的关系依然没有缓和，甚至还变得更冷淡了。他们的第一个孩子拿破仑·夏尔出生于1802年10月10日。临盆这一天，所有人都松了一口气，因为这是拿破仑夫妇一直期盼的男孩。当孩子刚发出第一声啼哭，奥尔唐斯的仆人们就异口同声地说："这是我们的王子！"听到这欢呼声，孩子的亲生父母惊呆了。在某种程度上，孩子已经不是他们的了。"奥尔唐斯生下这个胖胖的男婴已经三个星期了。拿破仑将在返回巴黎后为这个孩子进行洗礼。他是教父，我做教母，他会继承拿破仑这个名字。"约瑟芬毫不遮掩地写信给母亲，看样子这个孩子他们收养定了。与此同时，拿破仑获得了全面的成功。除了被流放的吕西安以外，所有人都受到了第一执政恩典的惠泽。路易并没有被遗忘，他于1803年3月被任命为准将。将军？对于当时只是个旅长的路易来说，这次晋升似乎不太合适。"我从没看过他这样受折磨的样子，他认为哥哥是在故意让他不开心。"奥尔唐斯说道。他逃避了这份责任，其实更重要的是拒绝放弃自己现在的军团。他"极大的烦恼"迫使哥哥为他保留了现有军团的指挥权，允许其他人继续称呼他为"我的上校"。然而一年以后，他即将指挥一个师，不得不带着苦涩离开了。

另一个任命似乎充分满足了他的虚荣心，那就是帝国的皇室总管。当第四王朝建立时，拿破仑设置了几个要职，路易就任职其中之一。然而上任后的路易并没有接到什么实质性的职权，除此之外还没有薪水。不过在财政方面，这位皇室总管还是很宽裕的，他法国亲王的头衔每年可以领取100万法郎，这相当于整个法国警察部的经费。他的地位让他在朝廷中享有特权，还有一所专属的亲王府。这种房子是专门给包括路易在内的亲王和亲王夫人们居住的，除了几十个仆人外，还有骑士、神父、侍从、助手和管家。在那本充满了抱怨的自传里，他从未说过现任职位给他带来的好处，或许是不想削弱这份"离婚自白书"的力量吧。帝国成立后，夫妇二人前往“德尔维厄”（Dervieux）[1]定居，这栋建筑坐落于绍塞－昂坦街区（Chaussée-d'Antin）胜利大街上，富丽堂皇，极尽奢华，是建筑师布罗尼亚尔（Brogniart）1774年的作品。这座豪宅的精美程度几乎整个巴黎都知道：细致雕琢的花柱，精心打理的内部庭院，高雅的古代风格浴室。对于一个25岁的人来说，还能有比这更美好的生活吗？

王朝的结合

尽管生闷气，这对夫妇还是在1804年10月11日生下了第二个孩子拿破仑－路易·波拿巴（Napoléon-Louis Bonaparte）。12月2日，教皇来到巴黎参加拿破仑的加冕仪式。庆典结束后皇帝立即为新生儿洗礼。毫无疑问，这孩子一定在未来王位继承者名单上，当然还有他的哥哥拿破仑·夏尔。而对于后者来说，围绕他的斗争和阴谋已经开始加速了。4月7日，路易在散步时惊讶地发现拿破仑和约瑟芬在守卫的陪同下，盛装出现在他的私人豪宅门口。发生了什么？他看哥哥有些局促不安，而嫂子则把他叫到一边，告诉了他一个重要的消息：他们的第一个儿子将被任命为拿破仑的继任者，拿破仑夫妇准备收养他，还大肆吹嘘路易可以因此获得的好处。这一步走得非常大胆。拿破仑·夏尔就这样准备离开亲生父母了，而这位惊慌失措的父亲只结结巴巴地吐出几个字，无法做出反抗。但当他哥哥一离开，他就立刻跑去找大哥约瑟夫。大哥完全理解他的举动并且劝他坚持反抗。

对于波拿巴家族来说，拿破仑·夏尔是博阿尔内家的人，骨子里是家

---

[1] 这个住所仅限“特殊”人士专用，也就是说主要为贵族人士所用。而舞者戴尔维厄小姐可进不去这个房子了。

族的敌人。而且，拿破仑夫妇对他的收养让家族其他成员从继承人的位置上被排除了。然而，这个家族的人都认为皇位不能流于外人，当然不会容许这个收养的孩子剥夺自己的权力。路易自己也不打算乖乖认命。在哥哥吕西安的陪伴下，他回到了杜伊勒里宫，鼓起勇气向哥哥说出了拒绝的一番话："我是为了儿子才愿意让步的，我可以离开法国，把孩子交给你们，但旁人会怎么议论？他们会说，皇帝竟然从一个父亲手里抢夺他的亲生儿子。"对丑闻的担忧让拿破仑心生顾虑。尽管如此，他还是在宪法中做出了如下安排："拿破仑·波拿巴可以收养兄弟的儿子及孙子，只要他们年满18岁且届时拿破仑还没有儿子。"这表明拿破仑·夏尔和拿破仑－路易·波拿巴的继任还是有可能的，即便在这之前很长一段时间不会再纠结这件事。拿破仑是为了给自己一点儿时间缓解家族的紧张气氛，也是为了寻求另一种解决方式。而对于路易来说算是成功了，他至少不用眼前就把儿子交出去。

另一个问题进一步扰乱了家族成员的关系，那就是意大利王国的君权问题。拿破仑打算将北部意大利作为法国的友好国家，但派谁去统领呢？约瑟夫？由于害怕失去继承皇权的机会，这位长兄拒绝了。路易？皇帝压根儿就没考虑过他。正相反，他的儿子是这件事的不二人选。意大利宪法草案已经起草，其中就约定拿破仑·夏尔将被拿破仑一世领养，并获得拿破仑二世的称号。换句话说，皇帝又回到了不到一年前的想法。对于路易来说，这是新一轮的宣战："除非我死，否则我不会让儿子在法令规定的年龄以前认他做父亲，更不会同意任何条款，给他伦巴第的王位，却有损于我的名誉。有关这孩子的谣言已经太多，这种做法，只会对此火上浇油。"拿破仑对奥尔唐斯的孩子的过分关注引起了人们的怀疑，有传言说：拿破仑·夏尔是拿破仑真正的儿子，而路易和奥尔唐斯的婚姻是一场令人悲伤的闹剧，旨在隐瞒拿破仑对他弟媳妇的所作所为。路易的名誉遭到了极大的羞辱。在他拒绝儿子成为意大利国王以后，拿破仑决定为自己加冕，并任命约瑟芬的儿子欧仁为总督来进行协助。意大利国王的桂冠就这样从雄心勃勃的波拿巴家族手中滑落。

这种意图吞并意大利半岛的行为激怒了奥地利，因为后者认为意大利是维也纳自然势力范围的一部分。于是，奥地利联合俄罗斯发起了进攻，拿破仑不得已匆忙指挥准备登陆英国的军队前往德国。这是皇帝近五年来第一次离开法国。他忧心忡忡，几个关键职位都让自己的心腹担任，以防止任何有可能推翻他政权的计划，其中路易就被任命为巴黎的军事总督。为了进一步保卫帝国的北部边界，拿破仑于1805年11月8日成立了一支由六个师组成的军队，并将其委托给路易。然而当事人并不擅长带兵。他的膝伤依然折磨着他，右手也时常麻痹，成天郁郁寡欢。但无论如何，他还是接手了这项工作。由于担心一直在观望战斗的普鲁士军队的进攻，路易决定在没有接到命令的情况下就向其进军。然而他的这一举动，需要借道荷兰，有可能破坏与这个国家的和平局势。听闻此事的拿破仑立即派人让他取消这次冒险行动："我的弟弟下达了命令，将兵力全部推进到斯特拉斯堡（Strasbourg）和美因兹（Mayence）。立即派专人通知他撤兵，这个区域对他来说一点儿也不重要，他必须驻守在原地。"路易屈从了哥哥的命令，乖乖地把军队留了下来，却不知道自己即将统治荷兰。

自大革命以来，荷兰与法国的联系就非常紧密。法兰西共和国的军队负责荷兰防务，事实上是一支占领军。奥斯特利茨大捷以后，12月2日，法国皇帝决定将优势最大化，他对塔列朗透露道："对于这个问题我有几句话要说，荷兰目前没有行政机构，他们急需一个执政人。我可以把路易亲王给他们。”也就是说，如果他们拒绝屈服的话，他们就将永远失去国家的独立。皇帝的最后通牒发挥了作用，荷兰代表顺从地低下头颅，表明服从了这项安排。但是路易又将如何看待此事呢？他会逃避吗？出乎所有人意料的是，他对这份差事表现出了极大的兴趣。在巴黎，他的公共生活和婚姻生活已经变得难以忍受，成为荷兰王就意味着可以远离奥尔唐斯，也可以趁这个机会做点儿有用的事。“终于可以在我自己的国家挥洒我无处安放的满腔热情。”他感慨道。对于一个未来的君主来说，他的热情有点儿不同寻常。为了逃避家庭生活的烦恼，他选择了戴上王冠。1806年6月5日，路易正式成为荷兰国王，当上了荷兰的最高统治者。然而对于荷兰这样崇尚民主的国家来说，要接受一位靠裙带关系上位且来自异国的国王并不容易。因此，如果路易不想在登基之后立即被推翻政权，他必须精心设计，扮演好自己的角色。

荷兰王路易一世

在进入海牙（La Haye）之前，法国军队需要护送新的君主，以免他的上任遭到外国势力的干涉，他却将其遣返了。面对前来迎接的使节，他庄严地宣布：“在被说服踏上荷兰王国的那一刻起，我就成了一名荷兰人。”这番演讲当然很聪明，但要取得成功，他必须证明自己是一位真正的君主，而不仅是法国皇帝的附庸。但如何将言论变为行动？在组建政府的过程中，他要与荷兰人站在一起，不顾哥哥的意见，准备建立新的国家秩序。7月，“皇家联盟骑士团”（l’ordre royal de l’Union）问世，采用了经典的共和党人的座右铭："团结就是力量。"这真是一个好的开始，但还不足以赢得他的人民的普遍拥护和赞赏。判断一个国王的能力，归根结底还是要看他的施政结果，尤其是经济方面。为了让弟弟更受认可，拿破仑向荷兰人承诺会赋予他们繁荣的经济。这番言论在整个国家引起了不小的反响，刮起一股崇商的旋风。路易应该立即采取行动响应号召，但他非常欠缺经验，怎样开始着手改革呢？国王首先着手安排人员编写了大量关于该国的真实报告（商业、农业、工业、手工业等）。在开始实质性的工作之前，他希望与周围最出色的顾问进行大量的咨询、策划工作。财务报告是所有报告中最先呈现到国王面前的，这份资料让他大惊失色：王国正处于破产的边缘。由于向法国提供了巨额军事资助，该国正在努力偿还债务，甚至还需支付利息，并且还在源源不断地为战争支付费用。换言之，整个国家的财政收入到臣民这里的时候已经所剩无几了。在这种情况下，如何实现国家现代化，发展公共卫生，哪怕只是扩大城市呢？这根本不可能。

不过路易很有野心，他特别想在首都中心建造一座宏伟的王宫，周围环绕着华美的建筑。对他而言，发展科学和艺术应该优先考虑，同时健康也不该被遗忘——卫生需要改善，排干充满传染病原的沼泽，为所有臣民接种疫苗。但现有财政收入根本不够。作为一个经商的国家，由于与英国的海上战争，荷兰的贸易往来已被禁止。失去了国际贸易这个重要的经济来源，该国的经济必然衰退。哥哥既然曾经承诺荷兰更繁荣的经济，路易便向其申请援助。"如果陛下不帮助我，我不知道该怎么办。"这封信证明路易对其兄长想要的大陆体系一无所知。在这套体系中，卫星国家应该在经济上保护法兰西帝国，尤其应该帮助法国控制战争开支。"法国的利益高于一切。"拿破仑果断拒绝了他的附庸国的请求，"你每天给我写信叫穷叫苦，我没有义务为荷兰偿还债务。”这笔债务一大部分来源于对法国的军事支援，既然帝国不能给予经济上的援助，至少可以撤兵以减少开支吧？然而，就连这个请求也被拒绝了。拿破仑说：“你千万不要太善良，也不应让自己受到影响，您要坚定……这些事务由你的内阁来处理，就应该让他们忍受这种状况。”因此，路易只有强制自己的臣民。而荷兰的军事开支不但没有减少，还被要求维持甚至增加开支。国王路易就这样陷进了泥潭。

与此同时，国王夫妇的关系日益恶化。当奥尔唐斯得知即将起程荷兰的消息时，她几乎崩溃了。“你相信吗，”她给自己的兄弟写信说，“他要把我们送到荷兰去？我该怎么过那种没有快乐也没有盼头的生活？一想到这些我就忍不住流泪。”离开巴黎前往海牙的旅途对她来说简直就是受刑，但路易并没有为了她而违抗皇令，奥尔唐斯不得不接受这种“流亡”。被一种病态的猜忌所折磨，她的心如坠冰窟。“没有什么能改变这个事实，那就是我们已经被关进了一个实实在在的监狱。”她向欧仁吐露心声。在这个新的国家，王后受尽折磨。“我可以牺牲一切，事实上我也已经牺牲了一切。但他对我如此卑鄙，我还欠他什么吗？他现在贵为国王，竟毫不掩饰地将自己的妻子视为敌人，他要指出我的不是很简单，因为他总能找到无数理由。”这位君主实在是让王后的生活变得痛苦不堪，将她玩弄于股掌之间，还频繁引发无关紧要的争吵。例如，他常常把有趣可爱的于让（Huygens）夫人带在身边并视其为伴侣，这严重地伤害了王室夫妇的关系。

在宫廷中，一场可怕的悲剧发生了。1807年5月5日，小拿破仑·夏尔在他母亲的臂弯里断了气。悲痛欲绝的奥尔唐斯向哥哥欧仁哭诉：“我现在整颗心都死了，他走了，我的灵魂也随他去了。但是上帝不希望我和他一起走。”在她看来，路易对此事的反应并不强烈。“5月4到5日的夜里，这个孩子在父母的怀里去了。”路易如此写道。事实上，国王虽然表面上相对冷静，内心却被强烈地震动了。而且让所有人都没想到的是，这场磨难反而拉近了夫妇二人的距离。路易甚至还向妻子承诺说：“我愿意包容你所有的缺点。让我们摒弃前嫌，重新开始一段新的生活。”为了陪伴妻子度过这段艰难的时光，也为了调养好自己虚弱的身体，国王决定回法国。“陛下，我请求你让我去法国，”他给哥哥写信的语气极其夸张，“继续留在我的国家的话，我可以说是半死不活。”哥哥同意后，他短暂地离开了自己的王国。放下王冠后，夫妇二人在图卢兹重逢，一起短途旅行了几次，甚至开始了真正的夫妻生活。8月12日，这个日期被他们刻在了一块白色石头上，这极有可能是怀上未来的拿破仑三世的日子。经过这段时间后，失去拿破仑·夏尔的痛苦他们总算得以忘却。

艰难的维持

拿破仑对侄子的死亡漠不关心，只是不停地向弟弟讲述王国的事务，特别是殖民地的事情：“库拉索（Curaçao）[1]已经被卖给英国人了，非常不值。我希望你去主持正义。首先仔细调查，等他们一到达荷兰的时候务必以牙还牙。”此外，哥哥的生硬态度也使他感到恼火。“我很高兴法国的生活让你恢复元气，”拿破仑从圣克卢写信说道，“你的健康状况有所改善，但真正伤害你的是你的焦虑，这会让你频繁地看医生，并且过量服药。”国王和皇帝之间每天的交流都是沉闷压抑的互不理解。路易不愿意牺牲自己

[1] 库拉索是一座位于加勒比海南部，靠近委内瑞拉海岸的岛。该岛为荷属安的列斯群岛的一部分，是荷兰王国的自治领土。——编者注

臣民的幸福，用作建立帝国制度的基石："我尊敬且爱戴哥哥，对我的臣民也同样如此，我会为他们做任何事。"他向拿破仑写信说道。在他看来，让荷兰变得独立且强大更符合法国的利益，它将成为一个坚实可靠的盟友。拿破仑的观点完全相反，根据不可触犯的原则，荷兰王国必须完完全全为帝国服务，而将自身利益抛诸脑后。像约瑟夫一样，路易同样不愿意做一个傀儡国王，一个拿破仑手中的提线木偶，但他无法与之抗衡。他多么希望能够向哥哥证明自己的能力，但就连他自己也觉得无能为力。

考虑再三后，路易的直觉告诉自己必须忍耐。他把抹去法国的存在作为回到自己国家的首要任务。他以委托他们在国外执行重要任务为幌子，把自己宫殿里的法国官员一个接一个地送走了。各位部长大臣也没能幸免，他身边的法国人越来越少。国王还意图迁都，放弃过于法国化的海牙，而选取保有荷兰灵魂的乌得勒支（Utrecht）。为此，他购置了土地和房屋，准备重新建造宫殿，设立政府。对于拿破仑来说，更为严重的是，"英国的走私就像身上的汗毛一样多"（路易的比喻）。虽然没有蓬勃发展，但外贸多少还算个香饽饽，甚至在1807年持续增长。然而在欧洲，拿破仑颁布了针对英国商品的大陆封锁，只有荷兰没有执行，为此他大发雷霆。1807年9月29日，拿破仑言辞坚定地告诫他："你并没有成功阻绝与英国的往来，荷兰政府依然在向汉堡提供通行证，而且是从海上，不用说，这一定是为了英国。"作为回应，国王提出异议："陛下一直责备我，怀疑我的一片赤诚，而另一方面，您手下的警务大臣不停地扣留我的臣民们，并且从不知会我。"还有比这更伤人的吗？

兄弟俩书信上的小冲突从不间断。国王是否依然对大陆封锁视而不见呢？事实上，在这件事上，路易的态度恰好是坚决支持的。每当皇帝一提到大陆封锁，国王就发布相应的政令来支持哥哥的行动，为了打击走私，他还加强了警力。可是部门间的不断冲突让他的努力都化为了泡影。除了行政瘫痪之外，严重的腐败甚至渐渐渗透到国家高层。英国的工业优势以及英国商人在殖民地商品上的排他性，为走私提供了绝佳的条件。传闻称负责打击非法贩运活动的财政部长非法占有了1200万件货物。由于债务严重，荷兰实行永久紧缩政策，因此，当收入吃紧的时候很难不被诱惑。不过，对于国王来说，最致命的一击并不是来自这些英国的小商贩，而是来自英国的军队。1809年7月末，40000名士兵乘坐60艘战舰在瓦尔赫伦（Walcheren）岛登陆。伦敦内阁决定在西班牙和奥地利之后开辟第三条战线。弗利辛恩（Flessingue）港没有进行战斗便沦陷了，这一消息引起了海牙的恐慌，也引起了巴黎的恐慌。皇帝远离首都，投入到与奥地利人的战斗中，帝国发现自己无能为力。情况十分危急，国王却只有几千人可以指挥，而在法国军队中，最大的混乱正在酝酿着。匆忙投入战斗的路易，没有等巴黎下令就与法国将军组织了抵抗行动："总的来说，陛下，我没有浪费一分钟，我尽我所能；但我很遗憾没有任何效果也无法做更多的事情。"这种勇敢的行为能否修复和威严的哥哥的关系？

在战场上的第一个星期，拿破仑根本不理他，宁愿同还在巴黎的康巴塞雷斯和他的大臣们——战争大臣克拉克、警务大臣富歇等人进行交谈。这让目前还在担任皇室总管的路易感到狼狈不堪。"我现在算是被抛弃了，不管在哪里都是窘迫的处境。"他哀叹道。然而拿破仑非但没有安慰他，还在信里对他横加指责："一个国王的国库可不是修道院。如果你没有因为拮据而裁减军队，没有解雇那2000名法国近卫军，你的国家现在也不会遭到入侵。"在拿破仑看来，这全都是路易自找的。虽然不指望哥哥对他表示热情，但看到这样的言论还是让他目瞪口呆："陛下，收到您的来信，我感觉到前所未有的错愕。"还好，由于没有做充分的准备，英国的远征失败了。在沼泽边安营扎寨的军队感染上了可怕的传染病。12月23日，他们悲惨地回到英格兰。这次进攻的失败甚至造成了波特兰（Portland）首相的垮台。不过，虽然荷兰得救了，但国王的王位却受到了前所未有的威胁。

对于拿破仑来说，他的兄弟应该退位了，荷兰必须尽快被法国统一。在接下来的几个月里，他一点一点地蚕食掉国王的特权，在其毫不知情的情况下归并了几个部门。1810年5月13日，一场纠纷（法国大使馆的车夫遭到了一位荷兰公民的辱骂）为拿破仑的入侵提供了借口。在这一事件发生后，拿破仑对弟弟大发雷霆："我要把那些有罪的人都抓到我面前，我必须杀鸡儆猴。别再对我说你那些陈词滥调了，这三年我已经听够了！今天是我最后一次给你写信。"此后三年，言出必行的拿破仑确实再没给弟弟写过一个字。路易的王国遭到了肆无忌惮的入侵，他徒劳地抗议着。作为最后的手段，他甚至试图用血缘关系来打动哥哥："我应该抹去我的记忆，忘记我们童年的美好时光吗？"但皇帝依然心如铁石。6月1日，法国军队从各个地区进入荷兰，大量法国海关官员在阿姆斯特丹驻扎下来。法国和荷兰士兵在哈勒姆（Haarlem）发生冲突的几个小时后，乌迪诺（Oudinot）元帅率领部队踏上阿姆斯特丹的土地。陷入绝境的国王产生了"全国戒备、武装抵抗"的念头，两亲兄弟要自相残杀了吗？然而议员们都对他进行劝阻，部长们也都拒绝执行他设想的防御计划。部分国土沦陷。他只得接受命运。哥哥早就告诫过他："所有人都知道，离开了我，你哪里还有威信可言。没有我，你什么都不是。"千真万确，从今以后路易只是一个无名小卒。他陷入了绝望的深渊，将王位让给了儿子拿破仑－路易·波拿巴，而后者在统治了两个星期以后就下台了。

流浪的波拿巴

弟弟一从王位上下来，拿破仑就将荷兰收归法国。8月16日，面对荷兰的议员们，他这样解释道："我的期望全部落空了……终于，我可以为你们的痛苦画上一个句号了，从此再没有人能继续破坏你们的力量和资源。"路易的统治在这场伤人的演讲中落下帷幕。被废黜后，他去了德国。为了节约车马随从在路上的时间，他没有让马匹得到足够的休息。行进了几天后，担心队伍安全的车夫们拒绝再往前走，强烈要求在下一站落脚休息。为了让他们继续赶路，国王的副官特拉韦尔（Travers）将军不得不拔剑威胁。另一件让他郁闷的事是，他的爱犬蒂埃尔（Thiel）在自己的车轮下丧生。这只不幸的小动物离开以后，国王精神萎靡不振，整日愁眉不展，浸泡在悲伤的泪水中。命运似乎有意折磨他。到达奥斯纳布吕克（Osnabrück）以后，他消失不见了，极有可能在德国流浪了很长一段时间。他似乎打算效仿吕西安去美国生活，但一想到有可能落入英军手中便打消了这个念头，而且他还幻想着有朝一日重登宝座。当然，这只是这个穷途末路的可怜男人的悲惨错觉。

然后，他在波希米亚（Boheme）地区的特普利茨（Toeplitz）定居了下来[现在的捷克共和国特普利采（Tepice）]。他逢人便说，自己曾是国王，却惨遭强迫退位，最终成了帝国霸权的牺牲品。但一切絮叨仿佛沙漠里的喊叫，没有任何人愿意前来帮助他。人们非但不相信他，还对这个脑袋有问题的人很是厌烦。法国的亲王难道不应该在法国吗？至少拿破仑也是这么认为的。为了迫使弟弟回国，他把路易的所有文书和衣物都运回了巴黎，阻止他和荷兰交流，还切断了对他的补助。然而，尽管压力重重，路易还是选择继续流浪，一直到了奥地利格拉茨（Graz），并化名为圣勒（Saint-Leu）伯爵。隐姓埋名地活着是他目前最大的愿望，流亡生活激发他写下了这些绝望的诗句：

一片赤诚遭劫难，
兄弟情深终不堪。
儿时伙伴不相认，
悲从中来总难断。

他的前顾问，未来路易十八最喜欢的聪明的德卡兹（Decazes），接到任务要说服他回来。但德卡兹没能坚持到最后，因为被废黜的国王一个字也听不进去，也拒绝与背叛了自己的家族产生任何联系。“他们轻视我、折磨我、践踏我，把我踩在脚下。”他将自己内心的悲恸吐露给拿破仑的使者。1810年12月，德卡兹不得不返程，却没能带回路易。在尝试了强硬的方式后，拿破仑准备最后一次劝说他，只要他回杜伊勒里宫，就给他一笔丰厚的收入。路易不假思索地拒绝了。从今以后，路易再也不愿意为那个永不满足的哥哥付出任何代价。在他看来，独立生活比做一个表面光鲜的傀儡好太多，哪怕会因此而过得极其悲惨。无论如何，既然皇帝不尊重他，为什么还要和他站在同一个阵营呢？然而，在逃避哥哥支配的同时，路易触及了拿破仑的一个弱点：对一切事物有着强烈控制欲的拿破仑，不希望任何人摆脱他的监控，特别是自己家庭圈子里的人。当权力和诱惑都起不到作用的时候，他为无法控制弟弟而难过。弟弟逃避的态度深深折磨着他，然而他必须习惯他的远离。

这位前国王在格拉茨游荡了近三年，直到法国军队的失败迫使他回到法国。当他听说荷兰失守后，还天真地申请重获王位。正如所有人预料的那样，英国人扶持了奥兰治亲王，未来的威廉一世。新的君主完成了许多前国王发起的民事改革，并延用了大部分前朝的官员。因此，从某种意义上来说，我们的前国王为继任者威廉一世铺垫了道路。而他的母亲莱蒂齐娅，就像为吕西安做过的那样，试图修复两个儿子之间的关系。在每一次家庭纠纷之后，她都尝试让爱吵闹的孩子们恢复一些宁静，当然几乎是徒劳的。1805年后，她服从了拿破仑大部分的要求，同时也让他做出了一些让步。当她认为这场矛盾可以结束的时候，她温和又坚定地向顽固的儿子写道："我命令你们！"为了让双方和解，她可以表现得很强硬，也可以表现得细腻而动情，甚至不惜要挟。1813年2月20日，她向路易做出了一个虚假的承诺："这件事我已经对你说了一千次，这是我最后一次向你提起，如果你回来，我将得到灵魂上的安稳与平静；否则你的余生都将无比自责，为我因过度悲伤而缩短的生命，为我被埋葬那天都得不到安息的心。"这些信件的确触动了她孩子们的内心，尽管她并没有如她所言那般早逝（她活到了85岁）。尽管母亲诚挚地恳求，路易也等了一年之久，直到1814年才与拿破仑相见。但这也将是最后一次。在这次交谈结束后，他们的关系依然疏远。拿破仑退位以后，路易在圣勒（Saint-Leu）的土地变成了路易十八的公爵领，并划归其配偶奥尔唐斯。由于奥尔唐斯1810年已离开了路易，漂泊不定的路易对此非常不满。后来他在瑞士避难，尝试了许多方法想夺回领地，并让孩子们回到自己身边，但鉴于自己目前被放逐的处境，他没有资格提出任何要求。他来到了罗马，去找吕西安和母亲。百日王朝期间，他是波拿巴的兄弟中唯一一个没有返回杜伊勒里宫的——要知道，当时就连吕西安都重新归附了拿破仑。在意大利逗留的这段时间让他痛苦而折磨的情绪复活了。他把自己关于荷兰的记忆写了下来，试着写成一部小说，虽然算不上什么杰出的作品，但至少缓解了他长久以来的苦恼。离开罗马以后，他又在里窝那（Livourne）和佛罗伦萨度过了一段时间。

年复一年，他目睹亲人一个一个逝去。姐姐埃莉萨最先离世（1820年），然后是拿破仑（1821年）、波利娜（1825年）、艾格隆（1832年）、母亲（1836年）、卡罗琳（1839年）、吕西安（1840年）和约瑟夫（1844年）。他的兄弟姐妹们只有热罗姆活了下来。儿子拿破仑－路易·波拿巴在1831年，作为烧炭党（carbonari）的一员，为意大利独立的事业而战死。我们不难想象这位古怪而慈爱的父亲的痛苦。至于奥尔唐斯，虽然和他分开了，但两人并没有离婚，她也于1837年去世了。奥尔唐斯的死对他伤害太大了，为了麻痹自己他想到了再婚，而这时他已经60岁了。他计划在1838年和一位年轻的意大利贵族朱莉·利维耶·迪斯特罗齐（Julie Livie di Strozzi）结婚，可是这位刚度过自己第十六个春天的花季少女，还没来得及伸出手指接过他承诺的戒指，就香消玉殒了。在晚年，他把自己在荷兰阿姆斯特丹的遗产赠予了小儿子路易－拿破仑。在离世之前，他于1840年回到了第二故乡，让他没有想到的是，自己依然受到了热烈的欢迎。在他离开三十年后，他的名字依然在当地受到爱戴和尊敬。这姗姗来迟的认可让他感到激动，路易流下了喜悦的泪水。可惜他早走了两年，没能看到儿子成为法兰西第二共和国的第一任总统。在利沃诺，1846年7月25日，他倒下了，再也没有爬起来。

路易和他的长子与次子一起被埋葬在了圣勒。他是皇帝的兄弟，同时也是另一位皇帝的父亲，这似乎是他在这段传奇历史中命中注定的角色。为了国家，他和奥尔唐斯·德博阿尔内结了婚，也和荷兰结了婚。这两段看似不合适的婚姻，对这个备受折磨的身体而言，是可怕的个人失败的根源。只有远离他那苛刻的哥哥，他才能感觉幸福快乐。路易像爱父亲一样爱着哥哥，一直在等待机会被哥哥认可。但他或许很晚才明白：这一天永远不会到来。

第六章｜美丽的波利娜公主

波利娜公主在我们的传奇故事中似乎是最伟大的情人。那么，她是不是最多情的呢？这可不好说。她痴迷于身体上的激情，迷茫的灵魂也因此受到了残酷的折磨。虽不至于毁灭她，但她的爱情抽干、耗尽、摧毁了她。唯一能让她感到一丝幸福的男人，与她的哥哥拿破仑如同两滴水珠一般，彼此相像。一切都不是巧合。两人之间的默契足够证明，这就是她的真命天子。她已经为他做好了准备。这位忠贞的爱人，最终将为了爱情经历一场危险的地狱冒险，让自己遍体鳞伤。

在龟岛（île de la Tortue）[1]上，所有的居民只是几位上了年纪的农民。是黑奴们给这个岛取了这个可笑的名字。这是一个平静和谐甚至是充满欢声笑语的地方，与邻近的圣多明戈岛上肆虐的殖民战争形成了鲜明的对比。岛屿被遗弃后，曾安置黑奴的小屋也被遗忘了，但仍然屹立在荒野中。1802年的初夏，在殖民战争的主要战场太子港（Port-au-Prince），到处弥漫着死尸的臭味，逼迫圣多明戈的勒克莱尔将军不得不将总部转移到附近的岛屿。龟岛上的这些房屋被用作将军和其随从的避难所，从此这个岛上满是被战争和疾病折磨的可怜人。将军的妻子抵达小岛时引起了轰动，陪伴

[1] 托尔蒂岛，海地西北近海岛屿，现为海地西北省。——编者注

将军的回忆录作者诺万（Norvins）记得当时的居民对她的热烈欢迎："人们一看到她就来了精神，吵吵嚷嚷地跟着她走到屋子里，挤得水泄不通，很难把他们请出去。在她逗留的这几天，他们也常常在门前逗留，探着脑袋想看看这位女神，甚至必须在门口设置警戒线才能防止他们走进屋去。"

在这第一次闪耀的亮相之后，一天晚上她被邀请去观看一种名为"奇卡"（chica）的传统非洲舞蹈。玩乐过后的她感到疲倦，倚靠在为她精心装饰了芭蕉叶的沙发上休息。这位女神看上去光彩照人，在离狂欢的人群只有几步之遥的地方，被夹竹桃和鸡蛋花包围着，勒克莱尔的妻子简直是从天而降的仙女，这个夜晚赋予了她至高无上的异国荣耀。她只有21岁，但已经浑身散发出高贵的气息了。她将成为艺术家卡诺瓦的灵感缪斯，她还有一个非常著名的姓氏——波拿巴，而她的名字将很快征服整个欧洲，她就是波利娜。

在几个月前，她对于跟随丈夫远征没有半点兴趣。第一执政任命勒克莱尔将军重建圣多明戈的秩序。作为指挥20000人的领袖，他必须夺回一块名义上属于法国的殖民地，但这片区域目前被弗朗索瓦－多米尼克·图桑·卢维杜尔（François-Dominique Toussaint Louverture）将军控制着。为了降服他，勒克莱尔将领导法国历史上派往美洲规模最大的远征军。此行不但旨在夺取安的列斯群岛（Antilles）这个重要的蔗糖产区，而且是恢复法国庞大殖民帝国这一计划的重要组成部分。第一执政要求确保重获瓜德罗普（Guadeloupe）岛、马提尼克（Martinique）岛和路易斯安那的控制权。其中，路易斯安那地区所占面积，相当于现在美国三分之一的国土。拿破仑的目标是将墨西哥湾变成法国湖。为了实现这个宏伟的目标，他组建了一支规模庞大的军队，动员了25000名士兵和100艘军舰，与埃及远征相比有过之而无不及。

在驱逐了图桑·卢维杜尔以后，勒克莱尔被任命管理殖民地，开始耕耘法国的美洲梦。第一执政非常欣赏妹夫的奉献精神。如果成功了，他就可以复制这项成果，到新世界重新开辟战场。为了实现帝国的使命，他准备为勒克莱尔安排盛大的仪式，并建造一座令人震撼的宫殿。他要求当时还名为波莱特（Paulette）的波利娜一同前往。但是她却任性地不愿走那条到布雷斯特（Brest）的路，那是远征队的出发港口。为了逃避这次远航，她假装怀孕，直到家族派来的医生揭穿她的谎言。一直关注着她的第一执政承诺会给她准备舒适的马车把她安全送到目的地。

意识到自己即将改变生活环境，波莱特突然为前几天还让她恐慌的旅行激动不已。在这片广袤的岛屿上，她将过上与自己非常嫉妒的约瑟芬皇后一样奢华的生活。“听着，洛蕾特（Laurette）……你必须来圣多明戈岛，你将会是第一个追随我的人，到时候我做了王后……你就是总督夫人……我们可以尽情地在这美丽的山上举办派对和舞会。”她向朱诺将军的妻子如此说道。1801年11月25日，她带着年仅3岁的儿子德尔米兹（Dermide）乘坐一艘小艇抵达布雷斯特，在锚地登上了“海洋号”（L’Océan），这是一艘装载有120门大炮的军舰。正准备起锚时，突然，巨大的海浪横在他们面前。“接下来的几晚，我们都在风雨中。在我给你写信的这一刻，”勒克莱尔将军向第一执政诉苦，“风暴如此强烈，以至于我今晚根本没法上床睡觉。”波莱特在风浪中翻滚了八天后下了岸。12月11日，天总算放晴了，远征队伍向西驶去。还有四十五天的海上航行等待着这位未来的殖民地女王。她懒洋洋地躺在甲板舒适的沙发上，嘴里没完没了地抱怨着。

1802年1月29日，法国角（Cap-Français）[1]进入大家的视线，人们终于抵达目的地。一上岸战争就爆发了。图桑·卢维杜尔将军和他的中尉们用大炮欢迎了勒克莱尔将军的部队。城市很快陷入火海，居民们被大肆屠杀。由于担心1794年在岛上被废除的旧奴隶制度会卷土重来，黑人士兵集结起来攻击白人。远征队伍也报以反击，捉拿了大量犯人。冲突很快演变成了残酷的暴行，双方都遭到了可怕的屠杀。波莱特跟随丈夫进入首都太子港，那里依然战火纷飞。她发现圣多明戈并不是她想象中的友好而安全的殖民地。“她意识到自己正处于这场灾难性事件当中，因此生了病。”勒克莱尔将军给第一执政写信说道。由于担心她产生动摇的念头，哥哥立即写信安慰她，并提出了一些建议：“考虑到你应该会感到疲惫和痛苦，但向你的丈夫抱怨也起不到什么作用……请用你的体贴、亲和力、纯洁的天性以及永不妥协的态度来牢牢抓住他的心……我非常爱你，你要让每个人都对你感到满意，并且能配得上你所在的位置。”想到她一直痴迷于时尚，他还补充道，“我让人给你做了一个时尚的珠宝匣，很快给你送去。”

在处理圣多明戈的所有事务时，第一执政从没想过要做点儿什么来改变现状。对他来说，这场殖民冲突并不是什么大问题，尽管他以前从来没遇到过这种事件。然而，愈演愈烈的暴力使这场冲突变成了极具破坏力的毁灭性战争。和平的代价是巨大的。此外，即使在1802年5月6日，图桑将军放下武器投降，但有色人种和白种人之间的种族之战依然让勒克莱尔将军没有喘息的机会。此时，一则谣言流传开来，说未来将恢复奴隶制度，成千上万的有色人种士兵因此愤怒地离开了。每天晚上都有叛乱发生，最

[1] 也就是今天海地共和国的海地角。——编者注

终，所有曾经团结在勒克莱尔将军身边的黑人军官都拿起武器站到了法国的对立面。除此之外，一种当地的恶性传染病像野火一样迅速蔓延开来，比最无情的黄热病夺去了更多士兵的生命，一旦感染，几乎无人幸免。急速的高烧让患者失去意识，然后出现浑身乏力的症状，只有两成的成年人能挺过来（儿童不会感染）。在拿破仑的妹妹身边，墓碑以可怕的速度增加着。远征队几乎全军覆没，从大陆派来的增援部队也无法填补这一空缺，勒克莱尔陷入了极其危险的境地。

尽管焦虑让人意志消沉，但波莱特似乎决心不放弃勒克莱尔。“留在一个满目疮痍的地方，目光所至之处全是尸体，这对她来说是多么残酷啊！我劝说过她多次，让她回法国，她都果断拒绝了。她告诉我，所有不幸的时刻她都会陪我度过。”将军内心非常宽慰，向她的哥哥写信谈论道。在龟岛上，居住的所谓的“总督官殿”，实际上是一栋像监狱一样的小房子，波莱特内心非常悲伤。这个血流成河的地方已经把她吓坏了。“悲哀的国家，”她叹了口气，提笔写信给她的朋友米什洛（Michelot）夫人，“疾病已经带走了很多人，但我和勒克莱尔还算幸运，并没有受到感染……我亲爱的朋友，但愿七个月以后我能顺利回到巴黎，我就能一直待在你身边。我永远也不会离开巴黎了，我已经遭受了太多的痛苦，而我还将继续忍受。”此外，她很羡慕妹妹卡罗琳，“你能相信吗，我的妹妹有一辆车！她给我写信就是为了让我生气，她和我谈论聚会、舞会，还有拿破仑为她所做的一切。”尽管现状如此，波莱特并没有失去自己的魅力。“勒克莱尔太太连和她的仆人们在一起的时候都非常亲切，她开朗的性格也为她赢得了许多崇拜者。”目睹了一切的布罗（Bro）元帅说。毫无疑问，她现在是这个小小殖民地真正的女王。

盛夏来临了，哥哥给了她另一个建议："我很高兴听到你在面对战争时表现出来的勇气。照顾好你的丈夫，我听说他生病了。不要对他任性胡闹，作为一个忙碌的男人，任何矫揉造作都是受不了的。一个女人应当善良、顺从，不要有过多的要求。"拿破仑可以说是这方面的专家。勒克莱尔也的确需要她的支持。因为，无论是采取宽大还是严厉的措施，他想要为殖民地带来和平而做的所有努力都毫无成效。宫外叛乱日盛，宫中的晚会也无法令人真正放空。珠光宝气而优雅高贵的波利娜，尽力去抚慰那些忧心忡忡的客人。在图桑战败后归顺勒克莱尔的黑人将军克莱沃（Clervaux）常常眉头紧锁，波莱特为此感到忐忑。"你们不应该感到高兴吗，我们今晚难道不是在庆祝战争结束了吗？"她直接问他。克莱沃用毫无起伏的语气回答道："太太，我也拥有过自由……我宁愿去当土匪也不想成为奴隶。"白人士兵和黑人士兵在同一军队中共存注定是要失败的。要不想看到后者大规模反叛的局面，勒克莱尔的立场就变得尤为重要了。

1802年10月16日，黑人军官突然倒戈，8000名反叛军猛烈摧毁了殖民地的防御。看到这群叛乱分子，将军的脸色变得苍白。如果攻击成功，他就会丢失殖民地，甚至战死沙场。在绝望中爆发出力量的士兵们做出了顽强的抵抗。在落入敌手之前，他把妻子和儿子托付给了自己的助手，如果他战死，他们将会被带到停泊在附近的军舰上。一群忧心忡忡的人挤在波莱特周围。面对受惊吓的女人们，她说："你们惧怕死亡，但是我，我是一名波拿巴，我什么都不怕……我会等着他们去找我的尸体，还有我儿子的！"然后，在诺万的耳边，她悄悄说，"你答应过我会亲手杀了我们两个，不是吗？"面对极端的危险局面，她的声音都变了。我们柔弱的维纳斯此刻仿佛化身为一位英勇野性的女战士。

城市沦陷了，助手按照和勒克莱尔的约定来找波莱特，并向她说明来意。她非常坚定，不肯跟他去军舰上。在四名士兵的协助下，诺万被迫使用武力让她离开。此时的码头已经挤满了逃命的人，她走在嘈杂的人群中，看上去超然而安静，但无论如何都拒绝登船。士兵们通力协作，设法用手搬出了一门大炮，想让波莱特在里面藏身。就在准备出发的那一刻，将军的另一位助手疾驰而来。“胜利了！”他喊道，“将军打败了黑人反叛军！”城市得救了。“我就知道我不会走的。”波莱特高兴地说。她被四名士兵带回宫殿以后，飞扑到了满身灰尘的勒克莱尔的怀里，并给了他一个热情的吻，对他说：“我和你发过誓，我不会丢下你独自回法国的。”她确实信守了承诺，但此时的她还不知道把丈夫带回法国的条件有多么残忍。而勒克莱尔的胜利也仅仅持续到了10月的最后几天。

在像狮子一样战斗以后，骄傲的将军精疲力竭。这场可怕的战争让他感到非常痛苦。“我已经心力交瘁，我难以忘记一幕幕恐怖的画面。我在这里与黑人战斗，与白人战斗，与苦难和贫困战斗，甚至还要与那些逃兵战斗。”他向第一执政吐露道。在战争中，大量的黑人囚犯被淹死或闷死，还有的在码头或是街上被绞死。而欧洲士兵和一些移民则遭到砍杀，就连儿童也惨遭无情的屠杀。“种族之战”达到了顶点。他妻子的冷静给军官们留下了深刻的印象，他们向第一执政报告说：“她就是勇气的化身，无愧于您妹妹的身份。”10月22日早上，当勒克莱尔将军准备上车出发去总部时，突然感到一阵晕眩，摔倒在地。他被带回房间，像被恶魔附体一样疯狂抽搐。医生诊断他得了黄热病。一个星期过去了，他艰难地站了起来，但病痛完全没有得到缓解。用尽全身力气的勒克莱尔下了一道最后的命令，把他的妻子和儿子带回法国。然后，他筋疲力尽，浑身被汗水湿透。11月2日晚上，凄厉的哭喊声响彻整座宫殿。“爸爸死了。”这是小德尔米兹心碎的声音。将军断气了。

当大家知道他的死讯以后，“圣多明戈失守”这句话在整个殖民地流传开来。事实上，在他去世的几个月后，法国的统治也确实渐渐在大屠杀中被瓦解了。对于波莱特来说，返程的时间到了。在她丈夫的棺盖关上以前，悲伤过度的她剃光了头发，将两团厚厚的头发放在了他的遗体旁边。她在装着将军的心的金瓮上刻下：“波莱特·波拿巴……的爱情被锁在这只瓮里了，陪伴着她的丈夫，与他共享危险与荣耀。”11月8日，是和圣多明戈永别的日子。在海地角的港口，送葬队伍经过时响起了几声枪响。一艘一年前缴获的载着74门大炮的旧英国军舰“敏捷号”（Swiftsure）正等待着失去亲人的妻子和已故丈夫的遗体。海军上将搀扶她爬上了梯子，到达甲板后，她看上去快晕倒了，把头靠在海军的肩膀上。她被带到了舒适的会议室休息。与这位年轻寡妇重逢的弗雷曼维尔（Fréminville）骑士还记得这幅场景：“看着她黑色的瞳孔，我仿佛看见了她的哥哥拿破仑。这双黑色的眼睛也让她的面容看起来多了几分冷漠。”登船结束后，锚被收起。弗雷曼维尔骑士偶然看见让他难以置信的画面：“我很快就听见了一阵大笑。我认为，她的晕厥不过是在演戏……事实上，没过多少时间，她的悲伤就烟消云散了。”她旺盛的生命力不会被磨灭。

她看上去非常虚弱，待在小屋里足不出户，在海上航行的八周都是如此。1803年1月1日，这艘三层甲板船进入土伦港。一艘载着棺材的小艇被放了下来，在海军军官们的注视下，伴随着惨淡的音乐，在锚地巡回了几圈。波莱特见状，又忍不住落泪。她筋疲力尽，草草向哥哥写了几句：“我来到土伦的时候，情况非常糟糕，身体也很不好，但这都不是最糟糕的，最痛苦的是我亲手带回了我可怜的勒克莱尔的遗体，可怜一下你的波莱特吧，她已经心力交瘁了。”当拿破仑发现妹妹没有了头发时，阿布朗泰斯公爵夫人说：“那是因为她知道重新长出来的头发会更好。”遭遇的不幸没有让波莱特变得狼狈不堪，虽然不停地成为流言蜚语的中心，但她依然保持优雅。多年来，她的名声不断变坏，而她和拿破仑紧密的同盟关系也催生了许多恶毒而阴险的猜疑。这个女人试图用穷奢极欲来掩盖自己的痛苦。在她独特的命运花泥之上，培植出了一段并非总是美好的传说。

初尝爱情

当玛丽亚－保拉（Maria-Paola）——或是称为玛丽亚－保莱塔（Maria-Paoletta）——在1780年10月20日发出第一声啼哭时，她的父母对自己的小资生活很是享受。家里的房子几年前就盖好了，还继承了堂兄朱塞佩（Giuseppe）的遗产，家族赚了不少钱，在阿雅克肖前途一片光明。父亲夏尔通过精密的盘算，在经过了两次任命（1777年和1781年）后，一举成为这个美丽城市的贵族代表。而母亲莱蒂齐娅，尽管多次怀孕，依然是一位风姿绰约的棕发女郎。保莱塔将与吕西安、路易、埃莉萨和卡罗琳一起成长。在她出生以前，拿破仑和约瑟夫两个哥哥就出发去了大陆。当这位阿雅克肖小女孩蹒跚学步时，尽管有时被金钱问题所困扰，但父母一直过着愉悦和舒适的生活。而随后，她便经历了这个家庭桑树种植失败的可怕时期，并于1785年经历了爸爸的离世。等两个哥哥回到科西嘉岛时，她已经8岁了。

关于保莱塔的所有传记几乎都表示她和哥哥拿破仑关系异常亲密。似乎在她很小的时候，她眼里就只有这位身穿皇家蓝军装的骄傲士兵。她似乎还和吕西安叔叔走得近些，在她期盼的眼神中，这位老吝啬鬼还时不时会给年幼的小女孩一两个金币，莱蒂齐娅看到后就会急忙把东西还回去。拿破仑因此对这个总说自己身无分文的叔叔感到很恼火，有一天就怂恿妹妹把这位主教代理藏在床垫下的钱袋子拿出来，然后假装不小心把它掉落在地上。金币滚得到处都是，孩子们大笑不止，母亲急忙前来制止。在大革命爆发的前几年，人们在她身上看到的只有调皮。

1793年，家族成员逃往大陆。这趟旅行十分艰难，所有人饱受流放之苦。他们定居在马赛的中心地带，在科西嘉盟友萨利切蒂的保护下迎来了新的崛起。然后，波拿巴家族与克拉里家族结盟，同时拿破仑地位的上升也让家族的发展轻松了不少。而这个曾经叫保莱塔的15岁的小姑娘也已经改名为波莱特，并随着年龄的增长越来越美丽。当她在一位马赛的寡妇家里上课时，一位大腹便便的有钱肥皂商竟鲁莽地向这位年轻的科西嘉少女求爱。这个男人已经超过40岁，秃顶，非常肥胖，毫无魅力可言。但一想到他家财万贯，莱蒂齐娅还是给了他希望。不知道消息是怎么传到拿破仑耳朵里的，当他听说这件事后，不屑地撇了撇嘴。“有个本地人想追求波莱特，我敢肯定这个人你认识。”他写信给约瑟夫说，“这人是个平民，我已经写信给母亲了，告诉她不应该考虑这个人。”没人敢反对他，追求者只好灰溜溜地回去卖肥皂了。对拿破仑来说，他的妹妹绝对值得更好的人。在她的一生中，哥哥拿破仑对她展现了真挚的感情，并且处处保护她。在圣赫勒拿，他曾骄傲地形容妹妹是“这个时代最美的女人”，也是一个“完美的生灵”。除了血缘关系以外，拿破仑和波莱特之间似乎多了一层过于亲密的情谊，这滋生了很多流言蜚语和中伤诽谤。

追求者沉迷于波莱特让人陶醉的美貌中，接二连三地找上门来。在这众多的崇拜者中，斯坦尼斯拉斯·弗雷龙（Stanislas Fréron）脱颖而出。他以铁腕镇压保王党在马赛的叛乱而名声大振，被视作巴拉斯在大屠杀中的同伙。虽然他心仪恐怖政策，但最终还是结盟热月党人，与罗伯斯庇尔作斗争。当罗伯斯庇尔被处死后，弗雷龙再回到马赛，心眼儿似乎都变好了。他的任务是彻底抹去人们对于血腥恐怖的记忆，并恢复和谐。这位做过记者的40岁男人，五官俊美，着装考究，有着恰到好处的成熟。波莱特很快就沉迷于这位风度翩翩的特派员的魅力，作为回应，对方也迅速对她表示了爱意。这两个热恋中的人从此常常在剧院和咖啡厅出双入对，爱意渐浓的时候两人谈到了结婚的事。波莱特写给他的信见证了这段热烈的感情："我向你发誓，我亲爱的斯坦尼斯拉斯，我只爱你一个，我的心全都被你占据。谁能反对两个真心相爱并追求幸福的人的结合呢？"而莱蒂齐娅对这个男人并没有好感，他的外表让人不安，他的过去也令她烦恼。弗雷龙平时的善良行为看上去并不自然，更像是为了获取她的欢心装出来的，而且他没有什么财富，政治生命也快走到了尽头，对于追求无上荣耀的波拿巴家族来说简直毫无价值。在米兰，拿破仑给了他致命一击。"求求你，我的朋友，"他写信给约瑟夫，"务必要让弗雷龙知道，家族不会让他和我妹妹结婚的，我会不惜采取任何措施来阻止这件事的发生。"弗雷龙和波莱特极力反抗，并宣称两人真心相爱，坚贞不渝，但这并没有改变家人的想法。面对妹妹的埋怨和哭诉，拿破仑说："生活不全是幸福和胜利，也充满了辛酸和泪水。"他必须给妹妹找一个更高贵、更能与之相称的丈夫。

在“金发波拿巴”的臂弯中

一

1796年，这位意大利军队的英雄让费什舅舅带着他和波莱特一起去米兰。在意大利宫廷里，附庸风雅的贵族们围着波拿巴家族的人打转，其中叛逆而古灵精怪的波莱特就是“率真”的代名词。根据诗人阿尔诺（Arnault）的回忆：“这是一个完美外表与顽劣品质的结合体。她也许是人们所见过的最漂亮的，但也最不可理喻的女人。她穿得就像一个天真无邪的女孩，说话前言不搭后语，无缘无故地放声大笑，还会模仿那些身居高位的人。约瑟芬没注意时，她就冲着她嫂子吐舌头；还会在我根本没准备好开玩笑的时候和我搞恶作剧，用膝盖撞我。她时常招来哥哥一般只用来告诫穷凶极恶之辈的严厉眼神。”和这位吵吵闹闹的波拿巴女孩同桌用餐，这诗人似乎感觉很不快呢！不过，虽然波莱特有时令人头疼，却总能成功地让最暴躁的人也舒展眉心。人们怎么可能不注意到这个美丽得令人窒息的调皮鬼呢？此时，有一位军官刚回到米兰，在看到这幅场景后日思夜想，他的名字叫维克托－埃马纽埃尔·勒克莱尔（Victor-Emmanuel Leclerc）。

勒克莱尔简直是个完美的情人。他有钱，是普瓦捷（Poitiers）[1]一位富裕磨坊主的儿子，又是战场上勇敢的军官，还是个心地善良的人。简言之，他是位理想的伴侣。此外，他的举止和拿破仑惊人地相似，和拿破仑一样有着敏锐的目光、简洁的说话方式和有力的动作，甚至被怀疑是有意对他崇拜的拿破仑进行了模仿。因此，人们也把他称为“金发波拿巴”。在他的怀里，波莱特很快忘记了弗雷龙，迫不及待地想嫁给他。在这个男人身上，

[1] 普瓦捷是法国西部城市。然而，一般史料表明，勒克莱尔为巴黎附近的蓬图瓦兹（Pontoise）人，此处原文可能有误。——编者注

她找到了自8岁以来就崇拜的哥哥的影子。不出所料，这一次，拿破仑不但同意这门婚事，而且敦促两人迅速成婚。但母亲希望除了民事婚礼之外，这对情侣也能举办宗教婚礼。母亲的意愿在家族中有很强的影响力，拿破仑也同意了，唯一的条件是宗教婚礼的仪式必须非常低调。1797年6月14日，在博维西奥（Bovisio）小镇牧师的主持下，在蒙贝洛的城堡里，家族成员们悄无声息地举办了波莱特的婚礼。埃莉萨和费利克斯·巴乔基的宗教婚礼，也在同日举办。仪式结束以后，波莱特签署了一份婚后协议。这份协议明确了波莱特可以享受高达40000里弗尔的丰厚嫁妆，但条件是她必须放弃家族继承权。条约中还规定，只要双方一致同意，即可离婚。这两个被爱情冲昏头脑的情侣眼里只有彼此，哪里还管得了这张小小的纸呢。

然而，这对新婚夫妇的蜜月之旅并不太有助于交流感情，因为拿破仑没有给他们单独相处的机会。他安排了一场到科莫（Côme）湖的集体出游，组织了一支马车队，自己乘坐第一辆配备了6匹骏马的车，约瑟芬和两个新娘子坐第二辆4匹马拉的车，两个新郎乘坐第三辆车，除此之外，还有20名随从一路陪同他们。到了科莫湖，他还安排了非常正式的招待会。拿破仑想通过这样的方式对自己妹妹们的婚姻进行宣传，从而强调一个家族的崛起。但显然，这个家族的共和色彩也越来越少了。

在米兰，波莱特俨然一副公主派头，不但喜欢让仆人们对她卑躬屈膝，而且花钱毫无节制，尽情挥霍着这笔因结婚而获得的巨额财富。突然有一天，她把自己关在房间里，沉浸在悲伤中。她怀孕了。艰难的怀胎十月后，她生下了一个名叫德尔米兹的男孩。孩子的名字是拿破仑取的。拿破仑对古爱尔兰的英雄诗人莪相（Ossian）十分崇拜，德尔米兹则是这位吟游诗人笔下的英雄主角之一。[1]婚后几个月，这对夫妇在拿破仑的支配下，几乎所有家庭事务都要按照他的方式来解决，对他们两人来说不会觉得不快吗？不会的。他们疯狂地崇拜拿破仑，对他的钦佩之情是发自内心的，他们都想在非官方场合与这位英雄有更多的接触和交流。当夫妇二人回到巴黎时，博学的勒克莱尔有些担心自己妻子的受教育程度，便送她去康庞（Campan）太太的私塾上课，卡罗琳也曾经在这里求学。根据这位玛丽-安托瓦妮特前任老师的说法，这个新学生的能力强得太多了。“勒克莱尔六个月前把她送到我这里，她的进步简直神速，要知道刚来的时候她连一个字都不认识。”但波莱特总是嫌学习时间太长，经常想办法偷懒。“要懂得拒绝她的那些小任性，才能让她在长大成熟的过程中，少一些辛酸苦涩的泪水。”她的老师严厉地说道。

好在她慢慢爱上了巴黎的生活。戏剧、舞会、歌剧，这些社交活动让我们优雅的女士感到兴奋不已。人们渐渐发现经常和她在一起的有三位将军：麦克唐纳（Macdonald）、伯农维尔（Beurnonville）和莫罗，因此生出了许多闲言碎语。一些人恶毒地说她有好多个情人，尤其是当她的丈夫去雷恩（Rennes）指挥军队时，各种传闻四散开来。拿破仑从埃及返回以后，勒克莱尔积极地参与了雾月政变。11月10日，他和缪拉一起指挥投弹手，对付那些“顽固不化”的议员。在拿破仑面前证明了自己以后，他就火急火燎地赶到另一个战场，要求加入莱茵军。当丈夫踏着泥泞的道路随军前行时，波莱特正在沙龙里玩得开心，宛若女王。这为市民们源源不断地提供了茶余饭后的八卦。人们纷纷议论她迷上了一位非常优秀的法兰西喜剧

[1] 然而，拿破仑并不知道这位吟游诗人只是一个神话。他的诗歌事实上是18世纪一位名叫麦克弗森（Macpherson）的苏格兰诗人的作品。

院的演员，她挑选了这位英俊的小伙子给自己培训朗诵和仪态。他们之间是否发生了不该发生的关系？我们没有证据去证明它，但诽谤一如既往地传遍了大街小巷。1801年的夏天，拿破仑给了勒克莱尔一个紧急命令，要求他火速回巴黎。他将被任命为圣多明戈远征军的总司令。勒克莱尔非常看重这个任务，而后来发生在勒克莱尔夫妇身上的不幸我们都知道了，二人正走向最悲惨的命运边缘。

公主的悲伤

当将军的遗体归来时，全国都进行了哀悼。1803年3月，这位英雄被安葬在蒙戈贝尔（Montgobert）。他的遗孀已经筋疲力尽，无法陪他回到最后的家，于是拿破仑邀请她立刻回巴黎。时间一天天过去，波莱特的头发也长出来了，笑容慢慢回到了她的脸上，但她明显没有了以前的活跃。波莱特并不愿意像母亲一样，孑然一身度过余生的每一个漫漫长夜。没过多久，她的悲伤就消散了许多。甚至不久后，当她到达一个意大利亲王的宫殿时，已经恢复往日的光彩，身着华服，表现自然。这位亲王名叫卡米洛·博尔盖塞（Camillo Borghèse），年仅28岁，未婚，是一个显赫的意大利家族的领导者。我们都知道，财富是波拿巴家族眼中最重要的个人品质。他收藏的画作和位于罗马的宫殿，足以让整个欧洲震惊。因此，他的存在让当时整个巴黎的女人为之倾倒也就不足为奇了。波莱特看到他的第一眼起，就默默在心里盘算着如何得到他。波拿巴一家也对此颇有兴趣，尤其是一想到把家族的名字和这个响彻欧洲的名字结合在一起就兴奋不已。现在只剩下打探对方的想法了。

但让所有人没想到的是，亲王对此表现得非常冷淡。但作为一个意大利的亲王是无论如何没办法拒绝法国这个新主人的。由于经常在教皇身旁，他意识到后者已经在考虑这场婚姻能够巩固罗马教廷与法国的关系了。所以，卡米洛几乎别无选择。知道这个结果的波莱特欣喜若狂，急匆匆地开始准备婚礼，完全忘记了法律的规定：第一任丈夫去世后的十个月内不得再婚。但依照拿破仑和吕西安两位哥哥的先例，不按正常程序结婚似乎更能代表该家族的传统，因此大家也就默许了。这个决定是如此重要，甚至保王党内部都对此冷嘲热讽，悄悄议论："波拿巴家族得有一个真正的公主才能与之相配。"

波莱特不得不收拾行李前往永恒之城，这是这场婚姻的必然结果。尽管她很不愿意离开巴黎，但也必须服从安排。在踏上通往阿尔卑斯山的艰险路途以前，拿破仑向她承诺了许多好处，只要一在罗马安顿好就能马上兑现。他给了妹妹"博尔盖塞公主"的称号，以证明此次罗马之行的官方性质，还请她身处新环境时，对周围所有人保持乐观、善良和温柔。要求她必须忘记巴黎和所有关于故乡的记忆。最后，他以一个亲切的哥哥的语气说："好好爱你的丈夫，让你们的小家庭幸福起来，千万不要轻佻任性。你已经24岁了，应该成熟懂事了。"

一穿过永恒之城的城门，我们的公主就严格遵守着和哥哥的约定，她尽量在教皇面前表现得和蔼亲切、举止得体，努力维护良好的关系。她的到来给博尔盖塞宫殿带来了欢乐，贵族们都对此充满好奇，表现得十分热情。然而在夫妻关系中，情况却完全相反，卡米洛对她漠不关心。他不爱公主，也不愿假装爱她，妻子的法国随从让他觉得不舒服。一切都成了发生冲突的借口，卡米洛只想找机会逃离她。波莱特对此感到非常懊恼，情不自禁地怀念起巴黎的生活来，而且还把内心的不满告诉了丈夫，这违反了她和哥哥的约定。拿破仑听闻后，严厉地提醒她所背负的责任，还补充说："至于巴黎，不会有任何人站在你这边，我也永远不会让你独自踏入巴黎的土地，除非和你丈夫一起回来。如果你和他的事情搞砸了，你将为你自己犯的错承担后果。你不但要失去幸福，还会毁了我对你的情谊。"

哥哥对她说出的这番愤怒的话让我们的罗马公主感到十分惊讶。她立即怀疑起身边是否有皇帝安排的眼线在监视自己的一举一动，毕竟这是波拿巴家族的一贯作风。她向朋友倾诉："我敢肯定哥哥派了个人密切地监视我的行动，但我却毫无察觉，这个人肯定对我充满了仇恨，而他的个性一定阴险虚伪至极，才不会在平时的交往中露出马脚。我非常鄙视这个人。"皇帝究竟是否如她所说，真的派出了一个"密探"，还是她自己的随从偷偷告密，无论如何，我们的罗马公主都已经成为哥哥巨大的外交棋盘上的一枚小小棋子，除了乖乖服从他的命令以外，她别无选择。帝国马上就要宣布成立，她再也不可能反悔这桩婚姻了。新宪法颁布两天后，她成了帝国的公主殿下。为了使头衔听起来更顺耳，她把名字改成了波利娜。与此同时，雕塑家卡诺瓦完成了他的杰作，一尊以赤裸身体的波利娜为原型的大理石雕塑《胜利女神维纳斯》(*Vénus victrix*)。这件作品堪称完美，据说和公主一模一样，但雕刻者是否偏心地用巧妙的雕工对模特略微修饰了一下，我们不得而知。

1804年的夏天，她拖着虚弱的身体，在博尔盖塞亲王的陪伴下，继续过着她不尽如人意的夫妻生活，走过了一个又一个温泉疗养城市。在卢卡安顿下来以后，公主刚享受了一点儿宁静，就看出周围的人似乎有坏消息瞒着她，他们的脸上布满愁云。因为担心她的健康，没人敢告诉她，她的独子德尔米兹感染了严重的黄热病，在离罗马不远的地方不幸去世了。他临死前非常痛苦，浑身剧烈地抽搐，并且没有一丝治愈的可能。他不是在圣多明戈受到的感染，反而是在罗马附近一个多有蚊虫滋生的小城市染上的病菌。得到德尔米兹的死讯后，公主因极度震惊而颤抖起来，粗暴地轰走了身边所有人，歇斯底里地尖叫、哭泣，持续了整整几个小时。德尔米兹的遗骸会被转移到蒙戈贝尔，和他的父亲安葬在一起。10月1日，皇帝允许妹妹回到法国，为他的遗体送别。唤回妹妹还有一个重要的原因，那就是1804年12月2日拿破仑和约瑟芬的盛大加冕礼。

地方病

在巴黎圣母院，波利娜公主站在十分显眼的地方，就在皇后身边。画家雅克－路易·大卫后来在创作《拿破仑一世加冕大典》这幅作品的时候，有意把她与约瑟芬的距离画远了一些，让她和拿破仑其他的妹妹站在一起。原因很简单，必须让人们忘记她在埃莉萨和卡罗琳的陪伴下，为这个讨厌的嫂子捧着裙摆的卑微姿态。还有传言说：波利娜公主故意拉扯长长的裙摆，差点绊倒了准备上台加冕的皇后。这些都是空穴来风，但我们不排除调皮的公主脑子里闪过捉弄嫂子的念头。作为一名法国的公主，她获得了和自己身份相称的豪宅。拿破仑还为她配备了骑士侍从、内侍、秘书、总管和宫女。政治，又是政治，波利娜再也无法逃离了。公主殿下还相中了沙罗斯（Charost）公馆（现在的英国大使馆），把它买下作为自己的避风港。这栋古老的建筑曾是以前某位亲王的寝宫，拥有广阔的花园和精美的建筑，而且距爱丽舍宫（Élysée）很近，这让新房客非常满意。

在奢华的皇室生活中，她的丈夫依然整天脸色阴沉地踱来踱去。在这偌大的宫殿中，自己的身份只是公主的丈夫，这让他感到非常恼火。快被这想法逼疯了的博尔盖塞把怨恨全部转移到了妻子身上。公主也对这个脾气暴躁的丈夫失去了耐心，所以让他离开。但是，虽然他走了，波利娜还是没有得到安宁，长久以来的折磨让她疲惫至极。像往常一样，她决定去普隆比耶尔（Plombières）市疗养一段时间。在这期间，她结识了英俊的奥古斯特·德福尔班（Auguste de Forbin），他来自一个普罗旺斯的古老家族。奥古斯特优雅、高贵、精致，带着一种让人无法抗拒的忧郁气息。公主被他的魅力深深吸引，两人热烈地相爱了。这对情人的通信见证了这段感情："啊！为什么你不是我的丈夫？这个称呼本该如此甜蜜，如此神圣，而事实并非如此，只因这个人不是你。"然而考虑到政治责任，两个恋人只能偷偷幽会。"只要小心谨慎，我们就能永远幸福。"波利娜反复提醒道。

为了维护自己的社会形象，公主终日被经营时尚衣帽的商人们所包围。这些时尚达人的最大缺点，就是善于让顾客花费巨额的钱财。各种舞会、聚会、晚餐、庆典以疯狂的频率在宫廷中上演着，而她至少每天有三到四次消失在浴室或卫生间很长时间。公主从不穿相同的华服，永远艳光四射。尽管哥哥给她立下的严厉规矩有时会搅了她的兴致，但她不但不赌气，相反总是一如既往兴高采烈地、轻松地消遣着。1806年3月30日，拿破仑赐予她瓜斯塔拉（Guastalla）公爵夫人的称号。在波拿巴家族多如雨点的头衔中，这并不算多大的殊荣（瓜斯塔拉只是个小镇），但这意味着她将得到一笔非常丰厚的收入。而事实上，这位卡诺瓦的维纳斯在经济上吃了大亏。拿破仑趁此机会将妹妹的花销从法国的财政中剥离出去，现在，波利娜的花费是托斯卡纳纳税人的责任了，这对于习惯追求节俭的皇帝来说又是一次胜利。

她在法国南部百无聊赖地待了几个月以后，于1808年返回了尼斯，与刚被任命为阿尔卑斯省地区总督的丈夫相聚。监管着阿尔卑斯两侧共六个省的博尔盖塞亲王，被赋予了巨大的军权和司法权。波利娜公主不得不在政府所在地都灵陪伴着丈夫。这又带来一笔不小的开销。例如，必须给二人准备一栋房子，配备女侍，12名女仆，6名内侍和4名骑士侍从，其中专门服侍公主的就有十几人。现在她的豪宅可以与皇后约瑟芬的宫殿相媲美了，在这皮埃蒙特－撒丁岛（Piemont-Sardaigne）的古王国，优美的环境让人沉醉。然而，她在这里只停留了两个月。5月底，哥哥约瑟夫在前往西班牙的途中探望了波利娜公主。“我在这里见到了波利娜，”他向拿破仑写信说道，“她的健康状况非常糟糕，她已经八天没有吃东西了，甚至连肉汤都没有喝一口。医生对我说她必须离开都灵潮湿的空气，最好去萨瓦的艾克斯温泉浴场调养一下。”没有皇帝的批准，她不能擅自离开，即使贵为公主，依然必须遵守巴黎的命令。然而，约瑟夫的这封信多少起了点儿作用，皇帝同意她离开都灵，但对她突如其来的病情还是有些怀疑。“对于你的健康状况我很生气，”他向波利娜写道，“我希望你是个聪明人，不要对自己的健康开玩笑。”

波利娜的痛苦究竟来源于何处？她的私人医生佩尔（Peyre）在1807年的一封信里为我们掀起了神秘面纱的一角：“这是一种感情上的瘾病……她经常出现手臂的神经性痉挛和神经性头痛就是证明。所以虚弱和疲惫是她的常态。习惯性和持续性的子宫兴奋状态可以造成严重的后果，这就是她痛苦的由来。上周四我含蓄地向公主透露了一些缘由，也谈到了子宫刺激的性质和可能带来的一般后果。我想她听到了我说的，但她应该没有听进去。”而近段时间，戈切尔（Goldcher）医生对此总结道：“波利娜和很多这类型的病人一样，表现出了一种对性和感情的不满足。由于她父亲的早逝，童年时期缺乏父爱，因此表现出了情感上的贪婪，并顽固地追求另一半身上的父亲一般的感情。”换句话说，她是这种损害她机体的慢性疾病的受害者。癔病让她变得任性、躁郁、反复无常，并且在感情上永不满足。这个病症将把她推向何方呢?

秘密的爱

保王派四处散布波利娜和拿破仑乱伦的谣言，但其实波拿巴家族应该为此承担大部分责任。家族成员对两人的嫉妒催生了关于兄妹俩的不伦之恋的谣言，久而久之使之成了大家津津乐道的八卦话题。此外，她和哥哥非同一般的同盟关系也是好事者恶意揣测的原因。兄妹两人虽然不至于乱伦，但是他们的关系确实非常特殊。他们彼此坦诚相见，没有秘密。波利娜常常倾听哥哥的心事，例如1809年，拿破仑和约瑟芬分开时，就是妹妹帮他解决了情绪上的问题。又比如当他从奥地利战场凯旋时，他公然与约瑟芬赌气，却和妹妹走得很近。拿破仑刚和约瑟芬解除婚姻关系，就对波利娜的侍女克里斯蒂娜·德马蒂斯（Christine de Mathis）产生了兴趣。这位来自南方的金发女郎吸引了他的目光，并激发了他的欲望。知道哥哥被其吸引，波利娜没有主动撮合二人。当她的侍女一直对皇帝含蓄的示好无动于衷时，波利娜很可能教训了她一番，让她不要拒绝自己哥哥提出的任何要求。随后，这个意大利女人也听话地按照她的要求行事了。为了维护这段隐秘的感情，拿破仑只通过加盖了火漆印的信件和妹妹谈论此事。

马蒂斯夫人和拿破仑的感情只持续到1810年1月，新皇后即将到来，波利娜也只好暂停了感情顾问的工作。虽然不知是什么激发了她对第二个嫂子的感情，但波利娜一直不遗余力地为这个家庭付出，不容许任何人对其产生质疑。6月，她为这对夫妇筹备了一个极尽奢华的宴会，她叮嘱管家米什洛（Michelot）先生："当你看到这封信的时候，请马上去找贝尔纳（Bernard）先生（她的建筑师），告诉他我不想让这个宴会的花费超过8万法郎，我们几个需要对外一致宣称真实成本是12万法郎，我们会在细节处节省成本，只有您和贝尔纳先生知道真实价格，这件事不能让第四个人知道。"吝啬似乎是这个家族又一个共同的特点，这多半是遗传自母亲，父亲惯常铺张浪费，多亏了母亲的节俭，才不至于让这个家破产。这家人另一个值得怀疑和讨论的共性是对肉体的渴求。拿破仑、约瑟夫、热罗姆、卡罗琳，当然还有路易和吕西安，他们的猎物简直不可胜数。不过和波利娜相比都不值一提，因为就连传记作者都难以确定这位卡诺瓦的维纳斯的情人名单。

这就仿佛人们只会找富人借钱一样，这其中当然有夸张的成分。但说实话，举止轻浮确实能吸引更多的追求者。我们不得不承认，不管是传记还是回忆录，只要增加了这些风流韵事就能让读者津津有味地读下去。例如，英俊的普鲁士中尉康拉德·弗雷德里克（Conrad Friedrich）就曾用大量的情色细节描述了他与波利娜公主在浴室里的所作所为。除此之外，1810到1812年公主的疑似情人还有以下几位：波兰的波尼亚托夫斯基（Poniatowski）、船长卡农维尔（Canouville）、少校塞普特伊（Septeuil），还有俄罗斯的卡布罗科夫（Kabloukoff）。拜倒在公主裙下的人简直可以组成一个欧洲联盟了。事实上，尽管波利娜的绯闻层出不穷，但被证实的关系只有一段。这段关系在很长一段时间内都是秘密，就连宫中的闲言碎语也没有触及它。比如阿布朗泰斯公爵夫人，就对此毫不知情。

这位情人是个演员，名叫弗朗索瓦－约瑟夫·塔尔马（François-Joseph Talma）。他高超的朗诵技巧和考究的演出服装深受整个欧洲观众的喜爱。1812年6月，波利娜在萨瓦的艾克斯市休养期间，碰巧遇到这位著名的悲剧演员在此短暂停留。她喜欢和他独处，听他读莫里哀的作品，或是吟唱浪漫的爱情歌曲。他49岁，而她只有32岁。在萨瓦的这几个月，这段纯美的爱情如火焰一般在恋人心里跳动，回到巴黎以后，两人面临着永别。他们的分手让塔尔马感到无比心痛，离开公主后，他把对她的思念都写在了日记里："我今生品尝过的所有幸福和快乐，都因为你的离开而消失了。我现在只能看见生命中一个永恒的时刻，就是我认识你的那一瞬间。从那一刻起我就猜到了我的命运，就是余生都要为你而活。"但他饱含深情的爱情宣言也没能阻止两人注定分开的命运。

公主选择不停旅行来忘却失去爱情的痛苦。即使旅途劳顿，她也不停地辗转，走过一座又一座城市。她去过不少温泉小镇，例如艾克斯拉沙佩勒（Aix-la-Chapelle）和艾克斯莱班（Aix-les-Bains）。除此以外，她还去过南法阳光下的尼斯、耶尔（Hyères）、格雷乌（Gréoux）。但无论是温泉还是日光浴，都不能让她觉得好过些。她越来越瘦，还不停地咳嗽。家人们，尤其是母亲非常担心她："我看出来尼斯气候的变化让你很不舒服……亲爱的孩子，你一定要振作起来。"医生们也手足无措，他们的处方完全没有让病人得到一丝好转。1813年的冬天，在尼斯，有传闻称她对自己的声誉毫无顾忌地参加各种节日、庆典和派对。而事实上，大部分时候她都过着与世隔绝的生活。"她简直成了一具行尸走肉，"她的侍女们描述道，"我们几乎只是陪着公主，从睡醒到睡着，再没有别的活动。"平日里的波利娜紧张而易怒，她身体健康状况的下降似乎和帝国的崩塌有着密切的联系。“她的状态让人担忧，忧愁和焦虑让她日渐消瘦。”卡武尔（Cavour）夫人对此感到非常焦急，“任何一点儿小事都能让她感到愤怒、悲伤，因此我们不敢再让她听到任何坏消息。”然而，哥哥御敌不利的消息是再也不可能瞒得住了。

最后的火焰

尽管帝国正在遭受最后的攻击，但波利娜在远离炮火的尼斯得到了短暂的休息。然而法国南部和煦的阳光对公主健康的恢复无济于事。当得知尚波贝尔（Champaubert）和蒙米赖（Montmirail）[1]取得胜利时，她急于前往首都会合。但她只到达了吕克（Luc）附近，健康状况就不允许她继续前进了。公主刚一安顿下来，就收到了皇帝退位的消息，这一次，帝国走到了尽头。在被迫离开了总督的职位后，卡米洛让他的妻子回来，却又不想理会她的悲伤。这对夫妻长久以来有名无实，帝国的瓦解并不会让他们和解。她心里只有哥哥，无时无刻不在担心着他，执意要留在吕克等他。“皇帝会经过这里，”她对卡米洛说，“我想见他，我要给他安慰。如果他接受，我将一生追随他。我不喜欢位高权重的皇帝，我要的是一个真正的哥哥，我对他忠心耿耿，至死不渝。”他们的团聚充满了温情，弗雷德里克·马松描述道：“波利娜握住哥哥的手，流着泪亲吻他。他们两人单独在房间里一直待到晚上8点。”拿破仑在通往普罗旺斯的艰难旅途中遭受了巨大的折磨，在这充满爱意的微笑中得到了片刻慰藉。妹妹想和他一起被流放，拿破仑

[1] 两地都在法国东部，1814年，拿破仑在这两处曾挫败俄普联军。——编者注

不愿意让她受苦，极力劝阻。无论如何，她还是在三周以后决定乘船前往那不勒斯，准备在那边接受温泉治疗。但风浪让她烦躁不安，上吐下泻，他们只能选择在风平浪静的时候出发。

在途中，她的船于1814年6月1日在费拉约港停留，她登上厄尔巴岛与哥哥重逢。虽然只作了短暂停留，但她保证会回来。临走前，她给了哥哥一些钻石，好让他购置一些房产。航行到那不勒斯附近的波蒂奇（Portici）时，她向朋友米什洛夫人写信说道："我受尽折磨，无比痛苦，一切都处于极端的混乱中，我所有的衣服都宽松得没法穿，我不知道自己瘦了多少。"她不但生理上出现了紊乱，财产上也一团糟。在她出售自己在巴黎的财产的同时，她的丈夫却在拼命掠走所有属于她的东西，从银器到画作，什么都没给她留下。和卡米洛的分手必然带来财产的交割，对于波利娜来说，后者要残酷得多。7月16日，她向管家诉苦："你知道我和亲王虽然没有办法生活在一起，但对他从来没有恶意，也从不争夺什么，而他现在对我这样冷酷无情，让我伤透了心。在我遭受了这么多磨难之后，他竟然杳无音信。"

为了兑现与哥哥的承诺，她于1814年10月31日重新回到厄尔巴岛。拿破仑迫不及待地想见到她，于是这座岛的主人花费了仅剩的积蓄，在自己寒酸的小宫殿的二楼为她布置了一间舒适的卧房。这本来是拿破仑留给玛丽－路易丝的，但她永远都不会来了。妹妹的出现为这个严肃而冷清的宫廷带来了欢乐。弗雷德里克·马松说道："波利娜公主的到来让费拉约港重获新生。她为大家举办派对、舞会、音乐会，取代了一直以来枯燥无味的夜晚生活。公主的魅力像散发着光芒的火焰，给身边的人带来了一丝勇敢和快乐。"但她身边的侍者阿里（Ali）却认为事情没有那么简单。"她总是说自己生病不舒服。每当她需要上下楼梯的时候，她就坐在丝绒椅子上，让人抬她上下。然而在舞会上，她跳得就像一个身强力壮的女人一样。”另外，她还声称自己无法忍受马车的颠簸，所以只用轿子出行。而在军官们的集会上，人们都为她出行是否需要陪同而争论不休。和哥哥在一起的波利娜感受到了往日的默契和情谊，这位弹丸小国的君主很喜欢逗弄她，有时会因为过火而惹她生气，但两人总是很快和好如初。除此之外，她又重拾了自己的爱好，投入了一个英俊的伊比利亚男人的怀抱，这位名叫贝利尼（Bellini）的骑兵队长将是美丽公主的情人名单上停留时间最长的一位。

随着拿破仑重返法国大陆，大家在厄尔巴岛的日子结束了。尽管费拉约港一片混乱，公主还是执意追随哥哥的脚步。她带着三位仆人，找了一艘小帆船就匆匆起航了。1815年3月4日下午，他们在托斯卡纳的维亚雷焦登陆。在抵达姐姐埃莉萨的别墅避难之前，波利娜自以为已经远离了骚乱，但她似乎忘记了该地区掌握在奥地利人手中。某天早晨，她被无数身穿白色制服的人惊醒，随后便被俘虏了。他们说要把她带到奥地利。当得知等待着自己的是这样的命运时，她决定装病，有气无力地指指枕头边的药。她的狱卒不敢忽视这位被单独秘密监禁的犯人的请求，马上请医生们来问诊。会诊完毕后，医生们的意见非常一致：她的健康状况不适合长途的舟车劳顿。于是，公主的金币悄悄滑进了医生们的口袋。在这些受贿的医生的协助下，她甚至成功为自己争取到了回卢卡的温泉浴场疗养的机会。

一逃脱监禁，她就迫不及待地阅读起法国新闻。当看到哥哥取得胜利的消息时，她难掩心中的喜悦，黑色的瞳孔中放出光芒。但这毕竟是一周以前的事了，她万分焦急地期盼着得到哥哥的捷报。当1815年的夏天洒下第一缕阳光时，注定她要为此失望了。滑铁卢之战为这颗充满希望的心笼罩上了厚厚的乌云。“我们的公主正在经历她人生中最艰难的日子，精神和身体都前所未有地糟糕，对于此刻的她来说，或许死亡还算得上一种幸福。”她的一位女仆如此写道。她被允许回到罗马后才稍微恢复一些精力，这毕竟是她熟悉的城市。但是为钱发愁几乎占据了她所有惨淡的日常生活。为了生活，她已经被迫变卖了房产、珠宝，最后甚至连相框都拿去卖了。她已经一无所有，只剩下几个衣衫褴褛的仆人陪着她。然而万幸的是，她的丈夫这时候提出解除婚约，她因此获得了一笔巨额赔偿。除此之外，她终于得以变卖在法国的所有财产，这让她不需要再为金钱发愁了。但是哥哥在圣赫勒拿岛的悲惨境遇，比自己遭受的任何不幸都更让她心碎。

当得知哥哥去世时，波利娜的精神彻底崩溃了。尽管这位罗马的维纳斯依然充满了魅力，但她明显瞬间苍老了许多。她和往常一样精心打扮自己，然而没有哪一种化妆品能抹去她的悲伤。对这个已经毫无生机的灵魂来说，唯一的满足来源于金钱。她挥金如土，购置了大量房产和土地，并将这些庄园都用自己的名字命名。法国和奥地利的间谍们一刻不停地监视着她的一举一动，都盼望她早点儿死去，然而一年又一年过去了，一直到第十年都没让他们如愿。她喜欢在小花园里自娱自乐，还经常有英国人来拜访她。1825年，她觉得自己时日无多：“我一刻不停地呕吐，实在太痛苦了。”她对哥哥路易说道。这位卡诺瓦的维纳斯在口述了一段很长的遗言，几乎将所有财产留给了路易、热罗姆还有其他可怜的阿雅克肖人后，终于在6月9日去世了。她被埋葬在罗马的圣母玛利亚大教堂里的博尔盖塞礼拜堂中。被拿破仑称为“小无神论者”的波利娜，经历了跌宕起伏的一生，竟然在生命中的最后时光皈依了基督教，并接受了临终圣事，最后在信仰中死去。或许上帝面前的这个罪人，一生只对拿破仑忠诚的人，在最后的审判来临的时候，也带上了这颗忠心。

第七章 | 政治上的舞者卡罗琳

爱情和政治一样，像双人舞，是门艰难的艺术，当你要和不同的人协同完成时更是如此。而当你不得不突然变换舞步，投入另一个舞伴的臂弯时，总是很难步调一致。在很长一段时间里，卡罗琳都对这门艺术游刃有余。为了不惹恼她的两个舞伴——丈夫约阿基姆·缪拉国王和她的哥哥拿破仑皇帝，她像个走钢索的杂技演员一样在两人之间平衡，甚至不惜为此冒险。

1812年年末的俄法战争以后，我们的女主角加快了节奏。由于丈夫缪拉——这位自1808年以来的那不勒斯国王——在俄法之战失败后害怕失去王位，开始与英格兰和奥地利暗中勾结。而当拿破仑知道他仓促离开了节节败退的军队以后，气愤地谴责了他。两人的战争也因此一触即发。该站在谁那一边？卡罗琳犹豫不决。几个星期以来，人们都在焦急地等待着那不勒斯的信使。当皇帝的信使终于来到皇宫并把信交给了王后时，虽然缪拉国王为自己不是收信人而感到一丝不快，但还是催促着妻子赶紧打开它。当她读出信的内容时，脸色突然变得苍白。她的哥哥很清楚缪拉与伦敦和维也纳进行的秘密谈判。假如国王改变了联盟关系，拿破仑将会对他做出严厉的制裁。1813年7月，拿破仑的军队依然强大，他的威胁也依然充满威慑。在回信中，卡罗琳责备哥哥羞辱了自己的丈夫，据她所说，拿破仑对她的丈夫有巨大的误解。“你对他的沉默，还有你信里说的那番话都已经深深地伤害了他，让他内心受到了极大的震动。”她如此倾诉道。然后，在否认与敌人勾结的同时，她保证一切都会恢复秩序，并且国王会很快对下一次战役提供强力援助。

这场危机似乎已经解除了，王后理应感到轻松，但她并没有卸下心里的重担。因为，随着拿破仑的帝国大厦危险地晃动，她的笃信也越来越不坚定。她把自己关在房间里很长时间，医生为了缓解她的焦虑，使用了一种叫“苍蝇”[1]的古老黑色膏药，贴在太阳穴上，但这对于苦恼的王后来说简直于事无补。终于到了缪拉出征的时候。临走之前，国王于1813年8月2日签署了一份秘密文件，任命卡罗琳为摄政王，给予“最合适的人选以最深的信任”。这对夫妻从未像现在这样表现出一个情深意切的紧密联合体的状态。尽管两人感情存在裂痕，宫廷中也常有关于二人不和的传闻，但此刻，失去王位的恐惧把两人紧紧捆在了一起。

王国虽然没有处于致命的危险之中，但也受到了严重的威胁。国内骚乱四起，英国舰队在附近海域徘徊，征兵困难重重。再加上前面几场战争的重创，那不勒斯军队比以往任何时候都士气低落。要想让军队遵守法国皇帝的命令一天比一天困难，何况后者变得越来越不可靠，与其达成的联盟关系已经不能抵御外国的入侵。与此同时，要解除和法国的联盟关系也不是个理智的选择，因为它依然兵强马壮，有不计其数的追随者，想吞并一个国家不过是弹指一挥的事。国王出征后的第二天，奥地利大使米耶（Mier）伯爵来拜访女王，他带来了外交大臣梅特涅的一封信。信中表明，

[1] 在药典中，人们用以斑蝥（一种外观与绿头苍蝇类似的鞘翅目昆虫）粉为基础制成的发泡药，以治疗头痛、风湿或炎症。

在接下来的战争中，奥地利将会联合普鲁士和俄罗斯。在奥地利公主嫁给拿破仑不到三年的时间里，弗朗茨二世皇帝渐渐展露出了真面目——一个强大的敌人。如果面对的是这样一个联盟，即使是法国皇帝也难以战胜。而面对即将到来的风暴，那不勒斯王国简直就像狂风中的一棵小草。卡罗琳非常担心自己的地位不保，因此对于大使的每一句话都洗耳恭听。了解了情况以后，米耶伯爵建议结盟，实在不行的话至少保持中立，以获取维也纳的支持。虽然大使的一番话出乎女王的意料，但她的确希望借助外力来保全自己。狡猾的奥地利诱惑着她，像海妖的歌声一样让人无法抗拒。但法国皇帝的一纸公文切断了她的念想。手握军事重权的拿破仑，会不会彻底改变局势呢?

对于缪拉夫妇来说，现在要确定联盟关系还为时过早，米耶伯爵只好空手而归。还有传闻说，王后当面撕毁了大使呈报的文书，如果这是真的，那她多半是因为这进退两难的困境烦躁不已。不过这件事以后，米耶伯爵倒是与卡罗琳越走越近了。“王后两次从我窗子下面经过都和我打了招呼，就在刚才她还允许我到她的卡塞尔塔（Caserte）公园狩猎！”他激动不已，巴不得让整个维也纳都知道。人们七嘴八舌地议论起来，说他是王后的新情人。卡罗琳是在床上进行外交活动吗?缪拉的不忠已经被证实了，王后难道也出轨了吗?不过对于他们这类人来说，政治永远是第一位的，感情永远要让位于政治利益。“那不勒斯王后经历过很多大场面，性格和才能都很出众，但就是不知道控制自己的欲望。”拿破仑非常了解自己的妹妹，也很清楚妹夫三心二意的性格，直言不讳地批评了两人模棱两可的态度。当缪拉前往战场的时候，米耶伯爵又出现在那不勒斯，而那不勒斯大使则去了维也纳。拿破仑嗅到了一丝背叛的气味。

与此同时，法国大使察觉出了王后的冷漠。这种距离感不是什么好兆头，这位外交官必须让自己的国家对那不勒斯加以提防。当另一位奥地利人出现在卡罗琳的府邸门口时，几乎可以断定这些猜测都是真的。来访者是斯尼纳（Schinina）骑士，是个比米耶更出色的说客。在他精心的撮合下，梅特涅给了那不勒斯和巴伐利亚相同的条件，即加入联盟后对其王位进行保障。这次会面以后，卡罗琳答应米耶伯爵会与他的国家进行谈判，同时她不再采取任何措施增强拿破仑的力量。看来我们的舞者已经准备好更换舞伴了。但是国王是否持同样的态度呢？这天晚上，他与奥地利秘密取得联系。在事先没有商量的情况下，夫妇二人竟然做出了同样的选择，都准备背叛那个给他们王位的人。野心勃勃的缪拉夫妇渴望通过撕毁这个家庭协议得到高升，却没有意识到依附别国的实质并没有改变。虽然没有迹象表明奥地利的保护能比法国更坚实有力，但他们还是沉浸在甜蜜的幻想中，不停地自我安慰。这些事没有给迷失方向的国王夫妇带来喘息的机会。在莱比锡，“民族会战”[1]爆发了（1813年10月19到20日）。拿破仑的军队遭到重创，经过大规模的战斗以后，已经溃不成军。缪拉见状，声称要赶回去为王后庆祝生日，仓促地离开了这支战败的队伍。谁会相信他？看样子他是准备正式与拿破仑决裂了。

一回到都城，他就向奥地利大使米耶伯爵阐述自己的计划：“我已经下令调动30 000人的部队向法国前进，他们在月底前就可以到达目的地。表面上打着保卫边境的幌子，实际上是为了接应你们奥地利军队，等行动起来的时候我们可以马上响应并配合。”很显然，他现在更愿意把大炮对准法

[1] 拿破仑与反法联军的莱比锡战役，因参展国家和民族众多，人称“民族会战”。该战役以拿破仑的失败告终。——编者注

国。当缪拉的转变渐渐浮出水面时，拿破仑的特使来到那不勒斯，希望探明国王夫妇的意图并对其做出影响。这位请求召见的不是别人，正是前任警务大臣富歇。拿破仑派他前来，实非明智之举。作为深谙诡计谋略的高手，面对缪拉的两面派手法，他的两面三刀也绝不逊色。日后，他吐露心声："我的角色很简单，写信告诉梅特涅，我已经离间了皇帝与缪拉；再写信给拿破仑，说我已经用尽全力，但无法阻止缪拉投靠奥地利。"这位阴谋家向缪拉提出了建议：现在这一阶段不适合与拿破仑过早地决裂，同时，应设法增加与奥地利谈判的筹码。卡罗琳和缪拉洗耳恭听，并深以为然。富歇离开以后，国王立刻下令部队停止前进。富歇说得没错，不该过早站边，最好成为各方都争取的目标。

新的外交战略取得了成功，奥地利果然上钩了。12月的最后一天，奈佩格伯爵，也就是一年后在玛丽－路易丝的床上取代拿破仑的人，抵达了那不勒斯。他被任命为维也纳特别大使，全权负责签署联盟的条约。这说明奥地利已经迫不及待要在此事上得到一个结果。缪拉意识到机会来了，迅速签署了条约。1月2日，那不勒斯和奥地利之间的协议被公开发布。一经公开，这标志着法国监管结束的文书立即引起了热烈反响。那不勒斯急不可耐地结束了对英国贸易的大陆封锁，在亲法国派看来这简直令人震惊。驻扎在那不勒斯羸弱的法国军队的佩里尼翁（Pérignon）元帅直言不讳地对卡罗琳说："夫人，这种毁灭性的条约一旦签署，你作为皇帝的妹妹，准备怎么做，和法国军队一起走吗？"王后也不甘示弱，轻蔑地答道："你知道吗，元帅先生，你可能忽略了，女人最大的责任就是服从丈夫的命令。"元帅无言以对。卡罗琳继续扮演着顺从的妻子，把责任推给了缪拉。随后，这位国王向法国皇帝写了一封充满歉意的信，又把责任推给拿破仑："我已命令我的部队往前推进，所作所为完全符合规定。然而，这两个月里，陛下始终保持沉默。您给我的信件，无法让我放心，也给不了任何指导性意见……所以我不得不违心地采取一些手段，但这仅仅是为了保护我自己，保护我的家庭和我的王冠。”我们知道：这支向前推进的部队，一旦时机到来，就将与法国军队为敌。还有谁能比缪拉更伪善吗？

得意忘形的国王在公开场合也不再保持谨慎，开始呼吁与拿破仑的“暴政”作斗争，还说自己的军队是“道德”与“正义”的联盟。他签订的同盟条约对皇帝是一个沉重的打击。拿破仑在给富歇的信里，怒火冲天地写道：“那不勒斯国王的行为非常可耻，王后也毫无名誉可言。我感到非常愤怒，我一定要收拾这个忘恩负义的家伙，为自己和法国报仇。”不难想象，这位前任警务大臣在读到这封愤怒的信时，大约会暗自发笑。在那不勒斯，卡罗琳比以往任何时候都更有信心打好奥地利这张牌，现在她只想快点儿击败她的哥哥。如同她和财政部长阿加尔（Agar）解释的那样，哥哥的重新振作恐怕会对她产生威胁：“我担心皇帝占据有利形势后会动摇那不勒斯国王的地位，在我看来这一局面似乎会来得更快。如果他在我们之前完成部署，我们就会变成牺牲品。”然而，她的恐慌是多余的，因为拿破仑虽然在法国战场上取得了几次胜利，却损失了一块战略要地。在意大利，奥地利和那不勒斯军队的联合攻势迫使欧仁总督仓皇逃窜，狼狈地前往曼托瓦避难。缪拉的转变给了在意大利的拿破仑军队致命一击。但是，一旦拿破仑被击败了，奥地利还会是卡罗琳的可靠盟友吗？失去法国军队的庇护和帝国的荣耀，她的尊贵地位也将荡然无存。可惜像她的其他兄弟姐妹一样，这个阿雅克肖的孩子意识到这一点时已经太晚了。古老的欧洲贵族们从未忘记波拿巴卑微的出身。

在缪拉的阴影下

一

与其他后代一样，夏尔对这第七个孩子的出世也没记录什么长篇大论，只在流水账上随便写了几句："1782年3月24日凌晨2点，女儿出生了，给她取名为玛丽亚－安农齐亚塔（Maria-Annunziata）。第二天给她做了洗礼。"这位未来的那不勒斯王后最早的生命轨迹，竟是出现在这样一篇关于家庭琐事的可怜备忘录中，毕竟对于这位父亲来说，见证了太多孩子的出生，这几乎已经变成例行公事了。然而，在分娩后，莱蒂齐娅遭受了比以往更多的痛苦（这最后一个女儿是她第十三次怀孕）。为了让她尽快恢复，夏尔带她去波旁莱班温泉浴场疗养。在此期间，卡罗琳大部分时间都由保姆照顾，而她也将在路易和波利娜的陪伴下成长，其他哥哥姐姐则已经开始了在法国大陆的旅程。在她开始长牙的时候，迎来了最年幼的弟弟——热罗姆的诞生，随后父亲就去世了。年幼的卡罗琳对此可能毫无记忆。对于她接受的教育我们知之甚少。我们只知道，家族在革命时期取得了成功，哥哥姐姐们也都回到了家乡。在动荡的科西嘉岛，孩子们变得谨慎而成熟，尽力帮助母亲分担家里的事务。也许此时的卡罗琳目光所及之处仅限于阿雅克肖长满野草的小路。

1793年，为了躲避保利党人，没法正常接受教育也看不到未来的卡罗琳和家人一起远离了家乡。在土伦港，卡罗琳和热罗姆一起，曾与拿破仑短暂重逢。在卡罗琳编号为579的护照上，我们可以看到如下信息："布拿巴尔特，安农蒂亚塔（Annontiata），女裁缝，13岁。"不但名字是伪造的，年龄也不符实（此时她仅有11岁），职业亦然。对于这个陷入困境的家庭来说，可以理解，此时诚信显然不是要考虑的首要问题。我们的女主角将在普罗旺斯待上近五年的时间，跟着长辈们辗转往返。当这个家庭获得法国化的名字后，家族成员也随之更换自己的名字。安农齐亚塔痛恨自己的名字，因为那太典型、太科西嘉，她为自己改名为卡罗琳。她是从拿破仑那里听说这个名字的。那个叫作卡罗琳·迪科隆比耶（Caroline Du Colombier）的女孩，曾在法国的瓦朗斯给拿破仑留下过一段充满激情的美好回忆。1796年，当我们的卡罗琳开始探索意大利的魅力时，还不满15岁。在拿破仑将军位于蒙贝洛的宫殿里，她还只是个身份卑微的孩子，不得不谨言慎行。她没受过什么教育，似乎也对此毫无兴趣。而她的两个姐姐，已经和各自的丈夫结婚了。这位波拿巴家最年幼的女孩，就这样在哥哥姐姐们的阴影下成长着。对这个孩子来说，这也许是她最早承受的痛苦，因此也影响了她的性格。

米兰的盛典过去，罗马人高兴的时候来了。约瑟夫被任命为罗马大使后，常常把卡罗琳带在身边，她因此受到了很多关注。这位“少年”赢得了大家的尊重，甚至还有不知名的作家为她创作了《萨福历险记，米蒂利尼的诗人》（*Les Aventures de Sapho,poète de Mytilène*）。这部大胆的作品在当时掀起了极大的反响，再版了很多次。年轻的卡罗琳光彩照人，一直吸引着不少男性的目光。“稚气未脱，她有一颗男孩子般的内心，却有一张出众的美丽脸蛋。”诗人阿尔诺如此评价她。一位年轻的骑士被她的魅力深深吸引，他的名字叫缪拉，出生于1767年3月25日，是一个有着十一个孩子的家庭的幼子。自从土伦战役后，他就没有离开过波拿巴将军。这位英俊且穿戴考究的军人，在蒙贝洛宫殿里，对年轻的卡罗琳寸步不离，一心只愿做她殷勤的臣仆。他不懈的热情让卡罗琳虚荣心高涨。

在初尝爱情果实之前，这位波拿巴最小的女孩子还必须完成她的学业。

1798年春天，她进入享有盛名的圣日耳曼－昂莱（Saint-Germain-en-Laye）学校就读，学校负责人康庞太太正是玛丽－安托瓦妮特以前的老师。卡罗琳刚到时，很少受到赞赏。“卡罗琳很招人喜欢，但她天资欠佳，还需要多用功才行。”老师向约瑟夫写信说道。除此之外，这个新学生还不得不与另一位寄宿生竞争，她就是约瑟芬的女儿奥尔唐斯。奥尔唐斯门门功课都非常优秀，常常被老师当作榜样，就连哥哥都不停夸奖她，这引起了卡罗琳深深的嫉妒。这位年轻的科西嘉女孩终于开始用功学习，取得了巨大的进步。她的写作精进了不少，并且有了明显的个人风格。虽然她不是个伟大的学者，但对于政治和艺术的天赋与兴趣让她在此领域有所造诣。在某种程度上，圣日耳曼－昂莱的经历就是她登上权力殿堂的阶梯。1799年11月10日深夜，她还在专心学习，4名掷弹兵进入学校，吵醒了所有学生。这是由缪拉派来的，宣布了政变成功的喜讯。康庞太太为这阵骚乱感到非常震惊，而在卡罗琳的眼里却只有她美丽的求爱者对她的“献媚和爱情的证据”。缪拉作为骑兵团长在埃及取得了非常出色的战绩，心里一直挂念着卡罗琳，并准备很快就向她提出求婚，但他必须事先得到拿破仑的批准。在征求了家族成员的意见以后，拿破仑同意将妹妹托付给这位忠实的中尉，尽管他们年龄相差将近15岁。虽然缪拉不是贵族，但家境殷实。在波利娜和勒克莱尔将军举办完婚礼之后，紧接着就是卡罗琳和缪拉将军。波拿巴家族本质上是看上了缪拉的军事地位，而希望吸纳各领域最杰出的人才这一点无可厚非。

1800年1月18日，这对新人正式在三位执政官面前签订了婚约，并在约瑟夫的城堡里举行了婚礼。婚后的缪拉夫妇就像两个无忧无虑的孩子，但在这充满了阴谋和权术的宫殿里，二人难免被卷进危险的权力斗争中心。

对于波拿巴来说，金钱已经不再是个问题，因此缪拉夫妇不久就收到了丰厚的嫁妆——维利耶（Villiers）城堡。另一个喜讯是，卡罗琳的肚子一天天在变大。在第二次意大利战役中，缪拉在1800年6月14日以马伦哥的胜利结束了战斗，极大地展现了自己的英勇。而12月24日的那天夜里发生的事，差点儿打断了他的节节高升。那一夜，音乐家海顿（Haydn）的清唱新剧作品《创世纪》（*La Création*）第一次在巴黎演出，吸引了全巴黎的关注，波拿巴家族自然也要到场。然而，就在几个片段的表演之后，剧烈的爆炸声让观众席陷入恐慌。就在剧院不远处的圣尼凯斯街上，刚刚发生了一起刺杀拿破仑的袭击，并造成了伤亡。事件发生几分钟后，拿破仑、约瑟芬、奥尔唐斯和卡罗琳死里逃生，出现在剧院的包厢内。这时，全场响起了响亮的掌声。约瑟芬和奥尔唐斯都受到了惊吓，惊魂未定，但卡罗琳却镇定自若。尽管她有孕在身，脸上却看不到一丝惶恐。她坚韧的性格逐渐显露了出来。我们能看到，“幼年时期的小傻瓜和灰姑娘一样的她”现在已经发生了巨大的变化。此刻，就像童话中的一样，她的衣饰闪闪发光，她的马车吸引着众人的目光，还有一位战场上归来的王子正牵着她的手。她需要忘了她的南瓜马车，她想要过上最高贵的生活，但她杰出的丈夫却晋升缓慢。他什么时候才能登上权力的巅峰？

正当这对野心勃勃的夫妇想要拼命往上爬时，缪拉获得了第二个角色。在他被派驻的意大利，布吕内（Brune）将军一直在他之上。而当卡罗琳于1801年1月21日生下一个叫拿破仑－阿希尔·缪拉（Napoléon-Achille Murat）的漂亮男孩时，缪拉终于爬到了意大利半岛的顶峰，担任总督一职，并拥有几乎所有的特权。分娩后的卡罗琳追随丈夫，成了他的女顾问。她与生俱来的贵族气质、无可挑剔的仪态和举止赢得了人们的尊重和爱戴。

卡罗琳成了意大利王宫里最光辉闪耀的女王。美丽的意大利和无数的艺术品让卡罗琳心情愉悦，她甚至还和学识渊博的外交官卡科（Cacault）去威尼斯闲逛，欣赏美景。但这无心的消遣却招来了流言蜚语，传言她有了秘密情人，说她是个永不满足的婊子。就像电影导演约翰·福特（John Ford）说过的："当传奇成为现实，也就书写了传奇。"人们总喜欢在没有任何证据的情况下发挥想象，反正她也无法证明自己的绝对忠诚。而事实上，夫妇二人的感情非常好。在托斯卡纳，卡罗琳还没从第一次分娩中完全恢复，就又怀了孕，于1802年4月25日诞下一女（惊人地肥壮），为她取名莱蒂齐娅·缪拉（Letizia Murat）。缪拉夫妇因此获赠巴黎的泰吕松（Thélusson）宫邸，两人的崛起不言而喻。

当他的哥哥即将建立新的君主制度时，卡罗琳也在等待下一个头衔。1804年5月18日，在宣布帝国成立的第二天，缪拉获得了帝国元帅的殊荣。缪拉现在是巴黎总督，还被封为海军上将，虽然没有任何人见识过他特别的海军技能，但这一荣誉头衔可是有丰厚收入的。卡罗琳被遗忘了。而她的兄弟们，除了吕西安以外，都成了法国的亲王，她却没有被封为公主。就连她一直以来的竞争对手奥尔唐斯就因为嫁给了路易，也当上了公主，这让她更加恼火。悲伤而愤怒的卡罗琳努力掩盖自己内心的失望。"缪拉夫人一定感到非常绝望，她几次听到皇帝叫出路易公主的时候，都忍不住流泪。她大口大口地喝水试图恢复平静，但总是无法克制。"雷米萨（Rémusat）夫人说。面对如此多的不公，她无法控制地指责起了哥哥，为什么自己被忽略，家族里的"外人"却得到如此高的荣誉？姐姐波利娜似乎很赞成她反抗。皇帝表情严肃地回答她："事实上，看到你们的自命不凡，让人以为我们是从已故的国王父亲手中夺取的王冠一样。"这番话出乎卡罗琳的意料，她深受打击，瘫倒在客厅的地毯上。拿破仑看到这番场景，愣住了，赶紧安慰妹妹，承诺第二天会给她满意的答复。1804年5月20日，卡罗琳终于和她的姐姐们一样获得了公主殿下的尊严。即便从等级上来说仍低于她美丽的嫂子约瑟芬，但她的虚荣心终于得到了满足。随着新君主制的诞生，礼仪之争再次出现，仿佛在圣西蒙（Saint-Simon）[1]时代一样。在巴黎圣母院的加冕礼上，从礼仪上来说，公主们本应托着皇后厚重的外套。这从前朝沿袭至今的传统，对于受到文艺复兴洗礼的波拿巴来说，显得过于迂腐了。拿破仑因此和约瑟夫发生剧烈的争吵，最后同意只让她们托着约瑟芬的裙摆。尽管这两种礼仪看起来没有多大区别，但至少缓解了紧张的局势。

终成王后

1805年3月22日，卡罗琳生下了第二个女儿，取名为路易丝·缪拉（Louise Murat）。由于教皇在巴黎，卡罗琳希望邀请教皇为这位皇室新成员洗礼。前几个月奥尔唐斯的二儿子拿破仑－路易·波拿巴出生就是由教皇施与的洗礼。谁知当卡罗琳去请求哥哥时，她却遭到了果断的拒绝。皇帝认为这会混淆两个仪式：拿破仑－路易·波拿巴是皇位的第三顺位继承人，而路易丝·缪拉是妹妹的第四个孩子，还是个女儿，父亲也只是个荣誉元帅。缪拉夫妇的幻想残酷地破灭了。妒火中烧的卡罗琳在面对奥尔唐斯时，再也憋不住了：“我和你的行为方式并无分别，但皇帝总是以你为榜

[1] 圣西蒙公爵是法国18世纪初期的宫廷贵族，以其回忆录而著称。——编者注

样，好像只有你才知道如何做是正确的。”而当她的姐姐埃莉萨获得皮翁比诺女大公的头衔时，她又变得十分不屑：“这对她倒是不错，现在，她可以拥有一支军队了——一个队长带着四个士兵的大军。”虽然她的虚荣心一直得不到满足，经济收入倒是一分也不比别人少。路易丝·缪拉诞生后，她获得了整整90万法郎，足以让人把所有失望抛诸脑后了。缪拉夫妇用这笔钱买下了有些年久失修的爱丽舍宫，又花费巨资进行了精心的修缮，使之成了永恒的经典，其奢华的装饰和陈设一直保留至今。当卡罗琳忙着指挥宫殿的装修时，拿破仑在欧洲精心策划的王位交响曲并没有让缪拉夫妇书写其中一个篇章。的确，他们已经获得了贝格（Berg）大公的头衔，这个小国保证了他们可观的收入、声望以及王位，当然，前提是不和竞争对手博阿尔内相比。已是意大利总督的欧仁则于1806年与巴伐利亚的奥古斯塔（Augusta）结婚，成了第一个与欧洲精英结盟的皇室成员。紧接着，奥尔唐斯成了荷兰王后。斯特凡妮·德博阿尔内（Stéphanie de Beauharnais）则与巴德（Bade）大公结婚。最过分的是，卡罗琳每次都被选中代表家族参加她最痛恨的竞争对手的庆祝仪式。给博阿尔内家族的优待简直要把她气疯了，这一切什么时候才能结束？

在公主的家中，一位充满魅力的朗读者无论是在外表还是在言行上都十分吸引人。她的名字叫埃莱奥诺尔·德尼维拉·德拉普莱尼（Eléonore Denuelle de La Plaigne）。这位充满魅力的女人是拿破仑的情人，在1806年12月15日为他生下一个叫莱昂的儿子，得以在众多情人中跻身前列。我们不清楚卡罗琳是否扮演了红娘的角色，就如同波利娜做过的那样。无论如何，往拿破仑的卧榻上送美女来对付博阿尔内家族确实特别有效。皇帝第一个儿子的诞生让他意识到自己并非不能生育，这意味着帝国大厦从此真正有了坚硬的基石。拿破仑开始慎重考虑离婚。尽管还未分出胜负，但讨厌的嫂子肯定很快就要让位了。缪拉夫妇表面装作无欲无求的样子，实际上特别重视未来可能得到的王位。传闻缪拉将担任波兰国王已经有一段时间了，这消息传得沸沸扬扬时，卡罗琳正举行爱丽舍宫的落成仪式，俨然是未来王后的排场。这天晚上，他们的厨师——"伟大的拉吉皮埃（Laguipière）"比以往都发挥得好，特意准备了丰盛的筵席为其庆祝。狂喜过后的第二天，他们就不得不面对失望了：拿破仑认为创建波兰王国为时过早。在1807年的战役和《蒂尔西特条约》（*Traité de Tilsit*）后，一个新的王国顺利落入了波拿巴的手中，这就是威斯特伐利亚（Westphalie），但它是属于热罗姆的。怨恨简直充满了公主的内心，咒骂着她的对手们。当缪拉被派往西班牙时她又恢复了希望，或许这才是他们的王位所在？

1808年5月2到3日，在强制镇压反法骚乱后，缪拉才知道此次来伊比利亚半岛的目的是维护和平。事实上，拿破仑根本没想过让他成为西班牙王室。而当缪拉得知是约瑟夫从波旁家族中接过了西班牙时，竟气愤得患上了黄疸病，卧床休息了好几天。然而，一份大礼正等着他："我将赐予你那不勒斯王国或葡萄牙王国。你好好想想，务必在一天之内给我答复。"这次，拿破仑比以往任何时候都显得更加着急。如果这位异想天开的骑士选择那不勒斯，他的状况并不会有太大改善。皇帝的提议显然让这对夫妇感到失望。缪拉把自己关在房间里沉思，卡罗琳则担心着那不勒斯这个国家的贫穷，她对自己的管家说出了心里的担忧："你快去找钱，非常紧急，越多越好，因为我们很有可能即将去统治一个贫穷的国家，而马上开展新的税收是不明智的，我们将会有很大一笔开支。"在前往那不勒斯之前，缪拉夫妇不得不向皇家财政部申请一笔补助资金，而皇帝只同意支付他们修缮宫殿和购买家具的费用。然而，这两人在那不勒斯的阳光下很快就忘记了经济拮据引起的不快，因为王室夫妇继承了一笔可观的遗产：巨大的卡塞尔塔宫殿比奢靡的凡尔赛宫有过之而无不及，圣夏尔剧院简直是一颗纯净的宝石，谁能拒绝这绝美的那不勒斯湾的诱惑？1808年9月25日这天，皱着眉头的卡罗琳第一次踏上这片土地，一路上却听到了无数的欢呼声。

面对这个新王朝，拿破仑希望加强王后的权力，而这是违背原则的。在他作为发起者的所有君主制宪法中，女人通常只能当配角。在法国，直到1813年玛丽－路易丝皇后才被委以摄政。而在那不勒斯，卡罗琳只要等丈夫离开国家，就有资格执政；丈夫身故时，她甚至有权继任。为何她能享受这等优待？因为缪拉没有忘记，自己之所以能当上国王完全是因为娶了波拿巴家的人，换句话说，如果他想要否定她，头上的王冠就会不保。但在缪拉的统治生涯中，他绝不满足只作为“某人的丈夫”，因此渐渐产生了嫉妒和怀疑，这让夫妇之间出现了裂缝。缪拉贪恋权势，在权力方面寸步不让，而且热衷于制定各种烦琐的礼仪。在统治初期，卡罗琳似乎也对政治不甚上心，只忙于艺术业和制造业。除此之外，她还对女童的教育颇为关注，想要那些没文化的“灰姑娘”接受严厉的课程，这或许和康庞太太的影响不无关系。宫廷生活一天比一天压抑沉闷，繁文缛节甚至比杜伊勒里宫还多。对于卡罗琳来说，她必须适应不停地在各种急切而好奇的人中抛头露面，此外还有无数的舞会、聚会、仪式、听证会。王后愉悦而亲切的态度与国王形成鲜明的对比——缪拉在战场上比在社交场合自在得多。在熟悉了宫廷中的一草一木以后，卡罗琳感到得心应手，像只蝴蝶一样轻松地在各种场合翩翩起舞，也安心接受了自己的身份，她终于过上了自己梦寐以求的生活。

在遵从皇家的拘泥虚礼之余，她也偶尔溜出去不务正业。例如，她对庞贝古城的挖掘现场充满了热情。在她惊讶的注视中，波里比阿（Polybe）[1]的房子从火山喷发的灰烬中被挖掘出来。随后，她动员了数百名工人挖掘古代宝藏，并把附近的土地都买了下来以继续这项迷人的事业。从她到达那不勒斯以来，这项工作就是她最好的安慰，是她烦恼和焦虑的避难所。她简直被眼前的景象迷住了，就连写作都变得诗意起来："海面的波涛反射着阳光，变幻出一千种颜色的光，气势磅礴地四散开去，简直不可思议。"她动情地和与她言归于好的荷兰王后描述道。但在这愉悦的短暂休息过后，回到宫廷的生活就变得更加艰难起来。缪拉对她的行为产生了怀疑，认为她想秘密夺权。而每天遭受来自巴黎的谴责，这让他更觉得自己的妻子在和她的哥哥私下串通，因此对她越来越不信任。面对卡罗琳，嫉妒的缪拉也露出了朝三暮四的本性，开始不断寻找猎物。总之，这对夫妇在那不勒斯的第一步正在往消极的方向发展。家庭内部矛盾很显然让王后疲惫不堪，正如她与奥尔唐斯所说："我很悲伤、很生气，觉得生活一下就黯淡无光了。"她把自己关在房间里，一天比一天憔悴，似乎患上了严重的抑郁症。尽管受到困扰，她的内心却并不责怪国王，反而认为造成这种恶劣形势的元凶是她那个不公正的哥哥。充满怨恨的缪拉开始串通塔列朗和富歇。这两个人半遮半掩地向他建议，如果法国皇帝在西班牙战场一去不回，可以考虑由他登上法国皇位。谈论此事的信件被截获，传到了拿破仑耳朵里，

[1] 公元前的古希腊历史学家。著有《罗马帝国的崛起》。——编者注

他立即返回巴黎。一回到皇宫就严厉责骂了塔列朗和富歇，却没有解雇他们。而缪拉没有收到任何警告，皇帝甚至都没有和他提起此事。这真是让人不安的沉默。

刀刃行走

1809年12月中旬，奥地利之战结束后，国王夫妇被传唤至巴黎。担心法兰西帝国不惜以牺牲附庸国为代价进行疯狂扩张，卡罗琳和缪拉决定火速出发。为了不让臣民们起疑心，两人半夜偷偷起程。他们会被废黜吗？在首都，确实有人马上就要丢掉王冠了，那就是约瑟芬。缪拉听闻这则消息时，心里一块大石头落了地。12月15日，缪拉夫妇和波拿巴家族其他成员一起，目睹了这位曾与他们作对的敌人政治生涯的完结。博阿尔内家族因此受到了重创，但卡罗琳怎么也高兴不起来。随着约瑟芬的消失，一个新的时代开启了。她要全心全意支持缪拉吗？势不可当的拿破仑已经占据了至高无上的地位，虽然目前他们似乎得到了他的青睐，但和约瑟芬一样，皇帝只要一个响指，就能让他们消失。在皇帝身边的这段时间，和他的亲密关系让卡罗琳觉得安心了一些。她还被派往边境欢迎新皇后玛丽－路易丝。尽管对这种礼仪毫无兴趣，她还是欣然接受了，认为这是莫大的荣耀。面对拿破仑的时候，她的行为都是兴趣使然吗？她的笑容都是发自肺腑的吗？我们也只能这样认为。也许兄妹之间的情谊还在吧。

在自己的哥哥和丈夫之间，王后选择了平衡二者的关系来保全自己。在布劳瑙（Braunau），她和“外表惊艳，举止得体，容光焕发”的新皇后会面，对方称她“我的姐姐，那不勒斯王后”。这位奥地利女士的极致优雅让卡罗琳满心欢喜，能够与玛丽－安托瓦妮特的侄孙女互称姐妹，是多么荣幸的一件事啊！她为此十分得意。她忘了自己是凭借着法兰西帝国的刺刀才得以获此头衔，只一味关心自己的服饰是否华丽优雅——要知道，始终保持着排场，可远不是件轻松的差事。在回程中，她在侍从与警卫的陪同下，超过十六个小时没能下车，这迫使她忘了对某些生理需求的羞耻心。在黄昏和黎明时分，她听到太多向着玛丽－路易丝的欢呼声，她仿佛进入了梦游，恍惚中，也随着人群大声高喊着“皇后万岁！”然而，她却是在沉睡着。回程后，在她的建议下，缪拉终于决定参加拿破仑的婚礼，拖拖拉拉地出发之前，他很无奈地给皇帝写信：“陛下，我收到了您的来信，要求我去参加您的婚礼，非常荣幸也非常愉快受此邀请。”皇帝的召唤，目前毕竟还是不可违抗的。这段时间，缪拉的敏感神经又被刺痛了。例如，对于王后的布劳瑙之旅，他事先竟然一无所知，自己好像被边缘化了。面对烦躁的丈夫，卡罗琳笨拙的解释于事无补。

不仅如此，拿破仑的指责让国王十分不满。面对他无数次的命令，缪拉曾说：“陛下不会希望在普天同庆之际，只有我独自痛苦吧。”如果我们相信拿破仑不至于一刻不停地玩心眼儿对付他，那么，这位九死一生的沙场老将无尽的抱怨，就只能令人莞尔了。他担心王后和她的哥哥共谋，但他依然真诚地爱着她。卡罗琳对缪拉的依恋也同样存在，她并不愿意离开自己亲爱的丈夫。只要没有对方的消息，两人就会胡思乱想，甚至猜疑、愤怒，但几乎每一次冲突都以温柔的和解而结束，这反而让夫妇俩迸发了新的激情。1810年的春天快要结束的时候，王后再次怀上了她亲爱的骑士的孩子，对这第五个孩子满怀期待的卡罗琳马上起程回到了那不勒斯。她回到宫殿后未见国王踪影，才知他前往卡拉布里亚（Calabre）参与抗击西西里的战争去了，且没有得到拿破仑的同意。这两个男人的关系依然没有得到缓和。每当皇令传来，缪拉总是非常抵触、抗拒，他气愤地咆哮："我可不是个只会服从的国王！"然而，王后对这次巴黎之行感到异常满意，劝丈夫不要再抗争，应该做出让步，还警告他拿破仑把这一切都看在眼里，不会容忍太久的。也就是说，如果缪拉不转变态度，很有可能王位不保。然后，她还尖锐地批评了国王的行为，告诫他远征西西里岛是个重大的错误。对于国王来说，这有点儿过火了。生性自负的国王哪里能接受这般贬低，这深深挫伤了他的骄傲。而他的回应会让骄傲的妻子面临考验。

1810年9月12日，维苏威火山（Vésuve）爆发了，灰烬和熔岩到处蔓延，巨大的声响让卡罗琳痛苦不堪，而她一周前刚经历了流产。当她好不容易情绪稳定一些的时候，收到了国王的回复，这封言辞粗暴的信对她遭遇的不幸没有丝毫同情，反而狂怒地指责她支持那些想搞垮他的人。读完丈夫的来信，卡罗琳意识到她似乎把缪拉逼得太远了。而这时，西西里的远征军队中了英国人的埋伏，陷入了困境。缪拉扫兴地战败而归，憋着一肚子火准备撒在家里，重新夺回自己的地位。对于这个充满嫉妒的丈夫来说，这要比对付英国人容易多了。卡罗琳由于流产以后一直处于抑郁状态，也不愿意再和缪拉发生冲突，便向他示弱，两人言归于好。不久后卡罗琳又重新怀有身孕，这让这对夫妇欣喜不已。

与此同时，法兰西帝国终于盼来了罗马王的诞生，卡罗琳被选为教母，受邀参加洗礼仪式。尽管获此殊荣，缪拉还是反对她去巴黎，担心她与拿破仑的重逢又会惹出事端，因而亲自赴约。独自留在那不勒斯的王后又一次不幸流产了，是这八个月内的第二次，很遗憾，她不能再怀孕了。这对一位慈爱的母亲来说无疑是晴天霹雳。她无法接受这残酷的现实，痛不欲生，意志消沉，终日把自己反锁在房间里。而当缪拉回到自己的国家时，满脑子只有一个念头，那就是摆脱法国的控制。虽然在洗礼庆典上与皇帝关系融洽，但轻信谣言的他终于决定采取行动对付王国里亲法派的领导者多尔（Daure）部长——据传，他也是卡罗琳的情人。国王再度为谣言而疯狂，然而，卡罗琳憔悴沮丧，一时没有力量反对国王的胡作非为。缪拉现在做事，完全不考虑后果，直接采取了进攻的姿态。

1811年6月14日，国王突然颁布了一项法令，强制所有受雇的外国人入籍那不勒斯，否则将进行驱逐。显然，缪拉此举是为了清除那不勒斯境内的法国人。而拿破仑不但在回复中驳回了这项法令，还撤销了缪拉对法国军队的指挥权。不仅如此，国王在巴黎的忠实拥护者之一——艾梅（Aymé）将军，因一条莫须有的罪名被逮捕。正当大量法国人打包行李准备离开那不勒斯的时候，国王却满怀忐忑，为自己行为可能招致的后果感到害怕。7月7日，一位信使带来了皇帝的信件，缪拉预感这是对自己的审判，不敢打开看，王后鼓起勇气打开了这封信。她读完了哥哥这封警告的信以后，很容易就说服了缪拉重新考虑他的决定，并一举夺回家里的主导权。面对缪拉的时候，她有的是手段，安慰、暗示、威胁，无所不用，堪称一门艺术。但是，不稳定的局势，令她不断付出更大代价。她的形象越来越糟。那不勒斯党对王后充满敌意，经常散布关于她的谣言。反法党的领军者马盖拉（Maghella）部长眼看自己失败在即，就指控王后与多尔有奸情，而他所谓的证据居然只是女仆们捕风捉影的闲言碎语。尽管如此，缪拉还是受到了影响，二话不说就把这位法国部长打发回去了。这次事件给卡罗琳敲响了警钟。接下来的日子里，她严重脱发，幸好当时短发还算时尚，她才免去戴假发之苦。尽管卡罗琳输了一局，但比赛仍在继续，因为反法党正在筹备一个低俗而粗鲁的阴谋。

此时，法国皇帝一封新的信件打断了这出内讧闹剧：假如国王再不改变他的政策，法国将吞并那不勒斯。这则通知像炸弹一样让整个那不勒斯炸开了锅。缪拉沮丧地请求卡罗琳前往巴黎为他辩护。离上次被禁止参加自己侄子的洗礼刚过了几个月，卡罗琳这次漂亮地赢了。其实，缪拉与她发生这么多冲突以后，贸然派她去见她的哥哥，风险很大。只要她愿意，她可以毫不费力地抹去拿破仑对缪拉残存的一点点信任，从而轻轻松松干掉国王。但即便缪拉的忘恩负义曾让她灰心，她还是决心和丈夫站在一起。思前想后，她决定为其向拿破仑求情。到达杜伊勒里宫后，卡罗琳表现得极为谦逊，耐心地一点点说服自己的哥哥。事实上，拿破仑此时也并不打算与那不勒斯发生冲突，因为他需要所有盟友参加对俄罗斯的战争，而英勇善战的缪拉军队是必不可少的。皇帝很快赦免了他，并让他立刻带兵前往俄罗斯。缪拉在临走之前把摄政权交到了卡罗琳手中，但她无权签署任何协议、政令、法律和委任状，缪拉很显然还是不信任王后。但即便被压制住，卡罗琳还是兢兢业业地扮演着代理统治者的角色，尽管国王留下的局面并不乐观。

卡罗琳此时承受的压力是空前的：国库空虚，英国海军还在不停威胁港口，强盗们在村庄里肆虐。这只母狮子下决心要用尽一切手段来维护国土安全。然而她的健康状况十分糟糕，吃不下任何东西，持续的咳嗽使她的嗓子严重受损，几乎发不出声音。疾病虽然没有动摇她的决心，担忧却都写在脸上了。来自俄罗斯的消息少得让人害怕，而好不容易收到一封信件时，王后得到的几乎都是噩耗。然而，即使在战场上，缪拉依然嫉妒妻子的特权，严厉地指责她做出的某些决定。然后，他们又像以前无数次一样，重新达成某种共识。从内心来说，缪拉还是思念自己的王国与妻子。别列津纳河之战三天后，拿破仑离开军队赶回巴黎，把指挥权交给了缪拉。1812年12月至1813年1月，在他的指挥下，这支浩荡大军仅剩的残余部队又备受暴风雪摧残。缪拉此刻比以往任何时候都更担心自己的王位。1月15日，在没有接受到命令的情况下，他决定返回那不勒斯。两周后，他穿着一件滑稽的皮袄，一顶长毛帽，打扮怪异地出现在卡塞尔塔的宫殿门口。他的叛逃让拿破仑大发雷霆。“他在战场上很英勇，但仅限于没有看见敌人的时候！他面对敌人的时候，甚至还比不上一个女人或是一个僧侣！”他在给妹妹的信中极其愤怒地说道。接下来，皇帝对待缪拉夫妇态度越发冷漠，卡罗琳也没有再被邀请到巴黎，这让两人感到非常不安。然而王位的罢黜令迟迟没有来。卡罗琳准备不顾一切支持她的国王，挽救他的王位，甚至不惜让他解除与法国的联盟关系。这位走钢索的杂技演员已经不能再镇定地保持平衡了。

风暴席卷而去

在1814年帝国灾难大爆发的时候，有许多人放弃、背叛、投敌，如果要把这些人的名字全写下来，恐怕一本厚厚的词典都不够，而要统计忠诚者的名单估计只需要几张薄薄的纸。在这样的大背景下，如果要给背叛打分的话，缪拉的行为顶多只能及格。因此，当皇帝一到达厄尔巴岛就立刻与那不勒斯取得了联系，好像什么都没发生过一样。拿破仑之所以如此轻易地赦免了缪拉，是因为以自己现在的处境来说，他的援助显得尤为重要。现在所有的邻国，从路易十八的法国到教皇的国家，都憎恨拿破仑，他只能寄希望于那不勒斯。但王后却说拿破仑的要求“与他们的情况不相符”，她认为这会破坏那不勒斯与奥地利珍贵而牢固的联盟关系。但没过几个月她就知道自己的判断失误了——梅特涅对这个联盟的支持仅仅停留在口头上。1814年11月1日开幕的维也纳会议上，法国和西班牙公然要求缪拉立即离开。自从帝国灭亡以来，波旁王朝已经夺回了所有曾经属于他们的王位，只有那不勒斯还未收回。另一边，塔列朗也在虎视眈眈地盯着缪拉夫妇，想找到合适的机会搞垮他们。他的攻击成功动摇了他们在那不勒斯的地位。在维也纳上流社会的奢华沙龙里，都流传着缪拉不过是一个“厨子的无赖儿子”这样不体面的话。在战胜者一片祥和的往来中，波拿巴家族成了最不受欢迎的人。

当卡罗琳和缪拉明白了自己的处境时，自然开始走近拿破仑，并准备对他提供帮助。1815年伊始，一场秘密通信在那不勒斯与厄尔巴岛之间展开了。与此同时，法国的波旁王朝设法与英国和奥地利达成了联盟，准备开始进行对那不勒斯的军事远征。在这种情况下，缪拉不能坐以待毙，他必须赶在奥地利集结兵力之前就踏上战场。此举颇有成效，他果然打赢了几场小的战役。缪拉被胜利冲昏了头脑，甚至认为有可能在自己的统治下团结意大利的所有军事力量。他的命中注定的时刻终于要来了吗？然而，在王宫里的卡罗琳心情非常阴郁，她认为这场战争简直是疯了。此刻的拿破仑和缪拉一样，是个押上了所有身家性命的赌徒，做好了失去一切的准备。在那不勒斯，英国的舰队一天比一天嚣张。5月19至20日的夜间，丈夫突然回来把她从睡梦中惊醒。在5月3日的托伦蒂诺（Tolentino）之战惨败以后，此时的缪拉已经是个落魄的逃亡者了。翌日，他剃掉了自己浓密的头发，拿了些钻石，匆匆离开了。自此以后，卡罗琳再也没有见过他。她独自站在暴风雨中，神情平静而坚定，与英国海军上将埃克斯茅斯（Exmouth）谈好了自己离开的条件。她被允许带着随从乘坐“巨人号”（Tremendous）军舰离开。在那不勒斯锚地登船时，卡罗琳远远地看到了波旁·费迪南（Bourbon Ferdinand）正乘着另一艘船奔赴王位。对这位曾经努力在逆境中保持平衡的女人而言，“你方唱罢我登场”的权力交接，显得何等残酷。

王后和孩子们被带到了的里雅斯特，准备转移到奥地利。像所有的波拿巴家族成员一样，战争期间她不被允许回到法国。当滑铁卢失利的消息击碎了她最后的希望时，她只盼望还能和拿破仑重逢。几周后，她收到了更残酷的消息：率部再度登陆那不勒斯王国之后，兵败被俘的缪拉在皮佐（Pizzo）被枪决。他重新征服王国的疯狂计划让自己失去了生命。尽管极度痛苦，卡罗琳还是撑着给奥尔唐斯写下了这几句话：“他被杀害了，带走了我所有幸福的可能以及对于家庭和自己的全部希望。我将终身为他哀悼。”心碎的王后，泪流满面的寡妇，几近绝望，这就是卡罗琳在1815年年末的状态。她化名利波娜（Lipona）女伯爵，是由那不勒斯（Napoli）这几个音重组而来的名字，这片土地在她心目中实在是太珍贵了。她隐姓埋名，想被这个世界忘记。为了不陷入更为窘迫的境地，她花每一分钱都小心翼翼，避免了所有大的开支。然而，她的家人却开始向她索要钱财。流亡中的每个人都在重新计算金钱。在的里雅斯特，与弟弟热罗姆重逢的喜悦很快就因为现实而变了味儿，后者开口向她索要曾借给她的50万法郎。随后，她不但与弟弟长期争执，还与同样提出债务问题的红衣主教费什争吵。在当时围绕在她身旁的人里，总能看见前任那不勒斯王国的部长弗朗西斯科·麦克唐纳（Francesco Macdonald）的身影。他在她的身边做什么？这位为王后带来珍贵慰藉之人，让人觉得就是她的情人。

在短暂的哀悼之后，卡罗琳找到了一个她可以依靠的充满爱的肩膀，但谁能因为她刚经历的苦难而责备她呢？1817年，卡罗琳带着悲伤搬到了维也纳附近的下奥地利州（Basse-Autriche）的弗斯德夫（Frohsdorf）城堡，与热罗姆夫妇住在一起。尽管拥有一座精美绝伦的著名法式园林，但这座庞大的建筑和空旷的走廊在卡罗琳眼里更像是座被统治者遗忘的监狱。宫殿的名字意思是“充满欢乐的庄园”，对于这几位流放者来说真是无比讽刺。与世隔绝的王后为了排遣空虚，为自己建造了一个室内泳池，给住所增添了些许光彩。她还在此招待了不少客人，尤其是朱丽叶·雷卡米耶（Juliette Récamier）。朱丽叶特别欣赏她“生动的谈吐”和“温柔的举止”。王后虽然体重增加了不少，但姿色不减。就连朱丽叶也评价道：“只要她愿意，就能靠自己的魅力，建起一个王国。”但事实上，她身边的人并不多，就连和家人的关系也不甚紧密。何况母亲还在生她的气，从未真正原谅她对拿破仑的态度。这段漫长的炼狱后，1830年，卡罗琳终于获准返回意大利佛罗伦萨。她购置了格利佛尼（Grifoni）宫殿，在那里舒适地生活，并举办沙龙。“我们去她家看望她、欣赏她、听她讲话，或者仅仅是表达同情。因为从未有一个女人像她一样，言谈举止间如此充满魅力，让人感动。”诗人约瑟夫·梅里（Joseph Méry）说道。在七月王朝时期，利波娜女伯爵在法国逗留了数次，这是她生前最后的几次漫游。

1838年年末，突如其来的胃癌让卡罗琳大为震惊。六个月的痛苦折磨后，1839年5月18日，她把自己的灵魂交还给了上帝，并被安葬在佛罗伦萨的教堂里。去世时她只有57岁。幸运的是，她的两个女儿都拥有理想的婚姻。路易丝·缪拉嫁给了拉斯波尼（Rasponi）伯爵，莱蒂齐娅·缪拉则与佩波利（Pepoli）侯爵结合。缪拉家族将在意大利开枝散叶，拥有许多后代。知名而受人尊敬的莱蒂齐娅甚至有个外号——“博洛尼亚女王”，而她的儿子后来被选举为这个城市的市长。至于卡罗琳的儿子们——拿破仑-阿希尔·缪拉和吕西安·缪拉（Lucien Murat），像他们的父亲一样，早早就出去冒险了。前者加入了美国军队，在塞米诺尔战争（guerres séminoles）中一战成名，在1825年担任佛罗里达州塔拉哈西市（Tallahassee）市长，并于次年同乔治·华盛顿的外甥孙女结合。他几次返回欧洲探望，于1847年去世，没有后代。他的弟弟吕西安·缪拉在经过了沉船事故和几个月的西班牙监狱生活后也来到了大西洋彼岸。他与一位名叫卡罗琳·弗雷泽（Caroline Fraser）的新教徒疯狂恋爱后迅速结婚，并育有五个孩子。在一次彻底的破产之后，吕西安·缪拉和他的妻子靠着一所寄宿学校的微薄收入生活着，在1848年才定居法国并成功当选参议员。作为一名优秀而顽强的议员，他在巴黎市中心创建了法国大东方宾馆，并于1853年获得缪拉亲王的称号。1878年去世后，吕西安·缪拉被安葬在巴黎拉雪兹公墓（Père-Lachaise）。他的后代就是目前的缪拉家族代表。

第八章｜威斯特伐利亚国王热罗姆

或许没有人会愿意为热罗姆的长寿下赌注，毕竟他曾经多次九死一生，简直不可思议。这个疯狂而热血的人一直缺乏些稳重和理智，因此常常将自己置于危险之中。他曾经无数次在陆地上、海上与英国的子弹、海盗的军刀和长剑擦肩而过，却每次都奇迹般地避开了死神。在地中海，他离瘟疫只有一步之遥，还差点儿在海地患上致命的黄热病。他多次在英军势力强大的海域航行，却从未落入英国人手中。热罗姆似乎总是奇迹般地被命运眷顾着。他究竟是勇敢还是无知？或许两者兼有吧。他对自己极度自信，坚信自己尊贵的身份绝非历史的意外。

1814年，在哥哥拿破仑的帝国崩溃坍塌之时，他也不打算改变自己的立场。当他的威斯特伐利亚王国遭到掠夺之后，他开始设法将其重建。他向奥地利大臣梅特涅要博洛尼亚的管辖区，又要求沙皇亚历山大归还热那亚。他的大胆同他的无知一样引人注目。对于准备重新分割欧洲版图的战胜者来说，波拿巴家族是不可能得到统治权的。拿破仑在厄尔巴岛上的相对自由已经让外交官们头疼不已，何况还有缪拉这个绊脚石。尽管热罗姆一再坚持，但他不仅没有如愿以偿，还被禁止进入意大利。后来，梅特涅还是允许他到达的里雅斯特，这个在当时隶属于奥地利的城市。热罗姆在1814年8月搬到了这里。不久，他的妻子，符腾堡的卡特琳（Catherine de

Wurtemberg）公主也前来与他会合。在一名法国移民的帮助下，这对夫妇买下了港口边的罗马诺宫（Palazzo Romano）。在这个人烟稀少的宫殿里，这对昔日的王室夫妇过着卑宫菲食的生活。“在流放的国度，就连春天也没有丝毫魅力。”一句俄罗斯谚语如是说。的确，在的里雅斯特，尽管气候温和、城市优美，但流放的生活对他们来说如此沉闷。“这座城市太忧伤了。”王后抱怨道。不过，一件喜事打破了他们枯燥绝望的生活。

8月24日的中午，卡特琳痛苦地诞下了她的第一个孩子，取名叫拿破仑·热罗姆·夏尔（Napoléon Jérôme Charles）。尽管出生过程十分艰难，但新生儿看起来“非常健康美丽”。在长达七年的等待之后，这个家庭终于第一次响起了继承者的哭声，这让幸福的父亲沉浸在了喜悦之中。在最艰难的时刻，他一分一秒也没有离开过妻子的床边，一直温柔地陪伴着她。流亡之夜里，尽管外面的世界乌云密布，这个孩子的出生却仿佛是一道希望的微光。后来，一个令人不安的消息传到了他们耳中：拿破仑即将被流放至南大西洋一个偏僻的小岛——圣赫勒拿岛。他将被长期囚禁在那里。让我们把时间线提前，1815年3月12日，的里雅斯特显得比平时更为动荡。每家每户都在流传着一个消息：据说皇帝刚刚逃出了那座悲惨的小岛，从普罗旺斯登陆法国。罗马诺宫中的热罗姆夫妇为此提心吊胆。在这种情况下，热罗姆也一定会被奥地利警方控制。在维也纳，梅特涅准备将他软禁在布拉格。也就是说，如果热罗姆想要趁机冒充奥地利人逃出去，他的时间不多了。当他告诉卡特琳他要去与哥哥会合时，这位年轻的母亲有过一刹那的慌乱。他会不会被抓住，甚至被杀害？尽管十分担心，她还是鼓励他去完成自己的计划。然而，从陆地上逃脱是不可能的，那剩下的就只有水路了。

得益于那不勒斯领事的帮助，他租用了一艘简单的船并招募了二十多名水手。然而，所有离港的船都必须经过警察的审查，想要假冒奥地利人，热罗姆就只能用点儿计谋。不仅如此，还有许多间谍在罗马诺宫外蹲守着，如果国王出逃，他们也一定会追上他。为了掩护丈夫，卡特琳连忙向的里雅斯特的执政官传信，声称她的丈夫快不行了。于是在3月24日的这天夜里，这位越狱者乔装成一位普通的商人，带着三名忠实的手下，悄悄从宫殿后门离开了。由于四周环境黑暗，没有人注意穿着朴实皮袄的他。四个男人警惕地扫视四方，手里紧紧握着枪，他们就这样潜到了船上，悄无声息地上船藏了起来。船长仔细观察着码头，地平线上看不到一个人影，没有人注意到热罗姆的离开。在完全的静默中等待了两三个小时之后，他们起锚向着宁静的海域出发。清晨，当那些奥地利人正在熟睡之时，他们的小帆船正在他们眼皮底下渐渐远去。背靠在舷墙上，热罗姆似乎陷入了沉思。“一旦踏上我的小船，我就忘记了疑虑和忧愁。”他后来对妻子说。船上的他们非常满意，计划开始奏效了。但突然之间，一阵逆风阻碍了船的前进，甚至将这艘无可奈何的船带回了的里雅斯特。那么，他们的旅程就这样结束了吗?

作为一名有经验的海军，热罗姆决定在附近的海湾靠岸。尽管海上波涛汹涌，他还是安全地上了岸。在岸上过了一晚后，逆风并未减弱。第二天，热罗姆和他的同伴们决定在附近的旅馆作短暂歇息。他们刚脱下靴子，五个掷弹兵就闯了进来。为了掩护国王，他的其中一个手下假扮醉鬼引发了一场混乱。然而在喧嚣之中，奥地利士兵还是发现其他三个人的反常。凭着一把军刀，热罗姆和他的手下闯出了走道，没有理会追赶他们的奥地利人，就匆忙驾船驶出了港口。冒着头顶飞过的颗颗子弹，国王成功地登上了船。风神埃俄罗斯（Éole）也在为热罗姆助力，就在最紧急的关卡，主帆终于在起风的时候升起来了。海岸上的士兵只能无奈地看着他们远去。两天之后，在安科纳（Ancône）附近的海滩上，热罗姆和他的手下安全登陆。在远处，还有一队身穿制服的人，那是缪拉的军队。热罗姆就这样逃了出来。

跟随着费什舅舅和母亲，他从那不勒斯起程返回法国。5月19日，巴斯蒂亚的港口出现在了眼前。“我非常高兴能够在这里待上几个小时，这是我童年的摇篮。”他回忆道。北上去往巴黎的路十分顺利且充满荣耀，在里昂，人们为热罗姆欢呼喝彩。1815年6月1日，他与其他兄弟一起参加了拿破仑为庆祝新宪法在全民公投中被通过而举办的庆典活动。奢华的主席台上，他站在皇帝的右边，穿着一身白色丝绒礼服，外披一件点缀着高雅的金色蜜蜂的西班牙式外套。这四位波拿巴（拿破仑、约瑟夫、吕西安和热罗姆）身上的盛装让人们以为自己正置身于假面舞会。他们过时的浮夸已经远远超出了当时的着装需求，不少人都在为此偷笑。而与此同时，很多法国人在为即将到来的战争担忧。当他们决定开始战争动员后，热罗姆迅速地接受了皇帝为他指派的一个角色。他获得了步兵第六师的指挥权，并被提升为中将。为了看管好这个时而冒失的弟弟，拿破仑给他安排了一位有经验的直属上级：雷耶（Reille）将军。

1815年6月14日，热罗姆来到了他所属的第二军团总部。这里的气氛十分紧张，军官们的手指不停地在地图上比画。行军的命令直到第二天凌晨4点才下达。随后法军进展迅猛，势不可当。在雷耶将军的攻击下，普鲁士的军队落荒而逃。但6月16日这天，英军在卡特勒布拉（Quatres-Bras）稳固驻扎下来，阻挡了从沙勒罗瓦（Charleroi）去布鲁塞尔的路。要向这支威灵顿公爵手下的军队出击吗？在总参谋部里，人们犹豫不决。漫长的讨论过后，热罗姆终于收到了继续前行的命令。在一片名叫“博苏”（Bossu）的森林中，他的其中一支队伍与敌方的四支队伍决战。在这场血腥的对战中，他们损失惨重。随着热罗姆的前进，敌军的力量也在不可抑制地增强。两支英勇军队间的交战格外残暴。曾经将自己的领地败给了热罗姆的不伦瑞克（Brunswick）公爵，此时被子弹打成了筛子。他的手枪还被人拿走，以留作中将的战利品。与此同时，东边的几公里外，拿破仑将布吕歇尔的普鲁士军打得落花流水。普鲁士军队的逃跑迫使英国人撤退到了一片“荒凉的平原”上，也就是滑铁卢。6月18日的黎明，雨已经停了，忍饥挨饿的士兵们在湿冷的环境中冻得瑟瑟发抖。泥泞中，炮兵的行动也十分不便。早上7点钟不到，热罗姆就穿着一身整齐的制服来到了拿破仑在卡尤（Caillou）农场的总参谋部，和大家一起吃了一顿便餐。拿破仑的胸有成竹让他印象深刻，仿佛这一天将只是一场例行的程序。他的计划很简单：在左翼和右翼猛烈攻击英军，以逼退中锋的威灵顿。然而，英军的右翼占据地利，他们所在的乌各孟（Hougoument）庄园防守坚固。而热罗姆的任务就是，在开战之际突击乌各孟。在这历史性的一天，他一马当先地打响了整场战役。

11点35分，护卫队的炮声响了三下。一连串猛烈的炮轰之后，全面的进攻开始了。浓烟已经掩盖了整个战场的东面。呛人的浓烟与尘土标志着杀戮的开始。热罗姆的军队高喊着“前进”，就像平时操练的那样，第一批士兵以征服者的姿态骄傲地冲了出去。周围“皇帝万岁”的呐喊声响彻云霄，让热罗姆激动振奋。第一批深入小树林的法国兵已经逼近庄园了，但马上就遭到了一阵枪林弹雨的扫射。拿骚（Nassau）的德国士兵在灌木丛和树木的掩护下顽强地抵抗着。热罗姆的周围不断飞过致命的子弹，而就在他几米开外的地方，一位身经百战的英勇老兵博迪安（Bauduin）将军，就在此中弹身亡。敌军第一轮的抵抗很快就败给了法军的数量，热罗姆的士兵用刺刀清扫了战场。几分钟后，森林里就堆满了尸体，还有一些只剩半口气的人在做临死前的挣扎。法军队伍继续向前行军。在他们的前方是威严的乌各孟庄园，一幢壮观的建筑，厚实的墙壁高达数米，威灵顿的士兵就隐藏在这里。热罗姆的士兵一走出森林，就遭到了来自庄园猛烈的炮火袭击。英军在围墙的掩护下近距离扫射，而法军的炮火却无法深入敌军内部。此时队伍中一片混乱。博迪安将军的队伍遭受严重打击后，苏瓦（Soye）将军的队伍接替了他们。随后，热罗姆重新从防守较弱的北面进攻庄园。在战场的高地上，他们受到了密集的炮弹攻击。几个英勇的战士面对敌军的扫射突出重围闯进了庄园，一斧头下去，他们就砸开了沉重的大门，冲到了内院。谁知这是敌人设的陷阱，上百个英国士兵扑向了这群大胆的入侵者。这批勇士没有一个活下来。第二轮攻击就此失败。雷耶将军紧急派去了富瓦（Foy）将军的增援部队。热罗姆也随他们重返战场。然而，森林、果园、庄园全都没有攻克。第三轮，也是最后一轮的攻击最终无果，损失的士兵数以千计。用地狱来形容乌各孟再合适不过。维克多·雨果也在《悲惨世界》中写道："乌各孟，一个阴郁的地方，它是障碍的开始，是欧洲伐木工拿破仑第一次受阻的地方，也是他斧头下的第一个死结。"

下午4点，拿破仑把热罗姆叫到身边。"我的兄弟，我后悔到现在才了解到你的才干。"他对热罗姆说道。在圣赫勒拿岛他也说过："我在他的身上的确看到了希望。"这位战神似乎并没有指责弟弟那一无是处的战术。

二百年以来，时常有人在天平上估量这场惨剧中每个人的责任。尽管热罗姆获得了拿破仑的称赞，但在历史的法庭上，他却没有幸免。暂且把这个话题放到一边，让我们回到6月18日这悲惨的一天。最终，法军全面溃退，凌晨4点，拿破仑在沙勒罗瓦附近将指挥权交给了热罗姆。带领着一支只有几千人的队伍，热罗姆撤回了巴黎。拿破仑退位的消息传出来后，他乔装成了一位葡萄酒商急忙离开了首都。打扮成商人离开的里雅斯特后，他又换上了一身新的行头，狡猾地躲避着保王党的搜查。即使如此，他还是被抓住了，而这正是又一次流放的序幕。在这场族人如此渴望，却又如此不切实际的王朝复兴行动后，这一次的流放将更为漫长。热罗姆是兄弟姐妹中唯一一个活到了第二帝国建立的人，是见证了波拿巴家族复兴的人，他就仿佛是波拿巴家族传奇中的一个连字符一样。

属于大海的少年

在这个著名的家庭里，最小的孩子热罗姆在父亲去世时只有三个月大。1784年11月15日，在所有影响波拿巴家族的事件发生之前，热罗姆降生了。三个月后，35岁的母亲莱蒂齐娅成了寡妇，她还有四个年幼的孩子要照顾：包括刚三个月大的热罗姆、6岁的路易、4岁的波利娜和2岁的卡罗琳。整个家族的人都在帮助她度过这场不幸。吕西安叔叔成了所有未成年孩子的监护人，而外祖母安杰拉·玛丽亚·彼得拉桑塔（Angela Maria Pietrasanta）也在帮忙照顾她女儿最小的孩子。在这个大家庭里，还生活着夏尔的妹妹热特吕德和莱蒂齐娅同母异父的弟弟约瑟夫·费什（Joseph Fesch）。很快，两个最年长的儿子约瑟夫和拿破仑就接手了家庭事务。根据他本人的回忆录，最小的热罗姆是那个最受大家呵护的孩子，终日听家人讲述父亲的“英雄事迹”。但这个备受关注的孩子好像未能受到良好而连贯的教育，他怎样才能够在另一座充满革命热情的城市里有一番作为呢？在经历家庭的变故和逃亡生活之后，1793年6月13日平安到达土伦时，他还是个年少的学生。对眼前发生的一切，这个科西嘉小男孩害怕且不知所措。在他暮年之时，他还能记起那时看见的经过自己窗下一车又一车被送往断头台的犯人。随后，他又随着家庭在马赛和昂蒂布两座城市之间漂泊，因此他越发不能在本就平庸的学业上有所进步。在镇压保王党战役后，拿破仑让他来巴黎进修，他终于得以接受一份适当的教育。于是他在约瑟芬的儿子欧仁读书的学校，一所当时在巴黎非常著名的爱尔兰学校——马克·德莫特（Mac Dermott）中学学习了近两年。

1797年夏天，他在拿破仑的宫殿中住了一段时间后，又在当时大名鼎鼎的瑞伊（Juilly）中学苦读了几个月，随后又去了萨武雷（Savouré）学校。不过他的成绩在那儿并不出众，因此又回到了位于巴黎圣日耳曼的马克·德莫特中学。他的一个同学是这样评价他的：“他很瘦，体态优雅，面容秀气，却相当狂妄无知。”就在“波拿巴”的姓氏到处为他带来仰慕之时，傲慢和自大在他的身上渐渐萌芽，直至成为他这一生中重要的符号。他的骄傲自大很有可能来源于他年少时期受到的各方面的关注、宠爱，甚至是溺爱。无论他走到哪里，他的哥哥拿破仑派遣的军官都会在一旁尽可能地满足他的需求。比起学校里老师们那副严肃的面孔，他当然更喜欢这些军官讨好的陪伴。不仅如此，各种大大小小的沙龙、聚会都会把他和他的兄弟姐妹当作贵宾邀请。在这样的环境下，的确很难把自己关起来刻苦学习。他渴望成为他名声响亮的兄弟姐妹中的一员。由于沉醉在这种氛围里，这个自我而狭隘的家中最小的孩子，也开始梦想着属于自己的千秋大业。

雾月政变以后，热罗姆随着拿破仑和约瑟芬住进了共和党人的宫殿，以适应新的皇宫生活。但法国的新主人不想让他成为一个游手好闲、穿金戴银的花花公子。为了培养好这个弟弟，拿破仑将他招入了自己新组建的皇家护卫队中。他认为军队中的谦逊和纪律一定能好好地磨炼这棵叛逆的小树苗。但事实上，他错误地估计了自己的弟弟，热罗姆很快就因为和他人的冲突而出了名。护卫队的帽子还没戴热，他就去挑衅拿破仑未来的元帅达武（Davout）的弟弟，并要同他决斗。他们约好在巴黎近郊的文森森林（le bois de vincennes）一决胜负。到了这一天，两个决斗者相隔25步远，用火枪互相射击，第一个射中的人为赢家。最先受伤的是热罗姆，一颗子弹从胸部进入，插入了他的胸骨。这颗子弹在六十年后的尸体解剖时才被取出。知道了这个消息，生气又担心的拿破仑只好让他退出了护卫队。该让他去做什么才好呢？这个鲁莽的小子喜欢冒险，广阔的大海或许更适合他。

1800年11月28日，热罗姆获得了他的海军二级士官肩章。虽然获得晋升，但拿破仑禁止他享受任何特殊优待。“您知道，他必须受到严厉的管控以弥补他所浪费的时间。请您要求他准确地履行好他的每一项职能。”法国第一执政拿破仑对海军司令冈托姆（Ganteaume）下达了清楚的指令。于是这个年轻的海军打包行李，从布雷斯特登上了一艘配有80座壮观炮台的战舰——“不可分割号”（Indivisible）。九个月的海上生活中，热罗姆多次在地中海上航行。有一次船队接到了一份为埃及军队提供补给的任务，在历经了包括鼠疫在内的千难万险，并摆脱了英国海军以后，他的船队终于在

1801年6月初抵达埃及亚历山大港（Alexandrie）。为了试探当地民众的意图，热罗姆被派到地面上去进行谈判。他试图抚慰埃及民众，但抗拒的埃及人民用枪炮声回应了他。形势相当严峻，船队只能立即起锚离开。在回程的路上，一艘英国的军舰“敏捷号”被法国舰队包围了。在炮火的攻击下，不幸的船长只好把船交给了我们的小军官——海军司令指定了热罗姆来接管这艘船。如冈托姆所料，这次的收获让第一执政极为高兴，甚至忽视了任务本身的失败。拿破仑为这个最小的弟弟骄傲不已。

看来，波拿巴家的小儿子天生是个水手。“他非常适应船上的生活，是家族里唯一的一个有此天赋的人。尽管有时船队不免会因信风而等待，但这种自由的生活对热罗姆来说却再适合不过了。第二次执行任务时，热罗姆被派往圣多明戈，同行的还有勒克莱尔将军和一些海军学校的一级士官。这一次，海军司令拉图什－特雷维尔（Latouche-Tréville）——另一位杰出的海军上将，被任命为舰长。11月23日，这支壮观的船队带着勒克莱尔的军队，从罗什福尔（Rochefort）扬帆起航。两个半月的时间，他们就到达了海地的太子港。随即，拉图什－特雷维尔的船队向城里的堡垒发动了猛烈的攻击。海地领导人图桑·卢维杜尔的部队战败以后，热罗姆在这片战火之地上度过了一段时间。后来，司令命他回法国，去给第一执政带去这个好消息。4月中旬，他佩戴着新晋的军衔，来到杜伊勒里宫汇报此次出征的成功。在荣誉的光环下面，热罗姆很快就接到了他的第三个任务。由于在巴黎的日子太悠闲，这位海军军官不放过任何一个认识女人的机会，挥霍着不属于自己的金钱。很快，拿破仑的批评就传来了：“我希望你知道，茫茫大海中的这支舰队，必将是你的荣耀之路。我不反对年轻地死去，但不能碌碌无为地死去，不能不为国家效力，不能一生中不留下痕迹地死去，否则，那就不叫存在过。”

在“雀鹰号”（Épervier）上，热罗姆起航去探察安的列斯群岛。停靠在马提尼克岛的首府法兰西堡（Fort-de-France）港口，他从这艘新船的艉楼上，望见了向风群岛（îles du Vent）。经过安的列斯群岛的休闲探险后，他又想去探索美洲的大地。维拉雷·德茹瓦尤斯（Villaret de Joyeuse）上将则急于让他离开。“请您扬帆开船吧，这是政治任务。”他命令道。海军统帅这急迫的心情，究竟从何而来？此前，没有得到任何命令，热罗姆拦截并搜查了一艘英国的船只，造成了一起外交事故。即便在这一步上犯了错，他对自己在安的列斯群岛的这次行动还是相当骄傲，认为这才算是完美地配上了他的家族，并相信自己将很快得到船队的指挥权。但事态朝着意想不到的方向发展了。他把军队的纪律都踩在了脚下——热罗姆背弃了自己的船队，和几个朋友一起登上了一艘开向弗吉尼亚州诺福克（Norfolk）的船。这位潇洒的冒险家把所有的政治和军事任务抛在了脑后，渴望着去探索美国这个年轻的国度。不过，这个叛逆而不光彩的行动却冥冥之中助他避免了一场牢狱之灾，在他离开船队不久后，“雀鹰号”就被英国海军围捕了。

1803年的夏天，刚刚踏上美国国土的热罗姆就被美国最高法院法官塞缪尔·蔡斯（Samuel Chase）——美国《独立宣言》的签署人之一——邀请去了一个聚集所有巴尔的摩（Baltimore）社会名流的舞会。在舞会上，这个天使的面孔遇上了一双迷人又充满了爱慕的眼睛——伊丽莎白（Elizabeth），被称为“巴尔的摩美人”。两人一见钟情，十八九岁的年龄，热罗姆和伊丽莎白·帕特森（Elizabeth Patterson）疯狂地坠入了爱河。迷醉在爱情之中的求爱者几乎完全忘记了家乡的事，也延迟了回法国的计划。法国驻美国的总领事路易－安德烈·皮雄（Louis-André Pichon）知道拿破仑一定会愤怒地反对这门疯狂的婚事，为此非常担忧。紧张又恼火的他，坚持要第一执政的弟弟对这段关系做个了断。但更荒唐的是，热罗姆高调地筹备起了婚礼。总领事联合了伊丽莎白的父亲——当地的一名富商，接连不断地给这对情人制造行政阻碍。几周的持续打击后，这对热恋的情人终于分开了。热罗姆动身去了纽约，而伊丽莎白则被送到了她父亲在弗吉尼亚州的一个庄园。这场分离是如此残酷，以至于他们在分开十五天后就忍不住重新相聚了。沉醉于爱恋中的热罗姆强迫他的岳父对女儿放手。在他的坚持下，帕特森还是让步了。婚礼于1803年的平安夜举行，总领事没有被告知。当生米已成熟饭时，总领事也只好接受了这个事实。接着，1804年的夏天，这对新人在尼亚加拉大瀑布享受了他们幸福的蜜月之旅。自他们的蜜月旅行后，大量的新婚夫妇都会来此地欣赏震撼的大瀑布。显然，热罗姆和伊丽莎白开创了这一浪漫传统。然而，这对新人在尼亚加拉清凉的水边喁喁私语之时，法国的家中却袭来了一场暴风雨。

从掌舵到掌权

当被告知热罗姆举行了婚礼时，法国的首领暴怒着反对这门婚事，就像反对另一个弟弟吕西安不经过他同意的婚姻一样。这个叛逆的小阵营幸灾乐祸地反驳着皇帝的意见。自拿破仑登基以后，所有人都知道他决心要给自己的兄弟姐妹们都找到一个有名望的好伴侣。每一个人的婚事他都要过问，就像一个首领一样，他为自己的特权而骄傲。要知道，埃莉萨、路易、波利娜和卡罗琳的婚事全都是由他撮合的。家中最小的这个当然也不能例外。“我认为，您应该对我在美国的代表，就所谓‘热罗姆·波拿巴夫人’的问题有所指示：他不应去看她，也不应遇见她；他应公开宣布，我不承认这个19岁的年轻人违反国家法律的婚姻。”拿破仑向他的外交大臣塔列朗说道。确实，依照法国的法律，不经过母亲的书面许可，热罗姆就不能擅自结婚。为了让这颗钉子钉得更牢，1805年3月，拿破仑颁布了一项规定：禁止任何公务人员登记这门婚事，并且他们的子嗣也不会得到任何皇室的权利。为了维护自己的选择，热罗姆决定带着伊丽莎白回到欧洲，妄想着他的皇兄见到她秀美的小脸蛋儿就会改变主意，但是他却不知道拿破仑早已下达了命令禁止他的妻子从法国和荷兰的任意一个港口入境。在里斯本停靠时，热罗姆被迫留下了伊丽莎白，只身去见皇帝。兄弟俩在意大利重逢，两人一见面，拿破仑就断绝了他的一切希望。在皇帝毫不妥协的态度面前，热罗姆只好像士兵听命于将领一样地服从了命令。“离开你，我亲爱的妻子，我从未这样想过。但是，我要成为一个走向荣耀的人，一个勇敢而忠诚的军人。”他向妻子解释道。热罗姆就这样成了拿破仑父权专制主义的又一个受害者。但这就是故事的结局吗？也不尽然。在“巴尔的摩美人”到达欧洲时，肚子也渐渐隆起。拿破仑家族的一个美国分支正在孕育之中。然而，这个好消息很快就被已经妥协的热罗姆遗忘了。伤心的伊丽莎白只好回到大西洋的另一边，独自抚养这个孩子。

为了让他经受考验，拿破仑将他安插到一艘船上。1805年5月18日，热罗姆得到了“波莫纳号”（Pomone）——一艘刚刚从热那亚船厂出厂的、带着两艘双桅横帆船的护卫舰的指挥权。但同时，他依然保持了中尉军衔。这次晋升可谓非同寻常，因为这违反了规章制度。这是一种奇怪的惩罚，像拿破仑经常对他的兄弟所做的一样，在弟弟证明自身价值之前就先给予嘉奖，以激励他。然而，这个令人费解的决定却越发让热罗姆觉得自己不会受到惩罚。热罗姆知道自己会被原谅，于是一次次地犯错以试探拿破仑的底线。这让拿破仑非常气恼，也让两人之间的关系变得复杂起来。在重新回到海上之前，热罗姆不请自来地跑到了拿破仑的指挥部，他完全不了解拿破仑非常看重的皇室礼节。大元帅迪罗克（Duroc）二话不说就把他赶了出去。羞愧的热罗姆没说一句话就回到了船上。相比丝绸，他还是更习惯穿着海军制服。第二年夏天，热罗姆开启了新的航程：不断地围捕到处抢劫商船的海盗。之后他又到阿尔及尔（Alger），指挥若定地从当地的统治者手里解救了231个法国和利古里亚人。在人群的喝彩声中，热罗姆将他们带回了热那亚。这个壮举又为他带来了一艘更大的军舰的指挥权——“老兵号”（Vétéran），一艘配有64座大炮的雄伟战舰。在海军上将维尧姆兹（Willaumez）的指令下，这艘船重新在大西洋上扬帆起航，当起了海盗。自特拉法尔加海战失败后，法国海军在海战上投入的兵力大有缩减。在这场捉迷藏的游戏中，热罗姆的船队停靠在圣赫勒拿岛休整了几天，随后就起航去了巴西。在1806年9月1日回到孔卡诺（Concarneau）之前，他的流浪精神将他带向了新大陆。

几个月的海上航行，却只捕获到7艘英国船只，只能说战绩平平。尽管如此，我们的船长还是像英雄一样地被迎接回了巴黎。虽说是一次惩戒性的海上活动，热罗姆在某种程度上还是用行动弥补了自己的过错。拿破仑对此非常满意，终于让他的海上炼狱告一段落，并为他打开了宫廷的大门。一回到巴黎，热罗姆就被封为亲王。像他的哥哥约瑟夫和路易一样，从此以后便享受着一份丰厚的收入和一个令人艳羡的地位。新的亲王还被赐予了一座拥有众多仆人和军官的宫殿。从在船上被风吹浪打的小伙子到精致讲究的宫廷中的亲王，多么鲜明的对比。几个星期的时间，热罗姆的身份就从头到脚地发生了改变。但是，宫殿里的华服才穿上身，他就又要换上将军的制服了。在拿破仑时代的史诗里，这些角色从来都没有一丝喘息的机会。在与普鲁士的战争中，拿破仑给热罗姆安排了一支支持拿破仑政权的德国军队，这支军队主要来自符腾堡地区。这个决定相当令人惊讶：为什么要选择一个22岁的海军军官来统领近万个步兵？其实，法国的皇帝已经在筹备联合自己的兄弟来瓜分未来帝国的国土了。当然，与此同时，他还指望着热罗姆能够迎娶一位德意志的公主。在作战总参谋部，人们总是热心地指导着热罗姆。他的第一课便是1806年11月对格沃古夫（Glogau）[1]的进攻。他带领步兵师对着城市展开了持续不断的炮火攻击，但结果是徒劳的。还没有攻破堡垒的石墙，这位亲王就急于与敌人展开肉搏。此时，德鲁瓦（Deroy）将军及时地劝阻了他："我们不能在还没有突破口，或是没有冲过护墙坡之前就妄想通过突击拿下一座城。"热罗姆好好地记下了这一课。从此以后，他要忘掉那些海上斗争的本能。几个月以来，他拖着他的军靴在战壕的泥坑里来回踱步，时不时灰心地思考着这场奇特的、被哥哥强迫着参与的战争。

1807年1月，热罗姆指挥着近3万人的军队。虽然在法国军队的组织结构图里，他的名字写在那些最负盛名的大将旁边，但事实上，他并不享有任何自主权。他的哥哥把各种任务压在他的身上，并在书信中给他详尽的指导。而稍有一步偏离，拿破仑的指责就会立即随着命令到来。尽管如此，在这场战役中，他还是没有走错一步，反而显得相当专心。即便他一点儿

[1] 今波兰西南部城市，旧称格洛高。——编者注

都没有收起他的狂妄，面对战争，他还是尽其所能地严肃对待。带领着一个师的兵力，他展开了西里西亚（Silésie）[1]的战争。虽是毫无新意的一场战斗，但他卓有成效地给法国的鹰旗添光加彩，也毫无争议地证明了他军装上将领饰带的价值。在德意志土地上的胜利同时也为他带来了新的前景，尤其是他的婚姻。符腾堡国王看他将王国的军队指挥得如此之好，便把女儿卡特琳许配给了他。1807年8月，在法国皇帝和皇后，还有肚子大得出奇甚至要独占一张桌子的符腾堡国王心满意足的目光中，他们举行了一场盛大的婚礼。然而，在宾客们喧闹着大吃大喝时，这对新人却愁容满面。手上的这枚戒指，他们并非自愿戴上。热罗姆勉强地服从了哥哥的意愿，而卡特琳则是牺牲给了父亲的政治需求。嫁给一个革命性国度的法国亲王，这正是卡特琳所厌恶的。

大婚之夜，短暂的亲密后，热罗姆转身离开。在一片安静的沉闷中，两人分别走向各自的房间。这样的客气在他们之间重复了多次，这正好方便了热罗姆这个无可救药的花花公子无数次的偷腥。“为了更好地选择，他选择反复无常。”在一首温情的诗中，他委婉地向妻子道歉。卡特琳了解了他的本性后，选择做一个克己的模范妻子，原谅了他的一切。不过，早在他们第一次碰面之时，卡特琳不免对这个充满诱惑的金发男子有些许动情。而随着时间的推移，她对这段婚姻竟越来越满意。对于热罗姆来说，与伊丽莎白的海誓山盟不过是过眼云烟，而卡特琳在他眼里也并非没有魅力。“王后极其善良，尽管不是美得艳惊四座，她依然是一个出色的女人，并且她的仁慈令人崇敬。”他曾向自己的姐姐埃莉萨吐露道。这样一份温柔的深

[1] 中欧的一个历史地域名称，该地域的绝大部分地区属于波兰，小部分属于捷克和德国。——编者注

情，甚至可以说是一种理性的爱，渐渐使热罗姆对她有了依恋。一时间他们的关系变得和睦起来，开始了前所未有的亲密。好像是要证明他们关系牢固似的，在新人的结婚礼物篮中，拿破仑放入了他精心挑选的礼物，一个由他精密雕刻的新的王国——威斯特伐利亚。

《蒂尔西特条约》签订后，普鲁士就被肢解为各个大大小小的地区以建立一个法兰西帝国的兄弟王国，这也是拿破仑发动这场大战的初衷。19个不同的行政区域组成了一个面积为38000平方千米的王国——威斯特伐利亚，首都选址在约有200万居民的卡塞尔（Kassel）。这片面积相当于整个法兰西帝国1/20的领土，从此就由热罗姆为他的哥哥统治。从领地大小来看，他其实相当于一个大区的行政区长，但他是这个国家的君主。虽说新王国的国土面积微不足道，但它的战略位置却是相当重要。在热罗姆的帮助下，法国占领了易北河（Elbe）的河岸区域，直接威胁普鲁士。如果说这个新的国王想要长时间统治这个国家的话，那他就要步步遵照他哥哥的意愿行事。无论如何，他早已习惯如此。在他携年轻的王后前往卡塞尔时，他的行囊里就揣着写满指令的清单和需要他来颁布的宪法。他的随行人员也是由拿破仑和康巴塞雷斯在众多议员当中精挑细选的。在这份名单上，我们会看到诸如西梅翁（Siméon）、伯尼奥（Beugnot）、若利韦（Jollivet）等经验丰富的执政官。他们的任务便是将威斯特伐利亚王国变成一个听从法国命令的模范国家。而经拿破仑仔细研究过的国家宪法，更是会让这个国家一步步地成为法国的傀儡国。国王若出现问题，国家就会由拿破仑接手。除此以外，拿破仑还保留了一半皇室区域的占有权，使他的军队可以在其中随意穿行。这一切都是建立在威斯特伐利亚王国的纳税者之上。尽管这个国家表面上并非为拿破仑所统治，但实质上却也相差无几了。

在热罗姆当政的前几个月里，他们甚至没有成立国家的外交部，这也可以表明这个国家的自治权是多么微弱。拿破仑手中的木偶在这个国家的权力极其有限。

小国之典范?

缓慢却又必然地，威斯特伐利亚王国逐渐成了法兰西帝国的一个翻版。无论是省、市级行政区划结构还是立法机构都完完全全照搬法国。各地兴建市政厅，最高法院已然建成，贵族阶级的特权被削弱，让位于正在扩张的资产阶级。宪法规定国王热罗姆与纳税选举制决选出的议院共同享有行政权力。在德意志内部建立这样一个拿破仑式的国度，也是因为法国皇帝希望接下来其他各邻国也能从这些变革中汲取灵感，在民事、经济、财政和行政等各方面向当下的巴黎靠拢。这种潜移默化的传播模式几乎令人难以察觉，也不会惊动周围的小国君主。这个任务交给了这个才满23岁毫无经验的年轻国王。勒在他脖子上的绳子会比其他卫星国的更松吗？显然不是。

这片土地可以说真正地被占领了。威斯特伐利亚需要从三个方面来援助和支撑法国的帝国战争：供养本国领土上的法国士兵并给他们报酬；向法国提供献纳金；培养一支辅助法国作战的军队。这一下就将国家的花费较之前提高了三倍，这个新的王国很快就被耗尽了财源。除非大幅提高税收，但这显然不是一个刚刚开辟的新王朝最好的施政方式。不仅如此，一部分的国家公有财产也直接进入了拿破仑的钱柜，热罗姆宝贵的收入被生生夺走。这个恶性循环让热罗姆不堪重负，他尝试以各种方法让哥哥明白自己的处境。但拿破仑坚持他的做法，对弟弟的诉苦漠不关心。不仅是热罗姆，王后对此也深感痛心。她在日记中写道：“国王收到了皇帝的回信，他对国王的表现非常不满，并表示德意志的人民若对他没有任何用处，这就是国王的过错。仿佛国王能够让这些可怜的缴不起税的民众做出什么惊人的贡献似的。我重申一遍，希望皇帝永远不要后悔没有聆听这些有益的劝告！”

在这场艰难的考验中，国王表现出了坚定不移的决心。与路易相反，他决意不能失败，必须将他的王国送上胜利之路。看到他如此醉心于工作，国王顾问伯尼奥相当惊讶，对他充满了倾佩：“他的天赋、口才和思维的精准都让整个议院对他刮目相看。他们不消多说，我也无须赘述。他究竟从哪儿学来的这些？这个家族诞生了这么多的人才实属幸运。”法国大使雷纳尔（Reinhard）也对他赞不绝口。这个专心的学生还有很强的判断能力。除了拿破仑派来的法国人以外，热罗姆还招募了许多本地的德意志人来担任行政官员，由此得到了更多公众的支持。另外，他还消除了这片德意志土地上的封建制度。对于贵族，他以赎买特权的方式，使贵族们在保留了大部分头衔和财产的前提下，心甘情愿地放弃了自己的特权。同时，民法典的颁布也使社会更加平等。新的体制保护了一部分有产阶级的利益，又让另一部分的人口有了新的社会地位。此外，宗教自由政策使得国内18000多个犹太人获得了同其他宗教信徒一样的平等权利。宗教歧视被废除，留存了几个世纪的贫民窑也被完全拆除。从1808年开始，德意志的这片土地真可谓是吹进了一股进取的风，并且王国中没有任何抵抗的迹象，也没有任何激进的思想和运动。这一切就仿佛一场温柔的革命。相反，城市公安系统的建立甚至让人们激动不已。的确，市民们的自由会受到限制，但与此同时，警卫组织能够有力地打击犯罪，这也方便了新兴资本家们。一个真正的资产阶级正在一步一步地建立起来。整个19世纪，威斯特伐利亚将在他的影响下展现出新的风貌。

国王和王后的住所，也就是威廉高地（Wilhelmshöhe）宫，很快就更名为拿破仑高地（Napoleonshöhe）宫。宫廷里灯火通明、夜夜笙歌，与巴黎杜伊勒里宫清冷压抑的气氛截然不同，应该说是恰恰相反。在卡塞尔，阿谀奉承的风气和宫殿的浮夸并驾齐驱。在皇室对外的表现上，国王亦是游刃有余。不同于喜欢勤勉氛围的拿破仑，热罗姆爱好打猎、游戏、跳舞和待客。每一天他都乐此不疲地享受着众星捧月的生活。为了表现得更加体面，这位新的君主和他的夫人在金钱上毫不吝啬。他们在巴黎奢侈品手工艺者那里的订单数不胜数。没有昂贵的首饰，怎么能凸显出皇室的奢靡呢？国王陛下一时间变得花钱如流水。拿破仑开始担心了。“经济，经济，经济。”拿破仑不断地向他重申。建立这个王国的初衷可并非为了让波拿巴家的小儿子过上纸醉金迷的生活，而是为了让威斯特伐利亚成为法国一个强大的军事同盟，并给法国提供一个稳定可靠的经济支撑。所以，当弟弟尝试向他讨要援助之时，拿破仑一口回绝了他。他要钱根本不是为了财政需要。

君主的服装穿上身，热罗姆就显得更加魅力十足了。“据我所知，他把之前所有的情人都抛弃了……除了三四个年龄上有优势的。”塔列朗挖苦道。这位花花公子从未停止过对窈窕淑女的追求。但凡被他看上的女性，都很快屈服于他的猎捕，很少有人能够摆脱他。在这些与他有过暧昧关系的女人中，勒文施泰因（Loewenstein）伯爵夫人在1813年为他生下了一个儿子。但我们知道，私生子肯定不止这一个。在他舒适的宫廷生活之外，一场大战在他执政的第二年年初悄悄打响，直接威胁着国家的安危。一次散乱但顽固的抵抗运动被发动了起来，并在1809年年初逐渐变得危险起来。由于几名德意志党派拥护者看到了邻国奥地利重整军备的希望，煽动了几千个暴动者冲到了首都的城门下，造成了不小的恐慌。危险的局面使热罗姆振奋了起来。他面不改色地击溃了那些胆敢挑战他的人。但是接下来，面对奥地利的威胁，他就无法保持镇定自若了。他命令手下的1万士兵保持撤退状态，以守护自己的国境线为首要目的，而没有去支援拿破仑的军队。拿破仑立即就识破了他的把戏，气愤地训斥他："你打起仗来就像个总督一样。这是我教给你的吗？天哪！你这是从哪里学来的？真是荒唐至极！"拿破仑不断指责并劝告他，"在战场上，没有皇兄，也没有威斯特伐利亚的国王，只有听将军指令的部队。"如果说拿破仑天生善于在不同的角色中自由切换，那么架空这个国王，让自己成为将军不过是弹指一挥间的事，他的弟弟也只能由着他。热罗姆总是给拿破仑留下这样一个残局，他国王的头衔也只能留在卡塞尔了。果不其然，皇帝的处罚如闪电一般地来了，热罗姆失去了军队指挥权，将军队交由朱诺将军管理。

奥地利战败以后，拿破仑重新划分了一次疆土。威斯特伐利亚得到了汉诺威（Hanovre），却失去了大量的皇室土地，而这些土地都落入了拿破仑的手里。除此以外，热罗姆被迫扩充军队力量，因为面对被吞并的威胁，热罗姆别无他法。然而，1810年年末，热罗姆收到了一份新的国家地图。展开地图的那一瞬间，他就惊呆了。在他不知情的情况下，他的国土被大幅削减。在杜伊勒里宫，奥斯特利茨战役的胜利者吞下了威斯特伐利亚11个大省中的3个。热罗姆就这样失去了汉诺威的一半土地，以及他通往波罗的海的唯一通道。这真是当头一棒的打击。然而，分割一块土地总比全部被吞并好。连抗议都不敢，无奈的他只能垂头丧气地去参加分割他的脆弱王国的会议。在巴黎，法国的皇帝因年轻的皇后为世人诞下罗马王的喜悦而在大街上巡游。国土的分割动摇了热罗姆，他犹豫着要不要去参加这个孩子的洗礼仪式。直到收到皇帝生硬的提醒，他才同意打包行李出发。深受折磨的卡特琳不愿意参加这趟旅行。暂时无法给热罗姆生孩子的她十分嫉妒拿破仑。“我多么羡慕他此时的喜悦啊！”她叹息道。即便威斯特伐利亚王位的继承人迟迟未出现，她对丈夫的情感却有增无减。就像她日记里这几行写的一样：“我们之间的情意一点儿都没有增加。但是，自从我们将彼此认作自己人生中不可或缺的另一半以后，他好像拿出了什么我不知道的，却更亲密、更感人的东西。”这对夫妻没有在艰难的考验中被击垮。最好是这样，因为马上，他们就要面临更可怕的折磨。

患难中的夫妻

1812年3月8日，一份通告从法国传来，命令国王：“马上带少量人微服来巴黎，待两到三天，再立即回到军队。并让皇家护卫队带着你的行李出发前往哈雷（Halle）。”命令来自拿破仑，他这一次又在策划什么呢？“我都说不出这个消息让我多么困扰。”卡特琳写道，她从未如此担忧。在整个宫中都相信他去了哈雷之时，热罗姆停下了所有手中的事，按照拿破仑的命令立即出发去了巴黎。一到巴黎，他就明白了事情真相。原来，拿破仑正在密谋向俄罗斯进攻。几周以后，他的大军就要跨越尼曼河（Niémen）向俄罗斯出击了。热罗姆被任命指挥法军右翼超过4.5万人的兵力。这是一项极为重要的任务，拿破仑预谋夹击俄军，再让他弟弟的军队向其中挺进。

而热罗姆要想快速拿下沙皇的部队，就必须敏捷精准地作战。6月末，指定的猎物出现了，那就是巴格拉季昂（Bagration）的军队。但是，战斗一开始，热罗姆手下军队的步伐就慢得令人绝望。俄军逃脱包围，他的先锋部队甚至都没有开火的机会。终于，7月10日，他率领的波兰骑兵部队看到了穿着绿色制服的俄军部队，但是后者马上就在对垒中占了上风，热罗姆的军队完全无力阻止对方的行进。热罗姆的迟缓让拿破仑怒火中烧，又一次朝他发火。拿破仑没有意识到：这个地区遍地沼泽，他那些大胆的计划只能被扔进水里。而他却将这次失败全部怪罪在弟弟的身上，准备剥夺他的指挥权。

1812年7月14日，当热罗姆正在研究地图时，一个信使忽然打断了他的沉思。读完这封信，国王的脸立即就变了颜色——他的军队被划分到达武将军的麾下。这件事沉重地打击了他。他立即收拾好行囊，退出了他的军队。在信中，他苦涩地告诉卡特琳："如你所知，这都是皇帝的命令，或者说至少是他的意愿，我将不再指挥右翼军队……我也绝不愿意听命于随便哪一个人。"对此，拿破仑尝试着劝导他，向他保证这只是为了军队的纪律，绝非任何个人处罚。他冷淡地叫弟弟回到自己的王位上去，但热罗姆明确地拒绝了他。在必要的时候，拿破仑冠冕堂皇地无视自己为弟弟创造的头衔。在他眼里，无论是国王还是部长，都能够再次成为对自己俯首帖耳的下属。热罗姆早已膨胀的头颅再也受不了这个他认为箍得太紧的王冠。他拒绝继续受到哥哥粗鄙的斥责。从1807到1809年，他都咬紧牙关坚持了下来，但是这一次，他坚定地带着自尊和傲气公然出走。这份羞辱伤了他的心。但是，在大战期间一走了之也不是一个理智的决定，他的离开，让手下的威斯特伐利亚军队迷失了方向。8月中旬，当热罗姆狼狈地回到卡塞尔时，拿破仑尚不知情——皇帝的军令，还不断涌向那早已空荡的指挥部。这时他才知道一个可怕的消息，俄军彻底逃脱了拿破仑联军的包围。每一个灾难性的消息都让热罗姆的面孔再一次拉长。不堪重负的王后甚至没有力气去继续写她的日记。

从俄罗斯的冰雪地狱回来后，拿破仑对眼下的灾难形势没有任何隐瞒："大军里的威斯特伐利亚军几乎不复存在，这将在明年春天引起一个更大的隐患。"在危急之时，拿破仑忘记了一切冤仇，向弟弟请求了支援。眼看战争就要开始，热罗姆历尽千辛万苦也才招募到一个能够战斗的营。这些缺乏经验的新兵拖着步子去战斗，还对这场战争的起因产生了怀疑。与此同时，俄军正在普鲁士士兵的帮助下，推进到德意志境内深处。3月，柏林沦陷。而在威斯特伐利亚的北部，哥萨克人正在战场上奔驰。都城卡塞尔受到威胁，王后乔装逃难到了巴黎。热罗姆的政权摇摇欲坠，眼看就要被推翻。1813年4到5月，法方在吕岑和包岑取得的两次胜利给了人们一丝希望。但夏天的休战一结束，奥地利就开始全力出击，热罗姆和拿破仑的宫中上上下下都焦头烂额。正如我们所料，明亮华丽的宫殿一时间变得一片狼藉，只有几个忠心耿耿的人陪着他一路到了法国贡比涅的城堡，在那里，卡特琳已经在等着他了。在慌乱的逃难途中，他直接无视了拿破仑劝说他留在拉沙佩勒（Aix-la-Chapelle）来镇住敌军的命令。难道这一次他要放弃了？事实上，这场不幸刚刚开始的时候，王后的肚子就已微微凸起。终于，他们的继承人要出世了。

沉浸在家庭的幸福中，这对夫妻自然忽视了他们在王宫中需要承受的一切重担。他们认为贡比涅太寒冷空旷，还为自己挑选了一个新的住所，将外界风云抛在了脑后。不难相信，他们大概是打算享受宁静的退休生活了。可是他们周围的一切都在逐渐崩塌。尽管拿破仑认为他们疏远的态度太不合时宜，对其的怒火也与日俱增，但这对未来的父母对此全然不顾。他们看中了两个奢侈的“育儿所”——法国的斯坦（Stains）城堡和维朗德里（Villandry）城堡。此时，敌军正要跨越莱茵河，拿破仑又将里昂的军队指挥权交给了热罗姆。集合时间到了，他希望能够调动各方面的力量。如果要重新换上将军的制服，热罗姆就要从他温暖舒适的皇家套房中走出来。丧权的国王还不愿意从皇帝给他搭建的高台上走下来。而且，一想到又要在泥泞的战壕中重新锤炼自己，他的心中就打起了退堂鼓。最后，他礼貌地拒绝了这份迟来的补偿。此后，他就像一个在喧嚣的巨浪中虚脱的游人一样，徘徊在沉没的边缘，在他金色的船舱里，怨恨着那个让他落入如此境地的船长。

然而，突如其来的巴黎投降的消息，还是让热罗姆重新回到了悲惨的皇室队伍。1814年4月初，一行人一同前往布卢瓦（Blois）。在弗朗索瓦一世的城堡里，波拿巴一家贪婪地瓜分着王朝覆灭以后得以挽救回来的几百万财宝。这就是王朝覆灭的悲怆结局。仔细清点好债务以后，热罗姆像一个认真的会计一样向他们追债。在布卢瓦，他还收到了一笔退伍金。在巴黎，卡特琳王后求见战胜方，请求和丈夫回到他们的王国，还天真地想要拿回他们在拿破仑统治时期的宫殿。但所有人都将她拒之门外，包括她的亲兄弟——符腾堡的亲王。只有一个俄罗斯的大臣文森格罗德（Wintzingerode）给了她唯一的建议，那就是尽早离婚。战败的事实让昔日王朝的幻景风吹云散，现在，他们终于摆脱了拿破仑的控制。此时，欧洲的各国君主也在盘算着与波拿巴家族划清界限。当然，他们的内心深处从未停止过对波拿巴的厌恶。在这些厚颜无耻的人面前，卡特琳王后气愤地表明自己绝不会抛弃丈夫。“我爱上了他，现在的我正怀着他的骨肉，他七年来的关怀给我带来了许多幸福和快乐。”她愤慨地对父亲说道。这份感情也将她牵连到了政治中，两个人就这样被流放他乡。

幸亏沙皇亚历山大承认了热罗姆的护照，将他放行到瑞士。卡特琳随着大篷车车队离开了巴黎。车里装满了夫妻俩的行李，尤其是以黄金和钻石为主的财产。两人的车队竟神奇地在途中遇到被放逐的拿破仑的车队。他们的路途是朝着不同的方向，但两队人马却拥有着同样的悲伤。在弗罗萨尔（Frossard）驿站，王后还遇到了一件糟糕的事。一个叫作莫布赫伊（Maubreuil）的落魄冒险家将手伸向了她车上的十几个珍贵的首饰盒，他声称是以新政府的名义，将她的首饰和宝石全部收入了囊中。王后马上就向沙皇发出了声讨。在沙皇的调查和介入下，骗局终于被揭露，罪犯也被捉拿归案[1]。最终，一部分的首饰和宝石被交还到了卡特琳的手中，但在等待审讯的时间里，还是损失了大量宝石。尽管遭遇了这次不幸，但自布卢瓦的财产分配以后，这对夫妇的钱匣子依然算得上富足。

非凡的复兴之路

我们都知道，热罗姆只是短暂离开。直到他再次回到法国并且迎来了滑铁卢的悲剧后，他才真正退出政治舞台。1815年夏天，这个拿破仑曾经的海军中尉以一个化名和一个酒商的身份在外漂泊，不知自己能去向何方。

---

[1] 被控告卑劣地偷窃了王后的财产后，莫布赫伊紧接着声称自己是被派来暗杀拿破仑的，就是为了不让自己落下一个拦路抢劫的强盗名声。这个没有证据支撑的说法一直在描写 1814 年事件的众多著作中流传。

到处都是愤怒的胜利者，热罗姆联系到了自己的岳父。岳父向他保证能够让他在符腾堡的土地上衣食无忧。但是他忽视了一点，这份承诺也是一场囚禁。事实上，大腹便便的符腾堡国王内心极其憎恶拿破仑百日王朝的复辟。在富歇的警力维护和一位符腾堡陆军上校紧密的护送下，热罗姆在8月离开了法国。等待着他的，是一场长达三十二年的流放，“比路易十六的兄弟还要长八年。”热罗姆的传记作家雅克－奥利维耶·邦东（Jacques-Olivier Boudon）写道。在格平根（Göppingen）与卡特琳相聚后，他们被送到了一个地势险峻的地方。简朴的埃尔万根（Ellwangen）城堡成了两个人的新家。被幽闭在与世隔绝的地方生活，夫妇俩只能去城墙之间荒芜的沟槽中呼吸一丝自由的空气。但是，又怎么好质疑岳父的安排呢？除此之外，符腾堡国王还要求他的女婿向他交代自己的资产数额。愤怒的热罗姆自然是拒绝了他，这直接导致了他们城堡周围的看守又增加了一倍。最终，他只好承认自己有350多万法郎的资产[1]。这其中有一半都是钻石，是这个冒险者在不断地漂泊和奔波中保留下来的。然而他的财富马上就要被耗尽了。

离开符腾堡以后，热罗姆和卡特琳在奥地利一个豪华舒适的套房里一直相伴生活到1819年。夫妇二人对身边人慷慨大方，又买下了奥地利南边的舍瑙（Schönau）城堡，于是他们那些小袋钻石也一袋接一袋地消失了。在获准回到意大利的的里雅斯特后，热罗姆又一次沉迷于一座漂亮豪华的卡西斯（Cassis）城堡，他不顾奥地利外交大臣梅特涅的愤怒和反对，买下了它。总的来说，波拿巴家的这一位所受到的责罚仿佛一直都很柔和。在这座住满法国移民者和意大利艺术家的宫殿里，热罗姆又恢复了和同样丧

[1] 比起当时法国人均年收入的1000法郎，这是一笔相当可观的数额。

失了职权的富歇的来往。就在这座豪宅里，王后又生下了两个孩子。1820年生下了玛蒂尔德公主；1822年生下了拿破仑·热罗姆（Napoléon Jérôme）王子。在的里雅斯特的阳光下享受了一段幸福时光后，这个家庭终于能够在1823年回到罗马。拿破仑去世以后，波拿巴家族才得以稍微松了一口气。

在流放生涯中，昔日的冒险者化身为蒙福尔（Montfort）伯爵，享受着甜蜜的家庭生活。一连串的革命正在动荡着欧洲大陆，也摇醒了梦中的热罗姆。而此时，他已经变得谨小慎微。1830年，欧洲到处响彻支持拿破仑二世复位的声浪，他却无动于衷。他向哥哥约瑟夫承认，他更欣赏法国七月王朝的君主路易－菲利普（Louis-Philippe），甚至认为君主立宪制不乏自己的优势。尽管一直怀念他的德意志王冠，他却并不认为波拿巴的后人们能够做出什么壮举。而当路易的儿子们[1]激怒了教皇时，热罗姆不得不离开罗马，他心中并非没有埋怨。"如果皇帝本人能够看到，本该成为这个王朝支撑力量的侄子们，先是买通教皇换取给自己全家的庇护，随后又抄起武器来反对教皇，他会说些什么呢？"他责骂着这些厚颜无耻的侄子。但这一切都是相对的。拿破仑难道会不鼓励他们振兴家族东山再起吗？事实上，热罗姆不能原谅的其实是他们轻率鲁莽的行为影响到了自己舒适的生活。确实，当俄罗斯等封建势力保证了他的地位和金钱时，热罗姆已经很难再找回当年的革命热忱。后来，他也没有远离罗马。他定居在佛罗伦萨，继续挥金如土，就像大家所习惯的那样。

这段无忧无虑的生活里也穿插着几次旅行，先是斯图加特（Stuttgart），然后是瑞士、比利时，甚至远至伦敦。当他回到威斯特伐利亚的时候，曾

[1] 即日后的拿破仑三世和他的哥哥拿破仑－路易·波拿巴。两人都曾投身于意大利的独立运动，并反对教皇的统治。——编者注

经的国王在夜里深思：他得到的一切，与自己的身份地位是相匹配的，这就能够解释为什么他倾向于将自己的不妥协埋在心中了。在比利时航海旅行时，他指给儿子普隆－普隆（Plon-Plon）[1]看当年滑铁卢的战场。可以想象得到，这位经历复杂的父亲讲故事时，小男孩的兴奋与陶醉。但是，一场悲剧让他悠闲的生活顿时黯然失色。1835年11月29到30日的夜里，卡特琳离开了人世。在最后弥留之际，她还保留着对丈夫的温情："这世上我爱得最深的就是你，热罗姆。"说完这句话，她就断气了。尽管妻子离世对他打击很大，但热罗姆还是很快就走出了阴影，投入一位充满诱惑的侯爵夫人巴尔托利尼·巴尔代利（Bartolini Bardelli）的怀抱中去了。现在，他不会再背负不忠的罪名了，虽然二十八年来，在与卡特琳的婚姻里，这个执迷不悟的风流男人没少在肉体上背叛她。

七月革命爆发时，他迅速请求回到法国，但并未成功。没有放弃希望的他在1847年又向议院递交了一份感人肺腑的请愿书："如今，皇帝的兄弟们都已离世，唯独剩下我一个，希望可以向祖国倾诉自己的心愿。在我人生的最后阶段，我想在进入坟墓之前，能够尽一个公民和一个父亲的义务，重新回到这个我爱它超过一切的祖国。"由于消息的传达和通告组织得非常好，他赢得了大家的同情，并且通过拉马丁（Lamartine）找到了杰出的律师，还结识了维克多·雨果以及非常有威信的奥迪隆·巴罗（Odilon Barrot）等人。最后，路易－菲利普允许他入境法国。1848年3月，维克多·雨果与热罗姆见面。"他的声音非常温柔，笑容十分迷人，有一些腼腆。他的头发花白而顺滑，从面孔上能看到那么一点儿皇帝的影子。"雨果

[1] 也就是卡特琳最小的儿子拿破仑·热罗姆亲王。——编者注

回忆道。尽管雨果很享受两人的谈话，但他并不赞赏热罗姆的自命不凡。“他的身上流露出一种虚荣，还有一些傲气。”他同时这样描述道。年过六旬的昔日国王渴望再次行走在首都的街道里，回忆那些光辉的岁月。在卢浮宫西南端的花廊边散步时，他穿过侍卫的防守，在众人惊讶的目光下冲到了杜伊勒里宫前。宫殿台阶上的守门人抓住了他，让他解释自己的行为。“怎么啦？我回自己家啊！”没落的亲王镇定自若地答道。而不久之后，波拿巴家族的人就重新夺回了他们往日的金色宫殿。一场革命推翻了路易-菲利普的统治，法兰西第二共和国在死去的君主立宪制度上重生了。总统选举马上就要开始，拿破仑的名字一时之间成了众人谈论的焦点。作为一家之长的热罗姆会去尝试这场选举吗？事实正好相反，他曾经是国王，又怎会愿意只做一位总统呢？而与此同时，他更乐意支持他前途无量的侄子并充当其担保人。很快，他们的竞选成功了。

选举的获胜让这个曾经的流放者感到非常欣慰。此前他的挥金如土让他的回法之路变得非常窘迫，只有他的面孔在提醒着人们他从前作为国王的尊贵。现在得益于他当了国家元首的侄子，他轻松地拿到了令人垂涎的职位——荣军院的院长。在那里，他还能找到那些精锐的老兵叙叙旧。除此之外，他还得到了一个宽敞的公寓。这些优待终于让他重温了旧日的辉煌。于是，他又变成了巴黎社会一个重要的角色，还有了新的情人。满头红发的普朗西（Plancy）夫人替代了此前的巴尔托利尼侯爵夫人。在此期间，他还被提升为元帅，这也激怒了很多比他更有能力的人。不过，与其说他十分看重这些荣誉，不如说他更喜爱的是这些头衔带来的金钱。当他知道军政部恢复了他曾经的军衔以后，他认真地计算了一番，便理所当然地去讨要他这三十二年来的军饷了。元帅光辉的形象一下子就被他的斤斤计较给毁了。最终，他的请求在财政部复杂的手续中被渐渐遗忘。虽然如此，1852年12月2日帝国重建之后，还有一笔油水丰厚的奖励金正等着他。

一年前侄子的暴力夺权，让本质为正统派的热罗姆大吃一惊。“我以我哥哥的身后之名给你写信，因为我与你都对内战深恶痛绝。请你信任我多年的经验，也请不要忘记整个法兰西、整个欧洲，还有你们的后代，都将会对你们的所作所为做出审判。”他在政变发生的第二天严肃地写信给侄子。新的皇帝或许礼貌地看完了他的信，但只会傲慢地忽视他的意见。话说回来，不管是他的哥哥掌权还是他的侄子掌权，在政治上，热罗姆的话语从来都没有什么分量。在第一帝国时期，他只是个戴着王冠的纨绔子弟。在第二帝国时期，他也只是留下了一个遵规守纪的形象，尽管当选为上议院的议长，但他从未参与到国家的重大决策中去。他能做的就是在宫廷里的各大仪式上，体现出一个深深扎根在法国土地上的朝代的延续。在某种程度上，过去的历史巩固着今日的统治，而这正好可以从这个令人尊敬的老人身上体现出来。谁还记得他曾经是个稀里糊涂的国王，或者说是拿破仑的君主培训班里成绩最差的学生呢？从此以后，所有关于传说中的第一帝国的事情，仿佛都变得神圣起来。

1853年，热罗姆离开了荣军院，来到了皇家宫殿（Palais-Royal）。新的皇帝准备了充足而可观的预算，将默东（Meudon）城堡赠予了他。作为哥哥的守墓人，热罗姆也参与了宏伟壮观的拿破仑墓的建造。我们今天可以在荣军院参观这一陵墓。墓穴于1853年完工，一直到1861年4月才对拿破仑一世的后人开放。他的侄子曾考虑将墓穴迁到圣德尼（Saint-Denis）大教堂，而热罗姆向他的侄子强调他母亲的遗骸必须体面地埋葬。在他的介入下，拿破仑三世又在阿雅克肖建造了一个圣约瑟夫（Saint-Joseph）礼拜堂，把曾经安息在城市主教堂的皇室成员的骨灰都转移过去。这些杰出人士的遗骸今后则将分葬在两个墓地。皇室的这一举措，让他们落叶归根，使作为王朝摇篮的科西嘉岛终于不再被遗忘——即使波拿巴家族“真正的圣德尼”[1]只可能在荣军院。1847年，热罗姆的大儿子去世，被葬在了阿雅克肖。而热罗姆则因一场严重的流感几个星期都卧床不起，终于在1860年6月24日，这位昔日的国王在亲友的陪伴下，离开了人世，享年76岁。他并没有留下什么历史性的话语来总结他这非凡的一生，只是安静地将自己的灵魂交还给了上帝。当这个曾经十分荒唐的人物变得静默无声时，没有人感到惊讶。他的葬礼非常隆重，由他的另一个儿子操办。在拿破仑·热罗姆亲王的带领下，一行壮观的送葬队伍将他从皇家宫殿带到了荣军院。后来，在众人沉默的注视下，他的棺材随后被安放在圣热罗姆（Saint-Jérôme）礼拜堂。从此，他便安息于此。[2]他是这一代波拿巴里最小的那一个，也是最后离世的那一个。如同不可思议的命运，热罗姆在法国和美国的后代都将繁衍壮大。

[1] 圣德尼大教堂是法国王室的墓地。——编者注

[2] 在整治荣军院存放尸体的地下室之前，在他的陵墓建造期间，热罗姆的遗体曾在荣军院的地下墓穴存放了一年，随后才正式被安葬在圣热罗姆礼拜堂。

第九章 | 被诅咒的拿破仑二世

在去世的前几日，“人民之子”可能会这样总结他的一生：“我的出生和我的死亡，这就是我的一生。从我的摇篮到我的坟墓之间，只有一个大大的零。”维克多·雨果笔下的小“雏鹰”艾格隆为统治而生。在他出生之际，他的父亲和其治下的人民，都在等待着他的诞生。人们议论着：“一个伟大的人物就要出世了。”这位罗马王，本该是一位伟大的皇帝。然而命运却不是这样决定的。作为权力操控下的政治玩具，这个拥有天使脸蛋的小家伙自出生起就成了一个囚犯。他的一生既失败又可悲。而且，当他的遗体在纳粹旗帜的阴影下回归故里时，亦像是一场可怕的梦。就仿佛是德国黑色电影艺术家弗里茨·朗（Fritz Lang）[1]替维克多·雨果写下了艾格隆故事的结局。

1938年11月10日，在柏林，《强硬报》（*L'Intransigeant*）的记者雅克·伯努瓦－梅尚（Jacques Benoist-Mechin）是一个坚定的保守派，刚刚做完“历史上法国军队和德国军队面对面比较”的讲座，就接到了德国外交部长约阿基姆·冯·里宾特洛甫（Joachim von Ribbentrop）的邀请。不错，德国的将军们十分欣赏这次讲座；但是，仅仅因此便被希特勒的红人看中，

[1] 1931年，弗里茨·朗导演了电影《M就是凶手》（*M. le maudit*），这是一部关于绑架的电影，谴责了当时德国不断加剧的社会危险。

还是有些匪夷所思。所以，当他来到著名的威廉街（Wilhelmstrasse），即德国的外交部时，伯努瓦－梅尚仍然摸不着头脑。他马上就见到了外交部长。简短的希特勒式问好后，部长就向他问起了巴黎人民的态度：当他下一次到访巴黎时，巴黎群众会热情地欢迎他吗？记者很直接地回答了他："我不想让您失望，部长先生。但是您恐怕不会受到您想象中那样的招待。"尽管这是一个亲德记者，但他的回答还是让这位平日里十分自信甚至自以为了不起的里宾特洛甫部长有些不知所措。"法国人民都被纳粹党的暴力政变吓坏了。"伯努瓦－梅尚解释道。"为了改善在法国民众眼中的形象，德国需要为此做出一些举措。"他又补充说。"您认为我应该给法国准备一个怎样的礼物呢？"部长马上问道。记者一下子就有了一个主意："把罗马王的灵柩还给我们吧……我的意思是正埋葬在维也纳皇家墓穴的赖希施泰特（Reichstadt）公爵的遗体。您一定知道拿破仑有多爱他的儿子，他是多么渴望在去世前再见他一面。在《圣赫勒拿岛回忆录》（*Le Mémorial de Sainte-Hélène*）里，他几乎每一页都会说起他。您绝对想象不到，小雏鹰的形象在我们法国是多么重要！"

作为拿破仑的一个仰慕者，父亲又是帝国的一名行政官，伯努瓦－梅尚有些天真地认为，他可能找到了一个缓解法德关系不和的方法。自从"雏鹰"这个角色在1900年被埃德蒙·罗斯唐在同名戏剧中创造出来以后，就极受大众的喜爱。"罗斯唐两次上台致敬。如果他愿意，明天他就是法国的国王！"朱尔·勒那尔（Jules Renard）曾这样评论。从此以后，即使作者突然在一场西班牙流感中丧生，这部戏的成功也从未被中止过。在这个剧本的基础上，一共有三部改编电影，第三部上映于1931年。同年，还有一部德国版的电影也开始了拍摄。里宾特洛甫在和这位法国记者会面后，并没有答应这个请求。这样的一个举措在他看来还是有些过于感情用事，尤其是没有什么实际的政治意义。但是，纳粹党在法国的领导人奥托·阿贝茨（Otto Abetz）却认为这对于法德关系的缓解是一个非常不错的想法，可以通报给元首。的确，纳粹的独裁者听后也持相同观点，甚至直接下令附庸国奥地利着手准备遗骨归还事项。然而，当墨索里尼知道这件事情的时候，坚决表示反对，险些造成一次外交事故——他认为拿破仑的故土本是意大利，所以担忧这一举动会激起科西嘉岛民热爱法国的情绪。在意大利法西斯同盟的不妥协面前，希特勒只好放弃了这个计划。即便如此，一年过后，当法国与德国之间的战火终于熄灭之时，他还是重新提起了这件事。

在与法军对抗取得胜利后，希特勒想要参观一下巴黎。1940年6月23日，希特勒在布尔歇（Bourget）着陆，并开始了他仅持续几个小时的游览。在巴黎歌剧院的顶层停留欣赏了一会儿后，他又去了荣军院参观拿破仑之墓。虽然他一副心不在焉的样子，但是巨大的石英斑岩的棺材仍使他印象深刻。片刻的沉思过后，他决定将皇帝儿子的遗体送还到这里。“他觉得归还遗骸的举措会是绝妙的一笔，很可能促进与法国人民之间的和解。于是他下达了命令将赖希施泰特公爵的遗体送到巴黎并安葬在他父亲的旁边。”希特勒随行的一员，雕塑家阿尔诺·布雷克尔（Arno Breker）证实道。此间，奥托·阿贝茨被任命为德国驻巴黎的大使，负责为12月的行动做协调工作。12月11日凌晨1点，刚刚摆脱了监禁的伯努瓦－梅尚家里的电话响了。打电话的是阿贝茨。“法国人最大的心愿就要实现了。”他在电话里说，“艾格隆要回到法国了。”惊讶的记者还以为这是一个玩笑：“您在跟我开玩笑吗？”阿贝茨确切地告诉他：“我是认真的。元首决定了在拿破仑一世遗骸回归一百年之际，将罗马王的遗骸送回法国。”剩下的，就是把消息传达给法国的当权者了。

1940年12月10日，一封希特勒写给贝当（Pétain）元帅的信送到了马提翁宫（Matignon）。里面是归还艾格隆遗骸的官方声明。当时的副总理赖伐尔（Laval）是第一批了解这个消息的人之一，他欣喜若狂。对于强烈支持德法关系的他来说，这一举动就是德意志元首“崇高”的体现。要知道，自从开始与德国合作以后，法国得到的回报一直都很少。然而，这或许就是一份德国给法国的真正回报了。为了归还遗体，德国当局强烈要求凡尔登战役的胜利者在场。而在法国元首所在的维希（Vichy），这个消息就没有那么振奋人心了。当时，贝当与赖伐尔之间的不和睦与日俱增。年迈的元首嫉妒赖伐尔享受的那些微不足道的特权，非常不信任这个狡诈的副手。怎么知道他在这些德国人面前，会不会要一些手段来逼迫自己退位呢？

在这种复杂的环境下，贝当元帅阅读了德国元首的信：“元帅先生，12月15日是拿破仑的遗体移至荣军院的百年纪念日。我想趁这个机会告诉您，元帅先生，我决定将赖希施泰特公爵，也就是拿破仑的儿子的遗体归还给法国人民。让他离开他度过了悲惨一生的异乡，回到祖国，回到他尊敬的父亲身边。”在他父亲的遗体回归的百年之际，艾格隆在身着黑色制服的纳粹党卫队的护送下回到了巴黎。回到维希后，赖伐尔坚持要元帅同意去巴黎参加仪式。他相信，仪式之后，德国人会让贝当搬到凡尔赛宫——这是另一个展现两国和解的动作。在贝当的阵营里，人们从很远就能嗅到一场阴谋的气息。“在这场极富法德协作色彩的象征性仪式之外，贝当一伙看见的，是一个让赖伐尔把元帅孤立在凡尔赛宫的机会：赖伐尔打算使元帅远离他的部长们，再给他强加一个由极端主义者组成的新政府，从而诱使他立即加入法德同盟的计划。”历史学家乔治·普瓦松（Georges Poisson）强调道。但是当天，赖伐尔就被免职软禁在了家中。紧接着，贝当就告诉希特勒，他不会去巴黎，并且指定了达朗（Darlan）将军作为代表。

德国的元首自然觉得受到了极大的羞辱：不仅他在法国的一个亲德派主力被软禁了起来，而且元帅拒绝了他的邀请。在贝当回复给希特勒的信里，元帅首先礼貌地表示了谢意，并形容他的这一举动“让全体法国人内心都深受感动”。随后他向元首告知了他新建立的政府一事，以及对赖伐尔的免职。不过，尽管得知贝当毁约，但此时若想要撤销归还艾格隆遗体的决定，已经太晚了。正当元首提笔写信要取消此事时，纳粹党卫队和纳粹冲锋队的人已经下到哈布斯堡的地下墓穴里去了。他们甚至没有经过几个世纪以来看守墓穴的嘉布遣会（capucins）修士的同意，就打开坟墓取出了沉重的灵柩。修士们尝试制止他们，但无济于事。他们能做的，仅仅只是为被送到柩车上的遗骸祈福。这一天实在不走运，匆忙间，纳粹们忘了罗马王的心脏还存放在另一个盒子里。第二天，《新维也纳日报》（*Neues Wiener Tagblatt*）就激动地报道了这个消息：“元首让法国人梦想成真了。与赖希施泰特公爵的告别在一片高贵和宁静的氛围中进行，公爵以一种不引人注目的方式穿过了这座他安息已久的城市……四匹黑马带着灵柩走过了皇家墓穴前的那条街，以最短的路径向维也纳西火车站驶去……在这长长的一段路上，或许有路人注意到了这支不寻常的队伍，但是没有人会知道他们带走的正是拿破仑那不幸的儿子。如此漫长的等待过后，他终于要回到他的故乡巴黎了。”在随从人员精心的护送下，黑色的车队来到了火车站，等待一辆特别的火车。12月12日的夜里，在一节专门打造成告别室的车厢里，艾格隆离开了维也纳。两天过后，他们到达了巴黎东站。当24个人努力地抬着重达800千克的灵柩时，巴黎的天空中大雪纷飞。在巴黎的街道上，车队带着拿破仑之子进行了阴森的巡游。广场和大道上空无一人。黑暗的夜里，路上堆满了积雪。在一片凄凉的寂静之中，车队经过了杜伊勒里宫——一百二十九年前这个孩子出生的地方，这是一段仿佛比永久还要久的时间。

深夜里的这队人马，正在上演“火把的微光下，一场秘密的悲剧”，乔治·普瓦松如此写道。一种愤怒、难过以及哀悼的气氛笼罩着他们。达朗将军在冰天雪地的大街上扫除积雪，带领着队伍前进。他们已经走了一个多小时。萨沙·吉特里（Sacha Guitry）在场，还有许多帝国皇室的后代也被邀请来参加这“令人难忘”的仪式。现场还有一些迟来的记者，以及历史学家安德烈·卡斯特洛（André Castelot）。终于，遗体在凌晨1点被送到了荣军院的大门口，仪式就要开始了。“场面简朴而宏伟。狂风吹散的雪花席卷过空旷的庭院，两排噼啪作响的火把照亮了一条明亮的通道，一直通向大门敞开的殿堂。在殿堂深处，人们仿佛能感受到拿破仑的真实存在。这位父亲正等待着从3岁起就被人夺走的儿子的归来。”几日后，法国《画刊》（*L'illustration*）夸张地报道。为了讨好读者，这份卑躬屈膝的报纸甚至认为，作为法国地位陨落的可悲化身，在他的身上有着一种诗意。20名德国士兵随后将灵柩抬上了高台，随即离开。《战场上》（*Aux champs*）的军歌响起，瞬间打破了寂静。随后，12位共和国的侍卫将艾格隆放到了主祭台的台阶下。“白色的烟雾呈螺旋状从金色的焚香炉中冉冉升起。拿破仑二世就躺在一块点缀着皇家蜜蜂图案的紫红色地毯上。”乔治·普瓦松记述道。人们为他做了一个简短的弥撒。随后，现场的参与者就纷纷离开了。几乎没有人说话，就仿佛大家都做了一场奇异的梦一般。接下来的几天，首都的墙上到处都被人写上了一些可怕的话语：“他们把木炭夺走了，却只还给了我们灰烬！”显然法国人民并没有上希特勒的当。艾格隆的结局就是这么可悲，这个孩子本该拥有非同寻常的一生。

新恺撒的到来

这位不幸主角的故事也是从12月15日开始的。1809年的这一天，他的父亲与他多年来的荣誉伴侣——不能给他生孩子的皇后约瑟芬分开了。这场婚姻关系的解除，让拿破仑能够迎来一段新的婚姻，并期许这场新的结合能够给自己带来一个继承人。为了让政权延续下去，这个伟大的帝国需要一个能够生育的女人。就在与拿破仑结婚后的几个月里，奥地利的公主玛丽－路易丝幸运地怀孕了。这是冲动而焦虑的拿破仑多么渴望的事啊！一见到新皇后，甚至还没有举行结婚典礼，他就急不可耐地享用了这场目的性极强的婚姻。当然，他的道德品行并未受影响。因为几个星期以前的维也纳，两国的大使们就已经在这件事上交换了意见。选择迎娶哈布斯堡的公主，基本上自然而然地成了一项必须完成的任务。而站在政治角度，与奥地利皇帝的女儿结婚，也能够让法国回归到外交政治主动平等的地位上。路易十五精明的外交大臣舒瓦瑟尔（Choiseul）说过，与这个占据欧洲中部的强大帝国结盟，不仅能够稳定欧洲，还能像牵制普鲁士一样地牵制俄罗斯的野心。

对于一直都在追求高贵血统的皇帝来说，与哈布斯堡王朝结盟对皇室血统是很有益处的。在他未来子孙的血液里，还将会流淌着一部分波旁王朝的血统（玛丽－路易丝也是路易十四的后裔）——一个在法国历史上受人尊敬的血统，联结着拿破仑一直效仿的那些前辈。而玛丽－路易丝的父亲，是奥地利帝国的第一位皇帝弗朗茨一世，也是神圣罗马帝国的末代皇帝。能与这种西方帝王的皇族世系挂上钩，未来继承人的德意志血统将会得到巩固。而且，如果向上追溯他的家族谱系图，我们会发现上面还有查理五世，甚至查理大帝的名字。这些血统混合在一起，拿破仑的儿子将会成为一个新的恺撒。法兰西皇帝的这个设想不仅在外交政策上十分精明，对于波拿巴家族在欧洲的血统遗传亦是相当绝妙。而皇帝狡黠的敌人们不会不理解这一点。他最顽强的对手——当时的里尔（Lille）伯爵，路易十六的弟弟——也被这个“恐怖的消息”所震惊。“我的血液在冻结。”他对周围人说道。有着如此强大的血统，如果再继承了他父亲的才能，法兰西第二位皇帝必将建立一个经久不衰的帝国。为了展现他显赫的谱系以及法兰西帝国与古罗马帝国的直接结合，拿破仑给了他儿子“罗马王”的称号。

每个大人物的出场，都将伴随一场重要的典礼。1810年2月，人们就开始准备罗马王的出生仪式了。拿破仑并不喜欢旧制度时期皇室在公众面前分娩的场面。这种环境下很可能发生一些难以预料的事故。并且出于羞耻心，他规定了生产日那天人们进入皇后卧室的各项限制：比如，卧室的门必须保持关闭。此外，他摒弃了一项传统：如果出生的是男婴，他就要一手握着剑，一手抱着孩子展示给公爵们看。在最终的计划里，一旦皇后开始第一次阵痛，会收到通知的有：最尊贵的公爵、宫廷内的大臣、部长、王朝官员以及宫廷的男女管家。男士们被要求盛装出席，女士们则需着华丽的宫廷裙装前来参加仪式。而分娩时，只有拿破仑的母亲莱蒂齐娅、管家夫人、皇后的女伴以及侍女们才能留在皇后的房间里。其他人都得按等级顺序在旁边的大厅等候。终于，在皇后最后一次阵痛的时候，两位证人走进了房间，见证了这历史性的一刻。那么皇帝呢？他并没有参与皇后的临盆。在战场上多次接触死亡的他刻意回避了这场仪式。

1811年3月20日，整个巴黎的民众都屏住了呼吸。根据传统，每当皇室有能够继承皇权的新生儿降生时，礼炮都会准备好——女孩响21下，男孩响100下。礼炮如钟表的节奏一样一发接一发地放了出去：18、19、20、21……当第22声响起的时候，整个巴黎都沸腾了。大街小巷都在呼喊，是个男孩！“就连在一些最荒僻的地方，例如奥古斯坦（Augustins）博物馆的花园里，人们都在为第22声礼炮欢呼鼓掌。”司汤达在他的日记中写道。一张警局的通报单上甚至还记录了一个“奇迹”：两个正在争执的农民，在听到了礼炮的响声之后立即停止了争吵，甚至在第22声礼炮后互相拥抱了起来……仿佛在和警察开玩笑似的。电报员沙普（Chappe）向法兰西的各个角落发送电报，随即这个消息就像火枪子弹一样迅速地传遍了整个国家。各地钟声响起，礼炮齐放。不过在一些新的省份，例如罗马，喜悦的情绪就没有那么浓厚了——在那里，反对教皇的专制政策让很多教徒感到心寒。但在皇室的喜庆氛围下，这些事都可以忽略不计。整个帝国灯火通明。在杜伊勒里宫，分娩前几个小时的等待相当煎熬。

3月19日的晚上，皇后第一次感到阵痛。公爵、公爵夫人、皇室成员以及大臣们都被召到了皇宫里。第二天的黎明，皇后的阵痛却又缓和下来了。拿破仑看一时半会儿没有进展，又将皇宫里的各位送了回去。由于胎儿位置不佳，拿破仑甚至这样命令助产医生迪布瓦（Dubois）：“别想着她是皇后，就把她当成圣德尼街上的普通店员来对待。”幸运的是，早上8点45分，皇后顺利完成分娩。一阵混乱过后，皇宫里终于恢复了正常的礼节。皇室的家庭教师孟德斯鸠（Montesquiou）夫人将孩子展示给国务大臣康巴塞雷斯，国务大臣确认了孩子的性别，并让皇室国务秘书圣让安热利的勒尼奥（Regnaud de Saint-Jean d'Angély）撰写了出生公证书。签好公证书，传令员就打开大门，声如洪钟地宣布："罗马王！"我们的主角终于第一次出现在了众人面前。拿破仑非常看重传统的习俗，他立刻给孩子拿破仑·弗朗茨·夏尔（Napoléon François Charles）举行了一个简单的洗礼，又在两个多月以后，完成了教堂里的正式洗礼仪式。与旧制度时国王与王后只能坐在楼厅上观礼的传统相反，皇帝坚持亲自将孩子抱到洗礼盆的上方。他希望采取这个资产阶级的形式来将自己与他们区别开，以彰显他的君主制度不是来源于神权，而是来自人民的意愿。

洗礼仪式的这一天，皇帝丝毫不在意开销。6月9日早晨，皇室庆典部门的传令员给在巴黎街头的人群分发了专门为此次典礼制作的2万枚银质纪念章和500枚黄金纪念章。在圣克卢公园，他们组织了数量众多的小型表演。354个演员和街头卖艺人吸引了无数来看热闹的人。节目清单里有木偶戏、杂技表演、驯兽表演。还有卡博（Cabot）的"吃绳子的魔术师"，表演狼吞虎咽地吃下麻绳；诺雷斯（Nores）的"陛下凯旋的机械演示"；梅耶特（Miette）的"有趣的物理"，给大家演示了喷泉上的水与火之战；勒苏尔（Lesourd）的"做作的吉他演奏者"；科雷（Corré）的"滑稽喜剧与糖果贩子"；布朗什（Blanche）的"卷纤维丝的滑稽表演"。他们还为彩票中奖者准备了6000张钞票，特制的喷泉机也为人群提供了3万升红酒。夜幕降临时，侍卫们还在小船上燃放了绚烂华丽的烟花。而演出的高潮毫无疑问是随着气球缓缓升上天空的布朗夏尔（Blanchard）夫人。在空中，这位勇敢的气球飞行员又燃放了许多烟火，还向四面八方传播盛大庆典的诗句。在巴黎，56500盏灯将协和广场、杜伊勒里花园、卡鲁索（Carrousel）广场、现在的里沃利（Rivoli）街以及卢浮宫的周围照得灯火通明。

自出生起，小皇储就被一个享有盛名的部门包围着。根据1810年11月25日的法令，法兰西皇室儿童之家成立了，主要负责“照料皇室所有的子女，在男孩7岁以后将他们交由男性教育者接管，女孩则在皇帝认为适宜的时候进入特设的女子课堂学习”。拿破仑希望为他打造一个一应俱全的蚕茧，使他的儿子能够得到全方位的照顾和保护，远离一切疾病——毕竟他是日后要统治王朝的人。服侍这个孩子的人比服侍皇后的还要多：他的身边有一位总管夫人[1]、两位副管家[布贝尔（Boubers）夫人和梅斯格里尼（Mesgrigny）夫人]；健康服务部门包括一位全科医生[布尔杜瓦（Bourdois）]，一位外科医生[奥维蒂（Auvity）]，一位疫苗医生[于松（Husson）]，三位摇摇篮的夫人[马尔尚（Marchand）、珀蒂（Petit）和勒格朗（Legrand）]，一个女佣和几个乳母，其中还有一位乳母总监；此外，在生活方面有一位膳食总管，一位司肉官，两位接待人员，四位贴身女佣，还有专门负责其服饰的两位夫人、三个女孩和一个男孩。他的随从人员加起来一共有31人，全都在总管夫人的指挥下为他服务。这位终身制的总管夫人，还享有非常广泛的权力。她能够对许多事情说“不”，在宫廷里的许多达官贵人前享有优先地位。她还有一项罕见的特权，就是只向皇帝汇报，并能进入皇宫里所有的房间。当然了，她也需要时时刻刻待在小皇储的身边陪伴他。她在他的隔壁房间睡觉，在宫廷里甚至有自己的办公桌，并对自己部门的财政预算有着最终支配权。同时，她也负责孩子的衣着和日用品等。从罗马王开始能够有条理地说出几个单词的时候，他就亲切地叫她“鸠妈妈”。深受呵护与关爱的小恺撒正在一天一天地成长起来，就像新王

[1] 路易丝－夏洛特－弗朗索瓦丝·德孟德斯鸠－费岑萨克（Louise-Charlotte-Françoise de Montesquiou-Fezensac，1765—1853）夫人，卢福瓦（Louvois）的后裔。

朝的一颗珍贵的种子一样。

在奥地利的控制下

一

在杜伊勒里宫，皇室的家庭生活就跟一个富裕的普通家庭没什么两样。“这里充斥着关怀与烦恼。只有在妻子和儿子面前，疲惫不已的拿破仑才能暂时地放松娱乐一下。每天将手上的事情放下，腾出极为有限的闲暇时间，他都会花在儿子身上。他喜欢用宠爱的语气教心爱的儿子蹒跚学步，孩子一次又一次地跌倒后都会扑进父亲的怀抱里，随之而来的就是父亲的开怀大笑……这个三口之家简单到让人忘记它崇高的地位，向众人展示着这个家庭亲密而幸福的生活。”拿破仑的私人助理梅纳瓦尔（Méneval）写道。这个有着金色自然鬈发的孩子还很喜欢欣赏皇宫里的侍卫们。就连掷弹兵夸涅（Coignet）也尝过怀抱小太子的喜悦：“我在院子里转圈，孩子拔我军服上的羽毛，他身上的衣服快要拖到地上了，却一点儿都没有注意到我，但我还是非常荣幸能怀抱这样一个孩子。”然而，罗马王才刚刚过完1岁生日，他的父亲便又要上战场了。可怕的法俄战役马上就要打响。

即便专心于军事计划的筹备，拿破仑依然十分关注孩子的成长。“真希望马上就能听到他的最后四颗牙都长全了的消息。”他对总管夫人说。宫廷里最好的医生会定期来检查他的健康状况。在两个月大的时候，他就被接种了天花疫苗，以免感染这种当时很致命的传染病。在这个童话般的世界里，总管夫人与皇后的关系却并不算融洽。因为后者常常只能看着儿子喜欢“鸠妈妈”甚于喜欢自己。总管夫人对此的回应，则是指控她对小天使太过于冷淡。“孟德斯鸠夫人说我太铁石心肠，当我与儿子告别时，我的眼神总是相当无情（但这实际上只是个别情况）。”皇后在她的日记里写道。尽管没有那么热情，她还是由衷地爱着自己的孩子。每一次与他分别时，她都很动情，就像她写在1813年8月的日记里的一样：“一想到要与儿子分开，我就十分痛苦，皇帝不在的时候，他总是能给我慰藉。”而在皇宫里深受宠爱的小皇储，丝毫感受不到威胁帝国存亡的危险正在到来。

正当拿破仑的大军在俄罗斯的地狱里悲惨地撤退之时，国内一位名叫马莱的将军大胆地试图推翻政权。和几名同谋者一起，他声称皇帝在沙皇的战场上已经死去，法兰西需要建立一个临时政府。在他的疯狂行动中，他竟然抓捕了法兰西秘密警察局长和警察部长本人。不过，这个阴谋最终以失败告终。谋反者被抓捕入狱，接受枪决。除了这次失误引发的闹剧之外，拿破仑还发现了更严重的问题。当拿破仑一世去世的消息传开了以后，没有任何一个大臣站出来宣布罗马王继位。曾几何时，当国家君主辞世之时，人们会高喊“国王去世了！国王万岁！”同时也向权力的延续致敬。而在1812年，竟没有人会喊出这过时的话语。尽管侍卫们为了保护艾格隆马上就部署在了他就寝的房间附近，但是从这点上可以看得出，虽然有了一个继承人，拿破仑的王朝却还是没有完全被人民信服。从俄罗斯回来的拿破仑，苦涩地向他的侍从科兰古吐露道：“弗罗绍（Frochot，巴黎警察总监）甚至完全没有想到罗马王。对他来说，一场新的革命比维系现有的社会秩序要更简单……法兰西在十年内都还需要我，如果我死了，我能预料的结局就是一切都会陷入混乱……因为我了解，我所建立的一切都还是太脆弱了。”为了巩固他远离国土时的政权，他任命玛丽－路易丝为摄政王，并增加了皇室的护卫队人数。这些最后的努力并没有使他的帝国得到巩固。真正的结果就要揭晓了，法兰西雄鹰的衰落只是一个时间问题。

莱比锡一战战败以后，俄罗斯和普鲁士跨过了莱茵河，而奥地利则在1814年到来的前几日进入了罗讷河河谷（la vallée du Rhône）。在统领军队出征之前，拿破仑召集了巴黎的国民卫队，牵着妻子和儿子的手，他沉痛地说："如果敌军临近首都，我就将皇后和罗马王——我的妻子和我的儿子，托付给国民卫队的各位了。"第二天傍晚，他将最后几张公文放进壁炉里烧掉了，随后在紧握着拳头熟睡的儿子的额头上轻轻地吻了一下。他将再也不能看见他了。临走之前，他写信给约瑟夫："我宁愿看到他们割喉杀害我的儿子，也不愿看着他在维也纳长大，成为奥地利的王子。"他的指令很清楚：尽一切可能保护皇后和皇储，不让他们落到敌人手中。一个多么痴心妄想的愿望。

战斗持续八个星期后，"战神"拿破仑最终还是败在了敌军的数量上。退位已然不可避免。在塔列朗的挟制下，议会投票罢黜了拿破仑的权力，反法同盟国也因此拒绝与他和谈，他们认为拿破仑对皇位的坚持只会为今后的和平局势留下隐患。长久的犹豫之后，拿破仑宣布准备退位，但仅为罗马王退位。他声称，拿破仑二世的统治一旦得到承认，他就会让出皇位。那么现在是艾格隆能够出场的时候了吗？或许吧。带上了皇帝所有的指令，外交大使科兰古带领奈伊、马尔蒙和麦克唐纳三位元帅去拜会反法盟军的强人——俄国沙皇。沙俄独裁者到达巴黎后，入住塔列朗的公馆。在1814年4月4到5日的夜里，沙皇热情地接待了他们。一见到几位拿破仑的信使，他就询问皇帝是否同意了退位。"他同意为他的儿子退位。"他们齐声说。沙皇对此还算满意。整个讨论过程开放而坦率，拿破仑二世的事看来也有希望了。在离开之前，沙皇与他们约定了第二天中午的会面。

但就在仅仅几个小时之后，这个寄托在艾格隆身上的希望就破灭了。马尔蒙元帅的部队哗变，商讨很快就结束了。尽管元帅向上帝发誓这只是一个无心的错误，但是严重的后果已经造成：波拿巴王朝已被判罪。科兰古尝试再次求见沙皇，然而他的担忧在受到接见时就被证实了。亚历山大平静地说，摄政的执政方式并不能给法国带来“长久安宁的保证”，唯一可行的解决措施就是接受波旁王朝重回王位。外交大使明白这次失败已成定局，就没有再坚持。他此行只带回了一个收获，就是皇帝在厄尔巴岛“荣誉”退休的保障。但是小皇储怎么办呢？在巴黎投降之前，他就随他的母亲以及政府人员逃到了外省。当人们还在巴黎谈判的时候，他就已经身处于布卢瓦城堡，安心地在与皇宫剩下的随从一起玩耍了。他的父亲一投降，一位沙皇的副官就被派来了城堡。从此以后，艾格隆和皇后就要生活在俄军的“保护”下了。焦急的玛丽－路易丝向她的父亲寻求帮助：“我代我世上最心爱的人——我的儿子，向您致以问候。他不该在这么小的年龄就品尝这么多的不幸与悲伤。”不过，为什么拿破仑没有让他的妻子与自己在枫丹白露宫会合呢？其实他还指望着皇后在见到她父亲后，能够影响他的决定。然而，拿破仑被自己错误的估计蒙蔽了眼睛。妻子和儿子一旦到了奥地利人的手中，就会被软禁起来。几天以后，皇后被带到了朗布依埃（Rambouillet）与父亲见面。精疲力竭的她，眼含着泪水向父亲再一次请求收留自己和儿子。奥地利的皇帝则假装动情地拥抱了他们，并接受了她的请求。事实上，他早就想要插手以结束这段有损自己名誉的婚姻，让艾格隆远离他的父亲，成为一个小奥地利人。于是，小皇储就这样掉进了陷阱，再也无法逃出。从此以后，他再也不能见到他的父亲了。而当他看到外祖父这张冷酷的面容时，他心里想的却是：“我看见了奥地利的皇帝，他可真不好看。”

3岁之前，艾格隆就因为思维的活跃而显得很出众。疑惑的他很快就明白了他周围的一切都在改变。首先，他发现身边的侍从们忽然都不见了；随后，他就被带到了奥地利的首都。弗朗茨皇帝轻而易举地说服了疲惫不堪的女儿来到奥地利好好休息。当然，这一切都是为了让她与她的儿子远离拿破仑。为了保留她的颜面，奥地利的皇帝允许她将法国的随行人员一并带来。紧跟着她儿子的，还有总管夫人孟德斯鸠、苏夫洛（Soufflot）夫人以及马尔尚夫人。载着玛丽－路易丝一行人的车队在5月21日晚上到达了美泉宫。在火把的微光下，她再次见到了这座她在四年前离开的宫殿。整个宫殿都在迎接他们，宣告着罗马王的到来。他一下车，就被紧随其后的金斯基（Kinsky）伯爵带到了他母亲隔壁的房间。随后的几天，他被展示给了宫廷所有的人。正如我们所料，小波拿巴吸引了所有人的目光。“我们非常荣幸能够见到这位帕尔马的小王子，我们对他的喜爱和希望是无穷无尽的。”他们说道。玛丽－路易丝的祖母认为，他实在太像他的父亲了，真希望他没有继承他父亲的缺点。对此，奥地利皇帝的弟弟约翰（Jean）大公持同样的观点：“一个可爱的小家伙，金色的头发，蓝色的眼睛，不过脸蛋、眼神、固执、才智和性情却都和他爸爸一模一样。好好地养育，我们可以让他干出一番事业！”但是由谁来养育呢？这个答案看起来已经很明确了。

无人注意的继位

奥地利的外交大臣梅特涅与皇帝都认为玛丽－路易丝太过依恋拿破仑。该如何使两人疏远呢？当皇后被获准去萨瓦地区的艾克斯莱班享受一趟温泉之旅时，他们在她的随行队伍里安插了一名帅气的奥地利军官，名叫奈佩格。他们的指令相当明确：“奈佩格伯爵将会尽力转移科洛尔诺（Colorno）

女公爵（这是玛丽-路易丝在维也纳获得的称号）的注意力，以合适的分寸去改变她想要去厄尔巴岛完成一次只会令她伤心遗憾的旅行的想法。”尽管是一个独眼人，奈佩格却不失风度。就像拿破仑的秘书形容的：“他的目光深邃而具有生机。他的谈吐既不粗俗也不故作高雅，整个人都展现着热忱与细致。”在任何场合下都表现机智，奈佩格伯爵就这样慢慢地征服了皇后的心。同时，他并不给她施加任何压力。在这场漫长的考验中，头几个月，她都坚持忠诚于自己的第一任丈夫，直到她得知自己和儿子未来面临的是一场分离。事实上，如果她依然依附拿破仑，她将永远都不会从反法联盟手中得到帕尔马公国。后来，拿破仑在厄尔巴岛接待了他的“波兰夫人”玛丽亚·瓦莱夫斯卡。尽管皇帝对此一再谨慎，但整个欧洲都知道了这件事，这也让玛丽-路易丝对他产生了极大的怨恨。

从那时起，她与丈夫的分离就已经是不可避免的事实了。很快，她就拒绝了与拿破仑任何方式的通信。奥地利的计划运转得出奇的好。为了爱情，也为了利益（赢得帕尔马公国），她放下了自己的丈夫，更多地和儿子待在一起。她也时常向奈佩格伯爵投去深情的目光，还为了伯爵将她巴黎的玩具运到这里，给他做了一个半身像的雕塑。其中的一个复制品送到了他父亲那里。在给拿破仑的最后一封信里，她也写到了自己在奥地利土地上的生活与进展：“你的儿子托我祝你新年好，并告诉你他由衷地爱着你。他经常说起你，并以惊人的速度在成长壮大。今年冬天他病了一段时间，我马上就叫来了弗兰克（Frank），他告诉我不用担心，这只是一阵短暂的发烧。确实，他很快就好起来了。他现在开始懂一点儿意大利语了，同时他也在学习德语。我的父亲对待他非常温柔和仁慈，他好像也很喜爱我的父亲，他经常陪他一起玩儿。”之后，在拿破仑的流放生涯里，就再也没有收到过她的任何消息了。陪伴他的只有令人心碎而沉重的寂静。

然而，厄尔巴岛之王也没有说出他深藏在心里的话。1815年3月8日，公众正式得知他从厄尔巴岛出逃。在维也纳，反法同盟们正会集在一起讨论欧洲的命运。这是多么令人惊愕的消息啊！焦急的玛丽－路易丝连忙对他这一放肆的举动表示了谴责。同时，她也向父亲保证自己绝不会跑去迎接这个被放逐之人。与其去寻回她的皇后宝座，她更满足于生活在奥地利的庇护下。另外，无论如何，弗朗茨皇帝也绝对不想让艾格隆回到法国。为了更好地看护他，他让人把艾格隆送到了霍夫堡（Hofburg）宫——哈布斯堡王朝的冬宫。因此，塔列朗写信给路易十八，让他放心："孩子将会安住在维也纳的宫殿。这样，他就绝不可能被人以各种各样的方式带走了。"即便这样，他们也还担心会有人谋反，于是玛丽－路易丝带来的法国的随行人员也渐渐被遣送回去了。"鸠妈妈"的离开，让艾格隆相当痛苦。然而马上，他们就重新给他安排了一位奥地利的管家。这却让我们的小俘虏由悲伤转为了愤怒，他公然绝食以示不满。之后，梅纳瓦尔的离开又一次让他心碎。在他准备向艾格隆告别之时，小男孩将他带到了窗口，并请他向自己的父亲带话："梅纳瓦尔先生，请您告诉我爸爸，我一直都很爱他。"感动的梅纳瓦尔只能难过地离开了维也纳。此时的法国，各种事件正在风起云涌。百日王朝开始了，他们马上就要到达滑铁卢的大平原了。

一回到爱丽舍宫，拿破仑就开始思索着他的下一次退位。就像一年前有人告诉他的，上下议院迟早都会要求他将自己的皇位让出来。为了赶在他们前面，拿破仑写下了一份宣言。"我的政治生涯就此结束了，现在我宣布我的儿子，以拿破仑二世的名义成为法兰西的皇帝。"这份来自皇室的宣言并没有掀起人民的热情，甚至可以说远远不够。在幕后，富歇将军正在忙着筹备以助力波旁王朝的复辟。由于这位滑铁卢的战败者并未收到任何关于他儿子即位的确切消息，因此他拒绝离开。此时，反法联盟的军队正在一步步逼近巴黎，波旁宫（Palais-Bourbon）的议会里人们正在激烈地争吵。为了避免议会在争论过后最终向大众宣布艾格隆登基，富歇的一个同谋，一个叫作曼努埃尔（Manuel）的议员暗中使计，他对大臣们强调道："艾格隆其实一票也不需要，因为按照宪法，他会自动继承他父亲的皇位。至少理论上是这样的。"于是，这个备受争论的问题就被巧妙地避开了。关于宣布艾格隆登基的事情也就被搁置下来了。那么，拿破仑二世就这样成了新的皇帝吗？从某种意义上来说，是的。因为他的父亲指定了他作为继承者，而且宪法也是这样规定的。另外，战争大臣达武还在首都的墙上张贴了拿破仑退位以及他的儿子登基的公告。但如果我们走近一点儿看，就会发现第二条信息就仿佛只是一条备注一样，用非常小的字号印在了后面。事实上，这出戏只有一个目的，那就是让拿破仑远离巴黎。而最终，拿破仑只好在6月25日离开了爱丽舍宫。拿破仑二世则被富歇带走，他将再也不会有统治的机会。从此以后，波旁家族的路就畅通起来了。路易十八将会重新夺回他的王冠，而拿破仑则将被流放至圣赫勒拿岛。

年轻的俘虏

在维也纳的金色牢笼里，艾格隆对人们在巴黎策划的一切毫不知情。如果说在政治上，他的命运早就被决定好了，那么他自身还可以做出什么努力呢？他父亲的事业就这么结束了，他将成为德意志的亲王，接受德意志的教育。莫里斯·德迪特里希施泰因（Maurice de Dietrichstein）伯爵才学出众，还是贝多芬的好友，他被任命负责艾格隆的学习。当见到这个看起来严厉而保守的贵族时，艾格隆将他误认成了一名管家。他的第一反应是害怕。“1815年6月30日，当我走进美泉宫之时，亲王就用两只大大的眼睛盯着我……他不愿意到我所在的会客厅里来。”这位家庭教师说道。艾格隆还告诉宫廷里的一位女士：“我不想去会客厅，因为那里有管家，可是我不能不去，因为我需要学习。”对于一个从出生起就被爱包围，备受关怀与宠爱的小皇子来说，要适应接下来的严肃而辛苦的学习会需要一段艰难的过程。“一开始上课的时候，他不断地流着眼泪。”严苛的迪特里希施泰因伯爵简练地记录道。他才只有4岁，就要学语法、拼写和教理。只有在晚上，他才能在助理教师苏夫洛夫人和拿破仑第一贴身侍从的母亲，也是负责哄他入睡的马尔尚夫人那里得到安慰。她们总是热情地告诉他，他来自法国，并时常和他说起他父亲的近闻。但家庭教师却认为，这种思念会让孩子变得忧郁而阴险。有一天，走在美泉宫的栅栏前，艾格隆叹息道：“啊！我真希望这里就是巴黎，真正的巴黎！啊！我是多么希望。”这些女人对孩子的负面影响应该到此为止了，迪特里希施泰因在心中大声地说。

1815年10月，苏夫洛夫人被遣送回去了。“目前看来，我必须将我儿子交给男性教育者接管。”玛丽－路易丝向苏夫洛夫人解释了一番，就直接让她离开了。马尔尚夫人也在几天以后离开了她的职位。自此，他与法国的联系完全被斩断，艾格隆的德意志化正在走上正轨。他所有的服饰和玩具上的字母“N”都被换成了弗朗茨的“F”，所有法国风格的饰物都被拿走，画着歌颂他父亲荣耀英姿的书籍全都不见了，那些蜜蜂与鹰的标志也仿佛变魔术一般地凭空消失了，德语的课程则被再度加强。而他与曾经的生活的最后一道裂痕，则是与母亲的分离。玛丽－路易丝在1816年出发前往帕尔马，而他却被留在了奥地利。他们的第一次分离持续了六个月，但这并非最久的一次。在此之后，艾格隆也仅仅与他的母亲见了七次。这对于一个已经被剥夺了父爱的孩子，实在是太少太少。而每一次玛丽－路易丝离开他时，他的样子都让人看着就觉得难过。迪特里希施泰因曾写信给奈佩格："他为此受到了极大的打击，直到现在还深受影响。我百般劝慰，他还是哭得悲痛欲绝，以向大家表明他对母亲深切的爱。昨天晚上，他更是抽泣着写了一封信。"

除此以外，母子俩少有的见面机会时，玛丽－路易丝也会和奈佩格待在一起。"如果我亲爱的妈妈回到奥地利，那奈佩格先生也会跟着她来吗？"他向家庭教师中的福雷斯蒂（Foresti）上尉发问。上尉点了点头。"那么为什么呢？先生，请您告诉我为什么呢？"上尉只好尴尬地回答道："因为您亲爱的妈妈是一位出身高贵的公主，所以必须有一位值得尊敬的人一直陪伴她。"当然，艾格隆没有上当。而就在拿破仑去世三个月以后，玛丽－路易丝二婚嫁给了奈佩格。此后，在小弗朗茨的身边，只会有专于教育的老师，而他们的关切则远远不能弥补这份母爱的缺失。在后来的很长一段时间里，他都故意挑战他们的权威。"他表现得固执又淡漠，对他的家庭教师表现得极度冷漠还带有刻意的恶意，斜眼看他们并笑着惹怒他们，一次次挑战他们的耐心。"迪特里希施泰因叹息着说。而且，为了进一步地干扰他们，他特意装成瘸子走路。面对这么多的诡计，伯爵并没有舍不得体罚他。"他尿湿了自己的床、他说谎、他没有好好做阅读，我本来很犹豫要不要给他第二下鞭子，但我发现稍微再打重一点儿，他还是会听话一些。直到1月23日，他又开始继续犯错，我才被迫抽了他三下。"同时他也写道，"他对学习极度厌恶，我从未见过一个有这么多坏习惯的孩子。而且，越是禁止这些坏习惯，他就越会倾向于去做肮脏和无耻的事情。比如说一直尿床到青少年时期，比如说手淫。”在远离父母的环境下，艾格隆表现出了众多的行为问题。当然，他后来还是改正了这些坏习惯和缺点。

尽管他的成才过程不乏这些幼稚的造反，但迪特里希施泰因还是很欣赏这位学生身上的“天赋和悟性”，他的“心地善良”，还有他的好记性。他遗憾的是艾格隆身上永远的懒惰和玩世不恭的态度。总之，这个学生是块好料子，但他需要得到正确的引导，也包括伯爵偶尔严苛的要求。而且，伯爵并非这个时期最为严厉的那一个。他甚至还能称得上和蔼。在他的戒尺下，法国人民的皇太子接受了那个时期非常正统的教育，他在科学和文学上的启蒙比任何一个王子都要早。他的私人教师个个水准极高：科兰（Colin）是拉丁语和希腊语的老师，福雷斯蒂教的是数学和战略知识，鲍姆加特纳（Baumgartner）教物理、化学以及自然科学，还有一位名叫皮纳（Pina）的意大利语老师，一位教授神学的瓦格纳（Wagner）大主教和他的助教达尔诺（Darnaut）神父。

那么法语课呢？被取消了吗？其实与传言相反，他继续在波德万（Podewin）老师和巴泰勒米（Barthélemy）老师的指导下学习这门莫里哀的语言。他的“去法国化”最终并没有我们想象的那么全面，尽管他的老师们都被命令避免与他谈到法国或者他的父亲。“我们必须在与他交流的过程中保持十分的谨慎，因为他会把听过的全部记下来，尤其是关于法国的部分。”迪特里希施泰因证实道。有一天，他假装天真地问老师：“但是法国曾经有一位皇帝呀，我确定，是哪一位皇帝呢？”福雷斯蒂的回答很直接：“是您亲爱的父亲，我的王子，他因为战场上的厄运而丢失了他的皇位和他的帝国。”因为他的问题而尴尬的老师们都尽量给他简短的回答，并小心地避免这个话题的进一步展开。没有哪一个话题是真正禁忌的，他们都希望，随着时间流逝，这位德意志的亲王能够忘记他幼年的记忆和出身。其实，他们差一点儿就成功了。

赖希施泰特公爵

一

起初在维也纳，艾格隆仿佛只是一个没落的王子，一个令人蒙羞的孩子，简单地被人们打发到美泉宫一个潮湿阴暗的房间里。不过很快，他就获准参与宫廷中的庆典活动。在1817年1月1日宫中的新年舞会上，他表现得相当出色。“王子的举止相当优雅，任何一种舞蹈他都会跳，并且从不会摔倒。”他的老师满意地评价道。而在1月30日，宫廷的第二次舞会上，他却在打了蜡的地板上滑倒了。他气急败坏地抱怨着：“羞耻！太令人羞耻了！”最终，这个男孩还是被哈布斯堡大家族接纳了。从他的外祖父，奥地利的皇帝开始，大家都很喜欢艾格隆，他的外祖父经常和他一起吃饭，允许他在自己处理帝国事务的时候在边上和铅做的士兵小人玩耍。他的第四任妻子（弗朗茨皇帝曾三次丧偶），巴伐利亚的卡罗琳·奥古斯特公主（Caroline Auguste de Bavière）更是温柔体贴，像是对待亲生儿子一样地对待他。另外，他的舅舅和舅妈们也同样对他十分亲切，对这个几年前欺侮过他们的人的儿子没有一丁点儿的敌意。他最年轻的一个舅舅（与他只有9岁的差距），弗朗茨－卡尔[François-Charles，弗朗茨－约瑟夫（François-Joseph）皇帝的父亲]则成了他最好的玩伴。他们常常在一起开仆人的玩笑，这也让他俩受了不少的管教。在第二个家庭里，年轻的王子过得越来越开心，连性情都变得柔和了起来。他获得的这些进步，让他的老师们喜出望外。

1817年的夏天，他只花了三个星期就学会了用德语阅读。他在外祖父的宫廷像其他同龄的王子一样成长。此时，有两个与他相关的问题摆在了眼前：该如何称呼他？尤其是，该给他一个什么样的身份地位？他的名字展现的是对于意大利的雄心壮志，然而，由于他母亲死后，帕尔马公国要回归奥地利的统治，他已不可能成为帕尔马的王子。所有映射着他的出身的名号都要被废除，他将不再是意大利人和法国人，而是德意志人。他的德国化终于在1818年7月22日完成了。在一条皇室颁布的政令中，他的外祖父撤销了他的洗礼名拿破仑，他的姓氏波拿巴，以及他作为皇储获得过的所有称号[从此以后，他的名字便是弗朗茨·约瑟夫·卡尔（François Joseph Charles）]。他将再也不能在意大利和法国享有任何财产，尽管他已经继承了不少。这份文件没有提到他父亲一个字，而是将这个孩子简单地介绍为皇帝深爱的女儿之子。在这次新的洗礼后，拿破仑二世消失了，取而代之的是弗朗茨（Franz）——他的新名字。在称号上，他的祖父则为他选择了赖希施泰特公爵这个头衔，封地是一个波希米亚的小城市[现在为捷克共和国境内的扎库皮（Zákupy）]。在他的母亲去世之前，他被明令禁止从封地获取任何收入。而对于他在宫廷中的地位，经过激烈的争论后，皇帝最终给了他“尊敬的殿下”（altesse sérénissime）之称，这就相当于把他放到了所有皇室成员的后面，俨然一位二等哈布斯堡家族成员。在奥地利宫廷耀眼的华服之中，他变得不再显眼。或许这样，大家就能更容易忽略他的存在吧。

对于这些问题，年轻的公爵毫不在意，他早已被自己的学业榨干。不到9岁时，他有了一项新的爱好：狩猎。他常常跟着他的外祖父学习捕猎野兔和其他的猎物。像一位小将军一样，他在练习本上记载了令他自豪的壮举：“在另一翼实施包抄时，我们一直等待猎物从灌木丛中出来。经过漫长的等待，猎物出现。我开了一枪，但是没有打中。另一翼的战果比我们辉煌。”那一次，一共收获了两百个猎物。对于第一次狩猎的他来说，这是一次相当不错的成绩。此外，精力充沛的小猎人还经常缠着体弱多病的迪特里希施泰因，让他陪他一起参加无休无止的狩猎活动。不过在学习上，老师对他还是满意的。他确实有进步。1820年年末，他在奥地利皇帝严肃的监视下参加了他的第一次考试，成绩是合格的。但执着的迪特里希施泰因还是有些不快，他依然不断地数落着他的懒惰。尽管考试的结果一般，他还是在第二年被文理中学（Gymnasium）录取了。

1821年7月13日，一封加急的公函被送到了奥地利首相梅特涅的桌上。信函中写道：拿破仑于5月5日在圣赫勒拿岛逝世。奥地利皇帝第一时间得到了通知。当时，迪特里希施泰因不在维也纳，告知艾格隆的任务就被交给了福雷斯蒂。“我选择在平静的晚上告诉他。”福雷斯蒂向奈佩格写信道，“但当我看到他的眼泪时，才发现他的悲痛比我能想象到的一个没有怎么接触过父亲的孩子要多得多。”艾格隆抽泣着告诉他：“我的父亲在临死之时，绝对不会想到，是您对我如此关切照顾。”1809年，拿破仑对奥地利宣战后，福雷斯蒂上尉曾遭到突袭，所以艾格隆才会作此感叹。只有艾格隆和他周围的人获准为拿破仑服丧，宫廷中其他的人则没有为逝者吊唁，尽管死者是皇帝的女婿。而为了避免外界媒体像许多人想象的那样，将此事报道成一场名不副实的哀悼，迪特里希施泰因被命令在至少三个星期内不能带艾格隆去剧院。艾格隆也在短期内被禁止出现在公众视野中，直到人们逐渐淡忘这件事。在他服丧期间，他收到了一封来自母亲的信：“我知道，我亲爱的儿子，对我们两人的这场打击使你非常伤心，所以我由衷地感到，给你写信谈一谈这件事才是最好的抚慰。我知道你的痛苦和我的一样深重，假若你忘记了他在你幼年时期对你的仁慈和爱意，那你就是一个忘恩负义的人了。你一定要模仿和学习他的美德，但同时也要避开那些他遇到过的危险和阻碍。”信中的建议是明智的，尽管克制，但是依然有情感的流露。然而一封信对于一个常年缺失母爱关怀的孩子来说是远远不够的。玛丽-路易丝的服丧期是三个月，但她内心的哀悼可就没有这么久了。当年8月8日，她就正式成了奈佩格伯爵夫人。在这封信以后，她就极少与儿子联络了，甚至持续两年都没有再见过他。自从失去父亲以后，艾格隆又在远离母亲的环境下成长。次月，迪特里希施泰因就发现了他身上笼罩着一种深深的忧伤，他痛心地看他将自己关起来，也惊讶地发现他再也不问关于他父亲的任何问题。这或许就是他哀悼自己父亲的方式吧。第二年夏天，他的祖父任命他为下士，这让一直麻木的他稍微振作了一些。他对自己的白色制服特别骄傲，每当有家庭聚会都要穿着它去。就这样，他变成了一个奥地利人，至少在外表上是这样的。

重生的希望

当我们的奥地利小下士还天真地在美泉宫的殿堂里炫耀他的新制服时，那些欧洲国家的政府只是想到他的名字就不寒而栗。在1820年往后的十年里，众多失败了的军事阴谋都声称他们为第二个拿破仑效忠。1822年，在科尔马（Colmar），卡龙（Caron）上校付出了生命的代价，让他的兵营记住了艾格隆的名字。各地都有埋伏的警察。他们一听到拿破仑二世的名字，就着急地想要调查清楚。就算是一些最无关紧要的小道消息都让维多克（Vidocq）的老同伴们提心吊胆。1825年的一天，据一个叫作波朋（Poppon）

的人所说，有人正在日内瓦为打造一尊拿破仑二世的雕像而筹集捐款。一道又一道的审查后，警察才明白这只是一个狂热分子的妄言，然而这件事却惊动了十多个警察。在意大利的玛丽－路易丝也常常遇到向她高呼“拿破仑二世万岁”的人，这让她十分愤怒。在民间，代表着拿破仑和他儿子的荣耀的小饰物正在欧洲各地流通。随着这位伟人之子的长大，波拿巴家族回归的希望也在民众心里重新发了芽。1828年，法国警察不遗余力地抓捕传播这些“可耻”物件的人，其中包括手帕、勋章带、小雕像、玻璃杯、奖章、小册子、歌曲、帽徽、丝巾、小折刀以及印着两位拿破仑荣誉画像的装饰盘子。9月8日，内政大臣拉布尔多奈（La Bourdonnaye）向所有的地区长官写了一封通报，禁止以任何形式提及拿破仑的儿子。但这并未奏效，因为新的拿破仑崇拜正在蔓延之中。在法国，在意大利，甚至在波兰和比利时，拿破仑二世的画像已经广为流传，并激起了人们新的憧憬。怀念旧日王朝的时间到了。跟巴黎的形势相同，维也纳的统治者也担心着波拿巴家族的复兴。所以他们想尽办法不让艾格隆的耳朵听到一丝对他的喝彩声，尤其是要阻止各种各样的反叛者试图与他接触。

同样，1828年，诗人巴泰勒米（Barthélemy）写下一篇歌颂波拿巴王朝的长诗，名为《拿破仑在埃及》（*Napoléon en Égypte*）。他来到了维也纳，希望能将一份样本亲手交给赖希施泰特公爵。在美泉宫，他被迪特里希施泰因接见，并表达了自己的意愿。“我谦逊地说出了这个请求，伯爵的脸上就出现了一种表情，我认为不是不悦之情，而是一种不自在。”诗人讲道。巴泰勒米掩饰着自己的惊讶，对关于拿破仑的儿子在维也纳生活的具体状况不断地发问，面色难堪的老师则回答他：“王子在此并非受到了囚禁，只是……他是在一种特殊的处境之中。”随后他就结束了这场尴尬的谈话。巴泰勒米一回到巴黎，就根据这趟没有结果的旅程再次投身创作，写下一篇名为《伟人之子》（*Le Fils de l'homme*）的长诗。在这场不断延续的梦里，他隐约看见了艾格隆似锦的前程，这个“新的篡权者”某一天或将重新踏上皇位。他将自己的幻想译成了诗句，然而这些诗句却使查理十世和他的警察们震怒。随即诗人就在1829年7月29日收到了法国轻罪法庭对于他煽动叛乱罪的指控。然而，这起案件却又激起了诗人的拥护者的愤怒，他们夸张地声讨拿破仑之子所受到的不公正待遇：为什么要禁止人们说起他的名字？他的父亲辉煌的历史形象明明还那么生动地留在大家的心中！面对他们的辩词，法庭无动于衷，并判处巴泰勒米三个月的监禁和1000法郎的罚款，这在当时是一笔相当大的款项。尽管受到了严厉的处罚，诗人却获得了前所未有的欢迎。他原本并不怎么出彩的诗句也获得了前所未有的成功。但人们同样知道，第二次的复辟已经走到了尽头。

在各级部长和议会处于不稳定的状态的影响下，国王尝试通过1830年7月25日的圣克卢法令进行宪法改革。马上，社会上就出现了暴乱。权力正在动摇，法国的王位即将易主。在骚乱中，巴黎综合理工学院（École polytechnique）的学生们更是拿起了武器，在两声枪响之中登上了圣热讷维耶沃（Colline Sainte-Geneviève）大呼“拿破仑二世万岁！”一个叫迪穆兰（Dumoulin）的波拿巴分子穿上了制服，准备在市政厅高呼。不过还没有喊出声来，就被奥尔良（Orléans）公爵的拥护者抓捕了。曾经在圣赫勒拿岛陪伴拿破仑的古尔戈将军，也曾试图将身边的人聚集起来以支援赖希施泰特公爵。不过，他的呼吁并没有被很多人听到，他的计划可悲地失败了。要想成功的话，“可能必须有那一瞬间的冒险精神，一个可靠的领导人以及人民群众的支持，”路易·勃朗（Louis Blanc）评价道。但是，有一点是能够确定的，这个“伟人之子”再怎么受欢迎，他也只是一个没有坚实政治基础的吉祥物。奥尔良公爵在市政厅的阳台上拥抱了拉法耶特侯爵以后，就顺理成章地开始以路易－菲利普一世的名号来统治法国了。自此以后，“拿破仑二世万岁”的口号在法国日益减少。不过就在此时，路易－拿破仑正在密谋次年在罗马宣告艾格隆登基的事情。如果这个计划能够成功，罗马王就会重新拿回属于他的王冠。许多家族成员都在支持他，其中也包括他们的祖母莱蒂齐娅，在他们的帮助下，这个大胆的堂兄正在试图联系被放逐在维也纳的艾格隆。

1831年11月，在去探访他先前的老师欧本诺思（Obenaus）男爵的路上，赖希施泰特公爵的目光遇上了一双迷人而诱惑的眼睛。这位神秘的年轻女子走到他的身前，亲吻了他的手背，便一言不发地走远了。这位美丽的陌生人，其实就是埃莉萨·巴乔基（姑姑埃莉萨的女儿）——卡梅拉塔（Camerata）伯爵夫人。随后的几天里，他收到了一封来自她的激情洋溢的信，信中清秀的笔迹想要让他重新燃起成为一个法国皇子的热忱。只要他展现出了自己的勇敢，人们就会重新对他顺从和恭敬，伯爵夫人向他写道。她的这种做法，让他不仅感到困惑，而且还有一丝愤怒——他认为这又是警察耍的什么花招，就叫她不要再给自己写信了。然而这位伯爵夫人却不愿放弃，她找到了艾格隆最好的朋友之一——普罗克施－奥斯滕（Prokesch-Osten）伯爵，想要让他替自己说服艾格隆。似乎在艾格隆首肯下，这位伯爵同意见她。在他们秘密会面时，他向伯爵夫人不断地发问：为什么她那么确定王子的命运？艾格隆真的能够获得足够的支持吗？在伯爵夫人含糊其词的回答下，普罗克施转身离开了这场谈话。在这次失败以后，路易－拿破仑就放弃了在永恒之城罗马发动政变的想法。罗马王在他的一生中都没有统治过这块本可以属于他的土地。然而此时，整个欧洲都看到了社会革命震荡的形势。在华沙，人们高喊着“拿破仑万岁！波兰王万岁！”甚至在啤酒瓶和烟斗上，都印着艾格隆穿着波兰服饰的画像。面对俄罗斯的强权控制，波兰人民拿起了武器。约瑟夫·赫沃皮茨基（Józef Chłopicki）将军便是众多起义者的领袖之一，他为法国的皇帝效忠过。同样地，意大利社会此时亦是动荡不安。1831年2月10日，在帕尔马，一场声势浩大的抗议甚至逼着玛丽－路易丝躲到了普莱桑斯（Plaisance）。艾格隆有可能在其中扮演自己的角色吗？

奥地利的终身首相梅特涅（他任首相二十七年）也听闻了这些事，在赖希施泰特公爵的问题上，他的评论是：“他已经彻底地被排除在所有的王位之外了！”从地缘政治学的角度来看，首相不可能就此放手，不仅如此，艾格隆还要为奥地利的最高利益服务。而对于波兰、比利时和法国的事情，他的存在只会让形势更加复杂，并且会冒犯到奥地利最重要的盟友，例如英国和俄罗斯，从而牵连到奥地利的外交立场。尽管在法国，奥尔良的党派并非维也纳最满意的，但梅特涅认为他们还是很适合于帝国的统治。于是，正当艾格隆在帕尔马准备好要为母亲辩护时，他的外祖父听了首相的建议阻止了他。因为，在支持意大利半岛统一的人们已经威胁到了既定的社会秩序时，还让这个令爱国者热血沸腾的拿破仑之子出现在公众面前，显然不是一个谨慎之举。凭借着艾格隆，他们很可能更快地取得胜利。所以，为了避免引起骚乱，赖希施泰特公爵又一次被软禁在了维也纳。他苦涩地感叹道：“我可能已足够不幸了，就这样失去了能够向自己的母亲展现爱与奉献的一个近在眼前的机会。我是多么想援助她，但在这样的环境下，我所能给的，就只有无用的安慰。”他还补充道，“这是我第一次这么艰难地服从外祖父的命令。”那么，面对为他所准备的种种诱惑，艾格隆会去冒险吗？这个问题值得怀疑。

偶尔热情高涨，偶尔甘心屈从，“伟人之子”从来没有停止过他的犹疑。有时候，他精神焕发。“每一场可能在东方或是西方爆发的暴风雨都会在他的灵魂深处卷起汹涌的浪潮。”他的友人普罗克施讲道。但随后，他的激情很快就会平息下来，因为他害怕失败。他自己也向梅特涅倾诉过：“拿破仑的儿子，绝不能成为一个令人蔑视的角色。”只要回忆起父亲，他就不敢让自己处于失败的风险中。他当然想要继承他父亲的事业，但是他也不愿做一些配不上他父亲名字的事情，败坏了父亲的名声。毕竟，那是他如此心爱，在他心里高于一切的父亲啊！就像普罗克施所说：“他的父亲就是他世界观的基轴，他常常盯着热拉尔（Gérard）画的父亲的肖像沉思好几个小时，思考现在种种已经发生的事件，努力地想将它们从历史中除去。”除此以外，他还阅读了上百本讲述法兰西第一帝国皇帝光荣历史的著作。在维也纳见到马尔蒙元帅时，他更是想从他嘴里听到父亲在意大利、在埃及、在德意志和在俄罗斯征战的荣耀史。“我无法形容他听我讲故事时的那种贪婪和渴望……他的所思所想全都是他的父亲，他对他无比崇敬。”元帅回忆道。由于没有同样的经历，他认为自己几乎没有可能有朝一日与父亲相提并论。所以，他还要不断地学习，当然，是穿着奥地利的制服学习。“我只能在军队里追寻我的未来，我自己就是这么认为的。首先，当今的法国当权者不能令人信服。其次，我尚年轻的身份也不可能马上成为一国之主。”他向他的朋友讲道。然而，他还有足够的时间去成长吗？

最后几次翅膀的扇动

1828年6月，在玛丽－路易丝极少的一次探望中，她惊喜地发现那个两年前被她撇下的少年，如今已长成了一个帅气的小伙子。穿着白色制服的艾格隆简直魅力无穷，他的军事生涯也有了一个不错的转变。8月17日，他的外祖父将他任命为自己的蒂罗尔狩猎队（chasseurs tyroliens）的队长，这也让他从母亲手中得到了金字塔佩剑。当然了，这已是他能收到的很高的奖励了。军事生活特别适合他，能让他短暂地逃离饱受挫折的人生。1831年6月14日，他获得了匈牙利第60步兵团的指挥权，这让他高兴到了极点。“我太幸运了，非常高兴皇帝能做出这个选择，让我指挥这个部队的士兵。他们当中一大部分都是新兵，包括许多年轻军官。此外，这些军官和士兵还有着全世界最高昂的士气。我们会一起成长，而这仅仅是我们相互给予的好处之一。”他给他的母亲写道。当天，他的家庭教师迪特里希施泰因结束了自己的职务。自此以后，艾格隆就能更自由地用自己的羽翼飞翔了。

在军事训练中，他并没有受到任何特殊的宽容对待与关照。他就和其他这个级别的军官一样磨炼自己。那份对军事的狂热，让他不遗余力地在马背上度过了漫长又令人疲惫的时光。一道又一道的命令喊得他声音嘶哑。然而，尽管他勉力支撑，他还是以肉眼可见的速度在消瘦。持续不断的发烧让他的身体日渐虚弱。1831年12月27日，在一次大型的阅兵活动中，他的外祖父发现他面色苍白。忧心忡忡的皇帝立即命令他回到美泉宫休息。一个月以后，他的身体状况却没有一丝好转。在一次骑兵将军的葬礼上，他也因为极端的气温而不得不遵守命令离开。同时，他还饱受失音的困扰，于是又只能被迫待在自己的房间。他的医生们对他的情况打着包票，他们认为这只是肺部充血带来的问题。此外，艾格隆自己也并不担心，他相信这只是“一段快速成长”的后果，就像他在3月给母亲的信中写的一样。但是事实上，他的情况越发险恶，因为他患上了肺结核。

随着时间流逝，他的咳嗽越来越令人不安。1832年4月20日，梅特涅公主（princesse Metternich）在自己的日记里写道：“医生们一致认为他的情况不容乐观。现在他甚至咳出了自己的肺组织，他只剩下几个月的时间了。这或许是上帝的旨意吧！但这位天赋异禀、才能兼备的王子实在令人同情。”他就这样被宣告了死亡。巴伐利亚的卡罗琳（Caroline de Bavière）王后相信阳光疗法或许可以拯救他，想要将他带到尼斯，但被梅特涅以同样的政治理由拒绝了。当然，无论如何都已经太晚了，蔚蓝海岸的阳光也无法把他从死亡的路上拉回来。6月12日，在马车上的艾格隆受尽了病痛折磨。他手帕上那些血迹根本就无法被擦除。当致命的病菌在他体内蚕食他的生命时，教堂的神职人员轮流在他的床前照看他。梅特涅从5月5日就通知了玛丽－路易丝，向她通报了艾格隆严重的病况，但她直到6月24日才来到他的床前。尽管如此，这份迟到的母爱还是让他好过了一些。他说自己感觉好多了，人们又开始抱有希望。然而，这只是极短的暂息。7月7日，梅特涅来看望他后，写信给了皇帝：“我从来没有看过这么可怕的惨状。”被这幅景象吓坏了的首相，忘记了政治谨慎的原则，准备立即将艾格隆送往那不勒斯。但这份仁慈来得太迟了，此时艾格隆的病情已经无法逆转。漫长而难以忍受的折磨开始了。

7月中旬，他再也发不出一丝声音。他的舌头和上颚满是溃烂的伤口。来看望他的人都因为他身上散发的恶臭而呕吐。“他的身体已经只剩下一个骷髅。”莫尔（Moll）男爵写道。在1832年7月21到22日的夜里，玛丽－路易丝被叫到他的身边。凌晨5点过后的几分钟，他终于咽气了。他的医生马尔法蒂（Malfatti）是一位妇科专家，这位妇科大夫一直坚信艾格隆的肝脏有问题。他的死是否可疑？现在还没有定论。不过，在欧洲革命风起云涌之际，艾格隆的死确实帮奥地利解决了不少政治问题。解剖仪式后，他的心脏被放在了罐子里，存放在哈布斯堡皇家墓穴中；他的各个脏器，则被放置在了银质的盒子里封好，随后存放在了圣埃蒂安（Saint-Étienne）大教堂的地下墓穴。他身着奥地利制服的遗体在美泉宫被展示了一段时间后，又被转移到了奥地利的冬宫。在那些前来为他默哀的长长的队伍里，人们忍不住为这位年轻的奥地利亲王热泪盈眶。然而，哈布斯堡皇室中的大部分人——包括皇帝，却对此无动于衷。他们或许是松了一口气，但也因为缺席葬礼而受到人们的议论。7月27日，在给亲王专用的祖传仪式上，他的遗骸被庄重地放入了皇家墓穴，永远地安息了。至少当时的人们是这样认为的。

然而，谁会预料到下个世纪他的遗骸回归法国故土时是怎样的一场灾难呢？奥地利首相梅特涅专横地让他一生的大部分时间都留在了维也纳。而德国的元首希特勒的一个可怕的政治阴谋，又让他回到了巴黎。一个未完成的生命，一只折翅的鹰，一个强权手中可悲的玩具或是一个浪漫的人物形象，他的命运是个悲剧。"哦，挫折啊！哦，教训啊！"诗人维克多·雨果也在他的诗《拿破仑二世》（*Napoléon II*）中为艾格隆的遭遇感到痛心。后来，他的遗体在1969年离开了圣热罗姆礼拜堂后，终于永远地安息在了荣军院的地下墓穴，就在他父亲的身边。一具雕刻着狮子头的青铜棺材，因拿破仑一世雕像石板的遮挡而显得并不显眼。只有一段简短的介绍概括了他在这个世界上不幸的一生。

第十章｜波拿巴主义者拿破仑三世

路易和奥尔唐斯的小儿子成了第二个法国皇帝，这几乎让所有人不安。要知道，他父母的婚姻是拿破仑和约瑟芬为了解决继承人的问题而一手包办的。尽管存在无法生育的问题，拿破仑夫妇还是通过过继的方式，获得了“子嗣”——尽管他们要从孩子的亲生父母那里，夺走他们的血脉。然而，在这对父母的第一个孩子拿破仑·夏尔去世以后，这个为了延续王朝的方案很快就被废弃了。而随着时间和形势的变化，让奥尔唐斯的一个孩子登上至尊之位，似乎又成了共识，就好像拿破仑一世的继承人只能从波拿巴和博阿尔内家的后代中选择一样。尽管命运是这样安排的，路易－拿破仑的登基却仍然不简单。首先，他无法复制拿破仑的伟大，却需要得到家族内部的认可。而要想模仿拿破仑奥斯特利茨一战的英雄之举，只会徒留笑柄。因此，当他在政治方面锐意革新时，法兰西向他张开了怀抱。他将拿破仑留下的遗产放在了一边，成了波拿巴家族未来的载体。他是一个成功的政治家，他将会比所有人都更好地体现一个波拿巴主义者的抱负。

像他的伯父一样，拿破仑三世一生中也有许多起起落落。在他的鼎盛时期，他也将巴黎变成了欧洲的首都，但局势大不相同。历史上，从来没有一个君王会卑躬屈膝地来到杜伊勒里宫。这一次，所有人都非常高兴能够站在这位在位二十年的威严君主身边，听他宣布1867年的大事件——世界博览会。人们从来没有看到过规模如此庞大的活动。给游客的参观指南上是这样提醒游客的："请大家务必保证精力充沛地来到展览会场，因为你们的游览将既愉快又疲惫。"另外，大会还建议游客从欧特伊（Auteuil）出发，乘坐一列在高架桥上行驶的火车来首都巴黎，以欣赏途中壮丽的风景。在奥斯曼（Haussmann）男爵的巴黎规划区内，还增加了公共汽车的数量以方便游客的往来。所有的事情都经过了一番精心的策划，才能让这个举世瞩目的活动大获成功。

为了更好地迎接数以百万的参观者，在今天的战神广场（Champ-de-Mars）上，一栋巨大的椭圆形建筑被建造了起来。它的大小能让任何一个建筑师瞠目结舌。这是巴黎综合理工学院的工程师克兰茨（Krantz）的作品。整个建筑占地15公顷，大约15万平方米，也就是15个足球场那么大。前厅的正门在耶拿桥（pont d'Iéna）的旁边，高50米有余。而且，为了避免排队的队伍过长，还特地又建造了14扇大门来应对大量的参观者。1867年4月1日，在皇帝主持的开幕式过后，大群的游客就涌进了大楼。一进到里面，声势浩大的场面就令人叹为观止。在大厅里，一条人工河流蜿蜒在宽阔的场地上，周围散布着大大小小的池子和喷泉。刚一进入这个大得出奇的展厅，十几个以电力照明的咖啡馆和餐厅就映入眼帘，以供筋疲力尽的游客们休息和补充能量。参展的国家馆（一共24个国家）斗巧争新：比如说埃及馆，就是以新王国时期的寺庙外形建造的；而中国馆的内壁则铺满了竹子，馆内满是缠足的年轻女孩，留着长长的指甲；英国馆是最大的展厅之一（占地面积近6.1万平方米）。还有那些绚丽生动，代表着法属殖民地的展厅亦是令人眼前一亮。整个博览会的展台数以万计（准确来说共有23954个参展单位），参观总人数也达到了1100万人。

到处是人山人海。除此之外，各国君主也接踵而至。“天上下国王了。”当时一份讽刺日报评论道。梅里美（Mérimée）也借此取乐：“来的人已经多到需要我们把一张床拆成两半了。”巴伐利亚的路德维西二世（Louis II de Bavière）在这些千奇百怪的建筑面前惊讶得目瞪口呆；而俄罗斯的皇帝亚历山大二世则乘坐从圣彼得堡的专趟列车赶来参观。从游客到君主，没有人愿意错过这场盛宴。从1867年的春天一直到夏末，巴黎仿佛成了世界首都。对于拿破仑三世来说，这正是国际社会对法兰西的认可。世界博览会正向外界展现他的政治理念、科技发展观和社会进步观的一个糅合与浓缩。在展会上最受欢迎的有：机械的创新——缝纫机；即将被安装到各大奥斯曼建筑内的液压电梯；现代潜水服的前身“潜水器”；而第一台显微镜和巨型螺旋桨，让一个名叫儒勒·凡尔纳（Jules Verne）的参观者大为欣赏。从看热闹的人到科学爱好者，都为之啧啧称奇。

欧洲的工业展现着它健康的态势，接连出现的新机器也没能盖住蒸汽机的风头。一则广告大肆夸奖了便携蒸汽机的优点：“它简易规律的运作能够用于所有行业。”来自南特（Nantes）的洛茨（Lotz）公司带来的公路机车，就是巴黎地铁的祖先。为了接待所有有机会到来的工人，皇帝也在哈柏大道（avenue Rapp）上建造了许多整洁的房屋，最多可容纳625名工人。即使在人生荣耀的顶点，他也没有忘记自他青年时期起就一直关心的工人阶级的命运。当然，人们也没有忘记艺术与文化的部分。各式各样的书籍也同样受人青睐。虽然巴黎富尔（Faure）书店发行的小食谱书《烹饪剩菜的艺术》（*L'Art d'accommoder les restes*）很快就被人遗忘了，但阿歇特（Hachette）出版公司的展台却让藏书家们神魂颠倒。在奥地利馆，小约翰·施特劳斯（Johann Strauss II）的音乐在拱顶下响起。到处都有人在跳舞，小酒馆的葡萄酒一直供应到午夜。这仿佛就是一场转移到了战神广场的皇家庆典。官方的接待处还为整个展会奠定了着装的基调，女士们皆着高雅的粉红色或淡紫色。自从放弃了沉重的裙衬以后，姑娘们就穿起了轻便舒适的衣裳。整个巴黎都处在一种无忧无虑的氛围之中，这座城市仿佛自世博会开始之后就无时无刻不散发着光芒与魅力。然而，城里城外，山雨欲来。可怕的麻烦马上就要席卷而至，法兰西第二帝国即将崩溃。

被人叫作“斯芬克斯”（狮身人面像）的拿破仑三世是掩饰自己情绪的大师。他的堂妹玛蒂尔德公主曾这样评价他：“他既不活泼也不容易激动，没有什么能轻易地打动他……有一天，一个仆人将苏打水弄到了他的脖子上，他却只是把杯子拿到了另一边，什么话也没有说，甚至没有一丝不悦的表情……”一个从来不发火的男人，最愤怒的话语也不过是“这太荒唐了！”他从来不会说多余的话：解读他的情绪和想法，也从来不是件容易的事。因此，人们根本不知道他对于克虏伯（Krupp）公司为普鲁士制造大炮的态度到底是惊讶还是担心。一年前，在萨多瓦（Sadowa），普鲁士曾迅速击溃了一支奥地利军队，仅用三周就使奥地利惨败。由于这一次的闪电行动，在首相俾斯麦的带领下，普鲁士军在欧洲大陆变得异常强大。这次普鲁士实力的增强，对于一直都渴望欧洲大陆控制权的法国来说，亦是一个沉重的威胁。但目前，巴黎还在自我欺骗，而柏林也无法质疑法国的军事实力。自克里米亚战争以后，从伦敦到圣彼得堡，都还尚存着法国的势力。此外，法国还扩张到了海外：北非以及更远的交趾支那，也就是今天的越南，这些地方都成了法国的殖民地。但在1867年，一场遥远的战争正在使局势转向灾难。

五年以前，拿破仑三世的军队以强制墨西哥向法国和欧洲偿还债务为借口，登上了墨西哥的国土并迅速掌控了整个国家。被这个成功鼓舞了的皇帝开始制定一个战略，就是那个忠诚的鲁埃[1]——也就是人们所谓的“副皇帝”——所美誉的“最伟大的统治思想”。这个思想一方面想让墨西哥成为一个拉丁民族的天主教君主制国家，以此遏制美国的扩张；另一方面则打算联合前几年在意大利被法国痛击的奥地利。于是，拿破仑三世让奥地利的大公马克西米利安（Maximilien），即弗朗茨－约瑟夫的弟弟做了墨西哥的皇帝。此时还不断有谣言说他就是艾格隆之子。表面上，这个计谋显得相当巧妙，而实际上，计划的实施却是灾难性的。大公自始至终都没能为墨西哥人所接受，更糟糕的是，他还遭到了几乎所有家族成员的厌恶。因为法国的怂恿而走上皇位，却又在墨西哥共和党人贝尼托·华雷斯（Benito Juárez）带领的激烈叛乱中倒下，他的统治在他到达墨西哥大地的三年后，悲惨地走向了结束。在墨西哥中部，1867年5月15日凌晨，共和党人在克雷塔罗（Querétaro）占领了拉克鲁斯（La Cruz）修道院，这正是退位后的马克西米利安一世和他最后几名忠臣躲避的地方。在窘境中，这位君主还想设法保留自己的尊严，但他很快就被包围了，不得不向拉蒙·科罗纳（Ramón Corona）将军投降。这位将军得意扬扬地朝他大喊：“陛下现在是我的囚徒了！”马克西米利安将遭受的是针对叛徒的“死亡法令”的惩罚，除非奇迹出现，否则他的下一站就是行刑队了。

在巴黎，世博会的巨大成功让人们暂时忘记了大西洋彼岸的坏消息。6月6日，沙皇亚历山大二世和他的堂兄普鲁士国王威廉一世参加了在隆尚（Longchamp）举行的阅兵仪式。法国各精英部队都在此聚集。近4万名军

[1] 欧仁·鲁埃（Eugène Rouher），法国律师和政治家，波拿巴主义者。——编者注

人在数小时内举行了无可挑剔的阅兵仪式。他们中的不少人刚刚才知道战败的消息。年初的时候，巴赞（Bazaine）将军接到拿破仑三世的命令，在三个月内撤出了墨西哥，留下马克西米利安只身一人与一支日益强大的共和党军队斗争。这些从墨西哥归来的将士完成了阅兵仪式后，亚历山大二世遭遇了袭击。尽管波兰爱国者的暗杀计划并未成功，但法俄关系却因此受到了极大的影响。不仅如此，虽然俄罗斯是世博会的贵宾，但由于波兰的处境引起了法国民众的同情，此事的罪魁祸首最终仅受到了轻判。这场袭击毁灭了两国之间关系靠近的所有希望，就此，一个有可能阻止普鲁士在欧洲扩张的联盟计划也变得不再可能。

尽管庆典的气氛好像受到了影响，但人们还是在愉快地为7月1日的颁奖典礼做准备。颁奖典礼上有至少19256个奖项，其中最重要的奖项将由皇室成员和其他国家的君主来颁发。奥斯曼帝国的苏丹阿卜杜勒－阿齐兹一世专程从君士坦丁堡赶来，大会典礼还为荷兰国王保留了尊贵的一席。颁奖仪式将在展示着精美纺织品的工业馆举行，作为序幕，1200名音乐家热情地演奏了一首由罗西尼（Rossini）特别作曲的、充满激情的胜利赞美诗，精彩的程度可谓登峰造极。但是走近一点儿，就会发现贵宾席上都是沮丧的面容。从前天夜里开始，一个可怕的消息就流传在人群中，连大臣们都为之不安。没有人愿意相信这个可怕的事，这也解释了为什么在这样沉重的气氛下，对于拿破仑三世的邀请，没有人选择缺席。皇帝自身其实也免不了担忧，但他一直戴着一副祥和的面具。颁奖仪式进行到一半，人们便看到他的一名助手悄悄地走到他的扶手椅旁。没有一句多余的话，他向皇帝转达了从维也纳传来的电报："马克西米利安皇帝被枪杀。"得知电报的皇帝立即脸色煞白，而过一会儿他就要上台颁奖。他的声音颤抖着，情绪逐渐变得明显起来。他将电报内容传达给了奥地利代表团后，代表团随即离开了坐席。一阵战栗穿过了整个观众席。前天夜里的传言终于被证实了。傍晚，颓唐的皇帝与皇后终于回到了杜伊勒里宫。射向马克西米利安的子弹其实亦是射向了在人们心中本是无敌的法兰西帝国的心脏。

跟随伯父的脚步

一

1808年4月20日的那一夜，对于路易和他的夫人奥尔唐斯来说，是相当令人焦躁不安的一夜。在一个聚会上，她忽然感到一阵强烈的腹痛。她的第三个孩子就要出生了。当早产的路易－拿破仑来到这个世界时，几乎没有呼吸。助产师用力地搓揉他，才让他活了下来。在隔壁的房间里，他的母亲同样经受了磨难，生命垂危。但好事成双，她最终也活了下来。在接下来的几天里，关于这对皇室夫妇的谣言被到处散播。刚经过肉体的考验，他们便又要面对他人的诽谤了。“奥尔唐斯生下的不是路易的孩子”，整个巴黎都在议论纷纷。这对夫妻之间的不和成了所有人心中的一个谜。几个月以来，他们之间都互相厌恶，公然回避着对方。那么，他们是怎么怀上孩子的呢？路易－拿破仑其实是在一个特殊的时期被怀上的。就在这对夫妻的第一个孩子拿破仑·夏尔去世之后，1807年的夏天，他们在比利牛斯山（Pyrénées）上度过了几个晚上。对于远离了巴黎和荷兰的这几天生活，拿破仑三世的传记作者并没有调查出什么秘密——唯一一个在夜幕降临后溜上奥尔唐斯床的人，就是路易。此外，在她的回忆录中，她也表示了自己是心甘情愿的。荷兰的王后从来没有在这段时间内与其他人有过不正当的男女关系。

另外，1811年，为了躲避周围人的目光，她去瑞士生下了与情人弗拉奥的爱情结晶——未来的莫尔尼公爵。然而，为何三年前身为荷兰王后的她，却没有羞愧地躲起来？为什么向来多疑的路易，对小儿子的诞生却从来没有过任何怀疑？如果他当时并未和他的妻子发生亲密关系，那这第三次的怀孕就只能是不贞的产物。而路易告诉自己的朋友亨利·巴克（Henri Bac）："我是计算过的。"这些计算让他并未产生怀疑，并在最终的遗嘱中将路易－拿破仑立为继承人。尽管这个谜团还没有被解开，历史上的分析却不容人们对路易的父亲身份有所质疑。但是，这个孩子的出生并没有使他的父母破镜重圆。因此，这个瘦弱的小生命最初的几年，都是在远离父亲的地方度过的。他和兄长一样，被他的母亲当作法国的亲王抚养，在圣勒城堡的围墙里长大。退位以后的路易愤世嫉俗地把自己关进了孤独里，拒绝面对这个受人唾弃的妻子和他的两个儿子。尽管被保姆和母亲的关怀与宠爱包围着，路易－拿破仑的健康状态却始终不稳定。然而，至少在6岁之前，他还过着在第四王朝镀金的、无忧无虑的童年。但就在他刚刚懂事的年龄，这个美好的童年世界就随着拿破仑帝国的灭亡而消散了。甜蜜又幸福的皇室氛围一瞬间变成了充满噪声与焦虑的现实世界。他们不得不在哥萨克人到来之前逃离。5月，他的外祖母约瑟芬皇后被无情的肺坏疽带走了。她的葬礼于1814年6月2日在吕埃（Rueil）举行。

博阿尔内家族与沙皇亚历山大亲近的关系，使得奥尔唐斯在波旁王朝复兴期间仍然可以生活在巴黎，甚至还获得了由路易十八授予的圣勒女公爵的头衔。但在百日王朝后，由于她对拿破仑的拥护，她就不再受人待见了。再次赦免是不可能的，等待着她的是流放。但是流放到哪里呢？荷兰王后先把目光投向了瑞士，一个显然很受欢迎的地方，然而波旁王朝暗中施计，没有给她发放居留许可。后来，她在巴德大公国找到了避难之处。那里正是她的堂妹斯特凡妮·德博阿尔内统治权力的范围。此后，她还去了巴伐利亚的奥格斯堡（Augsbourg）。与此同时，法国新出台的一项法令驱逐了所有拿破仑家族的成员，同时剥夺了他们所有的财产。那么，该如何生存下去呢？沙皇并非如外表般冷漠无情，而是又一次慷慨解囊，将她从困境中解救了出来。他二话不说就买下了马尔曼松城堡（约瑟芬的城堡）的大部分画作（这些画作现今存放在圣彼得堡的埃尔米塔日（Ermitage）博物馆内），这使路易－拿破仑母亲的荷包大大地充实了起来。不仅如此，她的哥哥欧仁还从路易那里为她拿到了100万法郎。凭借着超过300万法郎的珍贵积蓄，奥尔唐斯的生活终于恢复了平静，并且还购置了迷人的阿伦南堡（Arenenberg）城堡，就在博登（Constance）湖旁边。

经过了两年的施工，这个风景如画的浪漫住所终于能够迎接前王后及其子嗣的入住。她的丈夫将抚养他们的大儿子，而奥尔唐斯则会与路易－拿破仑一起生活。母子俩亲密无间。就像所有的波拿巴家族的孩子一样，路易－拿破仑也是在对伟大的拿破仑的崇拜氛围中长大的。拿破仑的浪漫主义英雄形象早已深入人心。很快，他产生了对政治的觉悟和对权力的渴望。他放弃了传统的学业，选择像他的伯父一样成为一名炮兵，在瑞士联邦的军队中小试牛刀。不过，他很快又放弃了这场军事生涯，将眼光投向了震荡欧洲的各地革命。意大利的爱国运动立刻使他兴奋了起来。没有和父母透露一个字，他就和哥哥一起热血沸腾地走上了意大利的战场。他们参加的一些意大利小股武装，战绩乏善可陈，但他们周围却不乏支持者。“拿破仑万岁！自由万岁！”充满着激情与狂热的兄弟俩，在奥地利大军到来之前获得了些许成功。波拿巴家的人对此则是惊愕万分。这两个叛逆的孩子的行为，分明会危及整个家族来之不易的平静的流亡生活。长辈们坚持要他们放下武器。然而随后，悲剧就发生了。1831年3月17日，哥哥拿破仑－路易·波拿巴染上了麻疹。由于担心会失去所有的子嗣，他的父亲命令小儿子立即回到部队中。但此举显然已经太晚，这位年轻的革命家也染上了同样的病。焦虑万分的奥尔唐斯马上来到了他的病榻前。万幸的是，经过了十天的高烧，他康复了。为了逃脱奥地利警方的追查，他随即与母亲一同用假身份离开了意大利。一个英勇而敢于挑战死亡的冒险家就此诞生了。

1831年，路易－拿破仑在法国宪兵的眼皮底下几次前往法国。在昔日的住所重温了童年的时光以后，他又在几处法国东部要塞之地结识了一些有识之士，以及一些怀念着旧日王朝的军人。他提出了让赖希施泰特公爵登上王位的想法。然而，暗中戒备着的警察很快就打破了这个还未成熟的阴谋。后来，路易－拿破仑去了一趟英国，随后又回到了瑞士。当他得知堂弟艾格隆去世后，他的生活就仿佛又变成了一条寂静的河流。此时，他在这个帝国家族的继承者中位列第三，就在他的伯父约瑟夫和他的父亲路易之后。但这两位长辈已到了年老体衰的岁数，于是他很快就成了最有希望的竞争者。突如其来的晋升又让他重获了自己的冒险精神，甚至让他变得有些盲目了。他对自己有点儿过分地自信，认为自己只要现身就能重新振奋民众。人们对旧日王朝的怀念让他不假思索地再次踏上了征途。支持者当中还有一位叫费亚兰（Fialin）的人，也就是日后的佩尔西尼（Persigny）伯爵。

路易－拿破仑和他的同伴们梦想着能重演他的伯父在1815年的盛大回归，就像一只闪耀着民族之光的雄鹰飞过一座又一座钟楼，最后到达巴黎圣母院之巅。新的登陆地点将是斯特拉斯堡，他们计划在此煽动军队哗变。宣言在手，在同伴们的陪伴下，这个密谋者面对一群为他的事业而激动的军人高喊道："士兵们！我可以信任你们吗？荣耀与自由在召唤着你们！"在他激昂的宣言过后，士兵们用热烈的欢呼声向他致敬。尽管这只是一个小小的成功，他还是大受鼓舞，随后便出发前往驻军部队的指挥部。不幸的是，希望很快就幻灭了。驻军司令拒绝与他们合作，并请来援军。这场起义就这样夭折了。路易－拿破仑也在逃跑途中被抓捕。这场波拿巴主义者的叛乱，在巴黎的当政者中引起了一阵惊愕与嘲讽。路易－菲利普不希望让这件看起来荒唐可笑的事情传出去，同意了释放这个胆大包天的波拿巴；但作为交换条件，他必须承诺远走美洲。失意的年轻人最终答应了这个要求。经过了一番极为曲折的旅途后，1837年3月30日，他在弗吉尼亚州的诺福克上岸了。这个被扼杀掉的谋反计划一点儿也没有削弱他的野心。他常常对那些追随他的人说："我相信上帝，也相信我自己。"随后，他母亲患上子宫癌的消息又让他马上回到了欧洲。得知奥尔唐斯只剩下几个月的生命时，他设法逃过了法国国王的监视，来到了阿伦南堡。在两个月的病痛折磨后，前任荷兰王后在他的怀里去世了。依然被禁止踏上法国国土的他，为自己无法陪母亲回到她在巴黎郊区吕埃的居所遗憾不已。对此，他一直没有释怀。

次月，路易－拿破仑搬到了伦敦，并通过发表《拿破仑思想》（*Des idées napoléoniennes*）一书号召了不少法国民众。尽管没有获得像戴高乐将军在"二战"中那么大的反响，但这本书的出版还是取得了令人瞩目的成功。显然，一股波拿巴主义思潮在法兰西的土地上深深地扎根了。人们对于拿破仑时代的怀念之深，迫使路易－菲利普最终将这位皇帝的遗体从圣赫勒拿岛运回了法国。路易－拿破仑写道："不只是他的遗骸，他的思想也应该被带回来。"而现在，就是将言语付诸行动的时候了。这一次，有了更多的支持者，他计划在布洛涅（Boulogne），即拿破仑历史上一个标志性的地点发动起义。在1840年8月5到6日的夜里，五六艘小船悄悄地在这座加莱地区（Pas-de-Calais）的重镇靠岸。从泰晤士河出发的路易－拿破仑与他的小队在此登陆。他们的目标很简单，就是与布洛涅的驻军会合，随后向里尔（Lille）行军。当他走向军营时，一个同谋正在试图说服士兵们。就像三年前在斯特拉斯堡一样，最初的希望马上就被恐慌与不安掩盖。他害怕被抓捕，立刻奔向了海滩，试图逃走。这个突如其来的失败深深地打击了他，让他甚至想就此在拿破仑大军团的纪念碑旁结束自己的生命。幸好他的同伴及时阻止了他。但他还有时间登上小船吗？枪林弹雨之下，路易－拿破仑和他的同伙们狼狈地跳进了水中。就在他的衣服替他挡下一枚子弹时，他身边的三个同伴却受了致命伤。尽管没有被死神选中，但监狱在等待着他。被迫回到岸边后，他被宪兵抓捕。第二天，巴黎的报刊报道了此事，称他是一名危险的疯子。他变得声名狼藉。

这一次，国王不会放过他了。最终，他被关在了索姆省（Somme）的汉姆（Ham）堡，并被判处6年监禁。在这座他自称是"索姆的圣赫勒拿岛"上，他完善了自己的政治思想，并对经济与社会问题产生了浓厚的兴趣。囚禁期间的一些作品里，《消除贫穷》（*L'Extinction du paupérisme*）一书尤其显得不同凡响。他采用了圣西门（Saint-Simon）的思想，面对自由资本主义的过度发展，他加入了第一批支持国家实行监管的社会民主阵营。他支持重建1791年被废止的集会权。尽管带有一丝投机的色彩，他的做法却是真诚的——事实上，他对工人阶级的疾苦并非无动于衷。这是一个具有敏锐政治直觉的人物。由于经济转型，尤其是工业转型的发生，法国百姓的生活发生了天翻地覆的变化，在政治领域，社会问题正在引起广泛的关注。大批的民众成了工人，为他们说话，就是他心中一个精妙的算盘。

有所保留的胜利

路易－拿破仑的这座“圣赫勒拿岛”于他来说并非人生的终结，而更像是一次新生。这一次，他放弃了暴动，选择了政治道路。在政治的艺术中，他将会出类拔萃。不过，拿破仑的名字尽管对他有所帮助，但亦可以给他造成障碍。假如他纠结于自己与拿破仑的对比，他就只会走向失败。没有军事地位与辉煌的过去，他的机会渺茫，甚至还会遭到嘲笑。但恰恰相反，他变成了一个开放而前卫的人，于是所有事情都变得可能了。他将自己称为一个社会波拿巴主义者，同时又依然是秩序党的一员，这是一种微妙的糅合，像戴高乐主义一样的政治思想。但要传播这种思想，他必须先恢复自由。在所有的赦免请求都被拒绝以后，他选择了逃跑。几个月以来，堡垒都在施工中。在勘探好蓝领工人来回的路线之后，他打算将自己打扮成工人中的一个。1846年5月25日凌晨时分，他穿上一件油漆工的工作衫，戴上假发又刮了胡子，用面罩遮住脸。他悄悄钻到了守卫中间，打开了堡垒的重重大门。夜里，当狱卒们进入他的牢房时，发现里面只有一个做工巧妙的假人模特，而越狱者则已经到达了布鲁塞尔。第二次伦敦的流亡在等着他，但这一次，一切都发生了变化。后来那些政敌都以借给他衣服的油漆工的名字“Badinguet”来戏称他，而民众也对这个名字喜闻乐见。

尽管他并未亲自参与1848年的革命，但他的追随者却已经开始为他造势了。他们对未来的选举非常有信心，因为支持他的选民已经从24.6万人增加到了900万人。从第一轮投票开始，尽管他并非竞选人，但路易－拿破仑的名字就已经在三个省份的投票箱里名列前茅了。他获得的民意支持是不可否认的事实。像工人阶级一样遭受危机影响的葡萄酒农们，同样也大量地把选票投给了他。在当下的混乱中，比起重新抛头露面，他仿佛更愿意躲在伦敦。因此，当国家的失业率再创新高，民众的不满到达极点的时候，他便成了人们心中的希望。在巴黎的大街上，常常可以听到那些响亮的呼喊："破仑！"在随后的选举中，他又一次证明了自己的成功，共和国不得不解除了对他的流放禁令。维克多·雨果也在报刊上热情洋溢地评论道："这不是一个伟人的回归，而是伟大思想的回归。"拥护他的人群不可控地在扩大着，显然，属于他的时刻就要到来了。受到美国的启发，1848年的制宪议会决定首次将共和国的执政权交给由民众普选产生的总统。对于我们的波拿巴来说，这一次的机会简直太妙了。权力就在他的眼前。

六个星期以来，他的支持者在法国大大小小的广场和咖啡馆为他宣传。他们筹集的大量资金让路易－拿破仑的政治宣传席卷了整个国家。支持和宣传他的海报、传单铺天盖地，人们从未见过如此汹涌的阵势。他所主张的自由主义和进步主义吸引了工人阶级，同时，维护秩序的理念又安抚了资产阶级。路易－拿破仑的当选几乎是全票通过。12月10日的选举结果非同凡响：他赢得了74.5%的选票，超过500万的选民投票支持他，只有不到20%的选票投给了他的竞争者——卡芬雅克（Cavaignac）将军。这位将军在他作为最高行政官的几个月内，几乎没有得到人民的信任，并且还对1848年6月的工人起义进行了残酷的镇压。在波拿巴家族倒下的三十三年后，又一个拿破仑成了法国人民的领袖。

在成为皇帝之前，路易－拿破仑首先任职法兰西第二共和国的第一位总统，由直接的普选产生（第二位即1965年当选的戴高乐将军）。但是，在这个第二共和国里，总统的权力被大大地限制了。事实上，真正掌权的是议会和各部长。虽然总统能够任命部长，但大部分的职位都需要他在议员当中选择。这些人的存在对路易－拿破仑是极不利的。没有议会坐席的路易－拿破仑只能任人摆布。因此，部长们常常先斩后奏，有时甚至无视规定形式。在总统、部长以及议会三者之间，仿佛早就形成了一种共处的模式。作为回应，总统则以一种令人难以捉摸的方式，首先假装对此毫不在意，以更好地欺骗他的对手们。并且，他还让人们以为他的漠不关心是受了吸食鸦片的影响。每次部长会议时，他最喜欢的打发时间的方式就是用纸折小鸡。这样的一个人，怎么会不使人放松警惕？梯也尔（Thiers）曾说：“他就是个白痴。”然而，就在人们不经意之间，这个“白痴”渐渐渗入了政府和军队，提拔了他信任的并且能在需要的时候辅佐他行动的人。他用他的小动作，在不知不觉间利用政治分歧提高了自己的影响力。

在1849年的立法选举中，人们信奉正统主义和奥尔良主义，将选票投给了秩序党。温和的共和派被扫除，而一百多名激进的“红色”议员保住了席位。即使受到牵制，他们的政治力量仍不可忽视。法兰西会走向混乱吗？在议会多数派的赞同下，总统面对这些共和党人煽动的骚乱保持坚定立场，这使他获得了秩序党的青睐。但他认为，社会的进步从来都不是政治混乱的理由。他不愿摧毁自己的伯父五十年前所建立的民意基础，因此，他对民众的生存状况非常关心。与此同时，他接近军队，迎合士兵，并且增加了视察的次数。在士兵当中，拿破仑的名字一直都很受欢迎，因为他代表着胜利。此外，他对罗马问题的立场引起了天主教界的关注，对教皇持续不断的支持也让他得到了赞赏。所以，表面上脱离了政府事务的他，实质上的权力却并未被削减，而他的民望还在不断地攀升。尽管没有显露出来，路易-拿破仑却正在走向命中注定的位置。

在他强大的影响力下，他赢得了与议会的第一次较量。在一次军队视察时，几个热情高涨的士兵高喊“皇帝万岁！”随即战争部长就发出了谴责，总统马上开除了他。那么议会会如何回应呢？一场激烈的争斗开始了。“如果议会让步的话……帝国就会形成了！”富有远见的阿道夫·梯也尔（Adolphe Thiers）声嘶力竭地喊道。不出所料，由总统任命的新的内阁遭到了议会多数党的反对。这次投票以后，路易-拿破仑继续同他选择的部长们一同执政，他们其中的大部分人都是中间派。人们由此开始明白，这个三年以前的权力“白痴”究竟玩儿的是什么把戏。然而，他的任职期很快就要结束了，除非修改宪法，否则他将无法连任。他将能使他有资格续任的提案交给了议会，但提案未能获得大多数人的支持，即四分之三议员的同意。政治危机就此出现，为了解决这个问题，总统选择了使用强硬手段。

他从1851年8月开始，在一个极小的圈子内策划政变。人们担心他会破釜沉舟，但此时议会的内部分歧阻止了任何针对总统的大动作。而且，在日益紧张的形势下，人们对处于权力顶点的爱丽舍党的呼声越来越高。国家正在躁动时期，采取行动的时候到了。政变时间的选择十分合理，即12月2日[1]。想要成功的人，总会悄悄地前进。就在政变的前一日，总统微笑着来到爱丽舍宫的传统舞会，神情泰然自若。从他身上看不出一丝的焦

[1] 这一日是拿破仑加冕和奥斯特利茨大捷的纪念日。——编者注

躁。他的同伴们也公然出现在演出现场，在艺术家的每一次停顿间隙都鼓掌喝彩。然而，这只是暴风雨前的宁静。当晚上10点，爱丽舍宫的时钟敲响时，路易－拿破仑与同伴会合了。当外人眼中的他还在消遣娱乐的时候，他同母异父的弟弟夏尔·德莫尔尼（Charles de Morny）已经巧妙地安排好了政变（所谓“一次强硬的警察执法行动”）。在向军队发出第一道命令之前，他们重新审读了关于政变的声明。几个小时以内，巴黎就被封锁了。第二天清晨，巴黎人民就惊讶地发现了他们总统的公告：“如果你们对我仍有信心，就请支持我完成这项伟大的使命。我们的任务就是结束革命的年代，满足人民合法的需求，保护他们免遭动荡。”他将自己同时置身于保王党与革命派的对立面，坚持着他追求进步与秩序的口号。

12月2日的早晨，首都似乎还很宁静，从10点钟开始，总统在他的叔叔热罗姆和几个帝国家族的后人的陪伴下终于有些腼腆地现身了。大街沉浸在一片祥和的宁静之中。但很快，议会的秩序党就发声了。他们中的300人聚集在了市政厅，宣布总统的阴谋无效。同时，共和左翼的“红色”议员也已经准备好了抵抗，很快建起了第一道街垒。在爱丽舍宫，疑虑的态度取代了开始的信心满满。骚乱之时，路易－拿破仑已经准备好了坚守在杜伊勒里宫，拿着武器抗争到死。他这一次的政变注定要失败吗？然而，军队毫无保留地站在了总统这一边，让成千上万个想要开战的反对者哑口无言。骚乱在短短三天内得到了控制，但也造成了流血事件，数百人因此丧生。他们的受欢迎度并没有受到影响，但日后，在这场血腥的小“雾月政变”中，路易－拿破仑对共和党人犯下的罪行，将成为他一生的污点。“拿破仑小人”正是维克多·雨果对他不留情面的称呼。不过在政治上，他的成功是相当彻底的。在接下来的几日里，路易－拿破仑在12月20日和21

日的公民投票中，有700万法国公民对新的国家元首报以信心，640737人表示反对，另外的140万人选择了弃权。这次投票的胜利使得因12月2日的镇压而产生动摇的路易－拿破仑感到宽慰。“超过700万的法国人刚刚宽恕了我。”[1]他说道。

帝国意味着“和平”

投票箱一经交付，新宪法即被颁布。不出所料，总统的权力被大大加强，任期增加到了十年。尽管还有议会的存在（参议院和立法机关），但总统现在已经可以自由立法并颁布法律。新闻自由受到限制，“例外法”则被沿用。在戒严状态下，尽管弃权率高达37%，立法选举也赢得轻而易举。就像精英们所明白的道理，这个新的政治体制仅仅是跨向帝国的一个步骤，很快帝制就将重建。总统搬到了杜伊勒里宫，并开始仔细思考这个问题。在全国各地，都发生了由追随者组织的支持恢复帝制的游行，但他们是认真的吗？路易－拿破仑希望能用一颗真挚的心深入到法国民众当中去。而一次在外省的旅途，一路上遇见的致敬与欢呼声让他安心。于是他终于相信，法国已经准备好接受制度的变更了。回到巴黎以后，宪法程序进一步加快。1852年的11月21日和22日，法国公民再次为恢复帝制投票，支持或拒绝“作为拿破仑家族合法的直接继承人，以及1852年11月7日元老院法令预定的候选人，路易－拿破仑被赋予帝国的继承权，法国人民渴望路

[1] 相较于他伯父在位时期的选举，此次投票是不记名的，投票人只需将他们的选择放入投票箱即可。这样，投票结果就是匿名的了。不过，由于没有提供信封和隔离室，人们的选择仍然可能被其他人知道。此外，做出不同选择的选民仍然需要用自己的笔来书写。尽管存在这些不足之处，但路易－拿破仑的这次选举结果还是相当可靠的。

易－拿破仑·波拿巴重建帝国”这一说法。这一次的结果比上一次还要好。投票名单上记录了近800万的“同意”，而拒绝的人只有25.3万。

12月1日，国家机构在圣克卢广场宣布投票结果后，第二天，恢复帝制的法令就被颁布了。四十八年过去后，第二帝国正式重建。不过，由于未得到教皇的许可，所以加冕仪式没有举行。当然，鉴于新皇帝的民众基础如此强大，这些都可以忽略不计了。而且，如果他一上任就如他伯父那般铺张，也就无法给民众展现一种全新的帝王面貌了。帝国的重建在整个欧洲得到的是一种淡漠态度，或者应该说是一种明显的敌意。这个侄子会在他伯父的位置上东山再起吗？大臣们的焦虑是显而易见的。在正式即位以前，1851年10月9日他在波尔多（Bordeaux）曾承诺道：“帝国，意味着和平！”那么，他会信守诺言吗？答案当然是不会。在拿破仑三世统治的十八年里，法兰西经历了四次战争：克里米亚战争、意大利战争、墨西哥战争，以及最后导致帝国衰落的1870年的战争。但是，这些冲突的起源与性质，和五十年前拿破仑一世在法国大革命后相继单独对抗几个联盟军的事情并没有联系。在第二帝国统治下的法国，从未被整个欧洲联合起来对抗过。皇帝冒险挑起战争是在墨西哥，其他时候，他只是随盟友作战（克里米亚、意大利），或是单独对抗另一个欧洲的强大势力（普鲁士）。而且，与第一帝国相比的本质区别在于，这段时间，英国从来没有拿起武器对抗过法国，相反，英国成了法国的一个盟友。这其实是得益于在路易－菲利普统治时期签订的友好条约。通过放弃欧洲大陆的霸权并克制自己的殖民野心，法国不再对阿尔比恩[1]构成威胁，而是成了一个可以与其共同扩张的力量。

[1] 大不列颠岛的古称。——译者注

为了巩固这份新的和睦关系，同时也作为一个亲英派，路易－拿破仑一直乐此不疲地在外交上接近维多利亚女王。在1855年的巴黎世博会时，他为女王准备了豪华铺张的接待，表现出了极其细致讲究的关照。自然，女王一下子就被这位留着小胡子的皇帝迷住了，她放下了最初的疑虑，并从此对这位东道主青睐有加。在外交政策上，皇帝赞成权力的平衡，即使这意味着更多复杂的权力联合体。甚至连他的亲戚也难以理解他真实的意图。在他眼里，一切都要有分寸，不能允许任何霸权的出现，且任何国家也不应遭受邻国强权者的欺凌。对于与他想法一致的盟友，他始终给予尊重。正如乔治－亨利·苏图（Georges-Henri Soutou）对于拿破仑三世的外交政策所言："主要原则是没有改变的。"几年前，路易－拿破仑就在《拿破仑思想》中写道："有三种方式来处理法国与其他外国政府的关系：第一种盲目而偏激的是，挑战整个欧洲以兼并各国；第二种完全相反的方式是，以牺牲国家的荣誉和利益为代价来换取与其他国家的友谊，以此维系和平；第三种政策就是坦诚地向愿意与法国分享共同利益的国家提出结盟。在第一种方式里，和平与休战将是无稽之谈；在第二种方式中，不会有战争，但更不会有独立；而在第三种方式之中，没有战争的胜利就不会有和平，但战争也绝非万能。"或多或少地，他采用的是第三种方式。

最终，拿破仑三世怀抱着雄心壮志，把自己当作一位公平正直的裁判，想要在更公正的原则基础上重塑欧洲大陆。除了在自己的领土上获得收益以外，他更关心的是他在欧洲乃至整个世界所能产生的影响。克里米亚战争就是其政策的完美范例。为了防止奥斯曼帝国的垮台并遏制俄罗斯的扩张主义，法兰西与英国联手派遣了一支远征军，前往克里米亚。经过了1853年到1855年两年的冲突后，麦克－马洪（Mac-Mahon）手下的佐阿夫团[1]对塞瓦斯托波尔（Sébastopol）展开猛攻，终于扭转了战局。在指挥部沦陷以后，俄罗斯人终于同意了谈判。这场争端最终在巴黎一次重要的会议上被解决。在拿破仑一世的私生子瓦莱夫斯基（Walewski）伯爵的主持下，谈判取得了圆满成功。作为一种均衡的模式，该条约既满足了胜利者，又没有羞辱战败方。在他们热情的驱使下，外交官们也开始介入一些悬而未决的欧洲事务中。正如拿破仑三世所希望的那样，法国自此成了各种纠纷的仲裁者，而外交官们也不求回报地展现了他们极强的说服力。由于这个宽松的政策，巴黎会议成了皇帝个人的胜利。当初拿破仑战争的胜利方在维也纳会议上决定了欧洲的命运，四十年过去，巴黎会议终于让法国回归到了欧洲的大舞台上。与俄罗斯和解，又安顿好了英国，拿破仑三世现在终于可以随心所欲地移动他的棋子，尤其是在意大利半岛上。

几十年来，奥地利的控制已经让意大利的爱国者无法忍受，而路易－拿破仑一直在支持他们。现在他改变主意了吗？一点儿也没有。在他看来，将奥地利赶出意大利的国土势在必行。但如何避免以侵略者的身份去着手处理呢？在首相加富尔（Cavour）的推动下，意大利的王国——皮埃蒙特－撒丁王国成功地加入了这局欧洲的游戏。这是一个最理想的盟友。在支持他反抗奥地利的入侵之时，法国扮演起了一个最佳角色——意大利的守护骑士。1858年，在普隆比耶尔温泉疗养时，皇帝秘密召见了加富尔以筹备对奥地利开战。他拥有一个善于计算的灵魂，可以独当一面地谋划战争，甚至没有通知他的部长们。这个“斯芬克斯”仍然令人难以捉摸。在一次森林中的漫长散步后，一个联盟的盟约以及具体原则就已经被商定好

[1] 佐阿夫团（zouave），由阿尔及利亚人组成的法国步兵团。——译者注

了。一个由萨伏依（Savoie）家族统治的强大的意大利王国就此诞生。为了得到帝国的支持，加富尔向他承诺把萨瓦和尼斯交给法国。随后，胸有成竹的两个人就心满意足地回到了各自的首都。就像古罗马人所说的："骰子已被掷下。"

1859年5月10日，皇帝离开杜伊勒里宫，来到军队当中。在去巴黎里昂火车站的途中，充满了热情的欢呼与喝彩声。支持战争的人与当初支持帝国的人一样多。不过，拿破仑三世却并不觉得稳操胜券。五十年来没有真正参与过实战的他，忽然临时充当军队的总司令，这不是很荒谬吗？不仅如此，奥地利的军队有16万人，而他的军队却只有10.4万名士兵。法国的军队装备还有待改进，而盟国皮埃蒙特－撒丁王国军队的不足也是众所周知。在战场上，拿破仑三世模仿伯父的战略，但并未创造出惊喜。在挫败了他的计划后，奥地利的尤来（Gyulai）元帅已经洞悉了他整个作战计划。自此以后，皇帝只能孤注一掷地尝试正面出击。

1859年6月4日，在马真塔（Magenta）桥附近，他的军队猛烈攻击了撤退到提契诺州（Tessin）后方的奥地利阵地。在临时搭建的桥梁上，弗朗茨－约瑟夫的军队被麦克－马洪的步兵击溃（就在这个晚上，他将荣升为法国元帅）。在倾盆大雨之下，奥地利人最终被迫放弃了伦巴第。这场胜利为法国之鹰开辟了飞向米兰的道路。在卡斯蒂廖内（Castiglione）附近的索尔费里诺（Solferino）展开的第二场战役，迅速决定了整场战争的局势。两军发生了相当剧烈的冲突，拿破仑三世最终取得胜利，但同时也付出了惨痛的代价。双方军队都被严重削弱，4万名士兵倒在了战场上。现代武器的出现让战斗变得更为致命和恐怖。被这般惨状惊呆的瑞士商人亨利·杜南（Henri Dunant）随即创建了红十字会。同样，皇帝也对他亲眼看见的这场屠杀感到不安。他认为这场战争已经持续得太久了。而且，尽管他胜利了，他的军事形象却并不光彩。在几次战斗和一场疟疾之后，他的军队正在被无情地削弱，而奥地利则在准备新的增援。为了加快和平的进程，他直接与弗朗茨－约瑟夫皇帝进行交谈。两人见面并达成共识，准备结束这场惨痛的屠杀。1859年7月11日，在未得到想要继续战争的皮埃蒙特－撒丁王国赞同的情况下，他们签订了初步的和平协议。皇帝的心情并没有很郁闷，他作为胜利者回到了巴黎。而这或许也是最后一次。

鼎盛的表象

－

由于拿破仑三世迅速签署了和平协议，加富尔被迫辞职。并且随后，即使能够与意大利国王维克托－埃马努埃莱（Victor-Emmanuel）达成妥协，意大利举国也必定会反对法国皇帝。在多次商讨后，萨瓦和尼斯还是落入了法国的口袋，于是，法兰西君主的声望见长，权力也达到了顶峰。但是，为了处理好各方关系，尤其是与奥地利的关系，皇帝失去了意大利半岛新领导人维克托－埃马努埃莱国王的支持；而与此同时，奥地利的弗朗茨－约瑟夫也永远不会原谅路易－拿破仑将他赶出了意大利。19世纪60年代初，法国疏远了三个头等强国：被它战胜过的俄罗斯和奥地利，以及新生的却对法国失望的意大利。至于英国，尽管参与了协议，但并未准备无条件联盟。在军事上，两国军队在努力地和平相处。不过，即使没有表现出来，英国也仍然在担心法国的殖民野心。换句话说，虽然取得了这些胜利，皇帝却在外交上越来越孤立。但此时的他并没有担心这些，因为胜利已经使军队都团结在他身边了。通过不断阅兵、演练和嘉奖，他使军队对他持续保有敬意。法兰西帝国看上去坚固而繁荣。在政治上，共和党和保王派的反对声音被压制了。只有在泽西岛（Jersey）岩石上的维克多·雨果在嘲笑他是“拿破仑小人”。然而，雨果的批判声只有在政权垮台后才真正得到了回响。在第二帝国的统治下，他的批判性文章一直没有被公布。

由于法国正在大步迈向现代化，很少有人愿意倾听这位《悲惨世界》作者的想法。这个奇迹般的经济增长有多个原因，而其中常常被人忽略的是，法国其实是一个避税天堂，且对首创精神极为重视。法国对于工业家的征税远远低于它的邻国英国和普鲁士，这给法国带来了相当可观的利润。同时，与前所未有的银行业扩张结合起来，这种资本主义的积累自然让国家的生产力蒸蒸日上。所以，皇帝不满足于充当这种发展变化的看客，他还要鼓励、巩固这场大家有目共睹的扩张。考虑到经济增长可以作为对国家势力的一个有益的驱动，他认为政府的投资会使国家财富继续增长。在他眼里，财富将会是“民族自豪感”的一个起因，同时也会是消灭贫穷的最好方法。但他并未打算创建国有公司或将这些私有新兴企业国有化。他的激励政策使得仅铁路部门就建造了超过13000千米的轨道。从1859年开始，巴黎就与主要的城市连接了起来。随着铁路的飞速发展，电报的使用状况也相当可观。从此以后，人们的通信时间不再以周或日计数，而是以小时来计数。对于经济的发展，通信的加速与运输业的发展同样重要。

首都的转型是拿破仑三世执政期间最大的工程。对于新火车站以及巴黎城市化的建设，拿破仑三世与奥斯曼男爵彻头彻尾地规划了一番。有人说，现在深受我们喜爱的巴黎，在很大程度上是这位进步主义皇帝的杰作。这种评价其实一点儿也不过分。沿着宽阔的大道看去，数以千计灰色屋顶的资产阶级建筑拔地而起，而地下也在进行着自来水和天然气管道的施工。

与此同时，建筑工程师阿尔方（Alphand）对城市的公园绿地进行了改造。当然，外省也没有被遗忘。里尔和马赛等城市里也发生了翻天覆地的变化。皇帝认真而执着地规划了一个新的城市化的法国蓝图，直到今天都值得人们赞赏。而工人阶级对他的评价则是有褒有贬。确实，一方面他们的集会权得到了保障，但另一方面他们在劳工法庭的权利又受到了缩减。不过，暂时没有任何人对他提出强烈的反对意见。然而，若是不受拘束，他奉行的自由主义原则，很可能会反过来阻碍他。1855年，他与英国签下了一项近乎于自由贸易的重要条约。其谈判过程在结束之前一直在保密之中。他太了解法国人对自由贸易的排斥心理，为了保证条约能够顺利签署，这座“狮身人面像”直到最后一刻才公布条约内容。在这样一个非常重视贸易保护的国家，雇主和工人们都因为害怕竞争而起来抗议，但却徒劳无功。拿破仑三世相信贸易会推动发展，于是对民众的抗议声置之不理。

拿破仑三世希望法国成为一个强大而对外开放的国家，尽管几乎所有人都反对他，但他的坚持依然是对的。就像他的一位传记作者埃里克·安索（Éric Anceau）评价的一样：“从长远来看，贸易自由化的政策无疑是有益的，因为它将带来工业的现代化和商业的发展；在不增高生活成本的条件下，它会让越来越多的海外资本流入国内。”随后，皇帝与几乎整个欧洲都签订了同类型的协议（仅列出最重要的几个就有：比利时、普鲁士、德国、荷兰和意大利）。在短期内，这项政策确实引起了一些不满，尤其是那些由于竞争而暂时失业的人。此外，拿破仑三世的帝国并非一切都令人感到乐观。尽管生活水平得到了提高，一些基础的自由权益却仍有欠缺，例如，政治自由、新闻自由以及集会自由。而在他最保守的支持者中，“自由主义”这个词却让他们百般抗拒。这些人的阵营不小，就连多次连任部长，被人称为“副皇帝”的鲁埃也是他们中的一分子，并在这一点上丝毫不退让。在他们看来，帝国本是专制的，并应该保持这种专制。

拿破仑三世的宫廷是法国历史上最热闹的宫廷之一。被邀请到贡比涅城堡陪他“度假”是一份令人艳羡的恩惠。无须胁迫，君主就能轻而易举地召唤到各界精英人士，来增长自己的威信与名望。当然，我们不能忘了皇后在这项活动中扮演的角色。魅力无穷的皇帝向来喜好情妇，直到45岁才把眼光投向了一位光芒四射的西班牙姑娘欧仁妮·德蒙蒂霍（Eugénie de Montijo）——美丽而富有的特瓦（Teba）女伯爵。与许多人希望的相反，拿破仑三世并不接受婚姻外交。欧仁妮并非来自一个皇室家庭，这也是被一些人诟病的。对于那些批评者，他回应道：“一个人并不是因为家族古老的资历才为人所接受，而是应该时刻铭记自己的出身……铭记自身的荣耀是由欧洲人民的自由意愿所赋予的。”作为约瑟芬的外孙，他显然没有忘记伯父与玛丽-路易丝婚姻的失败——他们结婚以后，拿破仑一方面与人民隔绝，另一方面又没有与奥地利建立稳固的关系。换句话说，他是顾此失彼，两头落空。当然，第二位皇帝就不会重蹈覆辙了。1856年，年轻的妻子迅速给他生下了一个皇储。而且，虔诚又时而专制的她懂得在宫廷里如何保证自己的地位。她参政的事情给她带来了大量的批评，但在今天，人们又将公道还给了她。这位美丽的保守派并非帝国垮台的唯一原因。即使她的意见相当重要，但远征墨西哥也并非源自她的影响。就像许多大事件一样，这一举措的起因也是金钱。接管了墨西哥国家命运的开明独裁者贝尼托·华雷斯拒绝向欧洲支付欠款。1861年，为了向他讨债，英国、法国以及西班牙联合起来向韦拉克鲁斯（Veracruz）派遣了一支联军。从第一次交战开始，墨西哥军队就被击溃。随后，双方很快就达成了一项经济协议。

但这次胜利之后，皇帝决定在墨西哥热烈的阳光下充分发挥他的优势，而其他盟军则直接返回了欧洲。这不正是他在这片土地上扩大自己影响力的好时机吗？正当美国陷入内战之时，在这片新世界上站稳脚跟的想法在杜伊勒里宫里变得热门起来。为什么不利用这混乱的局面来统治大西洋对岸呢？经过些许挫折后，远征军的士兵增加到了3万多人，并在1863年5月攻占了墨西哥城。尽管这次攻克是决定性的，却并不能完全粉碎墨西哥的共和党势力。叛乱愈演愈烈，墨西哥军队占了上风，让法国兵力受到了损伤。拿破仑三世决定选取一位哈布斯堡人作为墨西哥新的国王，他天真地希望能够在意大利一事以后以此挽回与奥地利的关系。这件事最终以法国部队的撤退和奥地利皇帝的弟弟马克西米利安一世在1867年不幸被射杀告终。

地狱之行

19世纪60年代末，欧洲的形势变得令人担忧。1866年，一次战争的结果让皇帝愁眉不展。在萨多瓦，普鲁士人击垮了奥地利人，并逼迫弗朗茨–约瑟夫在三个星期内交出武器。得知了普鲁士的胜利后，巴黎方面惊愕不已。因为冲突爆发时，绝大多数的法国精英都确信傲慢自大的普鲁士一定会战败。在奥赛码头（Quai d'Orsay）[1]的大楼中，一位外交官写道："各地军队都与外交大臣们做出了相同的预测，他们赞赏奥地利军队的优良品质，对将军们的才能与技巧充满信心。相反对于敌军，他们质疑他们的义务兵役制……而普鲁士闪电般的胜利在成为一个大事件、一个标志着

[1] 指法国的外交部。——编者注

欧洲命运的日期之前，首先是让那些固执己见的预言家感到惊愕而不知所措。”在萨多瓦一战的第二天，外交大臣德鲁安·德吕（Drouyn de Lhuys）请求派一支8万人的军队前往东部国境线驻扎莱茵河左岸，以防普鲁士在胜利以后过于贪婪。在7月5日的会议后，君主决定听从他的大臣的意见，甚至承诺第二天就在《箴言报》（*Le Moniteur*）上发布军事动员消息。但第二天，德鲁安·德吕将报纸翻了两遍也没有找到动员消息。事实上，在鲁埃的压力下，拿破仑三世改变了主意，决定继续做一个旁观者。

在不断的拖延下，皇帝好像在这场混乱之中逐渐失去了自己的光环。欧洲的平衡正在被打破，普鲁士即将在中欧地区所向披靡。它的扩张迟早会影响到帝国的利益。因此，是时候为战争做准备，并让法国人民做出新的牺牲了。拿破仑三世由此认为，他的政策需要改变方向了。但他有能力这样做吗？为了不冒犯公众舆论的同时又做出改变，他希望放宽政策。1867年1月20日他在《箴言报》上发表宣言：“今天我相信，我们可以在不影响国家赋予我的权力的情况下，给予每个帝国机构各自的发展机会，给予公民自由一个新的延伸。”在这段话发表以后，大部分的保守派都皱起了眉头开始抵制。很快，路易－拿破仑的自由主义改革忽然停了下来。与此同时，军队的现代化也失败了。就这样，这个雄心勃勃的计划在实质上被掏空了，而普鲁士的军队的实力还在继续加强。处处受阻的拿破仑三世感到十分懊恼。曾经的阴谋家去了哪里？昔日的帝国已经回不来了。

当时法国拥有3600万人口，如果真的采用了义务兵役制，军队能达到100多万人（普鲁士有75万人）。但事实上，法国军队从未超过45万人。而财政上，国家可以筹集大量资金，为军队配备最先进的武器。第二帝国下发的每一笔国家贷款事实上都是成功的。从技术层面来讲，国家也并不缺乏人才。比如说法国的后膛枪——夏塞波步枪在当时是无与伦比的，但1870年战争的前夜，仅有三分之一的士兵装备了它。由于预算不足，其他的改革也被搁置下来。皇帝的权力显然有所衰退。更让人担忧的是，皇帝还被疾病削弱了。在他的膀胱里，一颗鸽子蛋一样大的结石使他无法正常排尿和骑马。忍受着这些病痛，权力的执行也越来越艰难。

祸不单行，此时全国上下都是反对的声音。1869年的秋天，工人频繁罢工抗议，社会氛围变得紧张起来。在选举层面，尽管审查制度相当严格，共和党的选票还是在无情地增加。如果皇帝再不出手，帝国就要危险了。几个月以来，他都一直思索着准备在儿子成年后，也就是1874年退位。但在交班给儿子之前，一些政治上的改变是必不可少的。1869年，一向支持专制帝国的"副皇帝"鲁埃被免职了。在他走后，国家启动了一项制度改革，上下议院随之获得了更多的权力和自治权。1869年12月27日，皇帝任命进步主义议员埃米尔·奥利维耶（Émile Ollivier）为首相，一些温和的共和党人赞同了皇帝这种开放的态度，这也带来了短暂的政治局面的平静。为了让制度自由化转变得更彻底，皇帝重新启动了一轮投票。1870年5月8日晚，第一批来自巴黎地区的结果已经送到了杜伊勒里宫。查看选票的时候，拿破仑三世撇了撇嘴。结果相当不理想，反对票占了绝大多数。臣仆们都能从他脸上看出焦虑。然而，投票趋势后来得到逆转。最终，一个真实而普遍的答案肯定并巩固了制度改革。730万投票支持改革，只有150万的反对和200万的弃权。尽管有些城市更多的是反对答案，但这场投票还是显示出了人们对皇帝极大的热情与支持。在他赢得普选的二十二年后，民众对路易-拿破仑的信任几乎保持不变。值得一提的是，这种民众的支持率在过去和现在都相当难得。

经历了墨西哥的挫折以后，皇后参与的1869年11月17日和18日苏伊士运河的开通典礼为帝国重新赢得了一些威望。为这个巨型工程废寝忘食的拿破仑三世却因为自己的病情无法参加典礼。他曾经多次来到工地，为了避免项目被停工，他还曾在巴黎申请贷款以挽救斐迪南·德莱塞普（Ferdinand de Lesseps）的公司免于破产。运河的通行以及1870年的公投胜利将是他执政期间的最后两次成功。他的政权只有几个月的寿命了。法国的军队即将被普鲁士摧毁。政权丧失的开始源于一起外交纠纷。在伊莎贝尔二世女王被迫退位以后，西班牙的王位出现了空缺。为了占据这个位置，普鲁士国王支持他的一位远亲，霍亨索伦－锡格马林根的利奥波德（Léopold de Hohenzollern-Sigmaringen）亲王作为候选人。法国外交部强烈反对普鲁士这个仿佛是挑衅一般的提议，外交大臣格拉蒙（Gramont）公爵要求立即撤回这一候选人资格，否则法国将“毫不犹豫地履行职责”。普鲁士的这一举动在欧洲并未得到支持。在埃姆斯（Ems）进行水疗的普鲁士国王威廉一世同意了在法国大使面前撤回候选申请。这一局法国看起来赢了，但此时，一个不得体的举措危及了后续的一切。

外交大臣过分地想要发挥自己的优势，于是犯下了一个极大的错误。不满足于这次成功，格拉蒙公爵继续坚持要普鲁士国王郑重地保证自己永远也不会再支持自己的远亲。普鲁士人扮演了受羞辱者的角色，拒绝了法国的不合理要求。普鲁士的首相俾斯麦意识到这是一个陷害法国人的好机会，于是发出了著名的埃姆斯密电：“陛下拒绝了大使的求见，并让‘侍从官’转告他，国王认为没有什么好谈的了。”这样一看，法国大使仿佛像是一个奴才一样被他撵走，里面的火药味已经很浓了。战争眼看就要爆发了。俾斯麦终于有机会对他一直渴望击垮的拿破仑三世的帝国开战。

在巴黎的大街上，人们高呼着："攻占柏林！"媒体也变得极端狂热，甚至包括共和党人。惊讶的皇帝向埃米尔·奥利维耶说："看看我们的政府陷入了何等境地，我们没有任何合理的战争动机，但我们仍然必须遵从人民的意志！"如果他退缩了，人们就会以嘘声来贬低他。而且，元帅们仿佛对胜利充满了信心，战争的斗志在燃烧。他的政府上下一致地赞成战争，包括皇后也在坚定地主战。作为专制的波拿巴主义者的盟友，她并不是唯一一个想要通过一场战争的胜利来结束帝国自由主义倾向的人——宫廷里的许多人也早已对自由主义不满。在虚荣与政治算计之间，没有人注意到军队毫无准备的状态。战争大臣勒伯夫（Le Boeuf）元帅尽管没有公开表态，但他的名句很好地总结出了人们心中的想法："士兵的装备连一颗绑腿的扣子都不缺！"而事实上，他们却什么都缺：步枪、机枪、军装，甚至士兵。7月15日，战争被投票通过。四天之后，普法战争就此打响。尽管皇帝一直在关心事情的进展，但生病的他并没有采取任何措施来阻止战争。这是一个永远也无法逃脱的螺旋迷宫。和人们预料的一样，法国的反应被认为是失当的，欧洲其他国家都准备按兵不动。

在军事行动上，皇帝来到了军队中，并把摄政权留给了皇后。然而在他周围，人们都在怀疑他领导部队取得胜利的能力。他也说自己老了，乏了，不能骑马了。于是，法国军队的总司令总是坐着马车行动，他的膀胱也总是被猛烈压迫，以至于必须用树干抵住才能排尿。到达梅斯（Metz）时，他已经精疲力竭，而他看到的也是一支乱作一团的军队。"这里的一切只有混乱、松散、拖延、争执。"他叹息道。而对比起来，普鲁士士兵的队列无可挑剔，个个装备精良，并在优秀的冯·莫尔特克（Von Moltke）将军的指挥下，等待着将法国军队撕成两半的命令。8月初，对方只花了几天的时间就严重挫败了帝国军队。由于数量上的劣势以及在战略上的失误，洛林（Lorraine）被普鲁士人无情地占领了，法国人只好被迫聚集在梅斯周围。拿破仑三世明白自身不利的处境，考虑撤退并聚集兵力以封锁通往巴黎的道路。此外，他还打算放下指挥权回到杜伊勒里宫。这个行为吓坏了皇后及其拥护者。她认为，如果皇帝战败而归，那么国家政权就将不保。所以在这种情况下，与其让皇帝蒙羞，不如让他战死。“就让他死在战场上吧……让他被杀死吧。”皇后说道。在政治上，专制的波拿巴主义者已经掌权，并与摄政者一起推翻了埃米尔·奥利维耶。事实上，君主已经没有实权了。军队的总指挥权也已经被交给了“荣誉的巴赞”将军——一个被过分吹捧，马上将要被困在梅斯的将军。

随后，皇帝像是这溃败的队伍中的一个鬼魂一样，和部分残余的军队到达了沙隆的军营，周围的人都敦促他返回首都以重新掌控局势。沮丧的皇帝眼含泪水，低声地说着：“事实上，他们是在赶我走，他们不希望我在军队里，而巴黎的人也不希望我回去。”被欧仁妮任命为首相的帕利考（Palikao）将军召集了所有仍然有战斗力的军队援助被困在梅斯的巴赞将军。不抱任何幻想，无能为力的皇帝只能来到了麦克－马洪的军队。在普鲁士军力不断增长的威胁下，元帅选择与皇帝退守色当（Sedan）。

1870年9月1日，法国战线受到了严重摧毁，几个小时内，这座城市就被完全包围。是要拿着武器与他们拼命了吗？法国人民已经为战争流了太多的血，并且拿破仑三世也拒绝再次掀起一场屠杀。“将成千上万人的生命陷于危难之中而不是去拯救他们，这种事我做不到……我的心拒绝看到这些惨痛的灾难。”在举起了白旗后，他让普鲁士军队的前哨给国王带信：“我的兄弟，没能在战场上捐躯，今日的我只能将我的剑交到您手中。”当冯·莫尔特克与俾斯麦得知这一消息时相当惊喜，因为他们并没有预料到对皇帝的围捕却直接带来了一场相当漂亮的胜仗。在普鲁士的参谋部里，到处是流淌的香槟和为胜利而醉倒的人。9月2日，色当投降，帝国军队就此覆灭。

在英国的流亡生活

一

身着将军制服，皇帝离开了被围困的地方，去见普鲁士人。在一个破败简陋的小屋子里，俾斯麦接待了这个战败者，试图与他达成一致，但并未成功。由于拿破仑三世表现得不屈不挠，他们只能与摄政的皇后进行谈判。尽管皇帝将剑放在了胜利者的脚下，但他拒绝与俾斯麦签署全军的投降书，他仍然希望军队的局势会有好转。从他的举动来看，他宁愿牺牲自己的王朝统治也要尽力保全法国。在与普鲁士国王一次短暂的会面后，普鲁士决定将他带到威斯特伐利亚位于卡塞尔附近的威廉高地宫，也就是六十年前热罗姆统治过的地方。囚禁之路漫长而痛苦，精疲力竭的皇帝甚至出现了尿血的症状。不仅病痛让他无法得到喘息，精神上他也一蹶不振。在悲惨的流放之路上，他只有破败的房间可以落脚休息，在那里，他独自流着泪给欧仁妮写信。在出发去卡塞尔的第二天，即1870年9月4日，第二帝国被共和党控制。帝国的覆灭可怕而无情。当卡塞尔的总督见到丧权的皇帝时，他看到的是一副“死气沉沉、没有表情的面具”。被悲伤的阴影笼罩的拿破仑三世在普鲁士人的手里待了六个月。几个星期内，人们都在谈论帝国的复辟，因为俾斯麦厌恶共和党人。但当巴赞将军最终投降时，皇帝的希望彻底地破灭了。在法国，波拿巴主义者受到了严厉的批判，失去的影响力无可估量。1871年3月1日，新的议会在波尔多聚集，并以多数票通过了对拿破仑三世的废黜，并认为他应该承担战败的全部责任（只有6名代表反对废黜皇帝）。在3月19日签订了和平协议后，色当的战败者被释放。此时，帝国已是法兰西的一个回忆。而另一个帝国——德意志帝国则在凡尔赛宫的镜厅被宣布成立，多么令人刺痛的羞辱。法国将割让阿尔萨斯（Alsace）和洛林两省，并向德国支付巨额赔款。

在考虑过回到瑞士的阿伦南堡后，皇帝最终在英国肯特（Kent）的奇斯尔赫斯特（Chislehurst）得到了庇护。这几个月里，他都有欧仁妮的陪伴。当皇后与被囚禁的他重聚时，拿破仑三世十分冷漠地接待了她。几个月以前的政治危机他并没有完全忘记。随后，这对夫妇还是变得融洽了起来。在逆境中，他们团结一心。经受了这么多的考验后，这个男人第一次得到了情感上的安慰。在他最后的流亡中，皇帝一直与家人在一起，尤其是他最心爱的儿子。此外，他还远没有陷入贫困的境地。在帝国覆灭之前，欧仁妮成功地将数百万的财产转移到了国外，并卖掉了自己在西班牙的地产。多亏了她的预防举措，这意外的财产让这个皇室小家庭依然有60多个仆从围着他们转。在家人的围绕中，被废黜的君主又开始沉迷于写作的乐趣。他乐于在夜晚散步，生活似乎终于平静了下来。面对法国媒体的攻击，他以一种轻蔑的沉默来回应。恢复了健康与生机的他甚至又有了回归的愿望。尽管他曾被精英们谴责，但或许人民还会支持他？在那些出于信念或是利益来拜访过他并鼓励他回归的人当中，充满信心的路易－拿破仑让鲁埃为他安排了重回政治舞台的机会。由此，“号召人民党”（le parti de L’Appel au peuple）被创立，但波拿巴主义者的内部分裂已经如毒药一般地发散，这使得他们的声音难以被听见。不仅如此，民意也普遍认为皇帝应对帝国战败负全部责任，这就让他无法以任何民主的方式回归；而且，1872年的议会选举结果也令这位候选人感到失望。

这种反对声不仅没有使他放弃，反而使他恢复了阴谋家的雄心壮志，让他重新开始梦想“厄尔巴岛的回归”。于是他开始认真考虑去鼓励和煽动里昂地区的支持者，以压倒共和党的势力。他的计划很明确：他前往瑞士，越过托农（Thonon）附近的国境线，然后来到尚贝里（Chambéry）的据点。整个行动风险很大，但对于他来说，就算死亡也比苟活在英国的乡村里，让灵魂饱受战败的折磨更有意义。“在我身上能够发生的最糟糕的事，也不过是像那个可怜的马克西米利安皇帝一样被枪杀，但这也比死在流亡中值得。”他不断向周围人说道。然而，结石的病痛却阻碍了他进行最后一次冒险。翅膀被折断，这只鹰就飞不起来了。堵塞他膀胱的这个结石每天都在让他的行动愈加不便，直到无法动弹。当时的医疗技术可以为他进行手术治疗，但这种治疗存在极大的风险。这颗鸽子蛋虽然会消失，但病人也有可能因此丧生。在长时间的犹豫后，他的医生决定在1873年1月2日为他施行手术。第一次的手术干预以失败告终，结石顽强地抵抗住了医生的手术刀。而第二次手术后，他的肾脏和尿道出现了严重的炎症。1月6日，极度虚弱的拿破仑三世又被送上了医生的手术台。几个小时后，医生终于切碎了他的鸽子蛋。最后，手术似乎成功了，但皇帝也被折磨得奄奄一息。他的疼痛强烈到用氯仿与鸦片都无法缓解。此外，他的膀胱中依然残存着无数的钙质碎片。1月9日，他的情况忽然恶化，脉搏跳动异常缓慢。为了解决这个问题，医生的意见是给他进行第三次手术。10点45分，他的肾脏停止了工作。拿破仑三世去世了，享年64岁。就像他的伯父一样，他死在了英国的流亡生涯中。

在他的死讯公布后，巴黎的媒体并没有吝啬对他尖刻的批评。比如《辩论日报》（*Journal des débats*）就为他发布了一段无情的墓志铭："这个男人，他曾给我们美好的幻景；但正是这个幻景，让我们最终输得彻彻底底。"然而，他的葬礼有超过6万人参加。除了他伯父遗体的归来之外，法国还没有任何君主拥有过如此的影响力。如伯父一样，他最后也未能善终，更糟糕的是，他的名字被人遗忘了。如今看来，虽不必唤起对他的崇拜，但至少也需要对他的统治有一个公正的评价。就像第一帝国的史诗不能用滑铁卢的灾难抹去一样，色当也不能掩盖这个非凡的男人为法国带来的二十年进步。毫无疑问，他是那个时代真正的领军人物。

第十一章｜直率的玛蒂尔德公主

“在这个家族里，只有一个男人——总统（未来的拿破仑三世），一个女人——玛蒂尔德公主，剩下的就不足道了。”历史作家奥拉斯·德维耶尔－卡斯特尔（Horace de Viel-Castel）如此冷峻地评价道。如果要更好地理解这位特殊的公主，即热罗姆之女，我们可能需要仔细阅读龚古尔（Goncourt）兄弟、圣伯夫（Sainte-Beuve）或普鲁斯特（Proust）的书。他们的散文描绘了一个高贵美丽、语气傲慢的女人。尽管她直言不讳的话语常常逗人发笑，但有时也会伤害到他人。她通常是人群中的焦点。她骄傲又独立，在她的字典里没有“卑躬屈膝”这个词。因此，她的爱情也是隐秘的，她唯一的一场婚姻却是一场灾难。这个坦率直爽又固执己见的女人本可以统治法国，甚至俄罗斯——如果她能够随和一些的话。在她所处的时代，她的名声由另一种方式让人知晓。

永远不会有人拒绝玛蒂尔德公主的晚餐邀请。作家和艺术家们只会毫不犹豫地自愿出现在这个19世纪60年代法国最受欢迎的沙龙里。晚餐总是精确地在7点30分开始。尽管公主总是“温柔”待客，但最好还是要避免迟到。某一日，阿尔弗雷德·德缪塞（Alfred de Musset）竟然喝醉了酒，迟到了一个小时才到公主家。于是，整晚公主都冷漠地无视了他，并且他再也未能重新回到公主的餐桌上。第二帝国时期，她常常在巴黎的圣奥诺雷郊区街（faubourg Saint-Honoré）附近，库塞尔（Courcelles）街24号的一座府邸接待她的宾客。在大厅短暂休息后，客人们就上楼，在一个被紫色的丝绸和雕花的镜子精美装饰着的圆形客厅里坐下。在餐桌上，印着皇室专属标志的银质餐具在提醒着客人们主人的尊贵。在他们的身后是表情端庄、言语恭敬的仆人们。女主人不在的时候，宾客们只会羞怯地谈着话，仿佛只有波拿巴家的公主在场，知识分子们才会大方乃至沸腾起来。

在她的朋友当中，她总是最显眼的那一个。“她有一个骄傲的高额头，就像是为戴王冠而生；金灰色的头发在脑后束起，露出宽阔干净的太阳穴，卷曲的头发线条优美地落在圆润的肩上。面部清晰而刚毅的线条让她看起来坚强果断……她的双眼不大却十分精致，浅棕色的眼睛随着她的情感与思想闪烁，而不像那些用眼睛说谎的人；她的目光生动又具有穿透力……在装扮华丽的头颅下，是耀眼而华丽的胸部，与之相连的，是洁白如大理石一般的双肩……灵活的身段和匀称的比例，让中等个头儿的她显得更加挺拔；她的步态更是显示出了她的血统：人们仿佛能感受到她身上君主的气息和旺盛的生命力。”她的一个密友圣伯夫回忆道。她身上的一切都显示出了波拿巴家族的血统。维克多·雨果也惊讶于她与她的伯父拿破仑一世是如此相像。在雨果眼里，她有着“皇帝的嘴巴、下巴和脸颊”。有时候，她的举手投足常常让人联想到她光荣的伯父拿破仑的经典姿势，尤其是她常常把手交叉放在背后。玛蒂尔德公主的沙龙绝对称得上普鲁斯特在《谈艺术》（*Écrits sur l'art*）里所形容的“历史性”。这个年轻的作家对晚宴结束后“帝国显贵们的排队亮相”尤其着迷。在帝国时期，甚至帝国覆灭之后，每一次的聚会上，达官贵人们都会来到拿破仑三世的堂妹面前鞠躬致敬，就像他们在杜伊勒里宫所做的那样。如果说这些大名鼎鼎的客人为这个地方增添了光彩，那么真正让玛蒂尔德的沙龙别有滋味的，则是玛蒂尔德自己。她的性格就像她心直口快的说话方式一样，显得与众不同。在一些其他的沙龙里，礼仪与优先权是最重要的，而在库塞尔街这里，人们则可以相当随意地谈话，就连公主自己也懒得认真咀嚼自己的用词，这就让他们的谈话有时候变得没有那么讲究。一般来说，太过一本正经或是太贪婪的人都不会在这里出现第二次。

波拿巴家族的这位“粗犷”的公主从来都胸无城府。“她的性格十分简单，很率直，没有什么会藏在心里。一切关于欺骗、绕圈子、搪塞和诡计，一切关于耍花样、背信弃义的行为都让她本能地反感。”圣伯夫热情地说道。普鲁斯特在观察过她以后也说了类似的话：“她身上所表现出的那种充满自信的谦逊和直截了当的坦率，给她带来了一种原始的、未经加工过的趣味。”无法克制自己的她，选择让自己的情绪自由地流露出来。她的表情，就像她的话语一样，表现了她当下所经历的一切，从高兴到愤怒，从疑惑到惊讶。在她的沙龙里，谈话时总有甜食供应。当然说实话，人们并非为她精美的菜肴（她府邸的厨艺并不出色）而来，而是为她风趣的言论而来。而且，所有人最后往往都满意而归。饭后时间，她就给客人们讲“她记忆中的趣人趣事，那些圣西蒙公爵回忆录式的无尽的段子”。粗俗的话语对她来讲并不陌生：“猪”“狗”或者“贱货”都是她的常用词汇。她的作家朋友们常常被她尖酸甚至是让人面红耳赤的俏皮话逗笑。在她刻薄的话语中，女性也没有被放过。她讨厌没有意义的夸夸其谈。有一次，两个“无聊女人的闲扯”让她忍受了太久，她就大声说道：“我认识她们二十年了，这两只火鸡究竟想让我怎么样？”

她的言语会给人带来欢乐，她的愤怒通常也不会持续很久。“对待她所说的话，要像对待一个6岁儿童所说的话一样……我曾经看到有人被她骂得狗血淋头，到头来又受到她的款待。波拿巴家的所有人都是这样，他们的情绪常常来得无缘无故。”福楼拜说。在友情上，尽管脾气不怎么样，她却一直表现得相当忠诚。当她认为自己被出卖的时候，她首先会暴跳如雷，但她打内心深处不喜欢保持愤怒。她不会对别人做出让步，但对自己也很清醒，以至于显得像是本书中最玩世不恭的一位女性主角。她对住在圣日耳曼的一位女士说过：“法国大革命啊！没有它，我今天还在阿雅克肖的街上卖橙子呢！”有时，她会尖刻地挖苦别人。一次，一个交际花问她，公主们是否会和资产阶级有相同的感受，她则回答：“这我可不知道，女士，您不应该向我提出这个问题，我的身份可不是天赐的！”虽然她言语用词不太讲究，但这位公主却不乏风度。“这个沙龙称得上是19世纪真正的沙龙，有着一位作为现代女性完美典范的女主人，她和蔼可亲，有着世界上最甜美的笑容——美丽的意大利式的笑容，并且这个女人有着一股自然的魅力，她未经雕琢的语言、活跃的头脑以及那份可爱的童真会让你感到舒适和放松。”龚古尔兄弟说道。另外，公主还爱好艺术与文学，热情的她也因此吸引了一大批作家和艺术家：大仲马、小仲马、福楼拜、泰纳（Taine）、勒南（Renan）、圣伯夫、龚古尔兄弟、泰奥菲勒·戈蒂埃（Théophile Gautier）、梅里美以及普鲁斯特等人，都是她聚会上的常客。尽管不能逃避她在宫廷里的义务，玛蒂尔德还是拒绝让自己陷入一个狭隘的角色当中。为了逃离那个时代的压力，她只爱打理自己的沙龙——她唯一的生活场地。“她告诉我们她很高兴向我们展示她所有的客房。她唯一的乐趣就是邀请人来，生活在喜爱她和她也欣赏的人当中。而且如果她愿意，她本可以做一些更让人羡慕的事情，比如建造宏伟的建筑、华丽的宫廷，但她却更喜欢和她的老朋友坐在屋里。”龚古尔兄弟总结道。没有选择过君主生活的她，至少统领了一群才华横溢的朋友。

第一次婚姻

一

当1820年5月27日玛蒂尔德在的里雅斯特出生的时候，一些赫赫有名的人物弯腰站在她的摇篮边：前任警务大臣富歇、她的姑姑埃莉萨——托斯卡纳女大公及其丈夫巴乔基，都在分享热罗姆和卡特琳的喜悦。这对父母的第二个孩子的出生过程可谓漫长：七个小时过后，孩子的头才刚刚露出来。这个波拿巴家庭住在维琴蒂纳（Vicentina）的别墅里，可以俯瞰到亚得里亚（Adriatique）海。在这里，公主的出生让人们忘记了沉闷的生活和有时痛苦到令人窒息的思念。这个被人遗忘的流亡家庭在意大利看到了他们血统的延续，但很快也看到了一些家庭成员的离去。当玛蒂尔德开始牙牙学语时，一个不幸的消息让氛围变得阴沉起来，埃莉萨去世的消息陡然在夏天传来。一位公主走了，另一位接替了她。但不同于经历过这个科西嘉家庭的辉煌岁月的姑姑，玛蒂尔德的未来是不确定的。“我出生在1820年5月27日的的里雅斯特，生来就被流放——是一个民法上的死人。所有人都知道我的家族受到驱逐的事。我的父亲，曾经为法兰西浴血奋战，如今就像他的其他几个兄弟一样被人抛弃。他的财产被剥夺，祖国对他变成了禁地。”她在回忆录中如此写道。这种不公平的感受在她身上变得越发强烈，并且从未离开过她。

离开了的里雅斯特后，这个家庭搬到了罗马，热罗姆向他的哥哥吕西安借钱买了努内兹（Nuñez）宫，就在西班牙广场的旁边。尽管有着流放的童年，但玛蒂尔德却过得相当开心。有慈爱奶妈的宠爱，她在这座——用她自己的话说是“富丽堂皇的”——罗马的大房子里学会了走路。这座大房子也吸引了城里不少的名流贵族。热罗姆的宴请十分有名，人们都争先恐后地来品尝他为所有好吃的人准备的精致菜肴。“我们家里来过不少的法国人、德国人、俄罗斯人甚至还有英国人。”玛蒂尔德回忆道。在她调皮的目光下，她还看到了画家韦尔内（Vernet）、埃莉萨·巴乔基、前任大臣萨瓦里、贝西埃（Bessières）和苏尔特一家、鲁斯波利（Ruspoli）公主、加加林（Gagarin）亲王以及戈尔恰科夫（Gortchakov）亲王。穿着丝袜的小公主对这一切感到陌生又好玩，直到很久以后都记得这些人身上大大小小的毛病。对于画家沙蒂永（Chatillon），她留下了这样一幅文字画像：“一个干瘪、满是皱纹的老头，我还记得他垂到眼睛上的那顶小假发。”每一个到来的宾客都会在她那里留下毫不留情的讽刺画像。对于这个从不去讨好他人的孩子来说，近距离观察那些谄媚者的虚假面容让她很早就明白了人际关系的本质。在努内兹宫，她在这个上流社交界里学到了不少的东西。这个最开始的学校也让她学到了如何主持好19世纪最有名的沙龙之一。罗马的社交圈或许也能够让她忘记：在这个蒙福尔（热罗姆的化名）伯爵的家庭里，她并不是最受宠爱的孩子。她的母亲卡特琳唯一溺爱的是最小的孩子——拿破仑·热罗姆，外号普隆－普隆。这个爱捣乱并像极了伯父拿破仑的孩子很容易被原谅，而玛蒂尔德则多次体会到了母亲的“重手”，并在严厉的德国式教育环境下长大，就像在旧制度时期一样，这也是她良好举止的由来。

在一次去斯图加特拜访她的舅舅威廉一世的时候，她惊喜地发现镜子里的自己看起来相当讨人喜欢。“我可以说我的的确确是一个美丽的女孩儿，我明亮的肤色简直棒极了。”穿上了长裙以后，她越发地欣赏自己，“我并非没有意识到我能带来的一些效果。”嫉妒她的光彩，她的母亲公然地无视她。但我们的公主并没有长时间地忍受这场女性之间的竞争。1835年，在一次去瑞士的旅途中，卡特琳与世长辞，留下了一个风流却悲伤的丈夫。尽管母亲总是与她保持着距离，但对于母亲的去世，玛蒂尔德还是痛苦万分。忧伤的她与父亲离开了洛桑（Lausanne）。当他们的马车驶离了阿尔卑斯山时，她惊讶地听见热罗姆正在和她的家庭教师讨论着她的婚姻大事。但是她只有15岁，谁会对她感兴趣呢？不久之后，一个名字就出现在了他们眼前，也就是路易－拿破仑——路易和奥尔唐斯的第三个儿子。尽管这个消息并没有使她欣喜若狂，但玛蒂尔德至少对嫁给自己的堂兄的主意并不怀有敌意。她从小就认识他，并且路易－拿破仑也相当具有吸引力，她似乎也为此被征服了。每一次她走过路易－拿破仑面前时，路易－拿破仑都目不转睛地注视着她。在又一次来到斯图加特后，玛蒂尔德被邀请到了阿伦南堡，也就是奥尔唐斯和其子路易－拿破仑的居所。她一到，奥尔唐斯就热情地招待了她，就好像已经把她当作了自己的儿媳一样。显然，结婚只是一个时间上的问题了，她的父亲热罗姆也早已同意了这件事。

在阿伦南堡的拿破仑公园里，这对小情人享受着浪漫的散步。只要玛蒂尔德的家庭教师稍稍走远，他们就趁机温柔而热情地亲吻。那段时间里，路易－拿破仑也对这个聪明伶俐的堂妹十分殷勤。她的弟弟普隆－普隆是个爱捣蛋的丘比特，一个十足的调皮鬼，他甚至以要揭发他目睹到的两人热情拥抱来强迫他的堂兄唱歌。在当下的无忧无虑中，人们似乎忘记了一个重要的细节：路易－拿破仑的父亲还没有给出他的答案。为了说服他的父亲，热罗姆甚至带着女儿来到了佛罗伦萨。第一次与前任荷兰国王会面时，他就明白了他的哥哥不打算赞成这门婚事。路易的态度让人有些手足无措，他甚至讽刺地说：与其让她生活在阿伦南堡，还不如把她嫁给自己。

可能是为了表达对奥尔唐斯的敌意，路易才让自己变得如此尖酸刻薄。

玛蒂尔德大胆地请求他不要再说奥尔唐斯王后的坏话，但这并没有什么帮助。尽管最后也没有什么损失，这场与路易-拿破仑的婚事也得到了妥协，但整件事情却因为未来新郎在斯特拉斯堡的政变失败被捕而告终。这场失败让他的父亲极为愤怒，暴怒的他对想要嫁给他儿子的玛蒂尔德说道："我跟你们说过他一定会闹出事来的，并且他的母亲会失去他，就像失去他的哥哥拿破仑-路易·波拿巴（几年前在意大利去世的路易的第二个儿子）一样。"但公主为此失望了吗？后来她声称没有，还说对他的感情只有友情。除此之外，他们的性格也是如此不同。玛蒂尔德对他的情绪一无所知，而路易-拿破仑则喜欢营造神秘感，从来不会真正与人交心。他"狮身人面像"一样的表情让这个本可以成为他妻子的女人后来领悟到："如果我嫁给了他，我可能得敲碎他的脑袋才能知道他到底在想些什么。"

从阿伦南堡到圣彼得堡

-

在这场堂亲之间的联姻失败并且濒临家破人亡之后，热罗姆希望能为唯一的女儿找到一个有钱的好配偶。1838年的夏天，他继续组织那些奢侈的聚会，但他还欠着家里仆人们三年的工钱。回到佛罗伦萨后，他将女儿介绍给了许多意大利的老头，希望能骗取一份令人满意的聘礼。唉，当她看到这些人的时候，公主尖叫着表示对他们外表的嫌弃。不过，其中一位贵宾还是来到了赛里斯托里（Serristori）宫殿，他就是沙皇尼古拉一世的儿子，后来的亚历山大二世。他来欧洲也是为了寻找一位配得上他的夫人。正如我们所料，热罗姆为他提供了最好的接待，恬不知耻地奉承着这位腰缠万贯的罗曼诺夫家的人。他可能忘记了正是这个家族直接导致了拿破仑一世的垮台，他为公爵打开了自己的私人收藏橱柜，向他展示了那些珍贵的圣赫勒拿岛上的遗物。在短暂的拜访后，公爵就对与玛蒂尔德公主的联姻表示赞同，但条件是公主必须皈依东正教，并同意在俄罗斯定居。对于当事人来讲，这两个要求是让人无法接受的。虔诚的公主并不打算放弃天主教，而且就像远离法国一样，永远离开意大利让她无法忍受，而她仍希望有朝一日能够回到法兰西生活。于是这件事就到此为止了。在几个月的时间里，热罗姆之女接连放弃了两场皇室的婚姻：第一个是与未来的拿破仑三世，第二个则是与未来的亚历山大二世。

然而，还有一个人在等待着玛蒂尔德，尽管不是那么有名望，但同前两个一样富裕。事实上，她的父亲正在不停地与另一个俄罗斯人，阿纳托尔·德米多夫（Anatole Demidoff）亲王商讨着一场婚姻。这位26岁，看着像个花花公子的小伙子并不缺资产。凭借着他精致的脸庞和厚实的钱包，他成功地吸引了玛蒂尔德和她的父亲。在佛罗伦萨，阿纳托尔的名字因为其父亲的慷慨大方（他为本地几所小学提供资金）而闻名于社交界。在18世纪后半叶，罗马市还以其名字命名了一座今日广为游客所知的广场，以表彰他的慷慨恩惠。虽然蒙福尔家与德米多夫家的婚事看起来走上了正轨，但谈判仍然持续了两年，热罗姆狡猾地利用提高竞价来使自己将来的女婿艰难地离开了他的情妇蒙托（Montaut）夫人。经过多次曲折后，两方终于谈妥，婚礼于1840年11月1日在古希腊与古罗马的传统下举行。就像玛蒂尔德所写："礼物就像下雨一样铺天盖地，惊喜也是一个接着一个，还有对德米多夫先生的爱也在日益增长。"我们的公主享受了一个她梦想中的婚礼，所有的期望被满足了。在阿纳托尔众多的承诺里，有一条尤其令她喜出望外——他会带着她到巴黎参加12月15日拿破仑一世的遗体归还仪式。这曾经对她来说是痴心妄想。终于，她将有机会见到法兰西，并带着至高无上的幸福去见证伟大的拿破仑的回归。但这建立在没有任何意外发生，而且她丈夫没有任何情绪波动的情况下。然而，在与俄罗斯大使波将金（Potemkine）的争吵后，他将让公主的所有希望全部破灭。

这对新人才交换过戒指后不久，就有传言称：阿纳托尔收买了天主教教会和东正教教会，以保证自己的跨宗教婚姻不受干涉。当大使要求他解释这个带有侮辱性的流言时，阿纳托尔愤怒地动手威胁他的同胞，这使得他立即被召回了圣彼得堡，否则他的所有财产将被收缴。为了召集他的臣下，庞大的俄罗斯的主人从来不会找不到理由。最后，他们没能激动地前往塞纳河畔，而是郁闷地收拾行李去了涅瓦河畔。由于阿纳托尔不安的神情，她的蜜月旅行就这样变味儿了。“德米多夫先生的情绪变得相当坏，并且接下来不断地以暴力和疯狂来发泄，我怎么阻止都是徒劳无功。”她在回忆录里写道。在白雪皑皑又冰天冻地的旅途中，这对夫妇之间的关系无可挽救地恶化着。当玛蒂尔德在通往俄罗斯的车厢里被冻得瑟瑟发抖时，阿纳托尔却不断地将温暖的皮毛毯拽向自己，丝毫不顾这个从此夜晚与他共眠的人。他们结婚才两个月，就为了毛毯而争吵。当然，在这一点上，我们还是得说，关于这对夫妇之间的私人部分，我们只能看到玛蒂尔德笔下的记载，因此我们还是需要谨慎对待，避免将全部责任放在阿纳托尔身上。如果说这个被宠坏的孩子活得很任性，那么必须承认的是，在俄罗斯宫廷等待着他的考验不会只让他一人动摇。

阿纳托尔可以说是很幸运了。尼古拉一世完全被玛蒂尔德迷住了。一见到她，他就忘记了那些礼节，一把揽住她，并在忍俊不禁的朝臣面前热情地亲吻她。看到玛蒂尔德后，这位独裁皇帝很后悔没有选她作为自己的儿媳，而是准备让儿子娶一位德国的公主。“还是这个姑娘更好。”他向女大公埃莱娜（Hélène）说道。这次见面的遗憾让他对这件事终于看穿了：“一直都是我来为大家安排合适的结婚对象，但这一次我却错过了我自己家的那一位。”公主很快就明白了她的丈夫在他的祖国有多么不受欢迎。没有人愿意邀请他，没有人愿意在宫廷里看到他，大家都希望他“装死”。沙皇常常公开表示自己对波拿巴公主的喜爱。由于嫉妒她与阿纳托尔的婚姻，沙皇有一天大声斥责他：“我永远也不会原谅你。”每次阿纳托尔试图想悄悄回到宫里时，所有人都公然地无视他，这种态度很快就被圣彼得堡的上等贵族模仿。不过公主还是同丈夫一起被邀请到了莫斯科去参加沙皇之子与黑森－达姆施塔特（Hesse-Darmstadt）公主的婚礼。由于不想违背自己的出身，她拒绝了穿俄罗斯传统服饰的要求，所以，她就只能参加内部的结婚典礼，不出现在民众面前。尽管她拒绝了这个要求，皇帝却对她很宽容，而且越来越喜爱她。尼古拉的保护让她感到安心，但她只有一个愿望，就是回法国。由于她与沙皇的关系，她轻而易举地得到了许可，终于能够回到自己从童年起就朝思暮想的故乡。

经过了几天的行程，她终于站在了莱茵河的岸边。她从未如此幸福过。“我们从斯特拉斯堡进入法国。第一个哨兵就让我激动不已，我甚至想拥抱他。”她后来说。一来到法兰西的首都，她就直奔荣军院去看望她的伯父——拿破仑一世。而安葬他的那个小礼拜堂在她的父亲去世后，就会被命名为圣热罗姆礼拜堂。[1]然而，就像在圣彼得堡一样，阿纳托尔在巴黎

[1] 拿破仑的石棺在1861年才被安放在今天他所在的地下墓穴。

的名声也并没有好多少，他做过的那些荒唐事已经深入人心。不过，娶了波拿巴家的公主，他还是赢回了一些尊重。他高雅的夫人时刻紧跟时尚潮流，这个和拿破仑长得一模一样的女人吸引着所有人的关注。而德米多夫就像一个无可救药的暴发户一样，把她身上挂满了首饰。在她的脖子上，我们可以看到那颗著名的“桑西钻”（Sancy）——阿纳托尔在几年前购买的一枚55克拉的钻石。然而，一旦他们关起门来，气氛就变得完全不一样了。面对她的俄罗斯亲王，玛蒂尔德完全不知道该怎么办。一天晚上，当她正在为参加一场社交晚会做准备时，她居然在卫生间里发现了马利安（Meryem）先生，她丈夫的一位老熟人。刚一认出他，这个男人就跪在她脚下向她表明自己的爱慕之情。他竟然如此大胆，玛蒂尔德断然拒绝：“您找错人了，先生，您看清楚，我可不是您想象中那样的……能进我卧室的只有我的丈夫，也就是您的朋友……”重新站起来后，马利安微笑着告诉她：他能闯进来，玛蒂尔德要怪就得怪她的丈夫！对于这件有失礼仪的事，阿纳托尔的做法让人感到羞耻。

在闹剧与夫妻的不和之间，沙皇批准的他们在巴黎逗留的许可到期了。玛蒂尔德只得收拾行李准备回俄罗斯。波罗的海的清冷空气会拯救这个分裂的家庭吗？显然没有。在圣彼得堡，夫妻间的争吵变得比之前还要频繁。此外，尼古拉一世的态度也变得越来越暧昧。在德米多夫的家里，他就像出入自己家一样，随时随地不请自来，还要带着对东道主的蔑视坐上夫妻俩的餐桌。这种不尊重让玛蒂尔德的丈夫更觉苦涩。此后，阿纳托尔开始对家里的仆人动手，对公主很可能也有过。对玛蒂尔德来说，被困俄罗斯的生活已经太久了。几个月以来，阿纳托尔一直想去托斯卡纳处理一些事情，但沙皇担心他心爱的公主会因此远离了俄罗斯而禁止他出境。再三坚持下，玛蒂尔德还是说服了沙皇给她和她丈夫打开国门。无可奈何的尼古拉终于同意了她的请求。“我从来不会拒绝丈夫去陪伴他的妻子！”他轻蔑地说道。从此以后，玛蒂尔德再也没有回到过沙皇所在的这座城市。

在佛罗伦萨，这对夫妇选择了豪华的圣多纳托（San Donato）大别墅定居。在更名为玛蒂尔德别墅以后，年久失修的别墅需要大规模的翻新工程。它的主人当然没有吝啬为这栋占地1.5万平方米，环绕着一片巨大而奢侈的花园的大豪宅增添更多的光彩。在镀金的铜制品和古色古香的马赛克中，夫妻俩常常为了接待客人一掷千金。在玛蒂尔德别墅中举办的宴会在佛罗伦萨十分出名。在两场舞之间，客人们争抢着品尝由身着切尔克斯传统服饰的仆人端上来的那些稀奇的菜肴。只需要举起酒杯，杯里就会立即倒满可口的葡萄酒。在盛宴之外，玛蒂尔德注意到了自己的丈夫仿佛不那么易怒了，再仔细一看，他根本就是消失了。没有说一句话，他就只身去了市里。好奇又担心的妻子试图跟随他，但最后还是在长时间的等待后独自伤心归来。有一日，一位路人注意到她的车一直停在这里，就大胆地向她发问。“我是在等我的丈夫，他有一个商务会议。”玛蒂尔德这样为自己辩解。发问者笑了：“啊！原来现在约会都叫开会啊？”玛蒂尔德溜走了。阿纳托尔好像重新开始了他的寻花问柳。（他又真的停止过吗？）面对丈夫出轨，玛蒂尔德更倾向于视而不见，也可能是为了避免这场关系到她父亲经济来源的婚姻走向破裂。

在娶了热罗姆的女儿以后，阿纳托尔从来都没有忘记把花钱如流水的热罗姆家的钱匣子塞满。所以，热罗姆对他的欣赏日益增加，甚至完全无视了女儿的痛苦，尽管他对他女婿的性格一清二楚。有一天，阿纳托尔私下跟他讲：“当血冲到头上来的时候，我的眼睛是模糊的，并且我可以变得非常恶毒。”这个警告的意义不言而喻。自此以后，玛蒂尔德别墅内每日的场景都是夫妻间的争吵。在去托斯卡纳的路上，沙皇尼古拉一世意外地造访了德米多夫家，而这个家中刚刚发生过一场剧烈的争吵。看到垮着脸的玛蒂尔德，沙皇立刻就明白了这里发生了什么。总之，阿纳托尔就是个浑蛋，他心想。没有人知道这件事，但是受了委屈的妻子很快就做出了决定。不久后，在一次巴黎的旅行中，她离开了阿纳托尔。当时，在法国首都待了几天以后，这对夫妇本来是要返回圣彼得堡，但玛蒂尔德多了一个心眼儿，她的计划是：让阿纳托尔先行离开，并答应他自己会尽快跟上。事实上，这是她的谎言。她的丈夫一离开法国，她就奔向了库塞尔街，那里有许多亲切的怀抱等待着她，比如雕塑家埃米利安·德纽尔柯克（Émilien de Nieuwerkerke），绰号“英俊的巴塔维亚（Batave）人”。她的逃走让家里的人十分惊愕。由于担心失去阿纳托尔这个稳定的财政来源，热罗姆试图劝说女儿，但这已经太晚了。没有告诉任何人，玛蒂尔德就去找沙皇请求他帮忙为自己结束这段不幸的婚姻。对于这个能够趁机捉弄德米多夫的机会，沙皇自然是欣然接受了，他宣布他们协议分居（当时俄罗斯不存在离婚协议），并且把全部责任都归于阿纳托尔。这一次公主十分聪明，因为除非想去招惹尼古拉，阿纳托尔只能任人宰割。对玛蒂尔德来说，这个协议在财务方面的条款令人相当满意。几百万法郎的黄金和珠宝弥补了她这场失败的婚姻。随着1846年的结束，我们的主角终于在自由和财富上得到了满足。

从一场竞争到另一场竞争

尽管与阿纳托尔分居并和高大的埃米利安（他是已婚人士）保持着

谨慎的关系，玛蒂尔德在宫廷里的地位却没有受任何影响。在杜伊勒里宫，人们以最高的敬意迎接了她。路易－菲利普国王对她的来访十分高兴，阿代拉伊德（Adélaïde）夫人更是亲切地把她叫作“来自佛罗伦萨的小鸟”。在巴黎的沙龙上，她度过了人生中的第二十七个春天。在那里，她还结识了梅里美、圣伯夫，还有一些画家，比如为她画过像的欧仁·吉罗（Eugène Giraud）。自从在佛罗伦萨与那些作家、画家还有雕塑家交谈过后，她就被艺术深深地吸引了。而且，就是在托斯卡纳的一次聚会上，她认识了她帅气的、留着令人安心的大胡子的情人——绅士埃米利安。在路易－菲利普统治时期的末尾，她终于度过了一段快乐的时光，或许也是她一生中最幸福的一段日子。当她与她最喜欢的雕塑家之间的爱情逐渐萌芽时，她在路易－菲利普王朝的圈子里也优雅地翩翩起舞。后来，在帝国统治下，她时常公开地表示自己对法兰西前任国王的怀念。“在他统治时期的我比现在要更幸福。”她叹息道。对于1848年的政变，她惊愕地感到有些不愉快。不安的她躲到了迪耶普，独自为七月王朝的命运祈祷。随后，一股波拿巴的热潮就席卷了法国。她的弟弟普隆－普隆和路易－拿破仑轻而易举地赢得了多次选举。而在之后的总统选举投票中，她的堂兄路易－拿破仑也是候选人。这时，玛蒂尔德毫不犹豫地给予了他最大的支持。她不仅在财政上支持他，并且还提供了自己的人脉资源。她在库塞尔街的沙龙定期会接待一些声名远扬的贵宾，他们也影响着这场选举的结果。到处都有人前来探访这位在短短几周之内就变得最受欢迎的候选人。在1848年选举胜利以后，他马上就任命了埃米利安为法兰西国家博物馆的总负责人，这也是出于投资的考虑。所以，维克多·雨果还为此给埃米利安取了总统的“收银员”的绰号。

在社交方面，人们看到玛蒂尔德和她的堂兄如此亲近，甚至又谈论起了关于他俩的婚事，这让公主很生气。“我总不能因为心不在他那儿，就去故意疏远他。”她说道。然而，虽然保持着自己作为女性的自由，她还是打算在总统心里保有一定的分量。换句话说，也就是她希望在不全心全意去付出的情况下，既对他施加影响力，又为他所钟爱。然而，与路易-拿破仑这样一个花花公子打赌，还没开始她就输了。几年以来，他心中最爱的那个位置始终被霍华德（Howard）小姐占据着。在这个留着小胡子的情人向她寻求帮助的时候，这位女士同样毫不犹豫地为他慷慨解囊。为了尽可能地待在亲爱的总统身边，她搬到了爱丽舍宫附近的马戏团街（rue du Cirque）。国家元首毫不掩饰与这位高贵的英国小姐的关系，马戏团街基本上成了爱丽舍宫的附属地，对于总统或部长们来说都是常往之处。霍华德小姐日益增长的影响力让玛蒂尔德相当苦恼。不管怎样，这个竞争对手必须消失。了解到自己的堂兄对漂亮女人无节制的渴望，她打算通过向他介绍一些年轻漂亮的女性来使他的注意力从霍华德小姐身上转移开。12月31日，她为总统举办了一场聚会，并邀请来了一位光彩夺目的西班牙姑娘——欧仁妮·德蒙蒂霍。果然，路易-拿破仑一下子就被她迷住了，这位骄傲的伊比利亚女人的目光以及她袒露的胸肩无一不让总统为之心动，只是，她却对总统完全不感兴趣。对于她的冷漠，总统感到很失望，并想就此离开。而此时，玛蒂尔德察觉到情况不妙，立即以时钟敲响为借口又施一策。“午夜12点！所有人亲吻！”她高喊道。在最后一刻，路易-拿破仑把脸颊凑向了这位诱人的西班牙姑娘，而她却“像一个斗牛士一样敏捷地避开了这头向自己冲来的公牛”。总统大吃一惊，随后就看到她优雅地消失了。当然，正如我们所知，爱情的角斗只是故事的一部分。希望总统摆脱霍华德小姐的玛蒂尔德事实上做了一个错误的决定。在成为皇后以后，欧仁妮将会剥夺她对路易－拿破仑的所有影响力，并成功地让她在宫廷里边缘化。

不过就目前而言，由于政治形势，爱情游戏需要暂居二线了。总统的任期马上就要结束了，而国家宪法禁止续任。为了保住自己的位置，他与一群忠臣秘密筹划了将于1851年12月2日实施的“卢比孔（Rubicon）行动”[1]。玛蒂尔德毫不犹豫地支持了这场阴谋——她在之后解释这个名字是由她建议的。她变卖了一些珠宝用来资助这次行动。这一次的赌局她赢了——她的堂兄政变成功。在第二帝国的成立典礼之前，一座新的宫殿正在修建，只是未来的皇帝还没有一位夫人的陪伴。那么，他要牵着谁的手在正式场合接见他人呢？玛蒂尔德这次没有摆架子，她同意了暂时以第一夫人的身份出场。由于突然之间要在政治舞台上亮相，她需要一个比她在库塞尔街10号的小住宅更为豪华的居所，于是她搬到了同一条街的24号，西班牙王后克里斯蒂娜（Christine）之前住过的宫殿里。

一进到这个地方，她就找来了艺术家与建筑师将自己的新住处打造成了一座熠熠生辉的宫殿。装修完成后，她的沙龙一度成为新政权时期最有名的沙龙之一。不过，虽然她的圈子受到了整个巴黎的欣赏，但在第二帝国宣布成立时，她失去了近似第一夫人的身份。她的地位依然受人尊敬，只是她再也不能与自己的堂兄并排同行。这是必须遵守的礼仪。而此时，王朝也在等待着一位皇后，这是天经地义的事。在帝国宣布成立之前，路易－拿破仑就与堂妹提到过结婚的问题。“我觉得是时候找到一位能够与之

[1] 意大利北部河流，又称鲁比科内河，用在此处有破釜沉舟之意。——编者注

恋爱的美丽公主了。”他告诉她。担心看到竞争对手获胜的玛蒂尔德仍然建议他再等候一段时间。就像往常一样，这个我们所谓的“狮身人面像”并没有透露那位让他心跳加速的女士的名字。他的沉默让玛蒂尔德担心起了最坏的那种情况：如果皇帝爱上了她两年前送到他眼前的那位光彩夺目的西班牙姑娘怎么办？

公主没有猜错，正是欧仁妮·德蒙蒂霍得到了皇帝的青睐。有则趣事众所周知：他俩在贡比涅公园里散步时，欧仁妮送给了皇帝一株带着几滴露珠的三叶草，就像是一个精致的小首饰一样。而几天过后，就是圣诞节的抽奖日，路易－拿破仑专门安排让她赢得一注特别奖。当她打开那个小匣子时，她看到的是由三颗祖母绿宝石组成的三叶草，周围环绕着的是布置成露珠一般的宝石。凭借这份绅士优雅，路易－拿破仑向她表露了自己的爱慕。1853年1月29日，他们正式结婚，随后举办了宗教的结婚仪式。由于自己的地位，玛蒂尔德以贵宾身份参加了新皇后的加冕仪式。“我感觉到皇帝正在逃避我们。”她带着一丝气愤说道。在宫廷中，如果说公主殿下一直是最受欢迎的角色之一，那么自从欧仁妮出现以后，她的影响力就一直在减弱。不过，尽管地位日益下滑，她却并不打算让这个她讨厌的堂嫂一枝独秀。于是，一场两个女人之间争奇斗艳的精彩比赛就此上演。这让巴黎的珠宝商尤为高兴。她们总是光顾同一家店，也就是坐落在巴黎和平路（rue de la Paix）的知名的麦兰瑞（Mellerio）珠宝店。她们总是急不可耐地想要拥有新的胸针、无数条的项链或是其他的装饰品。作为她们之间的激烈竞争的同谋，这家店的艺术家们竭尽全力为她俩设计出不一样的作品。当然，为了不破坏自己宝贵的业务，凭借出色的技巧，店主还巧妙地做出安排，以避免两位殿下在和平路上相遇。另外，这种钻石与各种宝石堆起来的竞争事实上促成了法国珠宝业的卓越发展，也成就了麦兰瑞在世博会期间所获得的荣誉。

尽管外表上的她依然光鲜靓丽，玛蒂尔德还是失去了很大一部分影响力。她再也不是堂兄最宠爱的那一个，欧仁妮代替了这个角色。另外，在杜伊勒里宫，皇后很善于树立威望，也吸引了众多的朝臣。由于受礼仪牵制，玛蒂尔德必须去见证她的胜利，这让她感到很痛苦。在宫廷里，两个女人并没有表现出对对方的憎恨，甚至在面对面的时候也能假装善意。她们之间的决斗是如此虚伪和残酷。1856年6月14日，在皇子的洗礼仪式上，公主由于对手的微妙手段而被降到完全次要的地位。在家族内部，尤其是家庭的晚宴上，欧仁妮刻意为难了那些敢于妨碍自己的人，这让她在对手的眼里变得更加可恨。不过，要和皇后对抗，公主根本就赢不了，这一点玛蒂尔德很快就会明白。

朝臣们都在躲避着她。而此时，对她来说在家庭私人生活方面也是一段艰难的时期。皇后为了不失去任何一点儿优势，把国家博物馆的总负责人埃米利安也当成了眼中钉。与此同时，玛蒂尔德与自己弟弟的关系也不冷不热。自从他们的父亲在1860年去世以后，他们之间的分歧就越来越大。当热罗姆的遗嘱被揭晓时，她只获得了其中最小的一部分，而她的弟弟却获得了堆积如山的遗产。她对此一声不吭，但心中却闷闷不乐。尽管如此，她还是尊重了父亲的遗愿。此时，年近四十的她渐渐地与家人疏远了。然而，孤单的她却并不打算在孤苦的退隐生活中倒下。与她的弟弟不同，她并未成为政权的反对者，而是选择成为一位真正保护艺术的人。在她的沙龙里，作家与艺术家们可以不用顾及任何利益和特权，自由地高谈阔论。她反对杜伊勒里宫的那些陈腐浮夸的艺术，对当时的艺术创新给予了很大的支持。

艺术圣母

一

在圣米歇尔（Saint-Michel）区的旁边，孔特斯卡赫－圣安德烈街（rue Contrescarpe-Saint-André）上，整个巴黎的文学界都乐于每周一在“马尼之家”（Chez Magny）餐厅碰面，品尝着羊腿或是波尔多风格的小龙虾，再配着夏布利干白。福楼拜、小仲马、泰奥菲勒·戈蒂埃、泰奥多尔·德邦维尔（Théodore de Banville）以及龚古尔兄弟，他们在这个餐厅的一个秘密沙龙上谈论着文学。这些欢乐的聚餐正是圣伯夫所组织的。作为知名的评论家及作家，他在1863年认识了玛蒂尔德。在一次共进午餐后，他们之间就建立起了坚实的文化交流的友谊。公主非常欣赏这个讲话如此尖锐而身材却如此“短小”（公主本人的用词）的老男孩的魅力。听闻了在“马尼之家”举行的作家们的例会之后，她十分渴望去到他们中间参与这种美味的文学交流。但圣伯夫并不因此感到高兴，甚至有些担心。这个地方的确相当雅致，但配得上一个波拿巴家公主的造访吗？带着疑虑的他最终建议让公主在库塞尔街来邀请这个作家团队，公主当然是欣然接受了。从此以后，玛蒂尔德的沙龙开始定期接待圣伯夫的朋友们，展现了一个全新的局面。面对这种状况，嫉妒的不只是皇后，还有朱莉·波拿巴（Julie Bonaparte）——约瑟夫的外孙女，她同样举办着一个与其不相伯仲的沙龙。在第二帝国时期，玛蒂尔德将自己的时间分配给了她的沙龙和她在圣格拉蒂安（Saint-Gratien）的领地[位于首都近郊的蒙莫朗西（Montmorency）河谷]。她鲜少出现在宫廷，甚至几次缺席著名的贡比涅“度假”——登峰造极的大型皇室庆典。在巴黎，她的日程表永远是不变的：周日或周一用来听音乐，周三她会接待文学界的朋友，周四则是画家与雕塑家来向她致敬，而周六的晚上留给政治上的交流。

就像历史学家热罗姆·皮康（Jérôme Picon）所说的，玛蒂尔德总是在精心维护着这个圈子。“这些常来光顾她沙龙的作家，她当然想要靠近他们，但不只是如此，她也关心并疼爱着他们，以一种近似母爱的方式为他们的事业操心。她关心龚古尔的新书的出版，对他们的这份热情甚至到了盲目的程度。”每天早上，公主都在为她的这些“宝贝朋友”忙活——为了一项优待、一个勋章带或是一个议会的席位。她曾为了圣伯夫而用自己的影响力去向皇帝谋求法国教育部长的职位。尽管最后没有成功，但她还是为他争取到了上议院的一席，这已经很不错了。经常造访玛蒂尔德家的好处也在于她可以把你带入法兰西学术院（Académie française）的圆顶之下。诗人卡米耶·杜塞（Camille Doucet）就曾拜这位忠心的保护者所赐享此殊荣。然而，公主在泰奥菲勒·戈蒂埃的事情上的失败却引起了轰动（他曾四次失败）。尽管有公主的支持，他还是没能穿上那享有盛名的绿色院士服。她保荐的这个人，被当时默默无闻的奥古斯特·巴尔比耶（Auguste Barbier）打败了，这让她异常愤怒。竞选一结束，她就在学院的出口孔蒂（Conti）码头大声地斥责那些出席的院士，认为他们全都是“猪”。除了对“宝贝朋友”不断地关怀以外，玛蒂尔德还大肆赞扬他们的艺术作品。她的这份热情让她获得了圣伯夫给她取的“艺术圣母”的绰号。

反过来，这个圈子里的朋友们也从未对她忘恩负义。作家朋友们总是把刚出炉的新鲜作品专门留给她读，但有时候会引发非常滑稽的场景。一天晚上，福楼拜被自己的创作激情驱使，像一个不顾一切的求爱者一样扑倒在了她的脚下。他突如其来的疯狂举动让玛蒂尔德十分尴尬，公主便让福楼拜起来，礼貌地责备了他：“请您理智一点儿，不要再做这种事了。我会让一位更合适的人来阅读您的这本书。”这些艺术家和作家对她的友谊甚至是感情，或许还帮助她忍受了情感生活的空虚。1869年，当第二帝国岌岌可危时，她与她的“英俊的巴塔维亚人”的感情也走到了尽头。尽管几年来都没有怎么见面，但她一直忠诚于他。但他也是如此吗？假如他们各自的配偶都不在了——埃米利安已婚，而玛蒂尔德只是与德米多夫分居——那么他们会走入婚姻殿堂吗？“这是不可能的。”当玛蒂尔德向他提出了这个问题的时候，埃米利安这样回答了她。“为什么呢？啊，因为您还是康塔屈泽纳（Cantacuzène）伯爵夫人的情夫。”她愤怒地说道。“她是我的情妇？你怎么可以这样诽谤她！她是一个正直的女人。”埃米利安抗议道。“那么我呢？”公主感觉受到了侮辱。她在他的眼里到底是什么？一个轻浮的女人？在这场激烈而苦涩的争吵过后，他们分手了。这位雕塑家从此以后被禁止来到库塞尔街做客。不过，玛蒂尔德很快就得到了安慰，因为在三个月后，比她小5岁的搪瓷艺术家及诗人克洛迪于斯·波普兰（Claudius Popelin）就成了她的新宠。这位鳏夫的陪伴让她很高兴，尽管她的朋友当中的好几个人，尤其是龚古尔兄弟都并不欣赏他。不出意料，后来他也背叛过她，折磨过她，并没有真正地去爱她，但他还是一直陪伴在她的身边，并早于她去世了。1869年的10月13日，库塞尔街最伟大的灵魂之一——圣伯夫与世长辞。这位作家与公主之间的关系从来都不简单，他们彼此依恋。他的离世比起其他所有的人都让她更痛苦。“我刚刚度过了艰难的一年……少了一位好友，失去了太多。”她叹息道。然而，次年她将要面临的是更大的挫折。

1870年8月，当巴黎的报纸报道了悲惨的法兰西战败的消息时，玛蒂尔德决定离开首都。她在库塞尔街的沙龙也开放了最后几天。在三天的准备工作后，她离开了巴黎前往迪耶普。但到达目的地后，由于民众的恐慌，她没能登船前往英国。只有一个可以接纳她的国家，就是比利时。所以，公主随后便去了蒙斯（Mons）避难。这座城市为许多先前的政权最显赫的名门贵族提供了庇护。1871年1月29日的停战后，她最后一次在靠近法国的边境上见到了拿破仑三世，他刚刚被普鲁士人放出来，并准备起航前往英国。看到他悲伤而憔悴的面容，玛蒂尔德流下了滚烫的热泪。虽然遭受了巨大打击，她的堂兄仍然显得镇定自若，没有表现出痛苦和沮丧，就像他一直以来所扮演的"狮身人面像"一样。在意大利又待了很长一段时间后，玛蒂尔德才敢回到法国。当她的小轿车驶过库塞尔街时，她看到杜伊勒里宫的废墟仍在冒着烟。虽然她在巴黎的豪宅在当时幸免于难，但现在也已不再属于她，因为已经被封起来了。她被禁止来到库塞尔街的住宅。无所事事的她只好来到圣格拉蒂安，先是租赁，随后购置了位于贝里街（rue de Berri）20号的莱斯帕尔（Lesparre）侯爵夫人的房子。这座房子也曾是让利斯（Genlis）夫人的财产。

公主的新住处自然没有之前那样气派。"不能拥有一座宫殿，我至少想要一个属于我的小窝。"她带着一丝苦涩说。尽管没有那么大的排场，她的新沙龙还是重新开张了。客厅里依然摆着那些旧日的半身像和帝国的纪念物。就像以前一样，玛蒂尔德坐在大客厅的沙发上，旁边的桌子上铺着红色的丝绸布。在她的左边，和从前一样的位置，是她的密友们，而右边则是受邀的来宾。从1874年的秋天起，玛蒂尔德又开始期待每天晚上7点的晚餐。周三是专门给文学界的朋友们，而周五则是留给画家朋友们。尽管帝国不再，但也仅有很少一部分的"宝贝朋友"不再光顾沙龙。小仲马、阿贝尔（Hébert）、泰纳、福楼拜以及不可或缺的龚古尔兄弟都一直围绕在公主的四周。只有几个薄情的人或是巴黎公社的拥护者离开了这个著名的圈子。不过他们的背弃很快就被新的成员填补了：莫泊桑、普鲁斯特、都德、科佩（Coppée）、维克托里安·萨尔杜（Victorien Sardou）、阿纳托尔·法朗士（Anatole France）以及弗雷德里克·马松等，都常常来贝里街做客。

三十年来，公主一直都在积极组织着整个巴黎的文学圈和艺术圈，尽管一路走来，她的沙龙失去了些许昔日的辉煌。1895年，最开始的圈子里只剩下了埃德蒙和龚古尔。其他人都已经去世或是被打发走了，就像玛蒂尔德从1863年就一直关心照顾的泰纳一样。他犯了对波拿巴不敬之罪，被公主无情地疏远了。在他的作品《现代法国的起源》（*Les Origines de la France contemporaine*）一书中，他将玛蒂尔德的祖母莱蒂齐娅描述成了"一个原始的灵魂……从来不追求生活品质甚至是个人卫生，抠门儿得像一个农民"。不爱干净又吝啬，这就是"拿破仑的母亲"？这本书对于公主来说自然是无法接受的。当泰纳邀请她去自己家做客时，她冷淡地在邀请函上写下"P. P. C."的字样，也就是"告假"的缩写。而在当时巴黎的沙龙上，大家则是这样理解："P. P. C."更多指的是"公主不高兴"[1]。若有人中伤自己的祖先，她一定会大发雷霆。

1896年10月7日，仆人们帮玛蒂尔德公主换上了华丽的服饰。这是重要的一天：玛蒂尔德被委托去荣军院接待俄罗斯的统治者——沙皇尼古拉二世和他的夫人。共和国坚持要求她来陪伴他们参观皇帝的陵墓。当然，属于她的一个独一无二的特权就是，她会拥有其中一把钥匙。这也将是她

[1] "P.P.C."原为"pour prendre congé"的缩写。在这里，公主的朋友们则是玩儿了一个文字游戏，认为"P.P.C."应该理解为相同缩写的"princesse pas contente"，即"公主不高兴"。——译者注

所参加的最后一次公开的仪式。当随行队伍出现在图维尔（Tourville）街上时，所有人的目光都停留在了她的身上，就像在自己家的沙龙一样，这位76岁的公主骄傲而自豪地走向通往圆顶的台阶顶端。在看到她的真实面目以后，俄罗斯皇后才明白自己被欺骗了：她一点儿也不像人们向她所描述的“老妇人”。在简单的问候后，公主陪伴了俄罗斯的君主以及法国总统费利克斯·富尔（Félix Faure）走向地下墓穴。途中，她对总统授予她法兰西喜剧院（Comédie-Française）的官方个人包厢的慷慨大方表示了感谢。总统则笑着回答：“夫人，我希望还有更多机会来使您开心。”参观完之后，玛蒂尔德被邀请到了俄罗斯大使馆参加豪华丰盛的国宴。但遗憾的是，对她来说，这四十八位客人中，她几乎一个也不认识。她属于另一个时代，这是显而易见的。

荣军院一行之后，她几乎就再也没有离开过贝里街，除非是去她在圣格拉蒂安的领地。1903年6月，她接待了最后一位客人——作家皮埃尔·绿蒂（Pierre Loti），随后她就在楼梯上摔断了自己的股骨，这一摔她就再也没能站起来。卧床不起的她受尽了折磨，终于在1904年1月2日，在她巴黎的家中安详地走了。孔布（Combes）总理没有允许在巴黎举行她的葬礼，于是一场宗教仪式在圣格拉蒂安为她举行。1月18日，在欧仁妮皇后的注目下，她的遗体被埋葬在了一个以她名字命名的礼拜堂中。从此以后，这位妙趣横生的公主安息在了那里。在一个简朴的教堂里，只有一座不起眼的半身雕像提醒着游客们这是她的墓地。如果要向“艺术圣母”致敬的话，最好还是仔细阅读她的那些“宝贝作家”笔下关于她的部分，而不是在蒙莫朗西河谷来寻找她的遗骸。

第十二章｜最后的皇帝拿破仑四世

拿破仑一世和拿破仑三世的统治末期非常相似。每一次，当他们想要建立一个自由主义的帝国时，迎接他们的都会是残酷的失败。但两种情况之间并无因果关系。在惨痛的坠落后，叔侄二人都在英国的土地上结束了自己的一生——虽然圣赫勒拿岛热带的空气与伦敦的大雾并没有什么共同之处。另一个让人惊讶的相似点就是两位皇储悲剧般的命运。青年时期，他们两个都对军事生涯充满热情，随后却都在异国他乡丧命；他们都爱穿军装制服，一个是白色的制服，另一个则是红色的；艾格隆的希望毁灭在了一场疾病上，而这个被称为拿破仑四世的皇子则是死在了异族的枪下。在波拿巴家族的所有人里面，他是唯一一个没有死在病榻上的。这是我们的传奇中另一个未完成的命运，这个皇储也是波拿巴家族里最后一位有希望戴上皇冠的人，尽管他并没有能力去争取。

1879年2月11日的第一缕曙光出现时，《纪事晨报》（*Morning Chronicle*）的读者们的面容就变得沉重起来。对于英国军队，这个消息十分可怕：在南非一处战败之地，就在德拉肯斯山脉（Drakensberg）与印度洋之间，女王陛下的士兵被2万个祖鲁人用箭和旧步枪打得落花流水。在伊散德尔瓦纳（Isandhlwana），800名士兵、30位军官以及500名当地土著都被无情地屠杀。祖鲁国王塞奇瓦约（Cetshwayo）没有屈服于英国的要求，而是选择站起来反击。英国显然不能对此没有反应。伦敦方面马上决定向祖鲁国开战并提供了6个步兵营和2个骑兵部队作为增援。在这举国震惊之时，许多英国青年自愿走上了战场。2月17日，英国陆军部收到了一个盖有拿破仑三世之子印章的信封。法国皇室的继承人想要得到什么呢？原来他要求随着士兵一同出发去祖鲁国服役。23岁的他从小就对他家族先祖们的荣耀深深着迷，皇太子梦想着一个属于他的功勋卓著的军事生涯，所以心甘情愿地放弃了政治。如果想要声名鹊起，他就肯定需要证明自己的能力。沙龙并不适合他。在将他的信交给陆军部以后，这位年轻的皇储似乎比往常要更激动一些。当他把自己的计划告诉母亲——皇后欧仁妮时，欧仁妮惊呆了，立即尝试着说服他。这场穿着英国制服的行动不仅危险，而且对法国也几乎没有任何政治利益。谁会想到帝国的继承人会涉入这场遥远的殖民地事件中呢？“如果你遭到不幸，你的支持者不仅不会替你感到惋惜，反而会怪罪你。”欧仁妮咆哮道。担心失去这个独子的恐慌写在这位母亲的脸上。

然而，欧仁·路易·拿破仑·波拿巴（Eugène Louis Napoléon Bonaparte）是个天生的士兵。自童年起，他就穿上了为他剪裁的军服，并十分羡慕士兵们的风貌。今天的他确信，属于他的时刻已经到了。自从色当的惨败以后，火药的味道对于他就不再陌生了。在子弹的轨迹与大炮的烟雾中，他感到很自在。所以，当一场军事冒险行动摆在眼前时，他不会放弃。通过应征入伍，他认为可以改变那些反波拿巴派之人的批评声音，他不是一个没有胆识的皇太子。面对这些批评者，英雄主义会成为他最好的答案。“当一个人在军队中时，只有良好的战绩才能使他脱颖而出。”他向自己的朋友路易·科诺（Louis Conneau）写道。他已经做出了决定，没有人，甚至是皇后也不能让他退缩。但两天后，令人失望的消息就传来了，英国陆军部断然拒绝了他。沮丧的他不甘心失败，又坚持要母亲去向维多利亚女王求情。他自己也拿起了笔再次写了一封慷慨激昂的信给了剑桥（Cambridge）公爵："我希望我的第一次从军能够加入到盟友国的队伍中，否则，我就失去了我流放生活里的一次历练。"他的母亲被他的想法所感动，决定帮助他。在了解了他的计划以后，英国女王也尽其所能来实现他的愿望。于是，迪斯雷利（Disraeli）首相终于无可奈何地屈服了。"当面对两个顽固女人的反对时，你还能做些什么呢？"他后来说道。如果参加这次征战，那皇太子就只能做一个英国军队中的观察者。他既不可能执行任何命令，又不可能承担任何风险。尽管被这样安排，拿破仑三世之子却并没有为此不满。狂热而兴奋的他积极地为出征做着准备。大概是为了纪念自己心爱的父亲，家里有一些他的遗物也会跟着他远行。他还特别带上了自己已经用得磨损破裂了的皮马鞍。"嗯，在战场上还能用上它！"他安慰自己。

在法国，当这个消息传出去时，反波拿巴派的媒体的评论引人发笑。"小朋友要上战场了！"某些报纸的头版头条上写着。而英国媒体的口吻就完全不同了。"皇太子的决定与他的勇气和血统相称。"《每日电讯报》（*Daily Telegraph*）如此评论道。就在他离家的几个小时前，在奇斯尔赫斯特小镇的卡姆登（Camden）广场上，圣玛丽（Sainte-Marie）教堂的神父看到他正动情地跪在父亲的墓前。当他到达南安普敦（Southampton）港时，数千名好奇的民众聚集起来观看他登上联合轮船公司（Union Steamship Company）的"多瑙号"（Danube）起程出发。欧仁妮也在场。她被儿子如此强烈的热情所感动，悄悄擦了擦眼泪。她庄严地微笑着和儿子一起来到了船上，就像所有母亲一样细心地查看他的船舱。当她还在与船员交谈时，尖锐的汽笛声响起，这是起程的信号。面对母亲如此殷切的关怀，有些为难的儿子面不改色，几乎没有怎么说话，只是简单地向母亲告别。事实上，母子两人都十分激动。“愿上帝保佑你！”一回到卡姆登，皇后就开始给他写信。

经过了二十八天的旅途，皇太子终于踏上了南非大陆。开普敦市正在热情地接待他荣誉的到来。随后“多瑙号”就重新起航去往非洲东海岸，直到德班（Durban）。得知他的到来，数百名殖民者欢呼着迎接了他。英国总参谋部中的人则更加热情洋溢。人们甚至有些担心他的到来会影响军队的日常活动。切姆斯福德（Chelmsford）将军看着他咕哝着说：“我唯一担心的，就是他太有勇气、太敢闯。”为了保护好他，将军把他分配给了自己手下的军官，认为把他放在自己身边就可以更好地监视他。而受到这个年轻太子的鼓动，他还是允许了太子穿上英国的制服。多么令人自豪啊！终于，他将不再像以前一样是一个只在阅兵队伍里出现的士兵，而是成了一个真正的战士。他的职业生涯、他的军人生活终于开始了。至少他是这么期望的。

在这场战役的前几天里，他设法骗过了切姆斯福德将军的警惕，成功地混到了贝丁顿（Bettington）少校指挥的侦察巡逻队里。在敌方领土上的一次侦察中，他靠近了一个祖鲁人的村庄。这个地方防守得很好，但少校依然决定对其开火。数十个骑兵组成的巡逻队充满活力。面对他们的步枪，祖鲁人开始反击。当太子骑马飞奔时，他幸运地躲过了十几颗在他耳边划过的子弹。军刀在手，他直接驱散了十几个慌乱的祖鲁人。胜利了！敌人逃走了。少校惊讶于他的勇气，马上重新将村庄命名为“拿破仑村”。骄傲的太子兴高采烈地接受了这项荣誉。不过在这次大胆的行动后，他就被带回去了。因为继续让他这样下去实在太危险了。途中遇到他的记者是这样写的：“活泼、充满生机、天赋异禀、正直、英勇、聪明而慷慨。”狂热的他并不惧怕死亡。

为了避免这个孩子一时头脑发热，将军只好让他远离战场，将他安排在营地里。他很有绘画天赋，于是英国军队的这位客人就成了军需处里的制图员。当英国的第二师行军前往祖鲁国的首都乌伦迪（Ulundi）时，他接到了一份绘制未来营区地形图的任务。于是，他被选定去和六位志愿士兵及一位刚刚到达此地的步兵军官贾尔·布伦顿·凯里（Jahleel Brenton Carey）一起执行任务。六个当地人原本也应该在这支队伍里，但他们迟迟没有出现。1879年6月1日，星期天，黎明时分，当皇太子起床的时候，外面已经热闹起来了。他迫不及待地等待着出发的命令，并草草地在纸上向母亲写下：“我还有几分钟就要出发去血河（Blood River）左岸为我们的第二师的营地选址了。敌人正在集中力量，八天之内就会投入战斗……我不想失去这个机会向你表示我对你全心全意的爱和拥抱。”

小队甚至没有等那六个当地人来就出发离开了营地。在湿热的环境下，经过长途跋涉后，一个废弃的村庄出现在了眼前。一些房屋里留下了祖鲁人不久前才离开的迹象，只有几只狗还怀疑地在随行人员周围转来转去。所有的危险似乎都已经被排除了，凯里从马背上下来并命令人们去准备咖啡。除了我们皇太子的马以外，其他的拴绳都被解开了。在同伴们休息时，他挥舞着手中的铅笔向凯里绘声绘色地描述了波拿巴家族的先祖1796年在意大利第一次战役中取得的成绩。一个出去寻找水的黑人带着忧虑的神情回到了队伍中。在高高的草丛里，他瞥见了好几个敌人的脑袋。事实上，祖鲁人就在周围，并且在一声不响地靠近他们。凯里本已下令出发，但皇太子坚持要再等十分钟以完成自己的工作。正当他拿着画笔平静地勾勒着线条时，数声枪响在耳边响起。马上，五十多个祖鲁人就喊出了战斗的口号，这是袭击的信号。小队的反应刻不容缓。马已经准备好了。凯里和其他人都在电光石火间爬上了马背。他们周围传来了密集的枪声。马刺一夹，所有人都逃脱了，除了我们的波拿巴。他的马还没有等自己的骑士爬上马背，就本能地跟着自己的同类开始奔跑了。紧紧抓着马鞍的他曾多次尝试爬上马背，但突然，他父亲用过的皮马鞍被扯裂了，他重重地摔倒在地。他的右手腕扭伤了。满身灰尘的他从地上爬起来，茫然地看着自己的马已经跑远。在他的背后，祖鲁人无情地给那些已经倒地的人补了一枪。他将是他们的下一个猎物。他左手拿着一把手枪，向他们的方向开了三枪。惊讶的祖鲁人似乎犹豫了一下，其中的一个便向太子投掷了一杆标枪，而太子只是勉强躲过。接着，又一杆标枪劈开了空气，直直地射中了太子的左肩。当祖鲁人刺中他时，他正摇摇晃晃地走着，他的左肩被撕裂了。随后敌人的致命一击到来，一杆标枪深深地刺中了他的右眼，直穿大脑。1879年7月1日的16时，皇太子倒下了。不到一分钟，他就被人杀害了。被剥下衣服以后，由于祖鲁人的迷信，他的遗骸还是受到了有尊严的对待。他们看到他身上佩戴的那些奖章和护身符后十分惊讶，祖鲁酋长认为他或许不是一个简单的士兵，不要激怒那些正在守护着他的外国神灵。正是由于这个误解，他的尸体被敌人当作自己的英勇战士一样对待。对于一个英雄而言，死亡当然是值得尊敬的，只是作为一位未来的君主，他实在是英年早逝。

一个小战士

1856年的3月16日这天，当然没有人能够预料到这个刚刚出世的孩子会有这样的结局。从夜里11点开始，欧仁妮皇后就十分痛苦，她的呻吟声响彻了比平时更热闹的整个杜伊勒里宫。根据礼仪标准的要求，临盆将会是公开的。众多皇室成员都前来见证王朝继承人的诞生。在皇后身旁的医生们神情紧张，胎儿的位置很糟糕。就像1811年的艾格隆一样，人们可能要在母亲和孩子的生命当中做出选择。皇帝则毫不犹豫地与四十五年前的伯父做出了同样的选择。“救皇后！”他皱着眉头低声地说。通常能够掌控自己情绪的拿破仑三世表现出了从未有过的焦虑和激动。镊子已经准备好了。在艰难的三个小时以后，孩子终于出生了。皇后已经陷入昏迷状态，此时的皇帝则是泪如泉涌。最坏的情况没有发生。“陛下，是个儿子！快看！”科诺（Conneau）医生大声喊道。几个小时以后，荣军院的礼炮开始持续不断地响起。整个巴黎都在屏息静听。

从第22声礼炮开始，喜悦之情就在首都弥漫开来。法国人民的第二位皇帝刚刚有了一个儿子。在一个繁荣而和平的法国，民众们都为此欢呼雀跃。孩子会得到什么称号呢？阿尔及尔王这个称号被考虑过一段时间，但最后还是为了避免罗马王的不幸再次发生而被放弃。然而，皇太子的洗礼仪式却还是仿照了拿破仑一世之子的洗礼仪式。6月14日，在马伦哥战役和弗里德兰战役的纪念日上，孩子在巴黎圣母院被高高举起。观者云集，人们为孩子的诞生欢呼着，皇后美得尽态极妍，平日不苟言笑的皇帝也喜笑颜开。当拿破仑三世在大教堂的唱诗班中将儿子举起在空中时，喝彩声响了起来。“皇太子万岁！”人们一直欢呼，直到声嘶力竭。此时的王朝正处在一个繁荣昌盛的时期，而波拿巴家族血脉的传递更是让人对未来充满了憧憬。整个巴黎的宴会一直持续到第二天的清晨。为此，皇帝没有考虑费用。葡萄酒如泉涌，街头的艺术家们也挤满了首都。除了巴黎的市民以外，还有30万外省人也前来参加了活动。

荣升为父亲的事实对拿破仑三世很有启发。跟孩子在一起的时候，他放下了所有的矜持，表现得极为细心与关切。所以，当要远离孩子的时候，他也并非不心痛。“你和小家伙，你们就是我的所有……散步的时候，不要太靠近水边了。也不要累着你自己。这些建议听起来可能很蠢，但是，当我感到快乐的时候，我也会有担心。”他向皇后吐露道。鉴于维多利亚女王的推荐，一位英国的保姆——肖（Shaw）小姐被选中来照顾小太子。她严肃而执着，对于他人对她保护对象的任何小动作都丝毫不容忍。人们常常恭敬地与他保持距离。谨慎的肖小姐总是悉心又认真地照料着小太子。然而，为帝王的后代服务并不是一件容易的事，尽管她是一名非常优秀的保姆。因为这个孩子活跃得看起来就像那些精力过剩的孩子一样，为此，他的母亲还为他取了一个外号叫“坐不住先生”。为了转移他过剩的精力，在他18个月大的时候人们就教他坐上马背。在他小小的驯马场里，他特别喜爱马术的训练。每一天，肖小姐都会把他带到奥赛码头附近的马场，让他享受自己最大的乐趣。骑马也将是日后他最大的爱好之一。他的传记作者让-克洛德·拉什尼特（Jean-Claude Lachnitt）写过：“优雅地爬上马背，在他眼里就是体现男人优秀的真正标准。”此外，他对家庭教师布置的阅读课程也十分感兴趣，尤其是与法国历史或是家族历史相关的内容。从小就被家族的传奇熏陶着，那些家族的功勋一直深深地吸引着这位年轻的太子，以至于他也疯狂地渴望效仿自己的长辈们。同样，军队的制服也让他心醉神迷。

在1858年8月15日的圣拿破仑（Saint-Napoléon）纪念日上，他穿着掷弹兵的制服，骄傲地向面前的游行队伍挥手致意。从3岁开始，他就跟着父亲了解法国军队在意大利土地上取得的胜利。当索尔费里诺战役获胜的消息传来之时，他的母亲骄傲地向他宣布："你的爸爸取得了一场胜利！"而他却并不惊讶，还反问道："只有一场吗？我的伯祖父赢得比他还要多。"从他很小的时候开始，这个皇位继承人想象中的未来就只有军事上的功绩和成就。这个年轻的骑士天生就是一名士兵。他同时拥有士兵的意志和毅力。而且，他还一直都想穿上制服。在整个国家，这个"小太子"的形象都十分招人喜爱。在他随皇室家庭正式外出期间，人们总是高呼他的名字。他的父亲尤其为他骄傲，还把他放在了皇位右侧的小椅子上。1861年4月，当拿破仑一世的遗骸终于被放入由建筑师维斯孔蒂（Visconti）设计的坟墓中时，他甚至站在人群中的第一排。这场盛大的仪式给这个一直以来沉浸在帝国传奇里的孩子留下了深刻的印象。一次，他的父亲把他带到沙隆的军营观看军事演练，他为此欣喜若狂。此外，在他7岁生日的时候，一支由300个孩子组成的军团在观礼台前向他祝贺。在他们的陪伴下，他还接触到了小型步枪模型和刺刀。

在杜伊勒里宫，他向来好动，有时还会调皮地对自己无辜的老师恶作剧。同时，他也是一名斗士，人们常常看见从外面回来的他膝盖被擦破，衣服也被撕烂，这让皇后十分恼火。尽管她经常教训儿子，但父亲却会原谅他的一切。父亲的温柔与皇后的严厉态度形成了鲜明的对比。当然，每个人都在用自己的方式，爱着这个也深深爱着他们的孩子。在皇后冷酷的面具背后，她比丈夫更要关心儿子的教育以及未来的义务。孩子7岁的时候，根据古老的君主传统，他就长成男人了。与当时普遍实行的严厉教育相反，他的家庭教师莫尼耶（Monnier）模仿了卢梭的方式，给他带来了一个在当时相当宽松自由的教育模式。激起学生的批判意识是他教育的主旨，尽管他有时候忽略了年轻的太子并不具有这些品质。小太子就像他的祖母奥尔唐斯一样擅长画画，然而却没有受到过这方面的任何训练，因为欧仁妮认为一切关于艺术的教育实际上都配不上他皇位继承人的身份，她更希望他穿着制服出现或是完善自己的骑术。她会让他成为一个坚强的、有男子气概的人，从而塑造出下一个恺撒。

售卖小雕像、版画、纪念章或其他带有他的头像的商贩们可以说是生意兴隆。小太子的头像在当时成了流行的图案。在宫廷里，他经常出现在戏剧当中。比如在梅特涅公主导演的《恺撒评传》（*Les Commentaires de César*）里，他就出色地扮演了一名年轻的护卫队士兵，一个量身定做的角色，仿佛就是在扮演自己的未来一样。在1867年的巴黎世博会上，他被授予荣誉主席的称号。不过，在这场盛大的帝国狂欢上，他由于臀部的一个脓肿在治疗后恢复得不好，所以大部分时间都不在场，于是就有一些流言流传了出来。直到7月1日人们才在活动结束时的颁奖典礼上再次看到他。在众多的君主面前，这个动作还有点儿拘束的孩子先后将奖章授予了荷兰国王和他的父亲。而当时马克西米利安的死讯正在观众席当中不胫而走。

然而，当第一道裂缝在整栋帝国建筑上蔓延时，皇位的继承人还在他的学徒期里。他被允许去弗罗萨尔（Frossard）将军指挥下的军队里学习。这位武断又专制的骄傲军官让孩子成了部队中的一员。与兵营里的其他人一样，他的日程表安排精准到分钟。任何迟到都不会得到严酷的军官的原谅。在他的军事学习期间，一位新的家庭教师——奥古斯丁·菲隆（Augustin Filon）代替了宽松的莫尼耶。他在之后还会成为小太子的秘书以及知己。平日里，太子常常和父亲待在一起。皇帝对他的到来以及与他的谈话十分赞赏。“我很希望知道他在想什么。”他总是重复道。所以当他的身体状况下滑的时候，这个充满魅力和活力的继承人无可否认地是这个政权最大的优势。帝国的延续因此得到保证。在宫廷里，有人认为他马上就要开始他的统治了。在他12岁生日时，一些冒失的臣仆甚至祝贺他将“尽快作为拿破仑四世开始一个强大而长期的统治”。听到这些话以后，皇帝暴跳如雷：“尽快是什么意思？”在这个过程中，太子也顺道去造访了瑟堡（Cherbourg），在人山人海里，他努力地为自己开出了一条路。当他两年后前往阿雅克肖的时候，那里也是同样的盛况。他的存在引起了狂热的崇拜，以至于宪兵队也无法控制住从科西嘉赶来的大量人群。在这样一种热情面前，皇太子只能高喊道：“让他们进来吧，他们是家乡人。”他的话语触动了阿雅克肖人的心。第二天晚上，老城区的小巷里就响起了荣耀的歌声。这是暴风雨前最后的狂热。

捡球男孩

在后来与普鲁士人的战争中，皇太子也作为士兵参与其中。除此之外他还能怎样呢？身边是一个日渐衰弱的父亲，王朝的延续将由他来承担。在一份宣言当中，拿破仑三世写道：“他知道他的名字给他带来的义务，并且他很自豪能够像那些冒着危险为祖国战斗的人一样去付出。”所有的人都相信这场战争会赢得很轻松，没有人为出发上战场的皇位继承人感到担心。并且，他自己也显得非常平静。他穿着他的少尉制服，已经为出发时的那些官方摄影做好准备了。他气派的姿势将会再次成为帝国政权的一幅宣传画。1870年7月28日，通往城堡的皇家列车在圣克卢公园车站等待着它尊贵的乘客。当列车还没有向法国的东部出发前，皇后悄悄地在儿子的额头上画了一个十字，随后凑到他耳边说道：“路易，去履行你的责任吧。”紧接着，列车司机就拉响了汽笛。在皇家车厢内，皇太子坐在了他的父亲身边。两人之间反差巨大。生病的拿破仑三世显得憔悴不已，仿佛老了许多，然而他的儿子身上却散发着光芒，迫不及待地要去打他想象中的第一场胜仗。终于，战斗打响了。在这场战士们的舞会上，参谋部里没有任何危险。他亲眼看到了法国两个营队拿下防守薄弱的萨尔布吕肯（Sarrebruck）。就像在阅兵游行上一样，法国军队打退了在数量上毫无优势的敌军。在战场的硝烟下，皇太子看起来沉着冷静。恐惧于他来说是陌生的，就像他曾向家庭教师说的那样："我们在皇帝身边捡到了一块炸弹的弹片，我当时只听到头上有废旧金属的声音，但之后我才知道那是什么。"他觉得战场很有趣，还从马背上下来在脚边捡起了一颗子弹。他的勇气也让皇帝感到骄傲。紧接着，战斗结束以后，皇帝就急着给自己的妻子发了一封电报："路易刚刚经过了一场战火的洗礼，他完全没有被吓住，相反，他的冷静令人钦佩。我们就在最前线，子弹和炮弹不断落在我们脚下。路易还留下了一颗脚下的子弹作为纪念。"原本，这是一则私密的快讯，但战争大臣坚持要皇后同意公开。他向她保证这个效果将是"惊人"的。事实上也确实如此，但并非像草率的部长所想的那样。消息一公布，就成了反对派新闻界的笑料。在巴黎，人们唱道：

小太子捡起的那子弹呀，

就是他们故意放在那儿的。

没有人会上当。萨尔布吕肯的事情没有实际的军事意义，只是出于宣传的目的。但对小太子的过度曝光还是对他的形象造成了损害。很长一段时间人们都叫他“捡球男孩”[1]。

这次失败的宣传后，接下来的也是一系列可怕的打击。无论是在维桑堡（Wissembourg）、弗罗埃斯克维莱（Frœschwiller）、雷什奥芬（Reichshoffen）、沃埃尔（Wœrth）或是福尔巴克（Forbach），都是同样的情况：一支支装备短缺、人数不足的军队纷纷败给了普鲁士军队。自拿破仑一世以来就没有什么进步的法国骑兵无力抵抗敌军的队伍。第二帝国崩塌了。在帝国覆灭的同时，太子和他的父亲被迫留守在战线上。巴黎的政府刚刚被推翻，他们无法回到首都。与此同时，普鲁士军队的前进也无情地威胁到了他们。在隆日维尔（Longeville），一颗炮弹在少年的身边爆炸，直接炸碎了身边护送他的军官。军队的总指挥被巴赞取代，拿破仑三世和儿子只得在梅斯和沙隆之间游荡。皇帝的沮丧让人看了心痛。每一天，帝国的君权都在消逝。缓慢而残酷的衰败就像通往地狱的深渊一样。在凡尔登（Verdun）火车站，皇帝和他的儿子登上了火车的三等车厢，而其他的军官则只能被迫挤在运输牲畜的车厢内。在一切还来得及之前，有必要将皇位继承人送出去了。

8月27日，心情沉重的皇太子最后一次在图尔特龙（Tourteron）与父亲告别，随后出发前往梅济耶尔（Mézières）。在副官的陪同下，小太子在路上遇到的受伤和撤退的士兵不计其数。失败的尘土扑满了他们的面颊。从此以后，军队对这位让大家沦落到这般境地的皇帝怨声载道。在绝望的情绪下，我们的小波拿巴把他所有的钱都捐给了弗里涅欧布瓦（Vrigne-aux-Bois）当地野战医院不幸的病患们。在比利时边境的阿韦讷（Avesnes），他

[1] “球”与“子弹”在法语中是同一单词，“捡球男孩”为法语俗语，意为继承父母职业的艺匠子女。——译者注

在当地法庭院长阿努瓦耶（Hannoye）的家中避难。在殷勤接待他时，这家主人告诉他，拿破仑一世也在此地住过。那是1815年6月13日，他正准备去……滑铁卢。悲惨的命运仿佛就在一眨眼之间到来。9月1日，在色当，最后一支帝国军队在普鲁士国王的面前被撕得粉碎。第二天，拿破仑三世在见过俾斯麦以后，终于承认战败并投降。为了安全起见，小太子被送往比利时的那慕尔（Namur）。惨败的消息让他大受打击。沮丧又精疲力竭的他把自己埋在或者说是蜷缩在充满悲伤的小屋子里。很快，他们就决定送他去英国。在经过的那些城市里，贪婪而好奇的人们在路上守候着。他们没有喧闹也没有敌意，更多的是带着同情心来看他没落的样子。一直以来，强权的陨落都让人们好奇而着迷。在多佛尔（Douvres）上岸以后，他来到黑斯廷斯（Hastings）市里的一家旅店内避难。随后，他的保姆肖小姐急忙找到了他。奥古斯丁·菲隆认为他变了："他的情绪通常都会通过他的脸生动地表现出来，而现在他的脸却变得像皇帝一样苍白无力。我们可以感觉到他精神上一股强烈而痛苦的疲惫，一种他刚刚遭受超过了他这个年龄的身体和心理的承受范围考验后的疲惫。"

在他到达英国不久之后，皇太子非常幸运地见到了母亲。当她一来到他住的酒店时，他就冲上去抱住了她。为了在流放地安置下来，欧仁妮将目光放在了肯特郡的卡姆登广场，就在奇斯尔赫斯特的附近。屋子十分宽敞，花园也非常宜人。这个区域让他们得以远离那些窥探的眼睛，从而安静地生活。他们的周围只有少数忠心耿耿的人。少年也高兴地找回了他最好的朋友——科诺医生的儿子，以及他忠实的男仆格扎维埃·乌尔曼（Xavier Uhlmann）——他一秒都没有迟疑就决定跟随太子流放。在签订和平协议后，拿破仑三世起程来到英国。在码头上，太子焦急地守望着父亲的船。皇帝一上岸，太子就冲到了他的怀里。他一直害怕失去这位他深爱也爱着他的父亲。一下子，他们就找回了彼此间的亲密，在卡姆登广场豪华的沙龙里畅谈了几个小时。在患难中成长，这个“小宝贝”很容易就学会了谈论政治。尽管变得成熟了，但他的学业还未结束。与其再给他找一些新的老师，他的父亲更希望他进入英国的学校，跟他的朋友科诺一起，在伦敦国王学院就读。可以说，从继承人的位置上下来，接触平凡的大众，这让他稍微远离了仍然施行着帝国礼仪的卡姆登的家中那压抑的气氛。

次年，他被伍尔维奇皇家军事学院（l’Académie royale de Woolwich）录取。在入院考试的30名录取者里他排名第27。他的成绩并不出众，毕竟他只准备了三个月。他本可以不参加考试直接被录取，但他果断拒绝了。他在伍尔维奇待了二十七个月，身穿学校的制服——肩上披着蓝色的短袍，衣着红色的侧纹裤，脑袋上戴着橄榄帽。参加典礼的日子里，他戴着一顶优雅的熊毛帽，和皇家护卫队的帽子一样，让人难以分辨。在学校的小寝室里，这位积极的学生为了完成学业废寝忘食地学习，只有周末才会回到卡姆登广场。父亲的病痛让他感到绝望。皇帝已经很少走出自己的房间，基本上整日都待在炉火旺盛的壁炉旁，盖着厚厚的被子。当他进行手术时，他的儿子也陪在身边。而在第二次手术，人们都认为干预治疗成功后，皇太子欣慰地出发去了伍尔维奇。1873年1月9日的早晨，当他正在全神贯注地听防御工程课时，克拉里（Clary）伯爵冲到了教室里。一看到他的愁容，太子立即就意识到发生了一件严重的事情。“快走，殿下，皇帝快不行了。”克拉里伯爵告诉他。随后，他们出发前往卡姆登广场。他还能见到父亲的最后一面吗？在路上，焦虑的他心急如焚。当他冲进大厅时，迎接他的是一片沉默。在他周围，人们低沉着头。他一言不发地赶到父亲的房间，一打开门，他就看到颓唐的母亲正在哭泣。“路易，我只有你了！”她呜咽着说道。

拿破仑四世

一

1873年1月15日的早晨，皇太子准备与父亲告别。他带着苍白而疲惫的面色走在送葬队伍的最前面，将父亲的遗体送进了奇斯尔赫斯特的一个小教堂里。在一段感人肺腑的发言后，他在棺材前跪下，随后洒了圣水。对于悲怆的儿子来说，这是一场多么令人心碎的仪式。在卡姆登广场，数百名怀旧的忠实支持者沉默地聚集在了一起。在继承人来到花园时，他们悲痛地为皇帝默哀。他们的哀悼让他十分感动，并在他们中间待了很久。他经过之处，人们都能听到他的抽泣声。随后，一声雷鸣般的“皇帝万岁”打破了人群中的宁静。这声冒失的呐喊来源于一群从法国来的工人。年轻的太子十分惊讶，甚至有些愤怒，回答说：“皇帝已经死了，但法国还会活下去，你们应该喊的是‘法兰西万岁！’”在父亲去世的打击之下，他认为自己还不是一个可靠的继承人。葬礼一结束，他就回到了伍尔维奇，将自己的忧伤淹没在学业里。他拼命地学习，一刻不离练习本，然而此时，皇位继承的战争却激烈地打响了。拿破仑亲王——普隆-普隆开始竞选波拿巴党的领袖，并要求年轻的太子也去支持他，直至他获胜。但这场皇位的战争没有持续太久。受人憎恨的普隆-普隆最终落选，并成了党内的少数派。皇后保留着儿子的监护权，但他的前途只能在政治上有所希望吗？

在法国，波拿巴党的影响力正在无法阻挡地下滑，几乎在所有的竞选中都惨遭失败。另一个候选人，尚博尔（Chambord）伯爵以亨利五世的名号出现在众人眼中。年轻的第三共和国似乎受到了威胁，第三次波旁王朝复辟仿佛已不可避免。在巴黎的商店里，他的头像总是摆在最好的位置，人们甚至想到了他会坐什么车来参加加冕仪式。但随后，一个声明破坏了一切。1873年10月29日，他承认了自己对三色旗的厌恶，斩钉截铁地表达了自己对象征着波旁王室的白旗的钟爱："它一开始就飘荡在我的摇篮上方，我希望它也能遮盖住我的坟墓！"民众非常吃惊，社会舆论也有所转向。共和国被保住了。但波拿巴主义的势头又开始焕发生机了。在皇太子年满18岁时，也就是根据宪法在政治层面成年时，他的政治前景似乎光明了起来。1874年3月16日，他将从所有人的监护下解脱出来。他最终会成为波拿巴党人梦想中的皇位候选人吗？在支持者的压力下，他同意了在生日那天发表演说，但同时也提出了一个不可妥协的条件：这一天过后，他就起程回伍尔维奇。尽管他也想要开始自己的统治，但他并不急于求成。"当我失去父亲的时候，我就看清楚了我的职责。从这一天开始，我的人生就只有一个目标，我会向着它一直前行，绝不回头。"他说道。

在3月16日之前的几周里，年轻太子的荣耀形象又出现在了书店里。在航运公司的柜台前，人们在为去英国的船票争执。在军队中，许多人都申请在3月中旬休假。忧心忡忡的梯也尔政府为此设置了许多障碍，比如强制要求休假的军人在3月13日前回来。但是，没有什么能阻止波拿巴党人的追随。3月15日，布洛涅、加莱还有迪耶普的港口都挤满了人。第二天，一些火车也装满拥挤的人群开往奇斯尔赫斯特。当下午1点，拿破仑三世之子出现在卡姆登广场的花园时，周围已经被挤得水泄不通。在他身边围绕着几乎所有的皇室成员以及帝国时期的名门贵族。只有暴躁的普隆－普隆没有来到英国。时间一到，帕多瓦（Padoue）老公爵开始讲话。他以威严的语气勉励太子要“为上帝的旨意做好准备”。尽管声音颤抖，但太子的回答还是让人满意。几天以来，他都在与他的顾问斟酌演讲稿里的每一个词。当然，他的演说大获成功，结束语引起了一片雷鸣般的掌声。“如果拿破仑的名字第八次出现在民众的投票箱内，那么我也准备好了履行公民投票给予我的责任。”从此以后，他就成了一名公开的皇位候选人。在巴黎，波拿巴主义的报刊就像人们想象的那样激情澎湃。而伦敦的报刊则是在公然质疑一个第三帝国的可能性。在比利时，印着拿破仑四世小像的胸章正在大肆流传。然而，共和党的报刊却没有任何反应，保王党里则是产生了一连串的争论。此外，人们还取笑他是“拿破仑三点五世”。此时的太子，正在为皇家学院的结业考试做着准备。

1875年2月19日，他以第7名的成绩毕业，同学们欢呼着将他举起。他的学业就此结束了，他可以更近距离地接触政治了，尤其是在2月20日和1876年3月5日进行的下一次选举。波拿巴党会取得胜利吗？他很快就明白了自己机会渺茫，他最多可以有希望赢得553个议员中的70票。所以，他的目标是成为未来的多数党。“多数党要么会是共和党，要么就是保守党。如果是后面一个，那么元帅（麦克－马洪，共和国的总统）就将被迫依靠影响力最大的党派，也就是我们，我们就会成为他的执政党，就能在某种程度上掌控局面。”他分析道。但他的政治打算很快就泡汤了。尽管他的党派同他预期的一样赢得了76张选票，但是保守党阵营最终还是惨败。共和党人以393票获胜。作为一个坚定的君主主义拥护者，共和党的总统麦克－马洪也就只能违心地与其共存。一段未知的时期开始了，国家很有可能分裂。在他的流放地，皇太子对国家的解体感到绝望。“杀死法国社会的正是爱国主义的消失和人们对法律与权威的蔑视。杀死法国军队的则是军人精神的丧失。要想解决这两个具有相同根源的问题，只有一个办法，就是必须思考并实施一项大力而全面的改革。我希望，这会成为第三帝国的工作。总之，这就是我的目标。”他对布尔古安（Bourgoing）男爵说道。从乱世里诞生出一个第三帝国，至少太子是这样希望的。

1877年3月16日，麦克－马洪解雇了朱尔·西蒙（Jules Simon），并任命支持君主制的布罗伊（Broglie）公爵为议院议长。总统与议院之间的矛盾持续了十八个月。愤怒的共和党撰写了一份反对声明，后来被称为《363声明》（*Manifeste des 363*）。第三共和国摇摇欲坠。为了回应这份声明，总统宣布解散议院，重新进行选举。这一举措让局势陷入了未知当中。在卡姆登广场，如果法国陷入混乱，皇太子也想过政变。历史学家让－克洛德·拉什尼特指出：“一切都是有计划的，如果从外省进攻夺取巴黎，与有将军、部队的集中点处理好关系是最安全以及最快速的方式；安排好政府成员的聚集地点，减少到四个最基本的部长，建立一个待扣留人员名单；最后，确保对铁路和电报的控制是为了抑制一切抵抗力量。”然而，这个计划最终却没有后文。经过成熟的思考后，皇太子还是把它收进了卡姆登广场家里的抽屉里——一个理智的决定。秋季的选举中，共和党又一次胜利了，尽管这次波拿巴党也崭露头角，票数从之前的76增加到104。但是，早已被占议会多数席位的共和党边缘化的他们，几乎已经没有影响力了。对各国君主来说，最令人绝望的就是那个“叫花子”——他们口中专门用来戏谑共和国的词语——却逐渐在这个国家扎根了。

在英吉利海峡的另一边，我们的太子依然相信着他的机会。“共和国有朝一日倒下，未必是因为我的努力，但必然会给我们提供时机。帝国的支持者绝不会气馁，而是会展现出对于国家意志的激情。如果他们能团结一致，致力于维护国家公正与高大的形象，时刻准备好捍卫这个具有时代特色的制度，或者如果他们能够充分理解帝国的精神，却又能永不倾向于保王派或是雅各宾派，那么对共和国失望的人们就会找到属于他们的道路，数以千万的选票会证明他们的想法：这才是应该领导我们的人！”他向缪拉（Murat）亲王吐露道。在卡姆登广场家中的写字台上，受到朋友鼓励的他起草了一项帝国的创立计划，朋友们认为他可能不久就能戴上皇冠了。但此时的共和国一切进展顺利，流放者的幻想就此破灭了。百无聊赖的他决定把目光放长远一些，考虑去意大利或埃及。他在意大利半岛上受到了热情的欢迎。在阿尔卑斯山的另一边，波拿巴王朝的火焰还并未熄灭。

在丹麦的一次旅行期间，人们以为他会与赛拉（Thyra）公主——威尔士亲王的姨姐结婚。唉，但是看到这个女孩面容丑陋，他便溜之大吉了。随后，他继续他的北方之行，一直到瑞典。在那里，贝纳多特（Bernadotte）元帅的孙子，卡尔十五世在他的夏宫隆重地接待了他。1878年的秋天，当他听说奥地利可能要在波斯尼亚和黑塞哥维那（Bosnie-Herzégovine）进行军事干预的时候，他还在瑞士。那么，为什么不与弗朗茨·约瑟夫皇帝一起去对抗土耳其呢？终于，他又一次嗅到了火药的味道。他对于行动的强烈渴望使他不惧任何政治危险，准备好了开始第一次冒险。欧仁妮则被他大胆的想法吓到，她极度不安，尝试着劝说他，但最终徒劳无功。但让她欣慰的是，奥地利的皇帝拒绝了她儿子的请求。这个拒绝让太子很失望。“我度过了多么难受的一段时间，当你在阿伦南堡看到我的时候，我多么希望能够去波斯尼亚，我把一切都准备好了，制服、装备，等等。而当我收到了维也纳方面的回答以后，尽管语气谦逊有礼，我承认，他们实质上还是回绝了我。”然而，几个月以后，他还是怀着一颗激动的心出发去了南非。在他出发之前，法国又发生了一场政治危机。1879年1月30日，麦克－马洪下台。他的继任者是共和党的朱尔·格雷维（Jules Grévy）。在波拿巴党的阵营内，人们都认为莱昂·甘必大（Léon Gambetta）和他的党羽会彻底毁掉法国。而怀念旧日帝国的人也认为拿破仑三世之子迟早会成为法国的希望。只是祖鲁人那致命的长矛最终毁灭了他们心中的希望。他们的宠儿在23岁的年龄倒在了祖鲁人的武器下。拿破仑四世永远也没有成为统治者。就像艾格隆一样，他在年轻力壮的年纪就此消逝。他的遗体被送回了奇斯尔赫斯特，人们给他穿上了不列颠的制服，并将他安葬在了一个叫圣米歇尔（Saint-Michel）的小教堂里，就在他的父亲旁边。他去世的消息一传出来，整个欧洲都被一股悲痛的情绪笼罩着。就连波旁家族的继承人尚博尔伯爵也来参加了葬礼。在英国的议会里，人们也为此感到惊愕。白金汉宫内，维多利亚女王也为此悲痛万分。葬礼那天，前来吊唁的人就如同五年前他庆祝成年礼的时候一样多。世界各地都在怀念他，除了法国——政府禁止了任何游行示威或是纪念活动。比如烟草商就被迫停止售卖带有逝者头像的商品。共和国对波拿巴家族的愤怒一直都在，并且还会持续很久。

当欧仁妮听到这个可怕的消息时，我们可以想象她的悲痛。儿子的死对于这位深情的母亲来说简直是一个难以置信的打击。此后她活了四十年，带着一颗破碎的心，进行着漫长的漂泊。1881年，她在法恩伯勒（Farnborough）建造了一座圣米歇尔修道院，并将丈夫和儿子的遗骸转移了过去，1920年她也被埋葬在了那里。在她的葬礼那天，圣米歇尔修道院的院长用一面英国国旗换下了大使馆随员盖在棺材上的法国国旗。随后，他向她的遗体鞠躬，并喊道："现在请您安息吧，殿下！"从此以后，她的遗体就和皇帝以及皇太子的一起，在本笃会[1]修士们的保护下，永远安息在了大不列颠的土地上。每年的1月9日是拿破仑三世的忌辰，都会有一些忠诚热情的人士从远方赶来修道院为他做弥撒，为这命运多舛的一家祈求灵魂的安息。

[1] 本笃会（Ordre des bénédictins），天主教的一个隐修会。——译者注

第十三章｜目中无人的普隆-普隆

热罗姆的次子拿破仑·热罗姆对自己的评价很高。常常虚张声势又异想天开的他，观点总是异常坚决，容不得任何人的质疑。他对自己肆无忌惮和不知羞耻的行为从来不会觉得不妥，但是他身边的人却难以忍受他的举止。尽管他的堂兄拿破仑三世很欣赏他，他自己却刻意远离皇家庆典以标新立异。鲁莽的他有时又很不坚定，毁掉了自己所有能得到权力的机会。面对命运的卢比孔河，他停了下来，就好像是被水中自己的倒影迷住了而无法跨过去。遇到困难便气馁的他，常常转身回到自己奇异的世界里去躲避。实际上，在他心里，这个世纪对他这样一个庄重而酷肖拿破仑的人来讲，过于局促了。他的一生都是一个被放逐者，一个自恋的流亡者。

自从1814年夏天开始，一个著名的身影就常常出没于位于罗马威尼斯广场的高贵的里努奇尼（Rinuccini）宫。原本过着幽禁生活的莱蒂齐娅开始了一段与家人们一起的宁静生活——几乎所有波拿巴家的人都聚集于此——并留下了很多的回忆。热罗姆的第二个儿子拿破仑·热罗姆讨厌对他的老祖母进行例行的拜访。这位朴素的老太太从1785年以来就一直在为自己的丈夫服丧。“老太太会很好地接待我们，但却没有一丝温柔。他不喜欢与她拥抱亲吻，更不喜欢亲吻她苍白又满是皱纹的手。她衰老的脸庞吓坏了他。”玛蒂尔德讲述道。在礼拜天的弥撒过后，他就会同父亲和姐姐一起来到祖母家，被穿着黑色衣服、头发花白的老内侍科隆纳（Colonna）带到祖母面前。在这个忙着纺线的老妇人旁边，还睡着她同母异父的兄弟——红衣主教费什。在这种阴郁的气氛下，莱蒂齐娅总是对小辈们非常严厉，尤其是对拿破仑·热罗姆，在她眼里，他还只是一个穿短裤的小男孩。她子女的年龄和状况都不会改变她对他们苛刻的眼光。

当她第一次看到她最小的孙子拿破仑·热罗姆的时候，她一下子就发现了他与他的伯父惊人地相似，她甚至说他“和奖章上皇帝的小像一模一样”。他自己也在之后向吕西安说过：“不需要人说，我也知道我是这个家里的人，只需要对着镜子看就知道了。”尤其是他父亲在1822年为了纪念一年前在圣赫勒拿岛去世的拿破仑而为他选择的洗礼名——拿破仑，也为他的形象增添了帝国色彩。这份荣誉，使他背离了家族的传统：一般来说，只有长子——王朝理论上的继承者——才有资格取这个名字。仿佛是要尽一切代价来改正这个错误，或者说避免亵渎神圣一样，这个孩子继承了一个一生都会紧跟着他的别名。一个星期天，他的祖母在从他手里接过一束漂亮的鲜花后，无意间问起这个问题：“你呢，那你叫什么？”他自信地用孩子结结巴巴的语气说：“普隆－普隆！”这个有趣的答案会让她发笑吗？这可不好说。在她身上，没有什么比控制自己的情绪更重要。总之，这个外号很快就变得受欢迎了起来，这可能要归功于他的姐姐玛蒂尔德，尽管很快这个惯用名就不断地受到别人的诋毁。

要说起别名，他的外号其实不少。人们也曾叫他“红色亲王”或“阿尔玛（Alma）的胜利者”。当然也有不那么好听的。1855年的冬天，他在克里米亚战争时期也有过“怕炸弹”的外号。但这个外号其实并不准确，因为在俄罗斯的炮弹之下，他丝毫没有胆怯。在沙皇与英、法两国的冲突之中，他被任命为第三师的指挥官，听命于圣阿诺（Saint-Arnaud）元帅。元帅年老体衰不能征战，皇帝就希望有出色的皇室成员能够在战场上，为自己的军队和外交政策锦上添花。不仅如此，把这个讨厌的堂弟送去远方，他本人也不见得会不高兴。但谁知道呢？普隆－普隆或许就此满载荣誉而归，让人们忘记他曾经糟糕的名声。而他本人则是迫不及待地要在这场战争中撕碎专制独裁的敌人。但对他的任命却在军队中引起了一部分人的强烈反对，毕竟他的参战经验实在有限。此外，众所周知的是，亲王从来都不遵守任何等级制度。他古怪的脾气难以预测，他讨厌所有约束。尽管没有获得相应的军衔，他却给自己穿上了少将的制服，并违规给自己配备了一把土耳其军刀。衣冠不整又不修边幅的他就这样穿着自己的奇装异服进出参谋部，让人们目瞪口呆。

来到东方的土地后，他无视了人们为他的到来而准备的军事仪式。1854年4月29日，在加利波利（Gallipoli），当部队高喊“皇帝万岁”并等待着视察的时候，为了避免倾盆大雨浇湿了自己的制服与军帽，他头也不回地走向了马车。让礼仪与规定都见鬼去吧！从这天以后，他就有了“目中无人的亲王”这个外号。在军事上，军队此时正处于混乱之中。俄罗斯人放弃了1812年对抗拿破仑一世的策略，他们拒绝了直接冲突，而选择了充分利用沼泽地形。为了在瓦尔纳（Varna）黑海的海边驻扎，第三师的士兵们在泥浆中行走，饱受虱子和营养不良的折磨。出乎意料的是，这位“将军”与他们同吃同住，担心着士兵们的生活状况并对后勤的无能大发雷霆。他还亲自参与改善士兵的日常生活负担，减少了他们不必要的劳动。这让他在部队中获得了一定的人气，人们甚至还称他为“复活的比若（Bugeaud）老爹”，这个名字来源于几年前去世的一位法国元帅，他十分惦记自己手下士兵的健康状况。在炎热的夏季，亲王下令攻击连接着多瑙河三角洲的多布罗加（Dobroudja）的俄罗斯后卫军。多么明显的错误！还没有遇到任何一个俄罗斯士兵，军队就损失惨重。由于这个地区的沼泽地受到污染，一场霍乱席卷并摧毁了这支东方战队。在总数6万人的军队中，有7000~8000人为此丧命。面对这场惨剧，亲王为了尽可能地拯救他的士兵，采取了严格的隔离措施。当灾难的幸存者被带回瓦尔纳以后，他尝试让当地的各种演员——小丑、街头艺人、闹剧演员、滑稽演员来为他们表演，让他们不悦的神情舒展开来。“复活的比若老爹”的临时剧院确实给士兵们带去了鼓舞与帮助。

他非正统的管理方式受到了许多将军的批评，但这并不会让他的反叛精神受到影响。他与上级圣阿诺之间的关系就相当冷漠。元帅总是听见他重复抱怨参谋部里都是一群无能的人，就怒斥道：“如果他不高兴，走就好了！”人们认为他在可怜的第三师营地里染上的热病会让他彻底离开这里，但在君士坦丁堡休息过后，他就精神焕发，又回到了他的军队之中，正好还赶上登陆克里米亚。这一次，俄罗斯人被迫迎战。他们驻扎在了阿尔玛上方的高原地区，聚集了4万兵力和96台大炮坚定地等待着对手的到来。而法国的对策很简单：进攻俄罗斯部署的两翼以逼退中路，随后占领高原并给予敌人致命打击。这就相当于在奥斯特利茨之战的计谋上有了一些改变。9000名士兵中包含了2000名佐阿夫兵，亲王的部队则需要在对方被削弱时马上深入对方的中央。就像他的伯父在五十年前一样，普隆－普隆需要将沙皇的军队劈成两半。1855年9月20日的凌晨4点，起床的号声唤醒了熟睡的士兵们。营地生起了几处篝火来温暖士兵们潮湿的军服。两个小时以后，行动就开始了。但是，在混乱中，这场秘密袭击很快就被发现了。

亲王自豪地带领着队伍向阿尔玛进军，然而在他身边，又是一场屠杀。俄军的炮兵造成了大量伤亡。由于欠缺合作，这个绝妙的计谋演变成了一场正面冲突。然而，在全方位的攻击下，俄军还是逐渐地撤退了。下午，热罗姆·波拿巴的军队终于出现在了高原上。这一仗打赢了，通向塞瓦斯托波尔（Sébastopol）的路也通了。

当消息传到巴黎时，引起了不小的轰动。在滑铁卢一战的四十年后，法国终于完成了一次漂亮的回击，而普隆-普隆也成了人们心中的英雄。而他却对自己的功绩相当审慎。“我们只是随便选择了一条路，在那一天没有什么策略可言。”他说道。还剩下塞瓦斯托波尔要攻占，这个城市的防守比参谋部预料的还要严密，士兵也英勇地抵抗着进攻。于是，10月17日亲王指挥下的全面进攻被推迟了。几天之后，俄军的一次反击险些成功。每一次，亲王都冒着生命危险在敌军的炮火下参与战斗。在他看来，法军已经胜券在握。他觉得只需要再一次进攻就会使俄军退却，但他的建议被刚刚取代了圣阿诺的康罗贝尔（Canrobert）将军冷淡地拒绝了。皇帝的堂弟认为指挥部的决定极不公平，气愤地摔门而去。

多日持续不断的发烧使他变得虚弱，心情低落的他便出发去了君士坦丁堡。他为此付出了沉重的代价。他离开军队的决定将会受到严厉的审判。一来到君士坦丁堡，就有传言说他懦弱地当了逃兵。人们认为他不是真的生病，他的名声受到了极大的影响。在英吉利海峡的那边，媒体发动了第一轮攻击，其中不乏尖酸刻薄之语。要知道，与他身份差不多的剑桥公爵还没有见到战火就逃之夭夭了。当普隆-普隆回到巴黎时，整个首都都在用文字游戏嘲笑挖苦他的懦弱。人们嘲笑他的“工兵的胡子”（恐惧的胡子[1]）。为了给自己辩护，这位曾经的英雄取笑在克里米亚的军队是“驴子指挥的狮子军队”，事实上，这只会让情况变得更糟糕。无法克制自己的普隆－普隆总是为自己招来更多的批评。就像他的传记作者米谢勒·巴特斯蒂（Michèle Battesti）所说的：“每一次他感觉自己掉进了陷阱或是陷入死胡同时，他都想通过离开来逃离自己极不稳定的心情。”她解释道，“这是他的致命弱点。”尽管他并不缺乏勇气，但在表现过、愤怒过、抗争过直到支撑不住以后，他就会选择放弃，把自己关在一片沉寂或绝望中。

红色亲王

1822年9月9日，卡特琳在的里雅斯特生下了她的第三个孩子，取名为拿破仑·热罗姆。与她的丈夫热罗姆一起，他们的流放生活相当平静，只是偶尔，金钱上的问题会来打破这个流放家庭的宁静。这对夫妻仍然把自己看作国王、王后，然而，卡特琳的珠宝匣却已经无法承受他们奢侈的消费。离开了的里雅斯特后，热罗姆一家搬到了罗马。就像其他许多亲王一样，普隆－普隆与家庭教师待在一起的时间远比与父母待在一起的时间要多。在他的孩童世界里，众多的家族纪念物占据了重要的地位。在对先皇帝的崇拜下长大的普隆－普隆很早就对拿破仑怀有一份强烈的欣赏和崇敬，总是贪婪地阅读一切有关于他的内容。为了表现自己对他狂热的崇拜，普隆－普隆把他当作一位“巨人”。一直到他13岁，都没有任何一个家庭教师愿意长时间地留在他身边。个性倔强的他可以说是自学成才。他不习惯出

[1] 在法语中，“工兵”（sapeur）与“他的恐惧”（sa peur）同音。——译者注

入社交场合，也没有人教他优雅的行为举止。这个粗鲁的小家伙只有过一个真正的老师，就是恩里科·迈尔（Enrico Mayer），一位知名教育家。但是他接受这位老师教育的时间并不长。1835年卡特琳去世以后，由于缺钱，迈尔就被遣走了。对于这个没有好好受过教育的少年而言，母亲的去世是他接受的第一道考验。伤心之余，窘迫随之而来。卡特琳去世的同时，那些来自符腾堡王国与俄罗斯的能够支撑这个小家庭生活的丰厚的抚恤金也随之消失了。

沮丧的同时又缺乏收入，热罗姆将儿子的教育交给了自己的兄嫂奥尔唐斯以及他的侄子——住在瑞士阿伦南堡的路易-拿破仑。如果托斯卡纳警方的资料可靠的话，从13岁起，这个男孩就显示出了他性格的刚烈。“这个孩子天性无纪律，他是教堂和王位的天敌，长大以后他也会自以为是。他会震惊整个欧洲。”米谢勒·巴特斯蒂如此说道。在瑞士奥尔唐斯的城堡里，路易-拿破仑自然而然地充当了他的家庭教师的角色，两人变得亲近起来。在拉丁语课和数学课以外，性格迥然不同的两人之间还产生了某种默契。含蓄而神秘的路易-拿破仑居然出乎意料地被这个狂躁、亢奋甚至专横的堂弟所吸引。两人常常在开玩笑之余发现，他们对自己的伯父拿破仑一世有着共同的倾慕。在政治上，《消除贫穷》的作者也被这位年轻的革命者所感动。他们之间感情牢固，相互尊敬。尽管存在差异，他们却从未真正地决裂。离开瑞士以后，年轻的普隆-普隆被送到了他母亲在符腾堡的家中。尽管他舅父家中气氛宽松，也没有严格的礼仪规定，但旧制度的氛围却让这个未来的革命者极为讨厌。后来，他写道：“作为一个得到原谅的家庭成员、有争议的王子，他被置于一个虚情假意的氛围之中。然而，在那里，他了解到自己的贵族身份来源于马伦哥一战，也了解到自己是一个革命之子。”

尽管他们被许多欧洲王室所接纳，包括符腾堡王国，但波拿巴家族却一直是人们心中讨厌的远房亲戚，来自一个他们想要忘却的时代。在被斯图加特的军事学院录取后，他对学校里的军队纪律感到极为不适。他痛恨那些约束他、轻视他的教官，并从不掩饰自己的厌恶。在一次大雨滂沱的地形勘探练习时，他的不满引来了教官尖酸的言语：“我必须警告殿下，在打仗的时候，作战行动可不能只凭好天气。”在他的同学偷笑之时，普隆－普隆愤怒到极点，自尊心受到了严重影响。他在符腾堡生活了几年以后才回到意大利，却没能拿到他父亲要求的上校军衔。1845年，在梯也尔的支持下，他趁机回到了巴黎，甚至见到了路易－菲利普国王。两人之间的短暂会面极为冷淡。在向国王告辞后，他还用吹嘘的口气说，他打算利用自己在法国的自由身份，去解救自己被关在汉姆堡监狱的堂兄。听到这些话，国王没有理会他，径自转身离开了。三年后，法国、奥地利、意大利和德国处处都是革命与动荡。普隆－普隆却幸灾乐祸。“这是整个欧洲的一场危机，旧世界正在崩塌，我们应该不遗余力地毁灭它。”他激动地写信给意大利的朋友法里尼（Farini）说道。1848年在法国，他决定以共和党的名义代表科西嘉岛参选。超过77%的人投票选择了他，对于这个年轻的议员来讲，这是一次真正的胜利。

在半圆形的议院大厅里，他选择了中间偏左的位置，并毫无保留地投票赞成共和国。在随后的共和国总统选举当中，他支持了路易－拿破仑，并强烈反对那些阻碍堂兄获得权力的人。然而，他的奉献却并不足以得到当政者的赏识。他没有得到部长一职，而是仅仅获得了通勤卫队第二军团上校的肩章。被政治权力排除在外的他，穿着反对派光彩照人的衣服，一步一步地与奥迪隆·巴罗（Odilon Barrot）的政府作斗争。这个野心勃勃的雅各宾派不仅妨碍着议会的右派，新的总统也颇受其阻碍。为了远离他，他的堂兄将他派驻西班牙，就像五十年前拿破仑对待他的弟弟吕西安一样，好像波拿巴家族中的叛乱分子都得去做马德里的大使似的。受到诱惑的普隆－普隆接受了这份差事，但依然不忘插足政治，因此两个月以后就受到了总统的严厉斥责。在这之后，他就辞职回了巴黎。他驻足西班牙的时间还没有他的伯父吕西安长。回到巴黎之后，1849年5月13日议会选举的结果显示，这个国家的秩序党，尤其是君主政体支持者和激进的共和党人之间，存在着前所未有的分裂。而中部的温和党派已被扫除。普隆－普隆作为重新当选的议员毅然决然地坐在了共和党人的中间，因此得名"红色亲王"。

他究竟打的什么主意？他是铁腕政治的支持者，同时又赞成民主与议会权力。在经济上，他表现出了对企业自由的好感，同时又致力于争取工人的社会权利。此外，他还公然反对教会，激怒了那些把他当作一个危险革命分子的秩序党人。作为一个进步主义者，他的想法有时也令人困惑不解。他对他的堂兄修改宪法以连任总统的行为表示明确反对。他毫不犹豫地投身于红党的利益并为党内所谓的"军事政变"发声。他举双手赞同维克多·雨果著名的讽刺评价："什么？因为我们曾有拿破仑大帝，现在就得有拿破仑小人？"在一次三个小时的演讲之后，筋疲力尽的雨果汗流浃背地走下讲台，普隆－普隆就冲上前去给他披上自己的大衣。"小心！照顾好您自己！不为您自己，也得为我们，因为您的意见以及您本身都对共和国太重要了。"他大声吹捧着。最后，由于没有达到四分之三的票数，宪法修改的提议被放弃。这个"红色亲王"最终导致了堂兄的失败。当然，人们也知道后者还未使出自己的最后一计。1851年12月2日，普隆－普隆被他的仆人从床上拉起来，惊恐地发现首都已处在军队的控制之下。当大量反对派正在被抓捕时，他的父亲——荣军院院长热罗姆也出现在了大道上，站在他堂兄的身边。政变即将成功。他还有什么可做的呢？第二天，他就在磨坊（Moulins）路10号找到了他的政治盟友们。六十个共和党议员在此聚集，并组建了一个抵抗委员会。在狂热的气氛下，他们要求弹劾总统。于是所有人都焦躁地等待这个反叛的亲王去为他们发表宣言。人们了解他的信念与坚定。他会是带头抵抗的那一个吗？但从他开口说第一句话起，他的支持者就知道愿望泡汤了。他采取了非常温和的立场，建议他们放弃起义，并认为一切反对的企图都会提前被腰斩。文人吉拉尔丹（Girardin）说过这样一句话："你们的拿破仑亲王是一匹安达卢西亚马，他会踢蹬，但不会前进。他从不阻碍别人的路，也不会签署任何东西。"他的退缩在支持者当中引起了轩然大波，人们都感到被出卖了。不仅如此，第二天公民投票的结果显示大多数人支持这场政变。随后，他与堂兄重归于好，甚至多次造访爱丽舍宫。人们只能徒劳地高喊"叛徒！"与其再次被流放，亲王还是选择了回归到胜利者的队伍中。政治上，他虽然选择了支持这个政权，但并不完全赞同，他希望去影响它。他在某种程度上可以说是内部的反对派。因此，他既引起了政权支持者的愤怒，同时又激起了反对者的敌意。这种极其冒失的政治算盘只会让他更加受到孤立。

帝国的享乐者

当帝国庆典的灯光亮起来时，我们的共和党人就带着贪婪的胃口换上了新的亲王礼服。他在政治上的噤声换来了丰厚的补偿。他与父亲获得了皇家宫殿和默东城堡的享用权，并且获准建造一所配备十名仆人的城堡别墅。为了资助这些城堡，拿破仑三世每年赏赐他330万法郎。此外，亲王还分别被授予了荣誉军团的大十字勋章和少将的肩章。作为一位亲王，他也自然而然成了议会以及最高行政法院的成员。因此，在各种庆典仪式上，他也得以坐上皇位右边装饰精美的椅子，这对于几个月前还是坚定共和派的他来说，可谓是一个相当迅速的转变。尽管这场蜕变让人有些不安，但这位共和党人却完全不受妨碍。恰恰相反，作为拿破仑一世的侄子，在他看来，这种铺张与他内心深处的信念完全不矛盾。事实上，没有什么可以妨碍他的享乐，尤其是他的面子。他炫耀卖弄的举止与那个时代的道德观念背道而驰，让人感到震惊。

在他外祖父的王国符腾堡，他开始了自己的情感尝试。在两次军事行动之间，他疯狂地爱上了他的表妹——符腾堡的索菲（Sophie de Wurtemberg）。这是一场没有结果的初恋，因为当时索菲与荷兰的王储——奥兰治的威廉（Guillaume d'Orange），也就是未来的威廉三世有了婚约。这场婚事之后，由于王储夫妇毫无真情实感，表兄妹之间的浪漫倒得以继续。三十七年来，两人不断地交换着抒写柔情蜜意的小字条，尽管没有保持最初的那般痴狂——毕竟王朝的情况不允许，但对于时常充满疑虑的普隆－普隆来说，荷兰王国的王后从一个炽烈的爱人变成了一个讨喜的红颜知己。而且，拉罗什－旁杉（La Roche-Ponchin）伯爵夫人很快就让普隆－普隆忘记了这初次的情场失利。这一切就发生在她丈夫的眼皮底下，伯爵开始怀疑夫人的不忠，他在剧院的走廊拐角称年轻的亲王是一个“好色之徒”。作为回应，亲王给了他一耳光，而伯爵夫人也以拐杖回击了他。这件事显然无法就此平息，只有一场决斗能够挽回颜面。在约定好的那天，普隆－普隆带着大仲马作为见证人来到了德国海尔布隆（Heilbronn）的内卡河（Neckar）畔，两个男人选择击剑决斗。很长一段时间内，两人旗鼓相当，第三轮开始后，对方终于流血了。在彼此受伤以后，两人满意地离开了。普隆－普隆以一道轻微的剑伤险胜。

爱拈花惹草的他还有过一段危险的爱情，就是与演员拉谢尔·费利克斯（Rachel Félix）的恋情。当他展开追求之时，她仍是路易－拿破仑的情人。在此之前，她还与茹安维尔（Joinville）亲王和亚历山大·瓦莱夫斯基（Alexandre Walewski，拿破仑私生子）[1]有关系。在一次火车旅行途中看到这两人之间蓬勃发展的恋情后，未来的皇帝悄悄地离开，决定与堂弟公平竞争。在同一个车厢隔间里，拉谢尔与普隆－普隆以为路易－拿破仑已经睡熟，便在他的鼻子底下不知羞耻地激情热吻。不想未来的皇帝半眯着眼见证了一切。第二天，他就一言不发地离开了。在拉谢尔与普隆－普隆之间，一场激烈的热恋开始了，就像拉谢尔在一夜激情过后所写下的："亲爱的拿，我爱你……我就是你的，如果你希望，我永远都是你的；懂得爱我一些，你就会得到我很多的爱。"但是演员小姐却……怀上了拿破仑一世的元帅贝特朗之子阿蒂尔·贝特朗（Arthur Bertrand）的孩子。拉谢尔显然是一个放荡的女人，轻松地辗转于那些赫赫有名的男人之间。一直到1858年去世，她都是普隆－普隆心中最爱的女人之一。每次见面，他们之间的爱火都会重燃，甚至变得比之前还要炽热。他为她在巴黎建造了一座以庞贝古城为原型的别墅。一切都仿佛回到了公元1世纪，除了那座拿破仑的雕像取代了恺撒。为

[1] 两人在1844年生下一子——亚历山大·安托万·让科隆纳·瓦莱夫斯基（Alexandre Antoine Jean Colonna Walewski），在1860年被其父认养。他的后裔们即为今日瓦莱夫斯基家族的代表。

了重现古代奢华的装饰场景，别墅的建造一共花了四年才完工。

然而，拉谢尔却未能看到别墅的完工。后来，别墅也常作为我们这位喜爱古罗马酒神节的享乐者举办聚会的场所。那里常常出入着亲王喜爱的喜剧演员与歌唱家，这其中就有罗西纳·斯托尔茨（Rosine Stoltz）。当人们问起她与亲王的关系是否会影响到她的职业生涯时，她尖刻地回答道：“那能怎么办呢，我的致命弱点，就是蒙福尔啊！”玩笑中她用了热罗姆一家在流放期间的曾用名。皇帝这位堂弟的爱向来都坦坦荡荡，我们之前已经看到了，羞耻心从来不是他身上的品质。他与谁共寝，无人不知。上流社会的作家们，比如龚古尔兄弟或是阴险狡诈的维耶尔－卡斯特尔，都不忘在这位傲慢的拿破仑身上大做文章。自18世纪以来，皇家宫殿——尤其是花园和画廊中——就总是充满了情欲的气息。一些“夜间的美人”蜂拥而至，为她们众多的顾客带来欢乐。普隆－普隆和所有人一起，让整座宫殿充满了荒淫和放荡。除了政权的反对派以外，还有络绎不绝的女演员、妓女、交际花。她们爱情的呼声也随着她们领口越来越多的钞票而愈加强烈。慷慨得出名的普隆－普隆并没有拒绝这些昂贵的诱惑。

1858年，拉谢尔去世的那一年，亲王离开了女演员西尔维娅娜·阿尔努－普莱西（Sylviane Arnoult-Plessy），转而投入妓女安娜·德利亚斯（Anna Deslions）——人称“娜娜”的怀抱。这个绰号来自左拉（Zola）著名的同名小说。当美丽的西尔维娅娜被抛弃时，她并未放过这个机会来宣扬这件丑事。在整个巴黎，人们都传言为了赶走这个女人，她的情夫或许已经教会了一只喜鹊来替他重复说“该死的婊子！”另一个版本则来自乔治·桑（George Sand），据她所说，普隆－普隆在皇家宫殿的一次聚会上，向客人们展示了“娜娜”的裸体。那么，分手的时候他会变得粗鲁吗？可以这么认为，因为他收集了不少的情妇。在那些兢兢业业前来造访这位不乏权势的花花公子的交际花里，还有迷人的科拉·珀尔（Cora Pearl），人们叫她“名妓”或是“当日特色菜”。科拉的真名叫作埃玛·克劳奇（Emma Crouch），她十分欣赏他身上的帝国贵族气质。她同时交往着维克托·马塞纳（Victor Masséna）、保罗·德米多夫（Paul Demidoff）、阿西尔·缪拉，还有皇帝同母异父的弟弟莫尔尼。科拉喜爱金钱，更喜爱花钱。家里的大笔钱财都在她一千零一个任性下像太阳下的雪一样融化掉了。她有着古怪的癖好——曾把自己的贵宾犬染成了蓝色。她天生爱好聚会，还带有一丝淘气。她就是欲望的化身。但吸引她的成本也是不菲的。拿破仑亲王不仅每月支付她1.2万法郎（当时法国人平均工资的二十倍），还为她打造了一栋被他称作是“小杜伊勒里宫”的独特的小豪宅。作为一个有财有势的男人，他从不考虑七年来为了追求优雅的科拉所用的花费。但考虑到自己的身份，这位独身主义者明白自己不能一直风流下去。所以又一个问题来了，他希望同一位皇室成员结婚。

1859年1月，他看上了皮埃蒙特－撒丁国王的长女——年轻的萨伏依的玛丽－克洛蒂尔德（Marie-Clotilde de Savoie）。这是一个惊人的选择，两人之间的差异如此之大。这位意大利的公主与他的性格完全相反，虔诚、腼腆、不善于社交。在这个言行举止都让人侧目的男人身旁，她显得如此孱弱。很快，他的敌人们就开始嘲笑他这是大象和小羚羊的婚姻。不仅如此，他们之间的年龄差距也让人瞠目结舌：他已经37岁，而她却不到16岁。小姑娘起初也对嫁给一个在阿尔卑斯山的这一侧都臭名昭著的男人有些不悦。但为了促成与法国的联盟，加富尔伯爵还是让这个一心修道的公主嫁给了拿破仑亲王。1859年1月30日，他们在都灵大教堂举行了简单的婚礼。在这一天，普隆－普隆被教堂的建筑所吸引，漫不经心地表示了自己的同意，而新娘则是全神贯注地听着主教的证婚词。谁会猜到有一天我们帝国的享乐者会迎娶一位虔诚的天主教徒呢？新娘对丈夫过往的情史感到震惊，一来到皇家宫殿的新房，就急忙洒上了圣水。所有巴黎人都在公然嘲笑这场看起来不太可能的结合，并不怀好意地揣测他们的新婚之夜。在金色的天花板之下，人们重复着这则谜语："他和阉鸡有什么区别？那就是阉鸡是只没用的鸡，但他是个凶猛的流氓。"克洛蒂尔德选择了无视她丈夫的出轨行为。作为一个虔敬的天主教徒，她原谅了他的所有风流韵事，自己则在孤独与祈祷中躲避一切。出乎意料的是，这场不匹配的婚姻却成了皇室的成功案例。他们共生下了三个孩子：1862年的维克托（Victor）、1864年的路易（Louis）和1866年的玛丽－蕾蒂西娅（Marie-Laetitia）。在宫廷里，克洛蒂尔德一直保持着令人尊敬的地位，甚至可以与皇后相匹敌，这也让人对她产生了敌意。在困境中，这对皇室夫妻奋力抵抗，普隆－普隆也一直支持着萨伏依家族。

精明的政治策略？

在政府当中，与意大利的结盟远远未得到一致通过。而对于皮埃蒙特－撒丁国王的女婿来说，法国必须站在萨伏依家族的旗帜下，哪怕是冒着和奥地利开战的风险。在部长会议上，他了解了外交部长——拿破仑一世的私生子瓦莱夫斯基伯爵的反对意见。听到他公然批判自己的立场，普隆－普隆拿起墨水瓶就要向他扔过去，幸好其他的部长及时抓住了他的手阻止了他。另一个棘手的问题则是关于教皇的。亲王不理解帝国为何要支持教皇。在他看来，教皇应该放弃所有暂时的权力，鲁埃、莫尔尼等帝国政权支持者的立场也让他气恼不已。而在意大利的问题上，历史会证明他是对的。尽管亲王时常表现得狂妄而愤怒，但不得不说他并不缺乏政治与外交上的洞察力。他曾在短期内担任过主管阿尔及利亚事务的部长，并表态："我们所面对的是一个具有武装力量且生命力极强的国家，必须通过同化并增加欧洲人口，来使双方对立的关系得到缓解。"当我们从今天看过去，就知道他这番话的明智所在。

在主政阿尔及利亚期间，他不断为当地人与殖民者的和解而努力，例如，在新成立的省级理事会中任命两位有名望的阿拉伯人。另外，司法改革也改善了当地人与殖民者的关系。与此同时，他还通过向殖民者低价出售原属于部落的大片区域，致力于发展殖民化。他反差巨大的政策在今天被人们看作是19世纪阿尔及利亚最开明的政策之一，但批评的声音也如洪水一般涌来。除了军方的敌意，他也遭到了教权党的攻击——他们担心犹太人会得到太多的优待。除了这些异议之外，他的堂兄在意大利事务上的谨慎让他非常恼火，于是，在被任命的十四个月后，他就辞职了。激奋的普隆-普隆一点儿也搞不懂堂兄的政治方案。此外，部长内阁中的保守主义也让他无比厌恶。因此，当1859年5月3日在欢欣鼓舞的气氛中，皇帝宣布对奥地利开战时，他选择退出政务。

这次出征意大利，普隆-普隆被堂兄委托在托斯卡纳召集军队。原本人们希望可以招募到3万名托斯卡纳人，但亲王仅仅招到了6000名能够战斗的人。不仅如此，这支部队还有一种难以形容的混乱。他坦率地总结了当时的情况："这是一个女性领导着的太监国……意大利的这一部分早已坏死。"既然已经努力却依然缺乏支持，人们也就并未感到吃惊。但同时，他的第五军团的组建也就被长期地推迟了。在巴黎，人们纷纷嘲笑起这个他们嘴里“多余的军团”的无所事事。随后，亲王的军队接受了法国一个师的增援，终于准备开始战斗了，但他们到得太晚，已经来不及参加结束整场战争的索尔费里诺战役了。他的士兵们丝毫没有骄傲的面貌。衣冠不整的他们沦为了其他军团的笑柄。普隆－普隆最终意识到了自己荒谬的处境，又一次提起了辞职。但这一次，他的堂兄劝他留下来。尽管这位意大利国王的女婿错过了这场战役，他仍然会在和平当中获得更多的财富。当拿破仑三世与弗朗茨·约瑟夫在自由镇（Villafranca）会面后，他就被派往维也纳以完成最终的法奥停战协议。他坚定不移的态度使得奥地利皇帝终于屈服，将他“最美的省份”——伦巴第大区割让给了法国。凭借这次外交上的成功，他获得了堂兄与岳父双方面的嘉奖。

然而这个成功的外交行为却并没有让民众忘记他此前拙劣的军事策略。在这场战争中，尽管在思想上有所成就，但他随后就从中抽身，开始沉湎于他最爱的消遣方式——旅行。这位冒险家喜爱海洋的气息。1860年，他将皇帝慷慨授予他的一艘通信舰改造成了一艘高雅的游艇。解开十三个缆结后，这艘重新被命名为“热罗姆－拿破仑号”的船就朝着英国开始了第一趟旅程。普隆－普隆在威尔士、苏格兰和爱尔兰停留了一个月学习英国农学。随后，他的旅程变得越来越像是探险而非消遣。他像是一个不知疲倦的探险家，他的好奇心似乎没有极限。1861年，“热罗姆－拿破仑号”第二次航行时，他带着120名船员和数十位仆人先后到达了马格里布（Maghreb）和新大陆。在内战期间的美国境内，他在华盛顿见到了总统林肯，但他关于这件事的记忆却有些不满。“我们径直走进去了，就像走进一家咖啡馆一样。”他在日记上写下了关于白宫一行的事。没有任何仪式甚至是迟到的接待，亲王对这位留着“庸俗”的胡子、不修边幅的总统如此简单的招待感到不可思议。他一张嘴，就和林肯陷入了冗长无味的讨论当中。在谈话过程中，他震惊地发现林肯将他与吕西安的儿子混淆了，于是就冷淡地起身离开了。在拜访完美国总统后，他疯狂地爱上了对这个国家的探索，为这个年轻的国度惊人的工业、农业的发展拍手称奇。此外，他还执意想带走那些人给他展示的新奇发明，如缝纫机、洗衣机，等等。水利工程等杰作尤其使他惊叹不已。

他的旅程从纽约到五大湖，随后又从芝加哥一带出发去了密西西比河上的圣路易斯（Saint Louis）。有时火车和轮船的条件简朴，冒险家也毫不在意。有天晚上，他为了避开动物尸体腐烂的臭味，甚至坐到了车厢尾部的平台上。当地印第安人艰苦的生活条件让他无法忍受，而在一等车厢内看到的美国黑人却让他觉得十分惊喜。这个国家充满了包容性，有时却也存在着严重的不平等。但他的这次探索丝毫没有削弱他推行自由主义的信念。“自由会带来伟大的事件，会诞生更多的伟人，而非以提高整体的平等来削弱顶尖的精英。自由是具有诗意的。”他在旅行日志中记录道。接下来的几年，他又追随伯父的脚步，带着成群的马匹、骆驼和大篷车一起，踏上了英格兰和埃及的土地。他对苏伊士运河的开凿十分感兴趣，运河工程在斐迪南·德莱塞普的领导下已经完成了一半。他发现波拿巴王朝的埃及军队的碑文遭到了英国人的破坏，于是让人在几个小时内重新雕刻好，并在石碑上加上了一句格言：“历史的一页是不能被玷污的。”在他眼中，帝国家庭的荣耀是神圣的。还有一件事，当他被任命负责拿破仑一世书信的出版时，他专门把那些他认为不合适的信件隐藏了起来。无疑，这个出版物对他而言是一项政治工作而非文学作品。直到2000年，拿破仑基金会才出版了一本最详尽、没有任何添加与遗漏的拿破仑一世的书信合集。

在政治上，他几乎没有什么影响力。作为一个内部的反对派，他一直坚持发声，但都徒劳无功。在与教权党这个眼中钉的对抗上，他不放过任何机会来标榜自己。他的朋友乔治·桑写了一部名为《维尔梅侯爵》(*Le Marquis Villemer*) 的戏剧。尽管平淡无奇，但他认为戏中表现出了对宗教狂热和蒙昧主义的反对，于是人们看到他“仿佛中了彩票一样欢欣鼓舞”。他赞同现代化，同时也是坚定不移的自由主义者，这也让他在1866年得到了一些回报。在长期的独裁政策以后，拿破仑三世终于不再像过去一般敌视自由主义。而他的堂弟，作为这个思潮的推崇者之一，皇帝认为有必要把他召回身边，并提议让他担任枢密院的副院长以及1867年将要举行的巴黎世博会的主席。对许多人来说，专制的帝国已经是过去时了。但向来小心翼翼的皇帝在眼下并没有推翻一切的打算，尤其是在欧洲各王室当中，普隆－普隆的回归并未激起人们的热忱。

在一位宠臣的煽动和担保下，普隆－普隆在阿雅克肖发表了一次极为轻率的演讲，最终直接导致了他的倒台。他自称美国式的自由主义已经来到法国，并向枢密院中的其他部长展开了猛烈的攻击，抨击他们“虚伪的奉献”以及“刻意的夸张”。最后，他表示与拿破仑一世不同，皇帝并不能完全左右自己的政策。这毫无疑问是一次严重的失策。在杜伊勒里宫中，人们得知他的演讲都眉头紧皱。脸色铁青的部长们也展开了抗议，而皇后则是幸灾乐祸。对此，拿破仑三世给出了一个笼统的回答：“你在帝国开展的政治计划，只会给我的政府带来更多的敌人。”皇帝的谴责激起了他的愤怒，他怒发冲冠地将所有东西摔到了地上。皇帝的回答被公之于众。家族内部的矛盾终于不可调和。

当他回到宫廷时，普隆－普隆还与他最大的敌人——皇后寒暄了几句。他大笑着对她说："我希望陛下不会毙了我。"欧仁妮则是针锋相对地反击道："您知道，这种事情早就没有人做了，真让人遗憾啊！"在一次与堂兄的会面中，他还公开指责了建立第三帝国会引起混乱："一顶帽子下可塞不进两个脑袋！"这一次，普隆－普隆也需要在妥协与辞职中做出选择了。不出所料，他选择了第二个方案，同时辞去了世博会主席与枢密院副院长的职位。这一次的回归还没有持续六个月。在这段痛苦的经历过后，他选择去瑞士的普朗然散心。在莱芒湖（Léman）畔，那块接待过约瑟夫的土地上，他建造了一座美轮美奂的巴洛克城堡风格的别墅。在他失势后的几年里，他再也没有参与对帝国自由主义的推进——虽然，最后一次的公民投票很有可能是因他而起，且最终推动了宪法改革。尽管新任的政府首脑——他的朋友埃米尔·奥利维耶时常向他请教问题，但在政治上，他的堂兄拿破仑三世却一直将他拒之门外。

失势恺撒的漂泊

远离了杜伊勒里宫，这个从此被人们叫作"失势恺撒"的亲王并没有失去探索远方的兴趣。1870年，他专心地组建了一支探险队前往北欧地区以及斯匹次卑尔根岛（Spitzberg）。十四年前，他就尝试过抵达北极，只因冰川提前融化而不得不放弃了。这一次，他确定了将随新船，比他之前所有的船都要结实的"热罗姆－拿破仑二号"前往北极地区。安顿好后，亲王舒适地坐在他的豪华套间里，期待着这次新的旅程。1870年7月13日，他们到达了北极圈内，几个小时后，这位"全能王"就要在特罗姆瑟（Tromsø）登陆。在这个"泥泞"的小村庄里，他收到了一封令人担忧的电报：法国与普鲁士马上就要开战了。尽管情况危急，但普隆－普隆并不打算就此放弃他的旅程，他抱怨在最遥远的土地上也要为这该死的电报所困扰。当他打算继续向北时，他又收到了堂兄的一封信，信的内容以“不可避免的战争”为总结，并请求收信人立即返回。1870年的冲突即将开始。万分沮丧的他只好听命于皇帝，放弃了去斯匹次卑尔根岛的计划。他曾经对他的朋友勒南预言道：“这又是一场荒唐事，但这是他们的最后一次了！”毫无疑问，这确实是末日的开始。

尽管战争大臣勒伯夫元帅表示士兵们已准备就绪，装备应有尽有，但普隆－普隆却明白军队事实上毫无准备，比方说在数量上就处于劣势。他确信，帝国会因此走向毁灭。不过，尽管不抱希望，亲王却并不懦弱，他依然决定参与到战争中去。皇帝打算派给他一支远征队，让他到波罗的海地区横扫威廉四世的军队。但其他人却并不看好他，认为这只是一个不会实现的空想！于是，普隆－普隆便跟随着皇帝与皇太子出征前线。在萨尔布吕肯一战后，一连串的败仗让他深感无力，面对这样一场灾难，他不辞辛苦地劝说大家撤退到沙隆。沮丧又病倒的皇帝这一次终于听从了自己的堂弟。当普鲁士的大炮在远处咆哮时，他们正悲怆地向后撤退。“我们就像大流士三世[1]的军队。”亲王懊恼地在日记中写下。当残存的帝国军队终于聚集到了沙隆的营地后，各参谋被召集来决定下一步的计划。是组建一支最大的军队留下来对抗普鲁士人，还是撤回巴黎来确保首都的防御呢？普隆－普隆支持第二种方案，他鼓励皇帝立即回到首都，高调的言论一时间获得了所有人的支持。他激动地对堂兄说：“见鬼了！如果我们必须倒下，

[1] 普隆－普隆这里是在影射大流士三世在伊苏斯（Issos）战役上被亚历山大大帝击败后的狼狈而逃。

就像男人一样倒下吧！”但事实上，他的建议最终并没有被采纳，军队面向普鲁士人重新出击，而皇帝也变得比任何时候更加孱弱，不久后就向他们举起了白旗。在这段痛苦的时光里，普隆－普隆或许一直是最清醒、考虑最周全的那一个。卡斯泰尔诺（Castelnau）同样也赞同他撤退的方案，这并未能阻止军队的败北，但就像米谢勒·巴特斯蒂指出的，这或许能避免帝国军队在色当的全军覆灭。在最终的灾难发生之前，拿破仑亲王被他的堂兄派到了意大利，试图寻求意大利国王维克托－埃马努埃莱的帮助。不抱任何幻想，只是为了执行任务的他，顶着人们对他临阵逃脱、“怕炸弹”的批评接受了最后一项任务。那么，他的外交才华能够扭转这场战争的局势吗？事实上，尽管他坚持不懈，但是没有人愿意帮助阿尔卑斯山另一边这个摇摇欲坠的法国。战败的事实已经不可避免了，于是亲王给妻子发了一封电报：“国王和我非常担心，我们等着你。请尽快回复。”一开始，勇敢的克洛蒂尔德拒绝离开首都，直到色当投降的消息引起了恐慌。

在巴黎，所有人都落荒而逃。面对这场狂风暴雨，克洛蒂尔德一直坚持到1870年9月5日才离开了皇家宫殿，仿佛对周围的一切漠不关心。几天的路途之后，她终于在普朗然与丈夫重逢。在皇帝夫妇被安顿在奇斯尔赫斯特后，普隆－普隆决定跟随他们，但他与欧仁妮之间的不和变成了公开的冲突。受到冷遇的流放者，只能在海德公园（Hyde Park）附近的豪宅里忍受着无聊。“流放的生活是很凄惨的，这需要很大的耐心，你们是对的！尽管伦敦的法国人很多，但还是令人悲哀。皇帝忍受着病痛，我对他的计划一无所知，我过着十足的隐居生活。”他向自己的堂妹朱莉·波拿巴吐露道。此外，在匆忙之中离开法国，亲王虽不至于说是贫困，但也经历了一些经济困难。“我失去了在皇家宫殿的一切，除了几年来一直放在保险柜的那些文件。我最遗憾的，是我的书房。”他在信中告诉朱莉·波拿巴。对于这个有些吝啬的男人来说，失去大部分的财产是很难让人接受的。在紧急情况下，他卖掉了自己在普朗然的居所，还有他大部分的地产，只留下了一栋简朴的小木屋。离开了雾都后，他来到了瑞士，并在自己留下的土地上建造了一栋路易十三时代风格的新别墅，这也成了他与他后代的家。这栋别墅一直保存到了今天。而朴素的克洛蒂尔德则是加入了多明我会[1]的第三分会。在她28岁的年龄，这个虔诚的女人决定将自己的一生献给扶贫事业。她身着黑衣，去医院和收容所里看望病人、贫民和孕妇，而她自己的孩子则去了寄宿学校。失去了家庭生活，又被剥去了昔日的光彩，普隆-普隆全身心地投入到了政治活动中。

在1872年的区域选举中，他作为阿雅克肖的代表成功当选。他会因此回到法国吗？事实上，政府准备了一系列措施来阻止他在法国安家。在一位临时指派的特派员的指导下，政府甚至向阿雅克肖派遣了一些军队和战舰以遏制可能发生的民众示威。然而，这种武力的示威在我们的波拿巴眼里不足为奇。他依然计划前往科西嘉岛。但是，面对自己在父亲的出生地所造成的混乱，他最终还是放弃了这个想法。拿破仑三世逝世时，他曾试图以武力威胁，想以此控制皇室家族，并要求监督皇太子的教育。但是，在欧仁妮的敌视下，他不但没有成功，还被这个羸弱的皇帝家庭给赶了出去。这道禁令并没有打消他继续政治生涯的念头。他不顾皇太子的意见，作为科西嘉的代表参加了竞选，并在投票中脱颖而出，这让帝国的继承人十分恼火。“他违背我的意愿，去支持我们的敌人，我也只好把他当作敌人

[1] 多明我会（Ordre dominicain），也译为道明会、多米尼克派，是天主教托钵修会的主要派别之一。——译者注

了。”除了皇室内部的不和之外，政治上也出现了新的争端。当皇太子坚守自己的保守主义时，普隆－普隆则又坐在了议会的共和派当中，重新当起了他的红色亲王。远离了皇宫的他，很快也会离开他的妻子。克洛蒂尔德越来越无法忍受丈夫的反教权主义，这一次，她主动选择了离开。1879年，两人签署了婚姻关系和财产的分离协议。克洛蒂尔德公主最终于三十二年后在一个意大利的小镇蒙卡列里（Moncalieri）逝世，享年68岁。而普隆－普隆则再次沉浸在了爱情当中，他离开了科拉·珀尔的怀抱，恋上了与他同居的卡尼西（Canisy）侯爵夫人。他们在一起生下了两个孩子——吕西安（Lucien）和卡特琳·德塞利尼（Catherine de Céligny）。他们的关系让普隆－普隆的姐姐玛蒂尔德公主十分不悦，在她眼中，侯爵夫人只是个没有见识的“妓女”。在几年之内，亲王切断了所有与家人的纽带。这位自由的灵魂还不知道他马上就要被任命去领导他的家族。

在继承顺序上，普隆－普隆紧跟在皇太子之后。因此，当皇太子在祖鲁国遇袭身亡后，他便顺理成章地成了皇室的领袖。对于欧仁妮和皇太子的支持者来说，帝国继承人的身亡已经让他们心痛不已，现在还要忍受这个位置被令人厌恶的老对手占据的痛苦。在侄子的葬礼上，这个新的领袖俨然一副威严的面孔，就好像自己已经全权负责起一切了一样。在打开死者遗嘱时，人们惊讶地发现太子在前往南非之前还写下了一封追加遗嘱。这份遗嘱剥夺了普隆－普隆所有的皇室权力，并将其权力交给了他的儿子维克托，这就像是给皇后多年以来的敌人脸上的最后一击。尽管这条遗嘱公开地嘲弄了皇室的规章制度——帝国的继承权是以长子继承的顺序在男性当中传承——但它确实造成了一些混乱。在波拿巴的阵营里，人们开始琢磨起来。父子之间公然的冲突是否对形势有利？为了不让这个复杂的状况加剧，人们一致同意忘记这条遗嘱。于是普隆－普隆当上了皇室的首领。更讽刺的是，他也因此被任命为波拿巴党的领袖——这个他多年来从未停止斗争的对象。这种离奇的执政组合当然没能运行下去。比如，他反对自己的党派，并支持了两项由朱尔·费理（Jules Ferry）政府颁布的对耶稣会以及教会组织不利的法案。当他患上糖尿病后，他的敌人们便贪婪地盼望他快点病逝。“神圣的糖尿病啊，保佑我们吧！”他们齐声地重复着。唉，但他们的祈祷并没有被满足。红色亲王没有因此而变得虚弱，恰恰相反，他准备重新走上战场。

1883年1月，在共和党的领袖莱昂·甘必大去世后不久，他就开始主动出击，在巴黎大街小巷的墙上贴满用大写的“拿破仑”签署的宣言。在宣言中，普隆－普隆呼吁通过恢复普选来选举共和国的总统。1月16日，这份声明得到了一些回应。当政的夏尔·迪克莱尔（Charles Duclerc）对他的成功感到惊讶而恐慌，随即把他关进了巴黎古监狱。但这却让他的人气一再高涨，甚至欧仁妮也开始支持他，与这位不安分的堂弟和解了。在波拿巴党内部则相反，人们为他大胆的宣言感到遗憾。在塞纳河的法庭下达命令后，他被释放了出来，随即就开始试图利用他政治上重新积累起来的人气。但这并未奏效，因为他一直支持的几个提案全都惨遭失败。与此同时，在波拿巴党的内部，矛盾正在蔓延开来。越来越多的人公开表示希望维克托亲王上位，以此替换这位共和党的皇室首领。那么维克托本人的想法呢？尽管他长时间以来一直避免与父亲公开发生冲突，但维克托亲王也逐渐认为，父亲对自己粗暴且专制。此外，当普隆－普隆得知这封追加遗嘱剥夺了他的帝国继承权并转交给了他儿子之后，他仿佛就越来越讨厌儿子，甚至拒绝他去著名的圣西尔军校学习。他或许希望儿子可以在外国军队服役，好让这个潜在的竞争对手远离法国。普隆－普隆的反对者明白了这场决裂是不可避免的，他们开始不遗余力地支持维克托上台。

1884年的春天，红色亲王惊讶地发现自己的儿子居然拥有近4万法郎的资产。这笔钱从哪里来的？维克托拒绝回答父亲的问题，随后便离开了家。决裂已经不远了。随后，党内的“维克托派”在保罗·德卡萨尼亚克（Paul de Cassagnac）的带领下，投票通过了一项特别有利于年轻亲王的日程表。这个“忠心的证明”被当事人毫无保留地接受了。他的父亲知道这件事后，无法平息自己的怒火。怒不可遏的他向儿子发出了最后通牒：“父亲的诅咒永远不是武力，但如果你在24小时内不撤销你的所作所为，或是不结束这些危害你的现在与将来的名誉的卑鄙诡计就离开巴黎，那么诅咒的重量就会一直压在你的头上。”维克托以拒绝撤回回应了他。巴黎的媒体则以此为乐，甚至发布了他们通信的全文记录。父子俩自始至终也没有和解，连欧仁妮也无法使他们重归于好。尽管普隆－普隆在党内败选，但他仍然相信自己还有机会，可以有朝一日通过普选成为共和国的下一任总统。他认为，政局的动荡迟早会使共和国瘫痪，并将导致宪法改革。他的分析是正确的，但他的愿望在1962年才被戴高乐将军实现。此外，议会在1886年6月22日通过了一项针对所有王位竞争者的流亡法，对此普隆－普隆强烈抗议，却无济于事。

就像所有的波旁－奥尔良王朝的人一样，他不得不辞职，在返回法国四十多年后永远地离开法国。这个他一直以来如此支持拥护的共和国，现在不要他了。他对这个“叫花子”感到愤愤不平，并逐渐对那个想要推翻政权的傀儡将军布朗热（Boulanger）产生了好感。他甚至在英国为他筹备资金，在那艘带他来到奥斯坦德（Ostende）的船上，他差一点儿随船沉没海底。但奇迹般地，他所在的船舰一直浮在海面上。“我离淹死也不远了。”在这次不幸后，他叹息道。在那里，亲王感受到了他最后的政治激情。1891年1月9日，在罗马万神殿参加完一场仪式后，他就因发烧患上了肺炎而不能动弹。医生们无力医治，他的痛苦无休无止。为此他尖刻地自嘲：“我什么也做不好，连死也不能成功。”在妻子和姐姐的陪伴下，他于1891年3月17日辞世。虽然他曾希望葬礼只在最亲近的人当中举行，但还是被获准在苏佩尔加（Superga）的萨伏依亲王的公墓里举行皇家葬礼。在合上他的棺材之前，克洛蒂尔德在他的手指间放了一串念珠和一个十字架，或许是为了弥补他干瘪而罪恶的灵魂，但这富有宗教意义的行为显然不合当事者的意愿。仿佛人们刻意蔑视他的遗愿一样，他剥夺维克托亲王继承权的遗嘱被法院作废，他的子女们随后协商解决了这个问题。

在当时的报刊里，人们可以读到这则惊人的悼词：“未能完成的和解，虚假的皈依和被违背了的遗嘱，这就是最后一位拿破仑的死所留下的。现在剩下的，就只有叫波拿巴的人了。”他再次未能免于责难。这个“失势恺撒”一直都在犹豫是否迈出决定性的一步，但似乎也无法控制自己的命运。他是一个性格色彩鲜明、傲慢、不信教、狂热而不知羞耻的人，他在放纵中逃避，以此忘却那许多的政治挫折。

在去法国和意大利服役后，他的第二个儿子——路易亲王很早就在父亲的引导下走上了军事生涯，并加入了沙皇的精英部队。他在1905年成了埃里温（Erevan）的省长。而玛丽－蕾蒂西娅公主则嫁给了她的表兄，比她大22岁的奥斯塔（Aoste）公爵。在1889年翁贝托（Humbert）王子出生后，普隆－普隆的女婿被一场险恶的肺炎带走了。23岁就成了寡妇的玛丽－蕾蒂西娅不仅没有再婚，还在1918年又痛苦地看着唯一的儿子被西班牙流感带走。在热罗姆的后裔当中，只有维克托亲王的分支还在延续。

第十四章｜美国司法部长查利

这位波拿巴的体内是否真的流淌着热罗姆的血？这个问题或许有待思考，因为查利与他的长辈们是那样不同。夏尔·约瑟夫·波拿巴－帕特森（Charles Joseph Bonaparte-Patterson）是热罗姆与美国帕特森家族的后代。他与普隆－普隆之间的对比是惊人的，甚至到了讽刺的地步。在我们的传奇当中，他是最虔诚的清教徒。就像山姆大叔国度的许多人一样，他的宗教热情引导着他生命中的每一步。他抗拒进步主义，拒绝电力侵入家庭，他在长途旅行中偏好乘坐马车而非汽车。人们常常忽视的是，作为一名有经验的律师，他是波拿巴家族中最后一位担任过部长一职的人，也是最后一位改变了历史进程的那个人。这个如今已被忽视的人物，为美国政府在打击犯罪方面创造了良好的开端，并在将来成为众多影视作品无穷无尽的灵感源泉——他开创了联邦调查局（FBI）。

美国总统西奥多·罗斯福是一个特立独行的人。他是勇猛的士兵、名副其实的牛仔、无与伦比的警探，甚至是柔道冠军，他是个实实在在的硬汉。在他的保守党内，他属于鹰派。他的外交政策可以用一句话概括："一根长棍。"随时准备迎击那些前来扰乱他的人。西奥多·罗斯福毋庸置疑是一个精壮的男人，美国人将他视作最伟大的总统之一。在拉什莫尔山上，他的石像在乔治·华盛顿、亚伯拉罕·林肯以及托马斯·杰斐逊的旁边经过了岁月的洗礼，足以说明他的地位。1906年1月15日，一封海军国务秘书的信件吸引了他的注意。信的落款是查利·波拿巴（Charlie Bonaparte）。展开信后，这位白宫的主人就皱起了眉头。他的老伙伴希望能销声匿迹，换句话说就是辞职。这对当时美国最年轻的总统来说——他年仅43岁就坐上了如此高位——大概是一个严峻的考验。若没有了查利宝贵的帮助，他将很难进行联邦政府的改革。为了留住他，总统立即拿起了笔，没有丝毫拐弯抹角，他表明了两人关系的重要性，并嘱咐他留下来："您对我是不可或缺的！要知道我一直将您视作司法部长，等着7月1日任命您。我让您到海军部门学习是为了让您有所进步。您不能离开这里，即使是暂时的。"这个被人们叫作泰迪熊[他的小名叫泰迪（Teddy）]的男人，不惜用各种甜言蜜语来劝查利留下来，这是为什么呢？就像总统一样，查利也赞成对美国的控制，他认为多年来的自由放任政策已经不能再继续下去了。除了与总统观点一致外，这个西奥多·罗斯福政府中的关键人物对总统想要实行的改革也是必不可少的。

20世纪初，美国在经济上取得了巨大的飞跃，北方工业化的加速前进也在另一方面影响了美国南部的旧殖民地和遥远的西部。此时，美国整个国家拥有100多个人口5万以上的城市。1908年，第一辆福特T型车从汽车之城底特律的流水生产线上诞生。但工人们与领导阶层之间的关系已经到了剑拔弩张的地步。在国家的社会与经济方面，法律条款还有所欠缺，有的地方甚至可以说是空白。没有了法律保障，经济的发展就面临着管理上的疏漏，或是相反，被强大的集团所垄断。尤其是烟草或石油一类的商品行业，为了垄断经营，奠定自己强大的地位，他们不惜贿赂政府官员。还有一个问题则是，在一些新城市中，犯罪率也在快速上升。还是在1908年，在布鲁克林，阿尔·卡彭（Al Capone）[1]过完了他的第九个生日；在印第安纳波利斯（Indianapolis），约翰·迪林杰（John Dillinger）[2]已经过了五年小偷小摸的生活；而在芝加哥，“娃娃脸尼尔森”（Baby Face Nelson）[3]才刚刚来到世上。他们这一代将会是最有争议的一代。在没有可靠的法律约束下，联邦政府无力应对社会的转型。地区警察常常被迫帮忙处理一些政府的特殊事务。为了勉强维持社会秩序，政府只能依靠少得可怜的特工人员来完成任务。就算他们都有类似电影《飙风战警》（*Wild Wild West*）中主角威尔·史密斯那样高超的本领，也难以阻止暴力行为席卷美国的各个城市。

当时的美国也没能免除恐怖主义的威胁。1901年，美国总统麦金利（McKinley）被一个28岁的无政府主义者利昂·乔尔戈什（Leon Czolgosz）刺杀。总统在布法罗（Buffalo）游览时，被一颗子弹击中了腹部。从林肯、加菲尔德（Garfield，常常被人们忘记的那一个）到肯尼迪，麦金利是第三个被刺杀的美国总统。根据美国宪法，副总统西奥多·罗斯福接任了总统一职，并在1904年的选举中以56%的支持率获胜。在他的团队中，有一位重要的人物就是查利·波拿巴，他和总统一样赞成强化政府权力。国家在无秩序的环境下，不可能取得长久的进步。热罗姆的这个孙子曾说：“国家的法规就是战争时的堡垒，如果能够好好建设，它就能帮助善良的公民履行自己的义务。”1906年，查利获得了一个将自己的想法付诸实践的机会，他成了美国历史上第46任司法部长（attorney général），又称总检察长。司法部长的任务是在法律案件中代表联邦政府处理涉嫌违犯联邦法案罪行的

[1] 芝加哥黑手党，绰号“疤脸”。——编者注

[2] 美国大萧条时期黑帮成员，银行抢劫犯，FBI头号通缉犯。——编者注

[3] 美国黑帮成员，银行抢劫犯，与迪林杰同时代且有联系。——编者注

各级法律机构。违犯联邦法案的罪行，包括税务欺诈——这项指控将阿尔·卡彭送进了监狱——恐怖主义、护照造假以及绑架（1920年以后）等。在地方，总检察长由地方检察官代理，嫌疑犯经检察官起诉，由地方的联邦法院审判，不服判决可以向另一个联邦法院提出上诉。总检察长可以在美国各地进行调查，但当查利主管司法部门时，他的手下还没有任何一支调查队伍。

为了打击犯罪，他只得向特工局寻求帮助。这是一个隶属于美国财政部的部门，主要任务是保护总统。但他们不愿意为司法部门服务。不仅如此，司法部长没有选择与管理的权力，也就更不用说惩罚他们了。他们之中的某些人有着不可靠的过去，有的甚至是与强盗土匪常有来往。因此，在降低犯罪率方面，新的司法部长如自己所说的：双手受限。在国会上，查利苦涩地说道："我认为，国会的注意力应该放到司法部门的建设上去，我们缺少自己的资源去执行命令，尤其是缺乏属于我们的警力……一个长期缺乏警力的司法部门，即使拥有最高的权威与控制权也肯定无法有效地履行其职责。"尽管他的发言引起了人们的注意，其效果却不尽然。当他提议专门为司法部设置一支警察部队时，国会坚决地拒绝了他的提议。反对者认为创建一个安全与情报部门可能会束缚公民的自由，就像欧洲人的政策一样。人们担心这个拿破仑一世的侄孙会变成美国的富歇！随后，媒体也开始攻击他。事实上，在这些喧嚣的背后，隐藏着的是反对者不光彩的政治手段。

在查利的法案提上议程之前的几个星期，一起涉及欺诈性销售国家土地的案件严重地影响到了美国政府与国会之间的关系。在一名特工的帮助下，司法部漂亮地抓获了一个作案团伙，将数百名诈骗犯关进了监狱。这次胜利引起了好评。但西奥多·罗斯福政府下辖的部门是如何获得这么多的情报的呢？一个指控总统非法招募调查人员监视国会议员的谣言流传开来。而当查利提交他的议案时，众多国会议员认为这是要建立政治警察制度，旨在勒索婚姻不忠与不正当买卖等事务。而有了这样的武器，查利岂不要在国会中随心所欲？在这种不信任的气氛中，众议员通过限制其使用特工局人员调查，又一次打击了司法部门。查利的调查手段非增反减。面对这令人发指的攻击，西奥多·罗斯福向众议院议长抗议道："没有比这种'间谍恐慌'更愚蠢的事了。只有罪犯才应该害怕我们的调查人员。"或许是国会内部早已腐败，尽管总统与国务卿就此事抗议，但参议院与众议院还是以压倒性的结果通过了限制司法部门向特工局请求帮助的法案。查利与西奥多·罗斯福失败了，但两人都不愿受人操纵。他们不顾国会的禁止，坚持要为国家的利益服务。于是，在总统的支持下，总检察长为自己的团队秘密招募了9名前特工局人员。很快，又有25人加入其中。

1908年7月26日，查利首次授权他们为多起案件展开调查。当国会知晓这件事后，他被勒令去为自己辩护。那么他会承认自己的罪过吗？讽刺的是，司法部长解释道，面对议员们的"顽固"，他别无他法，只能偷偷创建这个调查局。此时，反对他的抗议声正在成倍增加，决定支持他到底的西奥多·罗斯福将公众舆论作为了有力的证词。他质疑为什么国会会如此顽固地拒绝司法部的调查？议员们是否是犯罪分子的同谋？西奥多·罗斯福运用这个巧妙的手段，让国会议员们无法反驳。公众观点反转，媒体也开始支持总统与查利，甚至提出了这是议会的阴谋的观点。经过几周激烈的争论，国会终于让步了。为了消除误解，查利承诺严格规范其下特工人员的行为，并保证绝不会进行非法的政治监视。他说，正直的人不会害怕警察，“你完全可以监视我的行踪，我不在意是否有人在街角观察我将去向何处”。在首席调查员斯坦利·W. 芬奇（Stanley W. Finch）的带领下，34名特别调查员在议会讨论结果出来之前，就开始了在全境范围内的调查。这个调查局在十五年后更名为联邦调查局，并在埃德加·胡佛（Edgar Hoover）长达三十七年的领导下有了巨大的发展。而查利的强制改革，或者说是他的“雾月政变”，可以说是在美国土地上建造起的最美丽的基石之一。今天，这个机构拥有3.5万名员工，关于他们卓越功绩的影视剧吸引了一批又一批的观众。

美国式童年

波拿巴家族在美国的分支是从一百年前开始繁衍的。在巴尔的摩的一场舞会上，热罗姆迷上了一位富商的女儿伊丽莎白·帕特森，并违反拿破仑的意愿与她结婚。当拿破仑强迫弟弟离开她的时候，年轻的伊丽莎白却已经怀上了他的第一个儿子。因为受阻无法登上欧洲大陆，她便来到了伦敦，并在1805年7月7日为热罗姆生下了一个儿子——热罗姆·波拿巴－帕特森（Jérôme Bonaparte-Patterson），也被人们叫作“波”（Bo）。眼看无法与孩子的父亲重归于好，她便带着儿子回到了巴尔的摩。1809年1月2日，马里兰州（Maryland）的法官为她宣布了其婚姻的无效，以便让她开始新的生活。但事实上，她从未真正脱离过波拿巴家族。热罗姆常常与她通信，问她儿子的近况，而且拿破仑也常常问起他这个弟弟在美国的家庭。当伊丽莎白准备与一个英国人结婚时，皇帝为了让她放弃这门婚事，向她支付每月5000法郎的津贴。有了这笔钱，小波最终没有在英国的土地上生活。

尽管在财政上，拿破仑对伊丽莎白显得相当慷慨，但他却一直对她紧闭欧洲的大门。被抛弃的妻子只能在1815年拿破仑退位后，才终于行走在法国的土地上。

她对欧洲的热爱甚至超过了对自己的故乡，她决定搬到欧洲。1819年，她将小波送进了日内瓦最好的学校之一。曾经与波拿巴家族的恩怨也都成了往事；波利娜也在罗马热情地邀请并接待了她。在里努奇尼宫，小波还见到了祖母莱蒂齐娅。曾经被放逐在巴尔的摩的母子俩，现在却深受波拿巴家族的喜爱，以至于人们甚至提出让小波与约瑟夫的女儿——夏洛特·波拿巴结婚。尽管伊丽莎白对此十分满意，但远在巴尔的摩的帕特森一家则坚决抗议。或许是因为此前与波拿巴家族关于联姻的糟糕回忆导致的。另外，需要补充的是，此时的波拿巴家族作为丧权者，与他们搭上关系并非好事。这件事过后，小波回到了美国，并在1823年被著名的哈佛大学录取。在1825年的暑假期间，他终于在谢讷河（Sienne）附近的兰恰诺（Lanciano）城堡见到了自己的父亲。曾任威斯特伐利亚国王的父亲对这个20岁的年轻人充满了柔情，陪他度过了整个夏季。几次造访欧洲后，热罗姆·波拿巴－帕特森在巴尔的摩与苏珊·威廉斯（Susan Williams）小姐于1829年11月3日结婚。在这对新婚夫妇的嫁妆篮里，有着丰厚的礼物：他们获得了20万美元，外祖父威廉（William）也赠送了一栋豪华的蒙特罗斯（Montrose）豪宅。这确保了他们将来宽裕的生活。但这场婚姻却让留在欧洲的伊丽莎白感到难过。热罗姆的第一任妻子十分期望自己唯一的儿子可以娶一位波拿巴家的女儿。失望的她拒绝为他们送上祝福。1830年11月5日，结婚一年后，他们的第一个孩子——小热罗姆·波拿巴－帕特森（Jérôme Bonaparte-Patterson junior）降生了。作为巴尔的摩最有声望的豪门之一，他的父亲开始尝试农业生产，并成了大农场主。他的成功让他很快忘记了多次造访过的法国。

1853年，拿破仑三世邀请他来到圣克卢，甚至称他为“亲切的堂兄”。他通过帝国的法令授予了他一家法国国籍，这让普隆－普隆与他的姐姐玛蒂尔德非常不悦，他们担心要与这个讨厌的同父异母的兄长分享父亲的遗产。面对他们的反对，皇帝组织了一场家庭会议从中协调。虽然在1803年，这场婚姻就被公证无效，但会议结果却同意了热罗姆的长子沿用波拿巴的姓氏。“这个姓氏已经在出生洗礼仪式上、公证文件上及国际关系上被使用，并且整个皇室也使用了这个名字。在这样的情况下，不能剥夺他使用这个姓氏的权利。”因而，他的子孙后代也将继续沿用波拿巴的姓氏。这个结果对于热罗姆的合法子女极为不利。皇帝意识到自己对于帕特森一家太过慷慨，于是便向自己的堂兄提议以萨尔泰讷（Sartène）公爵的封号，让他放弃这个著名的姓氏。但堂兄并未接受。就像普隆－普隆和玛蒂尔德所担心的那样，在他们的父亲去世后，为分得一部分财产，波提出了法律诉讼。在经过漫长的法律程序后，他的诉讼被驳回了，他与同父异母的弟弟妹妹就此闹翻。在波拿巴家中，对财产的觊觎一直都是争吵的根源。

在家庭的不和之外，小热罗姆·波拿巴－帕特森从美国军队退役后，在法兰西第二帝国的军队里获得了辉煌的成就，尤其是作为上校在意大利和克里米亚的战场上名声在外。波的第二个儿子也会跟随长兄走上荣誉之路吗？ 1851年6月9日，夏尔·约瑟夫·波拿巴－帕特森在巴尔的摩降生。他出生得较晚，当人们给他穿上新生儿的衣服时，他的哥哥已经穿着军装在西点军校里进修了。他们之间的年龄差超过了20岁。在这对40多岁的父母的养育下，查利在蒙特罗斯大宅里迈出了自己的第一步。这个相对成熟的家庭环境也对他的成长有着一定的影响。6岁时，他进入了一所巴尔的摩市郊的法语学校就读，这是必须遵守的传统。六年后，他操着一口完美的法语从学校毕业——他也一直用法语与父亲通信。但在他身上仿佛从未体现出他对这个三色旗国家的热爱。有一天，他的曾外祖父威廉·帕特森对着一群人中的他喊道："你是个法国男孩，查利！"他立刻反驳道："No，我是个美国男孩！"在他的认知里，他自出生以来就一直是个美国人。

他的母亲苏珊对条纹星旗的热爱或许感染了小查利。这个美国男孩在学业上天资聪慧，1863年6月27日，他在以下科目上获得了嘉奖：行为举止、法语、英语、拉丁语、算术和绘画。对于学业，他曾说："我从来不会因为学习而疲倦，这是我永远的娱乐方式。"人们对这个学生寄予了极大的希望，他也从未让人失望过。1869年的秋天，他轻而易举地考上了哈佛学院——这所学校1636年在马萨诸塞州的剑桥市创立，一直以来都迎接着美国最杰出的青年学子。勤奋好学的查利在各门学科中都表现出色，并且获得了多项荣誉。此外，他在校园中的声誉也无懈可击。他的天主教道德老师皮博迪（Peabody）教授对他赞不绝口："从来没有哪一个学生像他这么高尚而受人尊敬，他拥有绝大多数人都没有的知识与才华。"教授对他的父母如此评价道。多少父母渴望收到这样的赞美啊！入学后的一年，他就收到了他父亲于1870年6月17日离世的噩耗。

政治上的清教徒

在哈佛学院度过了两年的学习生活后，他毫不费力地考进了哈佛大学，并将目光投向了法学院。尽管大部分时间里他都让自己沉浸在法律书籍中，但他也对政治充满了兴趣。例如，他积极反对尤利西斯·格兰特

（Ulysses Grant）重新当选总统，因为在他眼里这位总统“才智一般”。在课堂上，他的表现让老师啧啧称奇，1922年他逝世时，学校还专门设立了一项以夏尔·J. 波拿巴命名的奖学金，以纪念这位才华横溢的学生。从那时起，“夏尔·约瑟夫·波拿巴奖学金”（Charles Joseph Bonaparte Scholarship）就专门用来奖励学校政治学院的优秀学生。在大学期间，博学多才的他还遇到了未来的妻子，来自康涅狄格州上流社会的埃伦·钱宁·戴（Ellen Channing Day）小姐。在一局精彩的棒球比赛后，这位骄傲的小姐，哈特福德（Hartford）一位杰出的法学家的女儿，被这位“年轻的、高高瘦瘦、肩膀宽大，名叫波拿巴的男人”深深地吸引。刚刚20岁时，查利就表现出了十足的自信。在学校的走道里，人们甚至将他误认成一位经验丰富的老师。经过了四年纯洁的交往后，他与埃伦在1875年11月1日结婚。他们的婚姻一直持续了46年，直到查利逝世。尽管他们彼此深爱，却没有留下一个孩子。

查利在24岁成了一名律师。他灵魂深处的清教徒思想一直让他过着简朴的生活，没有丝毫其他幻想。然而，道德规范却成了他律师职业路上的一个障碍，因为他从不说谎！如果他认为他的获胜概率太低，他就会拒绝代理案子。他厌恶昧着良心，或是为一个已经断定失败的案子收取酬劳。从来只说真话的他，给客户带去的担忧甚至超过了安慰。作为他的客户，就不必期待他的鼓舞。他真实甚至刺耳的话常常让事务所的客户们闻风而逃。与此相对，他的慷慨大方也是显而易见的。只要他认为案子有把握，就会毫不犹豫地为其辩护。而在报酬上，率真的他满足于只拿自己应拿的那一部分。在这样的原则下，他从未见利忘义。在法庭上，他向来都是以顽强、坚定、无法预测并充满自信的形象出现在对手面前。这位言语上的斗士还常常在他的言论里加上一丝幽默，给听众席带来无比的快乐。无论是赢或是输，他都会镇定自若，露出已解除武装似的微笑。精于细节的他还拥有非凡的记忆力，因此他的辩词准确并具有说服力，这也让他赢得了同事的钦佩与客户的赞赏。

在那些走进他办公室的人当中，不乏光彩照人的，甚至可以出现在塞尔焦·莱昂内（Sergio Leone）的意大利式西部片里的大人物。让我们看看他的第一位顾客梅利莎·史密斯（Melissa Smith）女士。这位勇敢的女士在北卡罗来纳州的土地被非法占用了，她无法收回自己的财产，也无法请求公共执法人员来驱赶这些无视法律的居民。在短暂的讨论过后，查利建议她自己去执法，美国的法律允许她在自己的土地上扣动扳机。获得了这个宝贵的建议后，勇敢的梅利莎高兴地带着两把手枪匆匆离去。来到北卡罗来纳州后，她利用非法居住者去教堂祷告的时间，拿着枪踏上了自己的土地。当弥撒结束后，冒失的农民们发现他们眼前出现了一个灾星简（Calamity Jane）[1]的化身，他们只要敢动一下，她就会开枪。惊慌失色的他们立刻卷起铺盖溜之大吉。正义得到了伸张！在接下来的几年里，查利一直与梅利莎非常亲近，甚至几次在经济上给予她援助。只要态度坚定正确，这个波拿巴就可以解决你的一切难题。

1881年，国家公务员改革联盟（National Civil Service Reform League）成立，这是一个旨在调查联邦政府官员腐败问题的非政府组织。随即，查利就加入了其中。这个组织为他的职业生涯带来了新的意义，尤其是遇见了未来的美国总统——西奥多·罗斯福。他们因一场由西奥多·罗斯福领

[1] 美国女性拓荒者和职业侦察员。——编者注

导的调查任务而结识。西奥多·罗斯福很快就看到了这位“努力的律师”波拿巴有条不紊、毫不含糊的工作态度。他们一起完成了多起巴尔的摩地区的刑事案件的侦查。在这些调查取得成功之后，查利敏锐地发现自己在商界的敌人数量增多。面对他们时常带有侮辱性的攻击，他不屑一顾，毫不动摇，继续以自己的方式前进。他坚定的态度仿佛火上浇油，那些愤怒的人给他取了一个绰号叫“帝国孔雀”。而早在1884年，他还得到过另一个外号——“救济粮查利”，这是源于他曾经在抵制公立学校的演讲中打过的一个不恰当的比方：“对于国家来说，开展公共教育就如同分发救济粮一样可笑！”作为一位清教徒，他无法想象让教育和慈善脱离宗教机构。而这个尴尬的绰号陪伴了他的一生。

而西奥多·罗斯福的任职将改变他的一生。1900年当选副总统的西奥多·罗斯福在次年麦金利总统遇刺后接替了总统一职。入住白宫后，他也没有忘记自己的老朋友波拿巴。他任命他为印度事务委员会腐败案件的特别顾问。在华盛顿，查利在泰迪身边的地位变得越来越重要。晋升为国务卿也是早晚的事。1904年，泰迪为自己的同党和朋友在巴尔的摩做了一场精彩的演讲，成了马里兰州居民选定的唯一的共和党选民代表。1904年11月8日，泰迪轻松地在全民投票和州级选举中获得了胜利。这次胜利之后，查利希望能够被任命为部长，并得到总检察长的位置。鉴于他的经验与忠心，这个要求并不过分。但意想不到的是，总统却给了他海军国务秘书的职位。惊讶的查利向总统询问原因，总统则暗示他，在掌管美国司法部门之前，最好还要再学习学习。在海军部队里，他能够学习到如何管理和领导，这会给他将来的领导工作带来丰富的经验。被他的观点说服，查利接受了这个职位。

他被任命的消息在媒体方面也引起了轰动：海军国务秘书的职位由一位波拿巴来担任！这对于讽刺漫画家来说简直是再好不过的灵感了。他被任命的第二天，就有关于拿破仑一世与泰迪的对话以滑稽卡通漫画的形式刊登出来。总统说："我让您的小侄孙做了海军国务秘书。"皇帝说："我希望他能比我在海军部队里干得更好！"人们常常把查利当作拿破仑来看，而这对他其实是不利的。刚在总统面前宣誓完，他的麻烦就开始了。1905年7月21日，美国"本宁顿号"（Bennington）战舰在圣迭戈的港口发生爆炸，人员伤亡惨重：66名海军士兵在事故中丧生。面对这场灾难，新上任的海军国务秘书直接指出了舰长以及海军中将的失职，公开在军事法庭上指责他们的疏忽。然而，在铁板一块的海军圈内，国务秘书的态度令人非常反感。虽然像往常一样，他无视这些指责和批评，但归根结底他还是输了，因为军官们被宣布无罪。这是他犯下的第一个错误。

在这之后，他犯的错误接二连三。就拿"宪法号"（Constitution）战舰的不幸遭遇作为例子，国务秘书认为保留这艘1797年建成，又在1881年退役的军舰毫无意义，他建议在船沉没之前将它用作一个标靶。但"宪法号"战舰作为最后一艘由乔治·华盛顿总统命名的军舰，仍然是美国独立的有力象征。在波士顿，人们认为他的提议是对总统的亵渎，对他表示强烈的抗议。一位极其富有的商人甚至召集了大家联合签名以保护战舰。大量的抗议活动促使国会投票以保护战舰，后来，"宪法号"就成了一座水上博物馆。查利只好又一次屈服了。尽管干了一些蠢事，他还是在海军内部做了不少工作，尤其是消除了队伍中普遍存在的管理混乱。但是，几次尽人皆知的失误让他在海军内部相当不自在，国务秘书沮丧地准备放弃。了解到他的不安之后，泰迪认为是时候结束他的部长实习阶段了，于是给他安排了一份更适合的工作。1906年12月，45岁的他成了美国新一任司法部长。

波拿巴VS洛克菲勒

追求秩序的查利可能找不到比这更好的差事了。从此以后，他将使用国家力量来对付那些嘲弄国家法律的人。没有人比廉洁清正的他更适合这个位置。他勤奋努力，一上来就开始研究所有正在审理中的案件。在司法部门，人们很少看见一位如此认真的领导。在最高法院里，他至少为560宗案件进行了辩护，亲自撰写了138份意见书，49次独自在法庭上进行指控。就像二十年前在巴尔的摩一样，他坚定的言论给他的对手们留下了深刻的印象。在联邦政府与垄断企业的艰难对抗中，他是总统的一个莫大的安慰。自19世纪末起，资本主义美国一直对垄断企业给予鼓励。尽管1890年《休曼法案》（*Sherman Act*）旨在限制垄断集团的反竞争手段，但石油、烟草、铁路或钢铁行业的巨头却向政府发起了挑战，继续肆无忌惮地在各自的市场中占据领头地位。此外，为了保障自己的地位，一些公司[标准石油（Standard Oil，或称美孚）、美国烟草公司（Tobacco）、联合太平洋铁路（Union Pacific）等]甚至使用了一些卑鄙的手段，四处行贿。对于泰迪与查利来说，这种令人无法忍受的情况必须立即停止。但是面对他们，有位极难对付的对手却并不露怯。他的名字是约翰·戴维森·洛克菲勒（John Davison Rockefeller）。他是当时世界上最富有的人。这位石油大亨垄断了美国大陆上近90%的石油销售，违反了所有的联邦法律。司法部长与洛克菲勒的斗争就好比是大卫与歌利亚之间的战斗一样。洛克菲勒的一句话足以震荡整条华尔街。或许，近代历史上从未有人拥有过像他一样的财富和权力。为了对洛克菲勒的帝国发起进攻，司法部门专门调动了特殊的调查资源：他们收集了1374件罪证，444位证人的证词。这份材料让洛克菲勒难以招架。1907年8月2日，玩世不恭的商人在第一局中失利，被判处2900万美元的罚款。但一场股市危机暂时延缓了诉讼的程序。为了避免华尔街沦陷，洛克菲勒不再被要求退场。美国司法体系会输掉这场金融游戏吗？

查利从来没有输过任何一场诉讼。在每天从巴尔的摩开往华盛顿的火车上——部长向来不愿在首都过夜的——查利一遍遍地审查洛克菲勒几千页的档案。为了找出对手的破绽，他常常在最后一刻改变策略。他能够中途逆转案件审判的局势，将一宗已经被人断定为失败的案子转化为胜利。而当他的对手们狼狈地看到他们最后的希望消失之时，查利就会露出狡猾的嘲讽般的笑容，并以一丝不客气的幽默来结束他那令人应接不暇的论证，仿佛是给挑战他的对手最后一击。1909年11月20日，洛克菲勒阴沉着脸来到了审判员的面前。曾经爱嘲弄人的石油巨头变得不知所措。圣路易斯（Saint Louis）联邦法院对他做出了严厉的判决。标准石油公司违反了反垄断法，而洛克菲勒也被勒令将他的石油帝国拆散为37家子公司。尽管查利不再是总检察长了——他在3月4日，泰迪第二任期结束后离开了司法部——但他依然享受到了胜利的快乐。他的辛勤付出得到了回报。十六个月以后，最高法院维持了圣路易斯法院的判决。美国史上最大一起反垄断案件之一，以联邦政府完胜告终，看似不可战胜的巨头受挫。虽然，这场胜利的象征意义远远大于洛克菲勒实际受到的打击。[1]

[1] 洛克菲勒的帝国仅仅是在表面上被粉碎了。洛克菲勒在他出售的大多数公司中保留了少数股权。此外，股份的出售还使石油大亨的财富增加了十倍，并最终流向了华尔街。这件事过后，洛克菲勒成了世界上第一位美元亿万富翁，巩固了他作为世界上乃至有史以来最富有的人的头衔。

抱着同样的热忱，机灵的查利与国会周旋，为司法部门专门建立了一支警队。他与泰迪的融洽相处也巩固了联邦政府的实力。相比几年前，政府在新的世纪里展现出了更好的姿态。在首席调查员斯坦利·W. 芬奇的领导下，查利手下的第一批“执法铁汉”（G-Men，也就是governmental men，是美国用于表述政府特工人员的俚语）于1908年开始追查金融犯、贪婪的商业巨头、持牌照的诈骗犯、腐败的公务员、房地产奸商以及造假者。尽管国会一直持保留意见，但调查局（B.O.I.，Bureau of Investigation）受限制的任务范围还是从1910年开始逐渐得到了扩展。查利种下了一颗种子，这颗种子将不断长大，直到在美国人的生活中生根发芽。1909年3月，当泰迪的政府任期结束时，查利圆满地完成了他的工作，回到了家中。尽管他还在继续支持着泰迪——他考虑在1912年重新参选——但他的生活重心也不再是政治了。在巴尔的摩，这位清教徒开始了他安宁的生活，继续用蜡烛照明，以马车代步。新的发明创造永远也不会走进他的家门。不管是他的仆人还是车夫，都骄傲地头戴金色丝绸礼帽，身穿波拿巴－帕特森家族黑红相间的制服。他们都十分敬重这位体贴周到、和颜悦色的老先生。

尽管查利为自己的出身感到骄傲，但他从来都不是拿破仑纪念品的收藏家。在他具有殖民时期风格的大豪宅的二楼，摆着一些半身像、肖像画和微型艺术品，展现着他杰出的祖辈，但他从未有过去法国的念头。他是一个真诚的爱国者，他的心只为美国跳动。1914年，当第一次世界大战蹂躏了整个欧洲时，他为自己国家的无作为深感遗憾。就像他的朋友泰迪一样，他不理解美国的中立态度，甚至认为这是一个危险而非正义的立场。在他眼里，一个自然资源如此丰富、国家经济蓬勃发展、人口达到一亿的国家不应坐视不管。尽管他退休了，他还是会在报刊媒体上继续表明自己鲜明的观点。这个男人没有失去他的信念。1921年的夏天，死亡突然带走了他。他于6月28日逝世，享年70岁。他的大部分财产由他忠实的妻子捐赠给了一些天主教的慈善组织，而他从父母那里继承来的拿破仑收藏品则由马里兰州历史学会一直保留到了今天。他的哥哥，小热罗姆·波拿巴-帕特森于1893年去世，有两个孩子——路易丝·欧仁妮（Louise Eugénie）和热罗姆·拿破仑·夏尔（Jérôme Napoléon Charles）。波拿巴-帕特森的名字就在后者身上中断。他于1945年去世，没有留下后代。他的姐姐在1896年12月29日嫁给了丹麦血统的亚当·戈特洛布·卡尔·冯·莫尔特克-休特菲尔德（Adam Gottlob Carl von Moltke-Huitfeldt），并生下了五个孩子。在今天，他们的后代是这个传奇的波拿巴家族在美国分支的唯一继承人。

第十五章 | 神经过敏的玛丽

谁不羡慕玛丽·波拿巴这样的生活？她的家庭背景如此显赫，父亲是一位波拿巴亲王，丈夫是迷人的希腊王子，并且弗洛伊德还是她的密友。从表面来看，这位公主的生活当然令人羡慕。然而，在她光鲜外表的阴影下藏着的是什么？巨大而难以忍受的痛苦要将她吞没。寻找一个浮标不被淹没，是她生命中从未间断过的追寻。她人生的艰难漂流从很早就开始了，若非是朋友的手拉住了她，她就会被悲惨地卷入旋涡。生活中的一些相遇会改变人的一生。对于玛丽来说，这个相遇正好及时地发生在1925年9月30日。

几个星期以来，弗洛伊德的搭档——拉福格（Laforgue）教授一直坚持要向精神分析学的大师引荐他最好的朋友之一，来自他祖国的公主，弗洛伊德却不愿意再接收新的病人了。他是一个折衷主义者，只会接受长期在他手下治疗的患者的预约，而且最好是富裕的病人。不仅如此，公主的请求是每天必须与他共处两个小时，持续六到八个星期。要满足这些要求，他认为公主的病例需要有极高的研究价值。若是对自己的科学研究没有意义，他就会直接拒绝。尽管不能保证成功，拉福格还是坚持了公主的要求："她似乎对自己的欲望感到自卑，另外，她在生活中也遇到了不少困难，因此对她的研究将会是极有价值的。"公主自己也提笔写下了自己的真诚心愿，并向他承诺会尽可能地为他的教学服务。在她的内心，痛苦与折磨正在侵蚀着她，就要将她摧毁。“生活的重担让我无法忍受。我感觉我无法面对它……我很累，很累……我为整个世界感到悲哀，并会为此被折磨致死。我想变得清心寡欲一些，但是它们在我的身体里，又从不释放出来！”她痛苦地告诉拉福格。她迷失而彷徨。“尽管有您和我希望在秋天能见到的弗洛伊德，但我依然害怕我心中的墙会早早地坍塌！”自童年起，她的生活就被一种险恶的痛苦摧毁了。究竟是何种痛苦呢？

尽管最初并不情愿，弗洛伊德还是在秋天接待了她。认识一位公主多少是令人得意的事。当然，除了看重她的名望之外，他也知道她家境殷实。战后时期的他，经济状况并不好。1925年7月，他终于通知公主可以在9月来到自己的诊所。此时的大师还不认识她，但事实上，一场“临床史上最成功的治疗之一”正在等待着他。因“下腹疼痛”在法国中部地区接受了一段时间的治疗之后，玛丽就踏上了去维也纳的路途。尽管即将见到这位在欧洲声名鹊起的著名大师让她心情激动，但路途中她依然没有摆脱内心的折磨。“昨晚我非常沮丧。景致壮丽但无休无止的旅程将我带到了世界的尽头——福拉尔贝格州（Vorarlberg）和蒂罗尔州（Tyrol）。”她向拉福格写道。她住在当地最好的酒店，就在大剧院旁边的布里斯托尔（Bristol）酒店，却认为自己的住所“阴沉凄凉”。她眼中的一切都死气沉沉，令人绝望。她的征途在她换上衣服，带着忧伤的面容走向弗洛伊德的家的时候终于到达了目的地。

在简陋的休息室中等候了一会儿，她便进入了弗洛伊德的诊所。诊所内摆放着大量的古董藏品，大部分都是非洲的。房间里充斥着烟味，大师总是喜欢在接待病人的时候抽烟。他的脚边还有一只漂亮乖巧的德国牧羊犬，名叫沃尔夫（Wolf）。在简短的问候以后，大师就请公主躺在长沙发上。在与病人的交谈中，弗洛伊德自己的话总是很多。他更喜欢抓住患者的注意力而不是单纯倾听他们。他在大段的独白当中也吐露了自己当下的烦恼。当讲起自己的时候，他总是显得很健谈。在他们两人之间，本能地产生了一种默契，他还常常以“公主”（Prinzessin）的昵称称呼她。治疗研究过程自然越来越顺利，但弗洛伊德却对他们的亲近感到担心。“我信任的人大多都让我失望了。或许您也会让我失望……”他说道。而公主则向他承诺：“我亲爱的朋友，不会的，我绝不会让您失望的。”两人后来都信守诺言，他们的友谊从未有过中断。

很快弗洛伊德就明白了他的新朋友为自己的性欲所苦恼。她一直忍受着自己的性冷淡问题，甚至还找过江湖医生给自己做手术。然而手术的痛苦过后，依然是深深的失望，没有一次手术能将她治愈。在弗洛伊德的治疗下，她能最终获得“正常的性高潮”吗？分析过程中的话语马上就变得露骨了起来。尽管弗洛伊德并不会为公主的粗言秽语所困扰，但他还是请求她不要在他面前随意展示自己。因为谈得一时兴起的玛丽常常想要宽衣解带。玛丽还将自己童年时期的手稿交给了弗洛伊德，她称之为“五本笔记”。翻阅手稿的时候，弗洛伊德看到笔记中画的全是各种男性生殖器的参照图。在她那些辗转难安的夜里，有一个梦不断地扰乱波拿巴公主的睡眠。在她身边，有一对男女正在激情似火地做爱。她告诉弗洛伊德后，他马上就言之凿凿地告诉她，这并不是梦，而是她经历过的真实场景。她在孩童时期看到的这一“原始场景”，或许就是她后来的精神痛苦的来源。听到这些话，公主耸了耸肩，这明显不太可能。她的母亲在她出生不久后就去世了，只有清心寡欲的父亲陪着她长大。

随着对自己童年时期的回忆，玛丽想起来家里有过一位她亲切地唤为“奶妈”的乳母，也有过某位叫作帕斯卡尔（Pascal）的马夫。他们或许是情人？她决定要查个一清二楚。回到巴黎后，她迫不及待地找到了帕斯卡尔。面对她这些唐突的问题，这位82岁的老人显得有些局促不安。在她不断地追问下，她得到了一个答案。帕斯卡尔承认了自己曾经与她的乳母有过炽烈的激情。事实上，为了避开她的父母，他们正是在她的房间里发生了亲密行为。乳母提前喂给她感冒糖浆以便使她入睡。但糖浆的剂量或许并不足以让玛丽熟睡。对于一个年幼的孩子来说，这个不妥的画面毒害了她，也压抑了她。一次小小的“偷窥”竟成了她人生中无法消除的印记。这次发现以后，精神分析法仿佛给了她新的启示。“精神分析是我做过的最激动人心的事。”她激动地告诉拉福格。此时此刻，她内心的恶魔仿佛也被驱散了。经过多年的折磨之后，她开始了全新的生活。终于，她找回了自己生命的意义。

杀人犯的孙女

拿破仑的二弟吕西安与他的夫人亚历山德里娜是众所周知的高产夫妇。他们一共生了九个孩子，其中一个就是皮埃尔·波拿巴亲王，1815年10月11日在罗马，他在父母的流放之地出生。卡尼诺亲王的第六个孩子很快就显露出了他狂热的性格。13岁的时候，他差点儿刺死了阻止他向店内侍女献殷勤的旅店老板。两年之后，在托斯卡纳，1830年的事件期间，他向自由派开火。忧心忡忡的父亲为了保护他，派人逮捕了他。但他很快又被释放，并出发前往美洲旅行。在那里他效仿哥伦比亚独立领袖桑坦德尔

（Santander）将军的生活。但因一场水土不服导致的发烧并与死亡擦肩而过之后，他回到了欧洲，并且密谋对抗教皇。在罗马，即将再次遭到逮捕之际，他刺死了一位教皇侍卫队的中尉，犯了死罪。尽管吕西安对此怒不可遏，但还是出面向教皇求情，将他的刑期改成了终身监禁。最终，他被赦免了，条件是永远不可踏上永恒之城的土地。守信的他搬到了比利时的阿登（Ardenne）地区，在那里他可以尽情沉迷于自己的爱好——打猎。

在1848年路易－菲利普失去王位以后，他当选为制宪议会代表，但他对于行动的渴望让他很快就离开了太过循规蹈矩的议会。在阿尔及利亚的阳光下，他追捕那些反对法国当局的叛乱分子，在战斗中表现出了极大的勇气，削弱了扎阿恰（Zaatcha）地区的抵抗势力。后来，他未经允许回到了法国，向他的总统堂兄申请了一个大使的职位，但路易－拿破仑并没有同意。他了解这位堂弟的性格，并不想看到自己的外交政策被他的头脑狂热弄得一团糟。心灰意冷的皮埃尔只好与妻子朱斯蒂娜·埃莱奥诺尔·吕芬（Justine Éléonore Ruffin）来到科西嘉岛。两人刚刚秘密结婚，她被人们亲切地叫作尼娜（Nina）。他的母亲得知他们的婚事后，马上就对儿媳产生了厌恶，只因她来自一个相当平庸的家庭。自己的儿子娶了一个工人的女儿，这叫她十分沮丧。路易－拿破仑同样是这么想的。沉浸在与尼娜的幸福生活中，皮埃尔亲王无视家庭的矛盾。他们秘密结婚十五年后，才在1867年10月2日正式登记结婚。但根据皇室的法规，亲王们的婚姻仍然需要得到皇帝的批准。而他永远都不会得到这个批准。就像他的父亲一样，皮埃尔亲王拒绝与妻子分开，此举引起了整个皇室的愤怒。在杜伊勒里宫，人们公然无视他。甚至在皇帝大婚的那天，他也被皇室礼仪所遗忘（当然还有缪拉亲王）。“婚礼仪式开始之前，所有人都走向了大厅，但由于皮埃尔和缪拉没有指定的位置，他们只能让所有人走在前面，皮埃尔则走在最后。愤怒的皮埃尔因此质问一名警卫：‘看门人的狗是否也能走在我们的前面？’”尼娜在她的回忆录中写道。

度过了一段在科西嘉忙于丛林狩猎野生绵羊和野兔的日子的他，后来再次出现在了人们的视线中。每次波拿巴的名字在报刊上受人抨击时，他就会满怀激情地发表自己的辩论以反击那些反对言论。在与几家共和派的报纸争吵不断激化之后，皮埃尔向报社的老板们挑起了决斗。1870年12月10日，他的家中来了两位客人，自称是决斗的见证人。激烈的争吵突然爆发。皮埃尔拿出了自己的手枪，杀死了其中的一个男人——维克托·努瓦尔（Victor Noir）。日后，新闻媒体为了激起大众的同情，将受害者描绘成一位记者。究竟是谁挑起的争端？没有人知道。枪击发生后，皮埃尔和尼娜就回到了他们欧特伊（Auteuil）街59号的家中。“我们将孩子藏在床底下，就开始等待接下来会发生的事情。皮埃尔锁上了家里所有的门，除了面向大楼梯的那一扇。随后，我们两个都带上了枪，等待进攻者的到来，随时准备向冲进来的人群开火，和他们决一死战。我常常和我丈夫一起去打猎，有使用这些武器的习惯，所以什么也不怕。”尼娜骄傲地回忆道。事实上，没有任何攻击者登门拜访，但是警察却带走并监禁了皮埃尔。这起杀人事件在公众中引起了强烈的反响，以至于当政者开始担心会引发骚乱，甚至是一场革命。这种卑鄙的行为给整个皇室的声誉也蒙上了一层阴影。而皮埃尔很快就被释放了，条件是他必须放弃在法国生活。两起谋杀案的凶手获得的惩罚竟然仅仅是两次流放！

来到布鲁塞尔以后，杀人犯亲王在1871年11月14日第三次与尼娜举行婚礼。这一次，他们的婚姻终于在法律上被承认了，他的妻子终于可以使用波拿巴的姓氏，并得到王妃的称号了。最重要的是，他们的孩子也拥有了合法的地位。不过不久之后，夫妻俩就分开了。到处拈花惹草的亲王最后选择在一个女佣怀里寻找安慰。他于1881年4月8日在凡尔赛的一家旅店中逝世，随身的行李中至少有33把手枪和十几把步枪。祖父命途多舛的一生让玛丽·波拿巴充满好奇："我喜欢杀人犯，我对他们很感兴趣。我的祖父杀死记者维克托·努瓦尔的时候不就是这样吗？"她挑衅地说道，"还有我的太祖父拿破仑，更是一个不朽的杀手啊！"

尼娜与皮埃尔亲王一共生下了两个孩子：儿子叫罗兰（Roland），1858年5月19日出生；还有个女儿叫让娜（Jeanne），1861年出生。与皮埃尔分开后，尼娜相当窘迫地搬到了伦敦，甚至还得向根本不把她放在心上的婆家告哀乞怜。尽管如此，她还是设法确保了两个孩子昂贵的教育费用。她坚强独立地应对了这些考验，回到巴黎后又将儿子罗兰送进了圣西尔军校。在那里，他以优异的成绩脱颖而出。尽管他上的是军官的课程，但比起武器的喧闹声，专心而审慎的罗兰还是更偏好安静的教室。事实上他和他的父亲完全相反。然而，尼娜对儿子的控制却从未停止过。"这是一种真正的阴茎崇拜。"她的孙女玛丽在后来评价道。罗兰在学业上取得成功之后，尼娜又开始操心起他的婚姻。然而这个格勒纳勒（Grenelle）街17号的家庭，并不受波拿巴家族以及贵族阶级承认。如果不能找到一位公主或是女侯爵做他的妻子，那么她至少可以为罗兰找到一个富裕的家庭。

随后她就瞄准了玛丽－费利克斯·勃朗（Marie-Félix Blanc）。她的父亲因为在摩纳哥富甲一方，被人称作"蒙特卡洛（Monte-Carlo）的魔术师"，这并非他赌运好，而是因为他恰好买下了无人继承的蒙特卡洛赌场。他的妻子——玛丽·勃朗（Marie Blanc）甚至出资建造了著名的巴黎大酒店。总之，在这个家财万贯的家庭里，玛丽－费利克斯的嫁妆有数十万法郎。凭着这样的优势，她的追求者自然也不少，“在勃朗女士家，求婚者多到可以举行一场长跑比赛了。”尼娜笑道。无论是罗兰还是他的母亲，两人都觊觎着对方的钱财，而无辜的玛丽－费利克斯就这样成了他们的猎物。然而，把女儿嫁给一个波拿巴家族的人的想法也深深吸引着玛丽·勃朗，于是她为他们的婚事一掷千金。1880年11月17日，吕西安的孙子与“摩纳哥国王”之女在巴黎圣洛克（Saint-Roch）教堂举行了婚礼，也就是1795年拿破仑将军击溃保王派暴徒之地。“交易”一结束，罗兰和尼娜就巧妙地避开了玛丽·勃朗在她的埃尔芒翁维尔（Ermenonville）城堡中举行的盛宴，并将惶恐的玛丽－费利克斯带到了圣克卢的家中。新娘就这样被关进了陷阱里。从此以后，她就成了这些贪财之人手下的人质，不断地受到丈夫和婆婆的羞辱。尽管如此，她仍然相信孩子的降生或许可以给这个压抑的家庭带来一些欢乐。

1881年的秋天，她的愿望实现了。她怀孕了，但是情况却并不好。每天早晨她的手帕都被血染得通红。她患上了肺结核。尼娜认为自己的儿媳大概很快就会离开人世，便说服她写下一份遗嘱，将财产留给她心爱的儿子。为了能够顺利抱上自己的孩子，罗兰王妃只好满足了身边这些猛兽贪婪的要求。就这样，她没有给自己的母亲——慷慨的勃朗女士留下继承权，给即将出生的孩子也只留下了一部分财产。1882年7月2日，她生下了一个非常健康的女儿，取名为玛丽。“宝宝总是像一只小狼一样贪婪地吮吸着母乳。”如释重负的她告诉尼娜。然而，对于这个脸色苍白的产妇来说，初为人母的喜悦只是短暂的。一个月以后，她就被栓塞症带走了。她离世的那天，尼娜并不显得难过。“罗兰的运气也太好了吧！现在，所有的钱财都是他的了！”她惊呼道。但是，她还留下了一个孩子，那个被人叫作“咪咪”（Mimi）的孩子很快就被交到了一位喜爱美酒佳肴的奶妈手里。她是唯一一个关心着玛丽的人。当孩子学会走路的时候，她的父亲在挪威研究拉普兰人，而她的祖母则根本不在乎她。3岁的时候，咪咪来到了依然位于圣克卢的新住宅，据说是弗朗索瓦一世为他最喜欢的埃唐普（Étampes）公爵夫人所建造的。一直受母亲控制的罗兰成了年轻的鳏夫——他只有24岁——只能把自己埋头在学习与旅行之中。而失去了母亲的咪咪则不理解父亲的冷漠与距离感，他仅会为研究一些新兴的科技发明带她外出[1]。而毫无疑问，她渴望的不仅仅是这些。

初恋是痛苦的开始

脾气暴躁的祖母剥夺了她外出的权利，被关起来的咪咪常常会打开自己的笔记本在上面记载她所谓的“蠢事”。从7岁到10岁，她用清秀的字迹在五本笔记本上写满了异想天开的小故事和一个忧伤的孩子对生活的感想。就如她的传记作者切莉娅·贝尔廷（Célia Bertin）所指出的一样，这些日记在之后被弗洛伊德所用，也是他对玛丽病例研究成功的根源。对于这位未来的精神分析学家——她自己本人也将从事精神分析研究——找到她儿时的话语会在之后帮助她战胜自己持续不断的苦恼。她严厉的家庭教师——赖兴巴赫（Reichenbach）女士免除了她的拉丁语和数学课程，但是这个小女孩却对家里用人们的流言蜚语一清二楚，人们都说她母亲的死或许并非

[1] 在1889年的世博会期间，她见到了在全球各地展示自己新奇发明的爱迪生。

像人们确信的那样。如果有人犯罪，那会是谁？当然是皮埃尔王妃了。很容易想象到小女孩的恐惧，但与此同时，玛丽却开始怀疑起自己的性取向。出人意料的是，她开始欣赏起祖母的男性特征。能干的女骑士，充满激情的猎人，尼娜一点儿也不像她身边那些“娇媚、柔弱、病态、致命”的女人。她吹嘘自己“会站着撒尿，像男人一样，甚至在人群当中，只需要脱下裙子张开腿”。还有什么更能比新生的女权主义气质更让人困扰的呢！少女时期的咪咪也迎来了自己的情窦初开。她被伟大的悲剧演员穆内·叙利（Mounet Sully）所吸引，房间里的墙壁上贴满了他的画像。随后她又爱上了父亲的秘书——阴郁的莱安德里（Leandri），她对他产生了极大的好感。“这位科西嘉的秘书，有着黑色的头发、蓝色的眼睛和一点儿下巴尖上的胡子——当时我16岁，他38岁，我很丑，他很帅。”她坦白地说道。

为自己丑陋的粉刺和男性化的身姿所困扰，咪咪的容貌只能说是其貌不扬。因此，追求她的人也是少之又少。只有阴郁的莱安德里对她表示兴趣。1898年的夏天，当罗兰带着一家人来到瑞士度假时，咪咪和莱安德里也参与了这趟旅途。在亲王的带领下，他们要去野外游玩。正当罗兰为看到瑞士的植物欣喜若狂之时，莱安德里的目光投向了他的女儿。在一次野餐的时候，莱安德里将罗兰支走，把咪咪带到了草丛里。微醺的少女按照他的要求，一片一片地剥去雏菊的花瓣，低声地说出那些爱的誓言：“我爱你，一点点，很多，等等。”莱安德里也激动地表明了自己的爱慕。被他的言语征服的咪咪甚至不敢相信自己的耳朵。然而，他们只能偷偷地相爱。莱安德里是有妇之夫，咪咪的父亲一定会被女儿与他的关系激怒。一天晚上，他们停在了格林德瓦（Grindelwald）。这对恋人第一次深情亲吻。莱安德里不断地向她要求着定情信物：几缕头发，或是几封真挚的情书。“那天晚上，那个科西嘉人做了所有他想对我做的事。”玛丽回忆道。

回到巴黎以后，她就变成了一个反叛的少女，嚷嚷着反抗，认为自己不应该永远被锁在家中。她想要感受这世界的疯狂。在这场反抗中，莱安德里甚至还有他的妻子都站在了她这一边，公然蔑视了罗兰亲王严格的规矩。在了解到是莱安德里夫妇煽动自己的女儿后，尽管对他们还有一丝感情，他还是马上就解雇了他们。但这让莱安德里的本性暴露了出来。他离开后不久，咪咪就收到了一封令人不安的信。信中没有一句带有情感的话语，莱安德里一家因为被解雇一事向她索要10万法郎。如果她拒绝，他们就会拿着那些情书去法院状告她父亲。这对于多愁善感的少女来讲，是一场多么意外又残酷的打击。莱安德里不仅不爱她，而且从一开始，他就在垂涎她母亲去世后她获得的那笔财产。于是，慌乱的玛丽只好在自己监护人埃德蒙·勃朗（Edmond Blanc）舅舅的帮助下，悄悄地满足着勒索人的贪欲。在长达四年的时间里，她每月向他们支付1000法郎，也就是说她用了大约4.8万法郎的封口费，掩盖这段让人尴尬的情事。

这件事也对她的心理产生了严重的影响。一直焦虑不已的她臆造出了一些想象中的病症，她认为自己会像母亲一样死于肺结核。她患上了疑心病，对死亡的恐惧让她不得安宁。与此同时，勒索者还时常叫她回想起那段“美好回忆”。在这一类的事件中，人们都知道，受害者越是退让，施暴者就会越发逼近。1903年，她21岁，进入成年。这时她又收到了一封信，信中熟悉的字迹一看就是莱安德里，他知道了她从此以后就可以自由支配自己的财产。这个科西嘉人再次漫天要价，要求她终身按年支付给他1.25万法郎，或是一次性支付20万法郎。似乎没有什么能阻止他的贪得无厌，并且，他再次提出在没有收到付款的情况下会立即公开玛丽那些感人肺腑的情书。沮丧的她只好再次寻求埃德蒙舅舅的帮助。这一次，这个明智的男人毫不犹豫地叫她告诉自己的父亲。尽管惊慌害怕、浑身颤抖，她还是听从了他的建议。

出人意料的是，尽管父亲责骂了她几句，但还是理解了她。罗兰的惊恐超过了愤怒，他尤其惊讶于女儿竟然不信任自己。松了一口气的玛丽决定去法国南部休息几日。但在尼斯的时候，敲诈者找到了她。他威胁她，在没有收到任何回复之前，自己是不会离开蔚蓝海岸的。由于受害者有了父亲的鼎力支持，并没有理会他。随后，法院的传票就如预料中一样地被送到了他们的家中。莱安德里把要求降到了1.8万法郎。对于此事，亲王的律师，也就是著名的埃德加·德芒热（Edgar Demange）先生，曾在维克托·努瓦尔事件以及德雷富斯（Dreyfus）事件中为皮埃尔提供辩护，他认为在这件事上应该妥协。最终，他们用10万法郎换回了那些爱情的信件。当看着自己的律师给莱安德里数钱的时候，她感叹道："我终于解放了！我精神上的自由完全值得上10万法郎！除了用于换回我的自由，金钱的价值从未对我如此重要过！"但这起肮脏的事件，却也是她糟糕的情感生活的启蒙！显然，她心中会留下那些让她痛苦无比的记忆，并且从此以后永远对男人保持怀疑。这件事结束不久后，皮埃尔亲王夫人就在她的盥洗室里摔倒去世了。她的儿子从未走出过失去她的阴影。罗兰和玛丽两人之间不但没有因此更加靠拢，巨大的悲伤反而使他们越发疏远。这对于刚刚从莱安德里的魔掌中逃脱出来的玛丽来说是多么令人绝望。在她的压抑到达顶峰之时，她比任何时候都更想结束自己的生命。为了不让自己沉沦，她想尝试用一场婚姻来挽救自己。

突然出现的亲王

在那些她抱有好感的人里面，希腊的乔治（Georges）王子排在第一个。她从未忘记这个她从伦敦的一本杂志——《人物》（*People*）的前身——上认识的俊美的金发巨人。1906年的夏天，整个巴黎都提前议论着9月希腊国王乔治一世的来访。罗兰知道这个消息后，便设宴邀请这位君王。对于国王来说，受到一位波拿巴亲王的邀请也是十分荣幸的事。几个星期以来，雅典的人民也在因乔治王子与玛丽结合的想法而激动。国王的赴宴也显示着一个好兆头，事情仿佛都在朝着好的方向发展。在耶拿大道上奢华的府邸之中，这场为国王设置的宴席一共来了五十多名宾客。席间，人们对旧日帝国的一连串回忆也提醒着他们公主显赫的身世。而国王也表现得十分情愿，对玛丽十分亲切，毫不犹豫就表示同意他们未来的婚事。罗兰对此感到非常骄傲，在这件事上，他没有任何意外地成功了。不过，玛丽却为同时离开父亲与法国而担心，她犹豫了。面对她闷闷不乐的面容，父亲告诫她："你太幼稚了。你不可能再找得到像他这样好的配偶了。"在父亲的一再坚持下，她终于同意了与自己的未婚夫见面。

1907年7月19日，这个隆重的日子终于来了。这天早上，忧心忡忡的她无法从床上爬起来。她被恐惧支配了。她慢腾腾地穿上了衣服以庄重地迎接这位金发巨人。她坐在蓝色的会客厅中与姑妈让娜闲聊，厅内墙上的壁画来自旧日约瑟芬的宫殿。突然，她的求爱者来了。"他高大、英俊，还有金色的头发，他实在太好太好。而且，他看起来仿佛有些不适，这却让这个帅气的巨人看起来更加和善，叫人同情。"她记录道。随后，两个年轻人就在聊天中度过了一下午。第二天，亲王给她送去了一大簇盛放的兰花。

尽管玛丽还没有被说服要去雅典生活，但她并非对这个比所有人都要高出一头的亲王没有一丝心动。8月30日，他又来到耶拿大道，和他的父亲乔治一世国王一起上门提亲。罗兰的脸上洋溢着微笑，他立即接受了他未来女婿的请求。在一系列的客套和恭维之后，乔治国王请他的未来儿媳以“父亲”来称呼他。吕西安的后代就这样嫁入了希腊王室。

1869年在克基拉岛（Corfou）出生的希腊和丹麦的乔治王子是乔治一世国王和原为俄罗斯女大公的希腊奥尔加（Olga）王后的第二个儿子。在雅典接受了传统的教育后，他还在哥本哈根的海军学院进修。他是未来的尼古拉二世的朋友，曾与后者一起闯荡世界。后来，他因为一场在日本京都的违纪行为而可怜地被俄罗斯军队开除，并且还受到了不公正的调查。1897年希土战争之后，他被任命为克里特岛（Crète）高级专员。但在人们的争议下，他只在位置上任职了几年就离开了克里特岛。灰心丧气，又被自治党驱逐，这场政治上的不幸遭遇让他一下子就瘦了三十四公斤。这就是他身上那一点让他的妻子倾心的瘦弱的由来。

当玛丽在布林迪西（Brindisi）的港口登上驶向雅典的皇室快艇“安菲特里忒号”（Amphitrite）之时，一群穿戴整齐的水手以及一支欢乐的军乐队迎接了她。身边的所有人都在向她表达着敬意与祝福。周围的一切都显示着一个欧洲宫廷的奢华与高雅。就像被卷入了旋涡一般，这个年轻的女人就这样被征服了。她仿佛过着童话故事里的生活。尽管饱受晕船的折磨——她此前从未踏上过任何一条船——她还是充满热忱地记录着她的第一次地中海航行中的细碎小事。1907年12月10日，“安菲特里忒号”停泊在了雅典港口。两天之后，玛丽和乔治以东正教的仪式在上帝面前结为夫妇。繁冗的婚礼仪式似乎无休无止，公主站在宫殿的露台上，疲惫不堪。

一整天的时间里，乔治都对她有些疏远，甚至可以说是冷淡。他们之间，没有一丝情感的流露，没有一个眼神的交流。在与宾客们一一问候之后，这对新人来到了他们的居所。这是玛丽在与莱安德里的短暂恋情后，第一次与一个男人独处。她终于能得到她想要的温柔的爱情了吗？她的愿望很快就落空了。“今天晚上，你对我做出的短暂的、粗暴的动作，就仿佛是你在逼迫自己，潜台词的意思就是‘我讨厌和你做这事’。但是如果我们想要孩子的话，这就是必须做的。”玛丽记录下了这些。她的婚姻一下子就发生了意想不到的转折。究竟发生了什么？

这位新娘很快就明白了缘由。在乔治的身边，有一位无处不在的瓦尔德马（Valdemar）叔叔。她的丈夫显然很喜欢与他待在一起。只要叔叔一走远，他就会一副失落的样子，眼睛也变得湿润起来。他在海军学校的那几年里，瓦尔德马照看过他，陪他度过了一些艰难的时光。这位叔叔仿佛是乔治的第二个爸爸，但他却不只是一位父亲。从14岁开始，乔治就爱上了他的叔叔。尽管这段关系很可能是纯洁的，但公主也为此痛苦不已。她的嫉妒无济于事，这位金发巨人的心从来就不属于她。在这个三角恋（甚至还牵扯到第四人，因为瓦尔德马已婚）中，她马上就明白了她只能扮演配角。面对自己的配偶是同性恋的事实，她的怒火渐渐平息了下来，对这个一直被她亲昵地称呼为“我的麦芽糖”的男人始终恨不起来。这个敏感又痛苦的男人反而激发了她的同情心和温柔。尽管他俩之间不乏争吵，但一直没有分开。他们生下了两个孩子：1908年的皮埃尔（Pierre）和两年后的欧仁妮（Eugénie）。在宫廷里，玛丽对他表现出了无微不至的支持，也从未试图逃避她的义务。尽管她常年往来于雅典与巴黎之间，她依然是一名公认的且受人尊敬的希腊王妃。

拯救弗洛伊德

一

嫁给乔治以后，玛丽认为自己像是被活埋了。为了逃离这个冷冰冰的世界，她绝望地到处寻找爱情。不少情人曾爬上她的床——或是一个平庸夜晚的约会，或是一段情欲高涨的关系。在1912年的巴尔干战争期间，她在法国度过了几个月，这也方便了她在爱情上的偷闲。1913年，在她邀请尊敬的《丛林奇谈》（*Livre de la jungle*）的作者迪拉亚德·吉卜林（Rudyard Kipling）享用午餐之时，为了让孩子们高兴，她的目光放在了那个被所有人称为“总统”的人身上。荆棘一般的眉毛，缺乏修整的胡子以及磨损了的衣服，不太可靠的外表下藏着的却是一头强壮的政治猛兽。他14次担任内阁总理，20次当选部长。在整个第三共和国里，没有人比他更优秀。51岁的他名叫阿里斯蒂德·白里安（Aristide Briand）。玛丽喜欢他野性的声音和他温柔的双手。11月的一天夜里，露水与星星静静流淌，他们的马车停在了塞纳尔（Sénart）森林里，他们第一次亲吻对方。与白里安交往的同时，她还常常与一个叫勒韦丹（Reverdin）的年轻外科医生在一起，但他们之间没有爱情，只有悲哀的性关系。在她的那本记录所有艳遇的“爱情”书中，勒韦丹排在第六个，而白里安则是第七个。公主的爱并不会停留在他们身上。关于白里安，她最担心的是流言蜚语。充满激情与爱慕的“总统”甚至在公共场合也要热情地亲吻她。这种爱让她有些害怕，更重要的是，它是不平衡的。不在他身边的时候，玛丽并不感觉被他需要，而一旦他把手放在她身上，她就不可能抵抗得住他。不仅如此，白里安还常常被邀请到位于圣克卢的乔治王子夫妇家中。

夜深人静之时，他会来到情人的房间。在这栋大多数人都已入睡的房子里，她成了他的人。在他们缠绵的时候，门外还响着乔治在精心打蜡的地板上的脚步声，而仆人们也还在做最后的结束工作。在一番云雨之后，出轨的公主每每感到十分内疚。白里安总是不厌其烦地用最感人的爱情誓言来宽慰她。但玛丽的爱情路布满了挫折。事实上，她无法与男人体验到丝毫的愉悦。因此，她只好以精神上的满足来代替肉体的快感。到了20世纪，研究他人心理或是大众心理的爱好者开始对她产生了兴趣。通过她的父亲，她在1909年认识了古斯塔夫·勒庞（Gustave Le Bon）教授——一位博学的多题材作家，因为《乌合之众》的出版而一举成名。玛丽经常被他邀请去参加“周三的午餐之约”，在那里还常常能碰上普鲁斯特。玛丽疯狂地对勒庞产生了崇拜。“勒庞成了我生活的核心。一切事情都围绕着他分成了各个等级。”她在十年后写道。因为他，玛丽变得自信了，幸福地发现自己完全有能力面对自己，并与那些知识渊博的人做朋友。她还意识到自己在学识上的优越性有时会伤害到他人，尤其是男人们，于是她学会了小心谨慎。多年来，古斯塔夫并不完善的思想还是让她得不到满足。在学识要求方面，这位学生已经超过了她的老师。自此之后，玛丽希望在亲密关系方面也能有所突破。

在巴黎，一位年轻的阿尔萨斯医生——拉福格教授因为他的精神分析作品开始显姓扬名。从1925年开始，公主就经常拜访他。她常常花大把的时间与他交谈，而谈话的主题则是永远不变的人类精神世界的众多折磨。就仿佛在为自己做分析一样，她在自己的人生经历与苦恼上对拉福格没有任何隐瞒，还向他提出了自己的一千零一个问题。她的疑虑在一年前父亲去世的时候再次加重。在罗兰亲王生命的最后几年里，他迷恋上了植物学。他逝世后，留下了超过10万册的藏书，直到今天为止，书籍上带有他的藏书印都还是藏书家们的一个鉴定标志。但是，专注于阅读及外出探索的他，忘记了去了解他身边最亲近的人——他的女儿玛丽。他从未轻视过她，但也从未真正发现过她的出众才智和她求知的渴望。多少次玛丽都在等候着这个敏锐的科学研究者的一个示意，或是一句鼓励。但她从未等到过。由此，从古斯塔夫·勒庞到阿里斯蒂德·白里安，再到西格蒙德·弗洛伊德，她总是在他人身上寻找缺失的父爱。她与弗洛伊德更是建立起了一种深厚而敬重的关系。通过对自己的精神分析，她从此确信了精神分析法的价值。1926年11月4日，她参与了巴黎精神分析学会的创建，并成了九位创始人的其中一位。长期以来，她都在为此机构提供大力的财政支持。在1929年完成了对自己的分析之后，她希望能够亲自参与实践。

在这位弗洛伊德的竞争者那里，精神分析的环境是相当舒适的。如果你和她有过预约，她的私人司机会出现在你家门口，用她其中一辆舒适的豪华轿车一直把你带到圣克卢。天气晴朗的日子里，公主会在花园里待客，一张长椅取代了心理医生们传统的沙发。希腊王妃就如同一位亲切和蔼的奶奶一样，总是在你身边，忙着针线活。她深信自己的科学理念，这在当时让医学界的头号人物和学术权威们都饶有兴趣。据说有一天在圣安娜（Sainte-Anne）精神病院，她向其中一位老师讲述了她的一个患者对香皂的恐惧来源于她想要抚摩父亲睾丸的渴望。老师半信半疑，甚至尴尬不已，只得转身离去。懊恼的玛丽则在医院追了他一整天。还有人说在布洛涅森林里，她朝一个裸露癖喊道："把你那东西收进去，这一点儿用都没有，但是我很愿意跟你好好谈一谈，明天来我家。"正如我们所料，她专攻性的问题。她于1932年的国际精神分析大会上发表了关于"女性性功能"的演讲，并开始获得认可。尽管在学术上蒸蒸日上，但她自己的心理问题并未消失。

46岁的时候，她还没有放弃对身体快感的追寻。1930年，她第二次接受手术，再一次在阴蒂上动刀，另外还增加了一个子宫切开术。但手术结果和之前的一样，给她带来的只有痛苦。两年来，她致力于将弗洛伊德的著作翻译成法语。她总共翻译了他的九部作品，其中有伽利玛出版社1928年出版的《达·芬奇的童年回忆》（*Un souvenir d'enfance de Léonard de Vinci*）以及1930年出版的《诙谐及其与潜意识的关系》（*Le Mot d'esprit et ses rapports avec l'inconscient*）。在大师的75岁生日之际，她在索邦大学的五百多人面前进行了一次非凡的演讲。这是这所著名的大学第一次邀请她，但不是最后一次。多年来，她与弗洛伊德的关系越来越紧密。玛丽不仅在智慧方面与其默契十足，而且成了他最好的朋友之一。他们之间一直保持通信，总是毫无讳言地向对方倾诉。

1933年，玛丽收到了这位朋友表示担忧的来信。尽管弗洛伊德不愿意承认，但他的处境正在受到威胁。“人们建议我逃到瑞士或是法国。”他向她写道，“但这是没有意义的，我不认为我正处在危险之中，如果有人要杀我，尽管来杀吧。这也是千千万万种死亡方式中的一种。”在隔壁的德国，希特勒刚刚进入总统府。而在奥地利，反犹太主义也无可阻挡地击败了人们的良知。根据希特勒的理论，犹太人弗洛伊德正是愤怒的纳粹人的猎物。5月在柏林，他的书籍被众人焚毁。经过五年的暂缓之后，1938年3月，希特勒吞并了奥地利并改变了局势。在那些穿着黑色制服的人到来后的几天里，S. 菲舍尔出版社被洗劫一空。搜寻过程中，盖世太保发现了一份弗洛伊德与外国出版社的合约，这违反了帝国的流氓法律。他的家庭住宅同样被搜查掠夺了一番。纳粹带走了一些文件和6000先令。从此以后，逃亡不再只是一种选择，而是一种必需。是时候采取行动了。

奥地利被吞并的一周后，玛丽就赶到了维也纳决定营救她的精神分析师及挚友。每一天，警力都在加强。3月22日那天，弗洛伊德的女儿安娜（Anna）被盖世太保叫走。公主坚持要陪着她，但看在公主殿下的尊贵身份的分儿上，警察礼貌地拒绝了她。在柏格巷（Berggasse）的19号，弗洛伊德点燃了一支又一支的烟，不安的情绪写在他的脸上。他的女儿会被释放出来吗？安娜成功地驳斥了所有人们施加在她身上的“颠覆性活动”的指控。她回来以后，弗洛伊德就同意了转移到英国，那里早已安排好了接应他的人。但他不想偷偷摸摸地逃走，他仍然想带上他的档案，他的毕生心血。于是玛丽叫上了自己的亲属，负责为他分类打包重要的文件。另外她还悄悄地去了居住过的希腊使馆，在纳粹人的鼻子底下带走了一座象征雅典娜女神的小铜像以及属于“教授先生”的几枚金币。为了防止纳粹的进一步洗劫，她干脆暂时住在了弗洛伊德屋子里的楼梯上。“蓝黑色的貂皮紧紧地裹在肩上，手上戴着轻便的手套，头上是看起来脆弱易破的大帽子。环绕着一股非洲茉莉的清香，她最爱的香水，她就那样蹲守着。”德特勒夫·贝特尔森（Detlef Berthelsen）如此描述道。各式各样的食物配上一点儿茶和巧克力，她长时间地守卫在那里。

幸运的是，她没有遇上纳粹的队伍。尽管没有人反对弗洛伊德的离开，但阿道夫·希特勒的政策却意味着无耻的剥削。为了避免大量的资产外流，同时顺便为自己服务，希特勒规定所有想要离开帝国的犹太人都必须缴纳一笔高达20%的出境税。然而，就像大部分的人一样，弗洛伊德的银行资产已被冻结，根本不可能在没有亲戚朋友帮助的情况下付清这笔税款。想要去更自由的天地生活，弗洛伊德就必须缴纳4824美元的金额，但他根本付不起。而此时玛丽则毫不犹豫地替他向移民局缴纳了这笔“帝国出走税”。其他一些受威胁的犹太人也同样获得了她的帮助，比如贝克尔泽勒（Berczeller）教授的逃亡。1938年6月4日，弗洛伊德带着妻子和女儿登上了东方快车。在目的地巴黎等待他们的是早几个星期回去的公主。当他到达巴黎东站的时候，站台上的她身着光彩夺目的名牌礼服，肩上披着一条黑貂围巾。在摄影师刺眼的闪光灯下，玛丽将弗洛伊德一家和他的随身行李带到了一直在火车站入口等待的两辆华丽的小轿车上。弗洛伊德在玛丽位于圣克卢的家中歇息了几个小时，随后经加莱到达了英国。1938年6月5日，公主终于松了一口气，她的朋友及其作品终于远离了纳粹的势力范围。

从一个世界到另一个世界

受病痛折磨疲惫不堪的弗洛伊德并没有在他的流亡之地生活很久。1939年9月23日，他在伦敦逝世。我们可以想象，当玛丽听到BBC播音员宣读他的葬礼悼词时的情绪。在欧洲陷入战争的时候，她最好的朋友也刚刚离世。她前往伦敦的戈尔德斯格林区（Golders Green）参加了他的葬礼，并听到了斯蒂芬·茨威格——弗洛伊德的另一位密友的致辞。火化以后，精神分析大师的骨灰被装进了一个银质的瓮里——这是玛丽送给他的礼物，他特别喜欢。同一天，华沙在冯·伦德施泰特（von Rundstedt）将军部队的压迫下沦陷。在不到三个星期的时间里，波兰军队就被希特勒的装甲部队击溃。几个月以后，德军的入侵使居住在布列塔尼的贝诺代（Bénodet）的玛丽感到意外，自1940年5月敌对行动爆发后她就搬到了那里。此后她又在巴黎住了一段时间，然后去了圣特罗佩，最后回到了希腊。但当1941年雅典卫城挂起了纳粹的旗帜后，逃亡又不可避免了。她与剩下的家族成员一起，逃到了南非的开普敦。60岁一过，她就患上了糖尿病和复发性扁桃体炎。为奔波而阴郁的流亡生活饱受折磨的她，开始理解大作家斯蒂芬·茨威格1942年2月在巴西结束自己的生命是一种怎样的姿态：昨日的世界早已不再，文明如同已经消失。

在两年的时间里，她仿佛失去了一切。她的朋友及导师弗洛伊德离开人世。另一位良师益友——拉福格教授则开始与纳粹来往。法国基本被占领，她在圣克卢的小港湾已被废弃。不仅如此，她的新家也并不是很欢迎这对希腊亲王夫妇。“我讨厌南十字星。”她总是这么说。没有了导师，也没有了情人，她只能在写作中获得解救。“我选择逃离到写作当中去。”她写道，“悲伤与痛苦远不能阻止我工作，而是马上把我推向了文学创作的避难所当中。”十多篇论文和上百篇的文章让玛丽成了一位成功的多产作家。她的作品《论女性性行为》（*De la sexualité de la femme*）就曾多次被再版。战后，她在法国精神分析界十分活跃，但她极高的地位带给她的不只是朋友。很快她就受到了精神分析学的后起之星雅克·拉康（Jacques Lacan）的挑战。对于这位学者和他的同事们来说，精神分析学是一项专业人士的事业。自学成才的公主显然受到了批评。于是，玛丽与拉康学派就此决裂。这一页还没有翻过去，学界内部的分歧就让她一点一点地远离了精神分析的世界。直到20世纪70年代，她的作品才获得了更广泛的认可，这其中不乏雅克·德里达（Jacques Derrida）的帮助。

1957年的秋天，她的“老朋友”乔治亲王死于内出血。这桩可笑的婚姻最终持续了五十年。随着时间的推移，他们之间找到了一种平衡的状态，能够温和地相互欣赏。在他葬礼的前夜，她一直守在他的身边，感慨万千：“我希望能够陪伴我唯一的丈夫度过与他的最后一晚……然后我靠在他冰冷的额头上亲吻了他，而不是在他一直抗拒的嘴唇上。”12月4日，亲王在塔托伊（Tatoï）宫的皇家墓穴下葬（距离雅典15千米，位于一片海岸松的阴凉之下），这里是王室的家族墓穴。当她陪伴自己的丈夫来到他最后的归宿之地时，公主也进入了她的76岁。从此以后，陪伴她的就只有孤独了。

尽管年事已高，她却开始了一项新的事业——废除死刑。在20世纪60年代早期，她对美国加利福尼亚州圣昆廷（San Quentin）监狱的卡里尔·切斯曼（Caryl Chessman）的死刑案件产生了极大的热情。这是一个臭名昭著的匪徒，十多年来多次走在通往死刑的路上。他是十几起盗窃案以及一起强奸未遂案的罪犯，被人们看作是一名“具有攻击性的精神病人”。众所周知，他还在洛杉矶附近假扮警察抢劫了一对正在车里亲热的情侣。为了使他得到赦免，玛丽多次组织请愿活动，还请求了多名她认识的知识分子的帮助，比如雷蒙·阿隆（Raymond Aron）、弗朗索瓦·莫里亚克（Francois Mauriac）以及安德烈·莫洛亚（André Maurois）。除此之外，她还给加利福尼亚的州长甚至肯尼迪总统写过信。1960年4月，她在与州长布朗（Brown）会面之前见到了切斯曼。尽管她锲而不舍地抗争，但最终还是失败了。5月2日，罪犯被带到了毒气室并被处决。这场失败深深地影响了玛丽。患病不适的她失望地回到了欧洲，重新逃离到了写作中去。1961年年末，她被邀请至以色列，以感谢她1938年在维也纳对犹太人所做出的支持。第二年夏天，在她准备开始撰写诗人沃尔特·惠特曼（Walt Whitman）的传记时，她突发高烧，并在法国瓦尔省（Var）的“海百合”（Lys de mer）住处开始吐血。她被紧急送到了圣特罗佩的诊所，诊断结果显示她患上了白血病。“我还能看到明年的夏天吗？”她憔悴地对女儿欧仁妮问道。

死亡并没有留给她太多时间，这个从她童年开始就深深吸引着她又让她那么惧怕的死亡。1962年夏天的最后一日——9月21日，她安详地离开了人世。长期以来，精神分析研究让她已经准备好了接受这注定的结局。她在马赛被火化，随后在乔治亲王的墓穴被隐秘埋葬。没有任何宗教仪式，棺材上也没有放十字架。这是她的遗愿。她的儿子——希腊的皮埃尔王子在与一位离婚的俄罗斯女人结婚后，失去了希腊的王室权力。他于1980年逝世，没有留下后代。她的女儿——希腊的欧仁妮公主生下了三个孩子，前两个是与她的第一任丈夫波兰亲王多米尼克·拉齐维尔（Dominique Radziwill）所生，最后一个是与第二任丈夫雷蒙·德拉·托尔塔索（Raymond della Torre e Tasso）所生。此外，她还为自己的曾祖父皮埃尔亲王写下了一本传记，于1963年出版。她在1989年去世，留下的五个孙子都是吕西安的后裔。20世纪70年代，玛丽·波拿巴的文件被存放在了法国国家图书馆。她留下的几个手提箱和柳条箱，全部上锁，在2030年之前都禁止打开。我们或许还没能了解到公主最后的遗言。

第十六章 | 戴高乐主义者路易·拿破仑

还记得，我们的传奇开始于夏尔·波拿巴与路易十六于1779年的短暂会面，一场有意思的面对面交流，有着一定的象征意义。在接下来的十几年里，波拿巴家族全面取代了波旁家族，将法国乃至整个欧洲带入了现代化的世界。而这个传奇则是（暂时地）结束于——某种程度上就像前两个世纪一样——另一次迅速的权力转移。这个转折点出现在1944年，也就是在拿破仑登基的近一个半世纪之后。随着第二次世界大战的结束，波拿巴王朝的继承人在半路遇见了这个世纪的一个伟人——戴高乐将军。很快，普隆－普隆的孙子，也就是热罗姆的后代，同时是受人钦佩的法国抵抗运动成员，自然而然地靠近了自由法国[1]的领袖，靠近了他所代表的思潮——一个法国的思想，一个伟大的思想。这位拿破仑亲王明白自己肩上的责任，他将波拿巴主义政治，甚至是波拿巴主义的王朝埋葬了起来，将它们带入了历史，转身进入了伟大的新世界。假若他固执己见，走上一条错误的道路，他毫无疑问会给他的家族蒙羞。但相反，他出于信念选择了家族名誉与民族的团结，让拿破仑时代的史诗得以受到人们的认可和怀念。尽管这位戴高乐主义者并没有创造历史，但他高尚的姿态也推动了历史的进程，

[1] 自由法国（France Libre）是第二次世界大战期间戴高乐领导的法国反纳粹德国侵略的抵抗组织。——译者注

这亦是值得尊敬的。

第一次见到他时，萨沙·吉特里印象深刻。“这是全世界最英俊的男人。”他如此说道。一米九六的个子，路易·拿破仑（Louis Napoléon）亲王有着和那些专业运动员一样的魅力。他是滑雪冠军，同时也是高水平的登山者。他的话不多，但他待人总是和蔼而周到。面对眼前的情况，他仿佛是一块不可动摇的岩石。他保守的性格同时伴随着端庄与威严。他的冷静不过只是包裹他火热内心的外壳。当第二次世界大战来临时，他决定参与其中。尽管他本可以不掺和进去，但对于一个像他这样刚强的男人而言，在祖国受到威胁之际不走上战场，是完全不可想象的。

1942年11月10日，当盟军在北非登陆以后，自由区受到了德国的控制。人们不再怀疑，一切所谓与希特勒“光荣”的和约都只是一个诱饵。拿破仑亲王憎恨纳粹，几个月以来都想要重新拿起武器战斗。居住在瑞士普朗然的他，决心行进到西班牙边境，随后从另一边穿越地中海。但在与盟军会合之前，他必须得经过法国。12月初，在他忠实的助手德尼奥（Deniau）的陪伴下，他穿过了边境线上带刺的铁丝网。为了避开巡逻兵，他缓慢地走在河床上，以假冒的身份文件进入了法国，没有遇到太多麻烦就来到了图卢兹。他的许多朋友都在那里等待着他，其中包括巴黎市议会主席夏尔·特罗许（Charles Trochu）——在支持了贝当元帅一段时间后，这位热忱的波拿巴主义者，克莱贝尔（Kléber）将军的后代，也想要加入法国抵抗运动。在这些支持亲王的人当中还有帕米耶（Pamiers）的副省长安德烈·德弗耶（André Desfeuilles）。他们一起精心地为他们尊贵的朋友筹划从走私者的密道穿越比利牛斯山。从阿列日省（Ariège）的塞城（Seix）开始，去向西班牙的路途众多，最安全的那条路经过海拔2100米的达萨洛（Salau）山口，据说那里一个德国人也没有。一段漫长的徒步过后，就会到达自由之地——西班牙。宪兵中尉凯勒（Keller）被选为向导。作为一名热情的爱国者，这个男人对所有通向西班牙的山路了然于心，他已经多次成功地带领人们到达目的地。亲王多年的好友，贝当元帅办公室前任副主任罗歇·德塞夫尔（Roger de Saivre）也同样会在这次旅行中。他是一个坚定的民族主义者，仇视德国人，在自由区受到入侵以后，也与维希政府（Régime de Vichy）推动的"国民革命"（Révolution Nationale）[1]撇清了关系。

离开图卢兹以后，亲王和他的助手以及罗歇·德塞夫尔按照计划在圣吉隆（Saint-Girons）停了下来，凯勒正在里厄（Rieu）旅店等着他们。他们刚刚安置下来，酒店的前台就突然被一大群德国士兵侵占了。为了不影响计划的进行，他们不能现身。长时间被关在15号房间里的亲王，终于耐不住性子，下楼去寻找热水。惊慌失措的店主立即跑到他身边用手势示意他回去。"无所谓。"亲王冷静地回答了她，并走向了厨房。夜幕降临以后，这四个人开始准备出发。他们穿上了保暖的衣服和防滑的鞋。外面的一切看起来很平静，但刮起了冰冷的风。几日以来，前行的路上大雪纷飞。12月20日的凌晨，在柔美的月光下，四个偷渡者开始了他们的探险。有些地方积雪的深度超过了一米，不过作为一名有经验的登山者，亲王对此反倒是游刃有余。在松软的雪地里行走，需要十二个小时以上才能到达萨洛港。但就在他们筋疲力尽地走到了终点以后，一个坏消息却在山顶等着他们。从前一夜开始，国境线上就安排了三个德国的守卫。那么现在该怎么办？他们躲避在了岩石后面寻找对策，但马上守卫就要开始第二次巡逻，他们必须尽快折回。

---

[1] "国民革命"为"二战"期间，贝当元帅主导的法国傀儡政府（即维希政府）所倡导的意识形态，主要特点为反对议会制，提倡个人崇拜，促进传统价值观等。——编者注

经过一小段路途后，几个逃亡者在周围找到了一间看起来已经废弃的小木屋藏身。疲惫不堪的他们决定在此过夜。突然，一阵激烈的犬吠打破了雪地里的宁静。小木屋马上就被手电筒照亮。亲王和他的同伴们被德军的巡逻小队包围了起来，他们从山顶上一路追随他们的脚印而来。一切抵抗都是徒劳的。他们一个接一个地被德国士兵们押送到了山谷里。在黑暗中，亲王和同伴们急忙扔掉了他们身上所有的金币——这里还有一个有趣的细节，他们没有一枚印着拿破仑三世头像的金币，所有的图案都是路易的头像；纸币和文件则在德国兵点燃篝火后烧掉了。随后，他们就在12月22到23日的夜里返回了富瓦（Foix）。当亲王向德国指挥官表明自己的身份时，这位德意志的官员相当自豪，不断地向人说道："我抓住了拿破仑！"1月17日，德军控制下的《巴黎报》（*Pariser Zeitung*）大肆取笑了新的"皇帝"在比利牛斯山被捕的故事。他刚被送到弗雷讷（Fresnes）监狱，希特勒就急忙派出一名特使前去与其谈判：以他的自由换取一份支持德国的声明。德意志的元首显然是为了自己阴险的企图想要拉拢一位拿破仑家族的人。亲王毫不犹豫地一口拒绝了他所有的要求。帝国的鹰徽是绝不能与纳粹的十字掺和在一起的。

在十字路口

路易·拿破仑亲王诞生于三十年前的比利时，第一次世界大战的前夕，1914年的1月23日。在喜事到来之前，分娩的过程艰苦而漫长。临产迫使他的母亲克莱芒蒂娜（Clémentine）卧床数周。但当人们得知是个男孩时，这份痛苦很快就被喜悦冲淡了。皇室终于有了一个继承人。是该有个王子了，因为他的父亲维克托亲王已经年过半百，而他的夫人也超过40岁了。

两年前，玛丽－克洛蒂尔德（Marie-Clotilde）公主的降生，用她母亲的话来说就是一种“痛苦的失望”。1914年1月23日，克莱芒蒂娜的脸上终于露出了微笑。“上帝是多么仁慈，赐予了我们幸福！”她不断地重复着。波拿巴党的小报对此事表示了祝贺，并为孩子的出生制作了不少的照片和版画的纪念品，还有一首童谣《小小流放者》（*Le Petit Proscrit*）也获得了广泛的欢迎。在奥尔唐斯王后作曲的《向叙利亚进发》（*Partant pour la Syrie*）的旋律上，国民歌曲创作家安托南·路易（Antonin Louis）创作了《奥弗涅的小士兵》（*Pioupious d'Auvergne*），于是巴黎人民又开始哼唱这首曲子。在战争前的几个月里，这些爱国的歌曲无不激荡着人们兴奋的灵魂。不仅如此，第一帝国的百年纪念活动也在如火如荼的开展之中。几场游行活动吸引了众多观众。在今天聚集了无数热爱帝国史诗之人的拿破仑历史研究会，诞生于1912年。当时，路易·拿破仑出生后，在研究期刊《拿破仑研究》（*Revue des études napoléoniennes*）上被报道。在那段时间里，对此事的专题报道和研究在餐桌上或是书店里都随处可见。

波拿巴家族的民众支持让他们的拥护者对他们重回政坛满怀希望，但希望最终依然会落空。第二帝国时期还没有过去太久，而法国正在为战争做准备，支持波拿巴回归的人已经没有那么多了。此外，自1886年的流放法颁布以来，任何一个王位觊觎者都不能踏上法兰西的土地。而这项条例自然对新生的波拿巴王子也是有效的。他的洗礼仪式召集了那些自信的波拿巴主义者，其中，历史学家弗雷德里克·马松也和其他成千上万的人一样报名前来，只为给小王子送上一份贺礼。1914年5月23日这天，孩子收到了一个精美的水晶十字架，上面镶嵌着一只纯金雕刻的鹰。根据传统，人们要给可爱的婴儿穿上罗马王的洗礼礼服。在布鲁塞尔的路易丝

（Louise）大道上，教堂外的人挤得水泄不通，只为听到神父为他举行的圣礼。在那些穿着盛装的人当中，不少人都梦想着王朝的复兴，或是温和一点儿地希望这个显赫的家族能够回到法国。但这个愿望似乎相当遥远。刚刚受洗完的王子会被他母亲的家庭——比利时王室抚养，所以他很有可能会选择他的领养国作为今后追求事业的地方，甚至是让家族在那里变得繁荣兴旺。这个孩子正处于一个十字路口，波拿巴家族会一直依附法国吗？小王子的选择将会影响他整个家族的未来。

在他洗礼仪式的几周之后，枪炮声就响彻了整个欧洲。第一次世界范围内的冲突开始了，比利时也马上就受到了德军的威胁。维克托亲王自愿申请服役，但他的请求却被礼貌地拒绝了。应欧仁妮皇后的邀请，亲王夫妇同意了去英国避难。尽管皇后已有88岁高龄，勇敢的她还是为这对夫妇安排了自己在法恩伯勒山（Farnborough Hill）的住所以迎接他们。这是她在1880年购置的一座小城堡。小王子将在此度过他人生中的前五年。这个饱含历史的地方如今变成了一个真正的避难所，两个帝国的记忆在此交织，制服、家具、书籍和油画都让人回忆起家族的荣耀。在战争中，欧仁妮专门腾出城堡的一边用来接待战场上的伤员，这无疑打乱了整个屋子日常的宁静。但无论如何，她给了身边的人无可挑剔的庇护，更不用说她的家人了。在她严厉的管教下，路易·拿破仑在此开始学习作为王子的礼仪和职责。尽管战争在1918年11月11日就结束了，但1919年8月维克托亲王才返回比利时。他不相信（未来也印证了他的猜想）《凡尔赛条约》的效力，他确信战争很快就会重新打响。

尽管如此，在1919年夏天，他还是带着家人回到了他们在布鲁塞尔路易丝大道的家，这座房屋居然神奇地在战火中保存了下来。不过，他们在内穆尔（Nemours）附近的龙尚（Ronchinne）城堡却已被毁灭。它的重建工作在后来的几年里耗费了维克托亲王全部的精力以及大部分的财力。尽管他的夫人克莱芒蒂娜依然赞同波拿巴主义，但他仿佛已经放弃了对于国家的打算。相反，他对自己家族的历史十分着迷。他在路易丝大道上创立了一个真正的私人博物馆，珍藏着过去几代人所有的遗产，有时他甚至不加区分地购买那些人售卖给他的文物。他的儿子——路易·拿破仑就在这样的环境下长大，他的身边满是拿破仑一世的礼服，他的双角帽，由金匠比耶奈（Biennais）雕琢的箱子，当然还有那些富丽堂皇的装饰。在另一个橱窗里，则摆放着罗马王的纪念物。每一面墙上的头盔、护甲、标枪和军刀都让他了解到第一帝国的辉煌。与其掺和到政治中去，维克托亲王更希望花时间在他家族的历史上。在他眼里，致力于维护两个帝国的珍贵回忆是他的首要任务。要补充的是，此时在议会无谓的争吵中，波拿巴党的表达权已经受到削减，他相信自己的任何尝试都会进一步地增添混乱，因此他放弃了所有个人的雄心壮志。除此以外，他也不想在这个国家正面临着严重危难之时，鲁莽冒险，伤害自己的国家。自此之后，波拿巴家族将表现得关切而审慎、爱国而现实、事必躬亲而公正无私。他的儿子也会记住这一课。

对于他的学业，维克托亲王认为应该让小王子融入同龄人当中去。因此，他被送入了一所公立学校，路易·拿破仑就像其他学生一样，在这里度过了童年时期。这段初次的学校生活或许教会了他谦逊，这是作为王子殿下的第一美德。而一旦回到自己家，除了额外的军事、艺术课程之外，他的母亲还在教他各种谈话的规则与技巧。她常常严厉地把儿子或是女儿玛丽－克洛蒂尔德叫到跟前，并根据惯例礼仪模仿沙龙中的对话。两个年轻的孩子穿着晚礼服，坐在想象中的人群里，为课程的需要扮演着这个社会上形形色色的人物角色——神父、亲王、政治家或是君主。克莱芒蒂娜一个接一个地询问着两个天真无邪的孩子，期待他们给出正确合适的答案。假如回答不对问题，他们颤抖的小手就要受到两下棍子的敲打。他们母亲的严格要求也让姐弟之间自然而然地产生了亲密无间、互相支持的关系。

当玛丽－克洛蒂尔德受到母亲管制时，比如说被剥夺吃甜点的权利时，路易·拿破仑想到了一个给姐姐提供补给的方法。姐姐用他偷来的一根绳子，沿着龙尚城堡的墙面将自己的一只皮鞋放下来，让几层楼下面的路易替她装满违禁的糖果。可以想象到两个孩子设法偷偷避开母亲的禁令时脸上狡黠的笑容。但他们的诡计很快就被揭穿了。一天下午，当克莱芒蒂娜惊愕地看到这只移动的走私鞋时，她拿走了它。两个叛逆分子受到了责罚，不得不结束了他们天真的游戏。尽管母亲十分严厉，但远非所谓的“蛇蝎母亲”，即埃尔韦·巴赞（Hervé Bazin）的自传体小说《毒蛇在握》（*Vipère au poing*）中那位可怕的母亲。她深深地爱着自己的两个孩子，就像爱自己的丈夫一样。她的刻板只有一个目的，就是让孩子们为自己身份所带来的职责做好准备。而和颜悦色的维克托亲王则对孩子的顽皮十分宽容。这个小小的家庭显现着某种和谐，只是这种和谐很快就被父亲的离世打破了。对于还只有12岁的路易·拿破仑来说，这场打击是难以接受的。尽管如此，他却几乎什么也没有表露出来。突然被推到了家族的第一位列上，吸引着所有人目光的他，必须控制好他的悲痛。在这个同龄人还在玩弹珠和小兵的年龄，他已经成了波拿巴亲王，皇室的首领。这样一种情况，怎么可能不过早地培养出他的责任感？他所继承的遗产对他年轻而脆弱的肩膀来说是那么沉重。尽管有母亲在身边，但他从此以后只能孤身一人立于整个家族之上。孤单会成为他讨厌却忠诚的同伴之一。他的晋升是发生在这样的一种悲伤和痛苦之中。那么，他会成为波拿巴主义者所期待的王位觊觎者吗？

为法国服役

1927年，路易·拿破仑偷偷来到了法国，在布瓦耶（Boyer）将军的陪同下参观了凡尔登战场。尽管他在政治上的影响力日益减弱，但波拿巴党还是热忱地希望年轻的亲王有一天能够举起火炬开始行动。另外，克莱芒蒂娜也热切地希望儿子能够登上政治舞台。但这些人的希望很快就会落空。亲王讨厌政治，以及其中那些不可避免的阴谋。不仅如此，当克什兰－施瓦茨（Koechlin-Schwartz）带领“号召人民党”危险地接近那些极右政党时，路易·拿破仑在第一时间决定谨慎行事。1935年1月23日，他对外发声，希望他的名字“成为致力于法国传统荣耀与国家繁荣昌盛的忠实力量的标志”。尽管在这份宣言中他向人们展现了“拿破仑式民主”的前景，但他保证绝不会“给法国人民增加经济上的烦恼与焦虑”。随后，为了避免一切极右政党恢复势力，他在1936年的选举之前宣布退出政界。事实上，他也从未真正进入过这个团体。两年后，他还放弃了王位觊觎者的身份，他认为“我们应遵循的政策与现任政府的政策及原则没有区别”。面对威胁祖国的危险，他积极拥护着民族的团结。

当希特勒威胁着波兰时，他宣布解散一切波拿巴主义者的党派、团体、协会以及媒体。1939年11月1日，“号召人民党”的最后一份党报是这样总结的：“应拿破仑亲王的意愿，我们围绕着旗帜聚集起来，避免一切无用的批判，为了祖国与领导者对我们的信任坚持到底。”拒绝一切极端主义不但使路易·拿破仑亲王得到了敬重，还使得波拿巴家族口碑变好。尽管年纪轻轻又经验不足，他却保持着清醒的头脑，从不将民族主义与狂热主义混为一谈。他从一开始就讨厌极权主义，无论是希特勒式的还是墨索里尼式的。这并非一个容易的选择，他本可以走上另一条路。纳粹的命令引诱了无数杰出人才，其中也包括了支持着拿破仑家族政治事业的“号召人民党”内的人。因此，此时的他们非但没有与20世纪最糟糕的政权之一作斗争，反而对路易·拿破仑亲王产生了一种直白的敌意。没有人可以让他偏离自己的道路。“这个男人基本上不受任何人的影响。”他的妻子回忆道。他一心只想忠诚地为祖国效力，丝毫不考虑任何个人的抱负。但根据流放法，法国此时还不能接受他。只要一日不在这片他心中高于一切的土地上，回到祖国就将一直是他的人生目标。“没有被流放过的人是无法想象这种打击之沉重的。”他说。

1939年年初，内阁总理爱德华·达拉第（Édouard Daladier）在办公室内收到了一封正式签名的信函，一封来自拿破仑亲王的信。在信中，他请求主席允许他在法国军队中服兵役。“我希望您能够同意，因为我是如此渴望能够全力以赴地为祖国效力。”对于路易·拿破仑的热情，达拉第却以伤人的沉默回复了他，战争仿佛已经不可避免了。皇室的首领没有气馁，他重新拿起了笔，越发坚定地宣布愿意化名服役，以避免为自己的名字做宣传。他入伍的志愿并非政治行动，而是一种纯粹的爱国行为。然而，在普朗然的他依然没有等到任何一封来自共和国的信件。达拉第对他的请求充耳不闻，他只好把对象转向了共和国的总统阿尔贝·勒布伦（Albert Lebrun），请求他的接见。但这也无济于事。9月，当这场“奇怪的战争”刚刚开始，他终于收到了达拉第的来信。信中生硬冷淡的文字说道：“我对您的来信以及您参军的意愿十分感动。但不幸的是，法律不允许通过您的请求。”他深深地感到失望，随后又请求加入英国皇家海军。就像六十年前的皇太子一样，他希望加入一个英国的团体，但英国的情况却不比法国的好到哪里去。就像1914年一样，没有人希望看到波拿巴家族参与到这场冲突中去。

但是，这个26岁青年的顽固让他不会止步于此。渐渐地，他与法国情报部门建立了联系，并为其提供了一些帮助。被他的忠心感染，指挥官富尔肖（Fourchot）甚至把他安排到了自己的间谍队伍中去。然而，尽管他在为法国效力，但在瑞士做一名情报人员并不能使他满意。他希望能够行动起来，而且要穿上法国的制服。为了规避禁令，他决定以一个伪造的身份入伍。在乔治（Georges）船长的帮助下，他在1940年3月初秘密越过边境，随后慢慢前进来到了位于法国安省（Ain）栋布（Dombes）高原附近的萨托内（Sathonay）军营——由第二帝国时期的卡斯特拉内（Castellane）元帅建立的营地。这里驻扎着的外国军团就是路易·拿破仑要去的地方。1940年3月18日，军团的招募军官看到一个接近两米的巨人向他走来。他说他叫路易·布朗夏尔（Louis Blanchard），是瑞士人。听他表明自己身份之后，军官撇了撇嘴。他揭露过不少试图以虚假身份来掩盖不光彩的过去的人。而这个叫作布朗夏尔的巨人看起来就十分可疑。他或许是一个逃兵？于是军官命令他出示自己的身份证件。然而路易·拿破仑身上只有他比利时的外交护照。经过搜身之后，军官惊讶地发现，这个人居然是拿破仑亲王。他会被送回瑞士吗？

招募军官并没有急着赶走他，而是向他的上级请示。指挥部居然直接将此事告诉了达拉第。在训练营的营房内等待了几天以后，亲王终于收到了回复。令人高兴的是，这个回答是肯定的。面对他的一再坚持，达拉第终于让步了。不过，内阁总理却对他入伍一事提出了两个条件：一是他必须在任何场合都要保持匿名；二是他不会得到任何晋升。欣喜若狂的路易·拿破仑马上就接受了达拉第的要求，激动地穿上了军需处分发给他的黄绿色呢子大衣。1940年3月29日，他背上包出发前往阿尔及利亚的奥兰（Oran）。从西迪贝勒阿巴斯（Sidi Bel Abbes）到塞伊达（Saïda）之间的军事训练艰苦而漫长。“一、二、三，出击！”教官们诲人不倦地向拿着刺刀的年轻新兵们重复着。他们其中的一个人，军士长圣蒂尼（Santini）一遍遍地说着：“一百五十年前，世界上最伟大的军事天才是科西嘉人，现在就由我来代替他，我会命令你们行进，就像他命令他的近卫兵一样！”可以想象作为皇室首领的路易·拿破仑听到这些话后的窃笑。武器的运用、剑术的训练、近身格斗乃至削土豆的差事，隐姓埋名的路易·拿破仑与其他新兵同吃同住、同力同行。但他什么时候才能真正地走上前线呢？

军队中正在组织一支前往挪威纳尔维克（Narvik）的远征队。亲王递交了自己的申请，但马上就收到了他的上级的拒绝。如果他穿着法国的制服不慎牺牲，那么政府必然会受到责问。为了避免任何形式的政治问题，人们更愿意让他留在部队中，他的军帽必须是完好无损的。在1940年5到6月的战败后，随着停战协定的签订，他的兵役也就此结束了。在他的上级面前，他假装愿意乖乖地回到普朗然的住所去，但实际上他已下决心要在隐姓埋名中战斗到底。在马赛，他恢复了与情报局的联系，但被监视的他憎恨维希政权，一直打算前往伦敦以加入自由法国。从一开始，他就不认同贝当元帅鼓吹的“国民革命”的思想，他反对他们失败主义的氛围，并认为战斗是可以继续的。不仅如此，与昔日的敌人联手对他来说是一种侮辱，是与荣誉背道而驰的。对于他这样一位拿破仑家族的人来说，绝无妥协的可能。带着反叛的思想，他在1940年年末回到了普朗然。一回到家，他就收到了一份请他前往巴黎参加艾格隆遗体归还仪式的邀请。他坚决拒绝了这场虚伪而阴郁的假面舞会。一想到自己的先辈在穿着铜绿色制服的人的护送下回归的场景，他就无比地反感。在情报局的帕西（Passy）上校那里，他得到了一些关于伦敦和法国抵抗运动的消息，甚至还在法国参与了几次秘密行动，只可惜几乎没有被任何人了解到。他还致力于说服身边的朋友离开维希政府。在那些受到他影响的人当中，就有元帅的办公室副主任罗歇·德塞夫尔，也就是在比利牛斯山脉与他共同冒险的人。

抵抗运动

在比利牛斯山被抓捕之后，亲王被送到了波尔多哈堡（fort du Hâ）的民事监狱。他被关在牢房中，忍受着严寒。直到第二天，也就是12月24日，等待着他的是一个接一个让人精疲力竭的审讯。路易·拿破仑和他的同伴们陷入了危难。德国人威胁要处决罗歇·德塞夫尔。该如何应对他们？所有人都异口同声地说他们只是去比利牛斯山游玩。这个解释让人难以信服，不过所幸一切有嫌疑的随身物件已经被烧毁。监狱里挤满了被关押起来的政治犯，他们被腰带抽打着前进。亲王的牢房，就在前任部长乔治·曼德尔（Georges Mandel）的旁边，那里从早到晚都亮着灯。尽管受尽羞辱，路易·拿破仑却不受影响。他的狱卒们无论怎么凌辱他，都没能从他身上得到任何东西。而且让守卫们惊讶的是，他为了让自己保持精神，一直疯狂地用一个瓶子的底部不停清扫着牢房的地板。1943年1月21日，德国指挥部决定将他转移到巴黎。他第一次正式进入首都，竟是在一个篷布盖着的面包车内，从奥斯特利茨火车站被送往福煦（Foch）大道上的盖世太保总部。在又一轮审问后，他被送去了弗雷讷，在那里，他在铁笼中蹲着等待了数小时，随后被关进了他不幸的同伴们所在的牢房里，像他们一样穿上了囚服。但他的那件是不合身的，袖子只到手肘，裤子则只到膝盖。就是在这种不可思议的着装中，他与同伴们一起度过了自己的29岁。这座监狱的指挥官吉泽黑赫（Giselherre）恰好是一位拿破仑帝国史诗的崇拜者，每当他用他那德国口音说出“伟大的拿破仑”时，都会情不自禁地做出立正的姿势，让靴子在地上发出啪嗒啪嗒的响声，仿佛是在游行中一样。他热情地同意为他尊敬的“皇帝”改善一下生活环境。于是路易·拿破仑在弗雷讷的囚禁便没有持续太久，几日后他就被转移到了讷伊（Neuilly）一座豪华的别墅中，这里待过一些著名的囚犯，比如前任总统阿尔贝·勒布伦以及安德烈·弗朗索瓦－蓬赛（André François-Poncet）。他们到底想从他这里得到什么？

刚一入住，就有一位好奇人士来访，他就是党卫队高级突击队（Hauptsturmführer，capitaine SS）队长罗兰·诺塞克（Roland Nosek）。他优雅聪明，是纳粹在巴黎的情报局领导之一，经常出于喜好而非需要光顾名流贵族们的社交场合。他被指定前来接近“皇帝”。就像恶魔的诱惑一般，SS党卫队向亲王展示了他与纳粹德国联合可以得到的所有好处。元首以为反英或是反俄的口吻可以拉拢路易·拿破仑，而实际上，愤怒的路易·拿破仑粗暴地表示了拒绝。“你们占领了法国，你们和你们的盟国还要得到科西嘉岛、尼斯和萨瓦，而且阿尔萨斯（Alsace）和洛林也成了德国的领土，我怎么能苟同你们的政策？即使我愿意，我的追随者也不会继续信任我。我是法国人，我爱我的祖国。要么让我被关押在德国的集中营，要么在法国释放我，没有任何条件或让步，而且要和我的同伴们一起。”路易·拿破仑宁愿被关在纳粹的集中营，也不愿意与他的狱卒妥协。他的勇气让诺塞克惊讶不已，于是没有再坚持下去。但怎么处置这位“皇帝”呢？押送到集中营在政治上是不妥的。希特勒于是决定“释放”他与他的同伴，将他们在巴黎软禁起来。虽然窗户上不再有铁栏杆，但是亲王依然不能自由地行动。

这段并非免费的停留实际上是个陷阱。最终，纳粹在政治宣传中从未忘记提到他们对皇室首领的尊重。1943年11月，路易悄悄避开守卫，逃出了他金色的牢狱。几周以来，他一直在以雷诺（Renaud）或米勒（Muller）的化名为法国情报局工作，并招募了几名军官、士官、歼击兵，其中包括少尉缪拉亲王以及让·雷耶（Jean Reille）上尉，他们在安德尔（Indre）组成了一支游击队。他还在法国北部以及比利时完成了几项秘密任务。加入法国抵抗组织以后，他又参与了第17号步兵歼击队的组建。完成了招募的工作以后，他就前往沙托鲁（Châteauroux）附近的安德尔省，参与到了武装斗争中。终于迎来了真正上战场的时刻。他加入了让·科斯塔·德博勒加尔（Jean Costa de Beauregard）——人称卡罗尔（Carol）指挥的第17号骑兵队。鉴于他在抵抗组织中所做出的贡献，他本可以争取到上尉的级别。但他坚持要做一个普通的士兵。他的谦逊让他获得了一个新的名字，人们从此称他为“路易·莫尼耶”（Louis Monnier）。

1944年6月6日，诺曼底的登陆打响了正式反击的第一枪。卡罗尔猛烈进攻，设置公路路障，破坏铁路，并增加了埋伏的兵力。塔格里希贝克（Täglishbeck）上尉面对重重挑战，将1万的兵力从法国中西部带到了德国边境。此时晋升为中士的亲王承担了所有的风险。他身边最好的朋友之一——缪拉亲王在一次联络任务中失踪了。在盟军激烈的进攻和抵抗组织的骚扰下，德军依然不屈不挠地防守，每一次接触都是前所未有地的猛烈。夏尔·马特尔（Charles Martel）上校手下的士兵给敌方造成了严重的损失：800

人死亡，1508人受伤，208人被俘，110辆汽车和14门大炮被收缴。而法国的营队则“只有”75人死亡，63人受伤。1944年8月28日，亲王的营队在所防守的区域中发现了多个敌方军队的存在。路易・拿破仑被派出核实敌情。尽管敌人看起来并不在交通干线上，但密集的枪声显示其就在附近。路易・拿破仑回到指挥部报告后，就接到了命令坐上一辆前往沙托鲁的美国卡车。就像以前无数次一样，他要执行一项寻常的联络任务。这辆画着白色星星的卡车还载着一支刚刚成功完成高风险排雷任务的小队。在这辆重型卡车以轻快的速度行驶之时，车上在这些勇敢的抵抗人士之间的气氛显得相当活泼。解放看起来近在眼前了。法国抵抗战士的胜利将在不久之后实现。

就在前往安德尔的路途上，这辆卡车突然受到一阵猛烈的枪林弹雨的攻击。攻击来自德军为掩护一支军队撤退所设置的拦截。几架机关枪和47毫米的炮筒瞄准了这辆卡车。子弹不断地掠过卡车的顶部。在猛烈的攻击下，车停了下来，并着了火。亲王随即跳到了沟渠里。在他的周围，炮火愈演愈烈。他呼唤着自己的同伴，却没有得到任何回答。另外三名抵抗战士就在他的不远处，已经牺牲。只有路易・拿破仑还没有受伤，但他远未脱离危险。如果被捉住，那么他就一定会被送往行刑队。他看到了不远处的一片丛林，意识到跑到丛林里是活下来的唯一可能。但他与树林之间距离有800米。于是，他突然跳出壕沟，奋不顾身地冲了过去。在距离森林边缘300米时，他弯着腰以躲避子弹。敌人的炮火一开始攻击，他便匍匐前进。他的身边是一片混乱，破碎的树枝、被子弹撕裂的树干。两匹马就在距离他几米的位置倒下。他气喘吁吁，终于爬到了树林里，拖着被烧伤的肩膀和被炮弹弹片划伤的腿，他拼尽全力回到了指挥部，告知他们德军抵抗点的位置。就如同他的先辈一样，勇敢的他刚刚与死亡擦肩而过。

莫尼耶中士虽然幸免于难，但还是在沙托鲁的医院治疗了几周。在这次休养之后，他不顾一切地要回到军队里，但这一次他打算进入常规军。10月23日，他被在比尔阿克姆（Bir Hakeim）一战获胜的英雄将领柯尼希（Koenig）接见。对于亲王，柯尼希留下了这样的评价："我此前从未见过亲王，就像萨托内军营的招募官在1940年接待志愿兵布朗夏尔时一样，我被这个游击队的大高个儿吓了一跳。他生性优雅，说话缓慢而平静。亲王还向我讲述了他多次尝试加入战斗的事情。他锲而不舍地祈求，希望自己能够在战争结束之前，穿上一身普通法国军官的军装再次加入战斗。"但只要流亡法还在生效，将军就只能抱歉地告诉他无法接受他的请求。在他们的会面之后，路易·拿破仑还主动求见了戴高乐将军。就像柯尼希所希望的那样，当时的政府首脑戴高乐欣然同意了将莫尼耶中士分派到阿尔卑斯山地精锐步兵队，并提升他为中尉。他甚至允许他使用蒙福尔的名字，这是热罗姆和普隆－普隆在流放期间的曾用名。从伤病中一恢复过来，他就被派到圣纳泽尔（Saint Nazaire）以削弱德军的抵抗力量。

10月29日，他与戴高乐将军相见。两个英勇的名字终于拼凑在了一起。这是一次短暂的谈话，但双方之间充满了极大的尊重。这位年轻的抵抗队员对见到自由法国的领袖激动万分，而醉心于法兰西历史的戴高乐面对这位亲王——波拿巴家族的首领，当然也无法保持无动于衷。11月27日，亲王获得了法兰西英勇十字勋章，1946年2月，他又从贝图阿尔（Béthouart）将军手中接过了法国荣誉军团勋章。他是波拿巴家族中第一位以功绩而非地位获得荣誉嘉奖之人。他的勋章背后与之相称的英勇作为和他卓越的身世背景造就了这个荣誉的伟大。德国投降以后，阿尔卑斯山地步兵队在高山上的学校里停留了一段时间，1946年11月30日，他复员了。拿破仑亲王终于重新成为法国人了吗？尽管他的英雄壮举尽人皆知，但他仍然需要等待，甚至必须在秘密中举行自己的婚礼。

最终的回归

结束了与路易·拿破仑的会面以后，戴高乐就向柯尼希表示了他对亲王婚姻问题的担心。“他需要结婚，他需要结婚！”将军不停地重复道。对于这位十分看重法国传统的人来说，皇室首领需要有一个后代。1949年的春天，一位名叫阿利克斯·德福雷斯塔（Alix de Foresta）的年轻女士——一个定居在普罗旺斯的古老的意大利家族之女，将改变他的一生。“我走进了沙龙，他背对着我，正审视着一件房间里的装饰艺术品。他漫不经心地转过身来，却让我感到十分熟悉。我们的目光在此相遇，随后我们开始了一场轻松自在且快乐的谈话……”这场与拿破仑亲王的谈话一直持续了四十八年。对于爱国的路易·拿破仑来说，娶一位法国女人是理所当然的。而且，在与时任政府首脑的谈话过后，他相信自己很快就能回归法国。那么，有什么比一场与法国女孩的婚礼更好的方式来庆祝他的回归呢？他希望自己能够在荣军院圣路易教堂举行婚礼，但负责战争事务的国务部长冷漠地拒绝了他这个不合适的要求。戴高乐听到消息以后，对亲王表示了祝贺，并“为崇高的国家和历史缘由”而欢欣鼓舞。他以“殿下”尊称亲王，他表示对亲王有着极高的尊崇。将军在用词上十分讲究，因此人们常以此衡量他对人的态度。但自从1946年他离职以后，他无法给予亲王任何帮助。共和国总统樊尚·奥里奥尔（Vincent Auriol）最终同意了他在法国举办婚礼，但必须保持“极度隐秘”。于是，婚礼就定在安茹（Anjou）大区的利尼埃布通（Lisnières-Bouton）小镇举办。1949年8月16日，拿破仑亲王与阿利克斯·德福雷斯塔秘密举行了婚礼。在柯尼希将军的见证下，他们交换了戒指。流亡法的规定到此依然没有结束。路易·拿破仑此时虽然能够自由穿行法国，但只能在使用假身份的情况下。他的隐姓埋名，实在是对不起他为这个国家所付出的忠心。

1950年3月16日，21时已过，国民议会的第112次会议在热尔梅娜·普安索－沙皮伊（Germaine Poinso-Chapuis）——马赛人民共和运动的议员，法国历史上第一位女性部长以及第一位女性国民议会副主席（她两次当选这个职位）——的主持下正准备继续辩论。由于议程繁重，会议将会一直持续到清晨。议程中的第四点，是于坦－德格雷（Hutin-Desgrées）议员有关法兰西历任王朝家庭成员的提案。终于，回归对于流放中的亲王有了希望，拿破仑亲王将成为巴黎伯爵。法律传达员贝特朗·肖塔尔（Bertrand Chautard）是第一个宣布这个消息的人。在法庭上，他热情洋溢地重申着这位波拿巴在法国的军事生涯，并这样总结道："这就是在流放中，敢于无视规则，打破这项临时的残酷法律的男人。"当这项法律在1883年得到通过时，出于对王朝帝制复兴的忧虑，至少是正当的。但在近七十年过去以后，共和国不再受任何王位觊觎者的威胁，保皇主义的波拿巴党的政治面貌也几近消失，流亡法已经没有任何存在的必要了。

然而，在共产党的阵营里，人们坚决反对这项法律的废除。年轻的议员让·图雅（Jean Toujas），曾任教师，并是坚定的抵抗主义者。他认为这项提案是"反动"的。他对于共和党的疑虑不亚于对拿破仑亲王的——人们在讨论中以波拿巴亲王代称，就仿佛"拿破仑亲王"的名字依然让人们战栗一样。对这项提案的讨论很快就转移到了中间派和共产党人之间的问题上。前者对后者的革命热情提出质疑，而后者又指责前者压迫工人阶级——一些严重的罢工活动受到了压制。莫里斯·舒曼（Maurice Schumann）提醒共产党人，他们当中的一些人反对继续维持流亡法，因为他们认为共和国不惧怕任何人。这个高大的欧洲人尖锐的观点，无法打动半圆议会厅的左半区[1]。图雅则再次发言解释，如果法国想要保持强大，那么共和国就必须保持这项限令。在最终的一轮辩论后，议会进行了投票。结果是显而易见的。在总共499名投票人里，314人选择赞同废除1886年6月22日的流亡法，而179人投票反对。毫无意外，共产党中除了三名议员以外全部选择反对，部分右派的社会主义者选择赞同。这天夜里，拿破仑亲王的流放生活正式结束了。值得他自豪的是，他的兵役的确促进了他的回归。如果在几年前，他选择了另一条路，比如与纳粹妥协，那么议会就不一定如此赞同他回归法国了。在投票结果出来的几周以后，阿利克斯王妃在1950年10月19日生下了一对双胞胎：夏尔·拿破仑（Charles Napoléon）和卡特琳·拿破仑（Catherine Napoléon）。此后她又生下了两个孩子：1952年的洛尔·拿破仑（Laure Napoléon）和1957年的热罗姆·拿破仑（Jérôme Napoléon）。他们都在法国出生，波拿巴家族终于得以延续下去。

在他的家庭逐渐壮大起来的时候，亲王的目光转向了非洲。身着军团的军装，他爱上了这片大陆，他为沙漠的美丽所着迷，又为广阔的大地所吸引。在双胞胎儿女出生以后，他立即带着年轻的妻子踏上了长长的旅途，穿过了比属刚果的大草原。这场史诗一般的旅行中，也包含了不少波折。成千上万公里的小路在脚下被疯狂地吞没。作为经验丰富的领队，路

[1] 半圆议会厅指法国国民议会的会议大厅。根据法国政治习俗，左翼代表坐在大厅的左半区。——编者注

易·拿破仑在这满是陷阱的艰险之路上游刃有余。一天夜里，他的汽车引擎在长时间的工作以后停在了大荒野中。视线所及之处杳无人烟，这对夫妇便睡在了一片美丽的星空之下等待着第二天的到来。在这片未经开垦的大自然中，亲王前所未有地开心。尽管这场冒险并没有令他不悦，但他此行并非为了在尘土飞扬的道路上驾车飞驰，而是为了帮助非洲大陆发展繁荣。因此，他与妻子将多次往来非洲。他利用他在自己管理的大公司中的影响力，促进了非洲的农场建立和农作物的种植。每一次，他都在经济发展的同时，也确保扶持一些社会和教育方面的项目。在他的推动下，这片曾经荒废的区域里建立起了许多社会中心以及学校。凭借他明智的建议，当地的牲畜育养者在他的帮助下建立起了合作社，并创建了属于他们自己的分销网络。然而，他在非洲大陆上的行动依然保持着谨慎。他是一个低调的人。对于路易·拿破仑来说，为一项事业服务的价值远远超过了自己的人物地位的价值。

20世纪60年代，阿尔及利亚的事件让他心痛不已。在这场痛苦的战争中，拿破仑亲王一直亲切地对待那些被派来维持秩序的士兵。从比属刚果回来以后，他有时会在西迪贝勒阿巴斯稍作停留，每一次军团都会高兴地接待他。当军歌响起，他也多次端庄而自豪地审阅这些头戴白色军帽的士兵。在其中一次访问中，发生了一起惨剧：1959年4月，当王妃检阅第13龙骑士伞兵团时——她是“皇家龙骑士”兵团的教母——一辆吉普车轧到了地雷。震惊之余，她马上冲上前去救助了不幸的伤员。不久之后，阿尔及利亚独立。与撒哈拉的分别对亲王来说是痛苦的。当这片沙漠不再属于法国，他依然计划投资发展当地的油田。但他永远无法在他梦寐以求的大地上干出一番伟业了，这让他的内心十分苦涩。

但另一项任务正等待着他，一项更重要的任务。从20世纪60年代中期开始，在国家元首戴高乐将军的支持下，人们正在为1969年8月15日拿破仑二百周年诞辰做准备。二十年前，亲王也曾来到荣军院以感受他显赫的家族历史。他几乎继承了波拿巴家所有的收藏，但他希望这些藏品能够尽快被展现给公众。十五年来，在他的支持下，几乎每年都有著名的展览举办。他的其中一部分藏品为他永久珍藏，大部分位于马尔曼松。在二百周年诞辰之际，皇室的首领以及他的妻子将他们在普朗然的住所几乎完全清空，以准备1969年的两场以拿破仑一世的出生为主题的展览。第一场展览在巴黎大皇宫举行，第二场则在国家档案馆。可以想象到策展人在收到那些从瑞士远道而来的珍贵展品时，该有多么兴奋。

1969年8月15日，在阿雅克肖，热罗姆的后代在机场的停机坪上迎接共和国的总统乔治・蓬皮杜（Georges Pompidou）[1]以及总理米歇尔・德勃雷（Michel Debré）。他们从飞机上下来后受到了拿破仑亲王的问候。这是一种怎样的象征意义啊！在极高的层面上，国家为他的历史而自豪！

在共和国总统发表演讲以后，在波拿巴的故乡，组织起了无数大大小小的庆祝活动，成千上万的人都专程为此前来。蓬皮杜与米歇尔・德勃雷一整天都微笑着陪伴亲王。对于亲王来讲，这三十年来，从黑暗到光明，他走了一条怎样的路啊！在第二次世界大战的前夕，还记得当时的共和国总统和内阁总理在多次拖延以后，才“终于”接受了他的服役，并且是要求在他隐姓埋名的前提下。三十年过去了，在1969年8月这个炎热的早晨，他的身影清楚地显现在这片天蓝色的背景之下，他终于可以为自己所走过

[1] 在1969年4月的全民公投中失败以后，戴高乐将军辞去共和国总统一职。因此没能参加1969年的庆典。

的路而自豪。是他，让家族的历史与国家的历史辉煌地交融在了一起。

亲王从不把自己看作一个王位觊觎者。他的放弃是他成功的关键。他很早就明白了自己肩上的历史任务。对于波拿巴家族来说，历史的一刻已经来临。他看到了这一点，始终倡导着爱国与团结，宁愿退出权力争夺而非给国家增加分歧。在为国家战斗后，他成了一名国家文化遗产的坚定守护者。在70年代，他曾与国家商讨关于帝国的文物珍藏的存放。三个地点最终被选定：约瑟芬的马尔曼松城堡代表第一执政时期；枫丹白露宫代表第一帝国时期；贡比涅的城堡代表第二帝国时期。直到今天，这些地点依然大受欢迎。此外，1978年，亲王还将家族中的所有文件捐献给了国家档案馆。它们一起组成了历史学家们津津乐道的著名的400AP系列档案。路易·拿破仑亲王所做出的贡献是巨大的。他拒绝做无用之人，他谨慎、憎恨分歧，是一个实干家，一个波拿巴家族中当之无愧的伟人。

这位历史上倒数第二位的拿破仑亲王于1997年5月3日与世长辞，与他的父亲同一天——维克托亲王在1926年5月3日离开人世。他的葬礼在荣军院的圣路易教堂举行，随后被葬在了阿雅克肖的皇家礼拜堂，安息在他父母的身边，就在通往夏尔·波拿巴[1]墓的地下室的小路上。

低调而精简，这个传奇的最后一个人就如故事开始的第一个人一样。从此以后，他们将在永恒中相聚。

[1] 除了夏尔和路易·拿破仑以外，安葬于此的还有维克托亲王及其妻子克莱芒蒂娜、莱蒂齐娅、吕西安的儿子夏尔－吕西安、约瑟夫的女儿泽纳德公主、吕西安的曾孙女欧仁妮、拿破仑·夏尔（Napoléon Charles，吕西安的另一个儿子）、红衣主教费什。

后记

2015年6月19日，从五湖四海前来参观的20万人见证了滑铁卢战役的原地重现，法国之鹰在两个世纪前曾在此折翅。850名记者不断地按着快门，追踪着6000名演习者的英姿。他们身着在1815年与死亡同行的将士们一样的军装。在他们中间，伫立着一位高大的年轻人（约一米九），带着亲切的微笑与优雅的仪态，悄悄地走进了人群中。只有几名了解帝国史诗的内行人士，也包括笔者在内，注意到了低调的他。面对人们的目光，他也丝毫不躲避，而是表现得亲切、平易近人，甚至是谦卑。他的名字叫作让－克里斯托夫·拿破仑（Jean-Christophe Napoléon），还不到30岁。他是戴高乐主义者路易·拿破仑的孙子，热罗姆的直系后代，在今天，他是皇室的领袖。在滑铁卢战场上的战争交响乐重新上演之前，他与威灵顿公爵的后代握了手，并在各国领导人面前发表了一篇关于和平与和解的演讲。在2015年6月19日晚，最后一声炮响之后，他仿佛在沉思、感慨。这一天诚然是媒体的盛典，以纪念他的祖先，但也不仅如此。在欧洲历史这血腥的一页上，古老的欧洲大陆上的人民终于获得了和平。纪念仪式上情感的共融让这个虔诚的欧洲人、新的拿破仑亲王百感交集。就像十年前他们被迫缺席奥斯特利茨庆典，法国当局受到抗议一样，这是对帝国多么赤裸裸的蔑视！而今天的这场仪式，何尝不是帝国交响乐章上的一个降调呢？

让－克里斯托夫无论如何也不可能错过这次庆典。就在滑铁卢二百周年重演的前几日，法国民众在《巴黎竞赛画报》（*Paris Match*）的头条上认识了他的面孔。他微笑着坐在伦敦地铁的滑铁卢一站的椅子上，就在标志的旁边，充满魅力。历史有趣的一瞬。尽管这张照片的比例和色调让单纯追求艺术价值的人感到不快，但却充分显现出了一个年轻男人的积极与开放的心态。让－克里斯托夫在金融界工作，并于2015年在伦敦金融城首次亮相。对于那些质疑他在英国发展的人，他则会提醒这些人他的前辈拿破仑三世、皇太子和英国之间的深厚联系。在今天，当我写下这些文字的时候，他已经结束了在享誉世界的哈佛大学的学业。每当有人不理解他的选择时，他就会告诉人们他是追随了他的其中一位前辈——廉洁的查利。他在波士顿的停留让他在2017年2月再一次登上头条，《观点》（*Point de vue*）杂志上写着："拿破仑亲王——一个未来之子。"他是拿破仑家族中第一位希望顺应时代之人。"我选择在商界中发展是因为这是证明自己的最佳方式，而且也是了解当今世界形势的最佳方式。"他说道。那么政治呢？他并没有摒弃政治，恰恰相反，总有一天，他会让人们听到他的声音。但在此之前他必须先达到一个高度，因为他明白，要展现自己的价值，光凭自己显赫的身份地位是完全不够的。成为拿破仑是值得的，使用这样的一个名字确实给他带来了机会，但与此同时，也会是一个沉重的负担。

他被任命为皇室领袖的决定是在特殊情况下做出的。1997年，当路易·拿破仑亲王去世时，他在1950年出生的长子——夏尔·拿破仑本可以继承他的位置。然而，路易·拿破仑亲王却另有打算地选择了他的孙子让－克里斯托夫，当时他只有11岁。波拿巴家族中又一出乎意料的转折。

为什么夏尔·拿破仑被移出了帝国继承者的名单？他和19世纪的普隆－普隆一样，这位预定的继承人因在政治上与父亲的分歧产生的家庭矛盾而失去了他的继承权。从红色亲王那里，他继承了一些革命基因，这让他在政治的棋盘上偏向了左派。1968年，在科恩－本迪（Cohn-Bendit）与戴高乐将军的竞争中，他选择了前者。这个选择当然激怒了戴高乐主义者路易·拿破仑。不仅如此，他在1989年与波旁－两西西里王朝的公主贝亚特丽斯（Béatrice）的离婚更是让他的父亲认为他不配接替自己。进入21世纪后，他走上了政坛，自豪地准备劝说阿雅克肖市政府去对抗长期以来掌控着这座城市的波拿巴党。但是，他的希望破灭了，他只获得了10%的选票。尽管如此，他还是加入了中间偏左的多数党，成了这座波拿巴故乡的市议员。在2007年他在枫丹白露重新参与竞选，但没有取得成功。次年，他在从属于弗朗索瓦·贝鲁（François Bayrou）政党下的内穆尔担任市议员，六个月后他退出了政治舞台。

此外，这位非典型的亲王从未真正对帝国留下的遗产感到满意，就像他在报刊中的陈述一样："我去学校的时候常常能够遇到那些士兵军官。中午，有些人还在那里，驻守在大楼门口著名的大卫的油画前，这群人一定要高喊'拿破仑万岁'才会离开。直到今天我还常常遇见他们，我逐渐发现，通常拿破仑吸引的，都是那些弱小的人。但凭借着我两米的个子，我不会掺和到他们当中去。"除此之外，他还是一个矛盾的人。1998年从巴黎检察官那里获得了正式使用拿破仑名字的权利后，不到几年的时间他就更改了自己的公民身份，成了"夏尔·波拿巴先生"。然而，尽管他与拿破仑家族之间关系复杂，夏尔仍然出版了几本关于波拿巴家族的书籍，尤其是——意料之中的——关于家族中"反叛者"的主题，比如吕西安和普隆－普隆。多年以来，他还投身于家族历史的旅游业发展，并签订了几个拿破仑城市的合约。尽管他不否认自己的身世，但他也不承认自己在皇室家族中的地位，更是拒绝了波拿巴的王朝传统。他不自认为亲王，并拒绝使用拿破仑的名字，自然不能成为家族的领袖。

当新的拿破仑亲王才刚刚学会走路时，让－克里斯托夫就开始在他亲爱的祖母阿利克斯的宝贵帮助下，不遗余力地让自己成为一个有价值的接班人。几年以来，每到5月5日，他都会出现在荣军院的纪念会上，以缅怀拿破仑一世和为法国捐躯的士兵们。就像他的祖父一样，新的亲王承接了拿破仑的名字。这一家族的习俗来自流放年代。为家族中的后代申报公民身份时，被视作家族首领者，会被命名为“拿破仑”，而非“波拿巴”。第一个使用这个名字作为头衔的是普隆－普隆，总是渴望得到认可的他，认为拿破仑亲王的身份能够显示出自己是家族的合法继承人。自从1879年皇太子身亡以后，家族的继承权就移交到了热罗姆的后代当中，这个头衔也成了皇室首领的代名词。另外，对于让－克里斯托夫来说，除了他波拿巴家族的血统外，他还有来自母亲的法国王室（安茹波旁）和西班牙王室（西班牙波旁）的血统；来自曾祖母克莱芒蒂娜的比利时王室（萨克森－科堡－哥达王朝）、奥地利王室（哈布斯堡王朝）以及法国王室（奥尔良王朝）的血统；来自高祖母克洛蒂尔德的意大利王室（萨伏依王朝）的血统。所以，在他身上，聚集了大部分统治过欧洲的君主血统。在本书的开头，我引用拿破仑一世说过的话：“法国皇室几乎和欧洲所有王室贵族都进行了联姻……这些婚姻都是幸福的。这些出生就是王子和公主的后代会把记忆传至后世。”而就像他所希望的，波拿巴家族的血统生生不息。

致谢

着手记录一个传奇，可谓是一场孤独的冒险。

感谢蒂埃里·伦茨，又一次陪伴我度过这段漫长的时期，给予我宝贵的支持并提供了严谨的校正。关于第二帝国中的人物，埃里克·安索（Eric Anceau）作为一名细心的参谋对我的帮助也十分珍贵。

拿破仑基金会图书馆的负责人尚塔尔·普雷沃（Chantal Prévot）为此书做出了巨大的贡献，她搜寻的大量珍贵、罕见且尚未发布的资料对这部作品是不可或缺的。感谢弗朗索瓦·胡德塞克（François Houdecek）、夏尔－埃卢瓦·维亚尔（Charles-Eloi Vial）以及阿兰·戈切尔（Alain Goldcher）在我的写作过程中不断地给我提供观点和建议，为我指明道路。

如果没有我的编辑伯努瓦·伊韦尔（Benoît Yvert）和洛朗·泰斯（Laurent Theis）对我的鼓励，我不可能完成这场冒险。是他们帮助我坚持到底，非常感谢他们。与此同时，还要感谢帕斯卡尔·勒卡（Pascale Leca），这位杰出队友的建议让这部书稿变得比原来更加优秀。

最后，谨向S.A.I.拿破仑王妃表示敬意。感谢她抽出时间让我能够更加详细地了解到关于她丈夫的那些光荣记忆。

拿破仑王朝：波拿巴家族300年

[法] 皮埃尔·布朗达 著
蒋帆　胡诗韵 译

图书在版编目（CIP）数据

拿破仑王朝：波拿巴家族 300 年 /（法）皮埃尔·布朗达（Pierre Branda）著；蒋帆，胡诗韵译．-- 北京：北京燕山出版社，2019.10
ISBN 978-7-5402-5435-3

Ⅰ．①拿… Ⅱ．①皮… ②蒋… ③胡… Ⅲ．①拿破仑（Napoleon, Bonaparte 1769-1821）- 家族 - 传记 Ⅳ．① K835.650.9

中国版本图书馆 CIP 数据核字（2019）第 192663 号

LA SAGA DES BONAPARTE

by Pierre Branda

北京市版权局著作权合同登记号 图字：01-2019-5221 号

选题策划　联合天际·王　微
特约编辑　何　川
特约审校　黄广凌
美术编辑　程　阁
封面设计　董茹嘉

未读 | 思想家

责任编辑　郭　悦　李瑞芳
出　　版　北京燕山出版社有限公司
社　　址　北京市丰台区东铁匠营苇子坑 138 号嘉城商务中心 C 座
邮　　编　100079
电话传真　86-10-65240430（总编室）
发　　行　未读（天津）文化传媒有限公司
印　　刷　嘉业印刷（天津）有限公司
开　　本　710 毫米 ×1000 毫米　1/16
字　　数　400 千字
印　　张　33.5 印张
版　　次　2019 年 10 月第 1 版
印　　次　2019 年 10 月第 1 次印刷
书　　号　ISBN 978-7-5402-5435-3
定　　价　118.00 元

关注未读好书

未读 CLUB
会员服务平台